广义智慧城市导论

成思危 主编

人民出版社

策　　划:张文勇　罗尚忠

责任编辑:张文勇　申　吕

特约编辑:罗尚忠

装帧设计:中文天地

图书在版编目(CIP)数据

广义智慧城市导论/成思危 主编. —北京:人民
出版社,2016.6
ISBN 978－7－01－016277－5

Ⅰ.①广…　Ⅱ.①成…　Ⅲ.①现代化城市－城市建设
－研究－中国　Ⅳ.①F299.2

中国版本图书馆 CIP 数据核字(2016)第 118578 号

广义智慧城市导论

成思危　主编

人民出版社 出版发行

(100706 北京市东城区隆福寺街 99 号)

涿州市星河印刷有限公司印刷　新华书店经销

2016 年 6 月第 1 版　2016 年 6 月北京第 1 次印刷
开本:787 毫米×1092 毫米 1/16　印张:18.75
字数:378 千字

ISBN 978－7－01－016277－5　定价:40.00 元

邮购地址 100706　北京市东城区隆福寺街 99 号
人民东方图书销售中心　电话 (010)65250042　65289539

《广义智慧城市导论》
编 委 会

目 录

前　言

2015 年，是中国智慧城市论坛成立 5 周年，为总结 5 年来广义智慧城市的发展，梳理我国广义智慧城市的发展脉络与路径，推动我国智慧城市建设的进一步提升，中国智慧城市论坛主席成思危决定组织出版《广义智慧城市导论》，成思危主席亲任主编。

《广义智慧城市导论》凝聚了成思危先生多年来对广义智慧城市的深入研究形成的基本思想与理念，也汇聚了知名院士、参事、政府官员、企业、专家学者等的学术研究精华和成功实践探索。

广义智慧城市包容以信息技术为先导的狭义智慧城市，但广义至以人为核心与基础，并应充分优化利用土地等载体资源与确保资本为后盾的可持续发展，实施城市发展四大核心资源的联合优化，可取得比狭义智慧城市更好的综合资源统筹、协同利用，从而取得更好的发展改革红利。但对于属复杂巨系统的广义智慧城市的顶层设计、规划设计与建设推进及发展水平评估亦更为复杂与困难，有许多新问题需要深度研讨及探索。本文集反映成思危先生创导的中国智慧城市论坛及广义智慧城市理念近几年来从事这方面的探索，可作为广义智慧城市导引性探索的汇总，供有中国特色智慧城市进一步务实发展推进之参考。

中国智慧城市论坛衷心答谢 5 年来给予长期支持的 130 多名知名专家的热情支持，特别是邀请到的在百忙中为本书亲自撰写涉及广义智慧城市发展文稿的各领域权威专家的辛勤劳动与贡献。目前，推进发展广义智慧城市的环境特别有利，"互联网＋"、互联网思维、新型城镇化、"大众创业、万众创新"、"五位一体"、"新四化同步发展"、信息化与工业化深度融合、中国制造 2025、宽带中国、5G 启动与推进、"一带一路"、智慧治理有效推进智慧城市群及智慧经济区发展……等等，信息技术亦日新月异地在飞速演进发展，包括可充分利用云生态计算、大数据分析与价值挖掘、万物移动互联、节能减排与绿色创新，可穿戴等领域智能终端、高级核心芯片、无人驾驶及车联网、机器人等现代人工智能技术，等等。衷心期望广大专家进一步积极支持中国智慧城市论坛，利用这些有利环境与先进技术，有效推进广义智慧城市理念与建设务实发展，为实现中华民族伟大复兴的"中国梦"积极贡献力量！

2015 年 7 月 12 日，成思危先生与世长辞，我们谨以此书的出版，沉痛悼念与深切缅怀广义智慧城市理念及中国智慧城市论坛创始人成思危先生。您永远是我们的导师！

中国智慧城市论坛

智慧城市的内涵分析

在第一届中国智慧城市论坛上的讲话

　　智慧城市这个提法是比较新的，2008 年 IBM 提出来，它有两个定义，从狭义的定义来看，就是用信息技术来改进城市管理和促进城市的发展，从广义的更高角度来看，就是我们怎么样运用人们的智慧来发展好城市，所以今天我还是从更高的层次，从广义的角度来讲讲我个人的看法。实际上 2010 年我就提出过建设好智慧城市，要做好四件事，就是四个原则。第一个是以人为基础，第二个是以土地为载体，第三是以信息技术为先导，第四是以资本为后盾，那么今天我想经过一年，经过思考我再把我的想法贡献给大家参考。

　　大家知道，城市是人为基础，城市是人的聚集处，没有人气是不行的，所以一个城市，真的要建设智慧城市，首先要有人气。那么从城市的角度根据我的研究，城市分为四个层次，第一个层次是超级城市，或者叫特大城市。在 20 世纪 90 年代末期，曾经有一个未来学家康维预测过就是 21 世纪 10 个超级大城市，当时中国有两个，一个是上海，一个是武汉，最近又有人预测，说将来世界的超级大城市的 10 个城市里，中国占七个，除了纽约之外，有中国的北京、上海、广州、深圳、天津、重庆、武汉。那么超级大城市，不要太多，因为超级大城市，一般人口是在 2000 万左右，至少是 1500 万，这样的大城市，既有它的优点，但是也带来很多问题和毛病。第二类城市我们叫大城市或者叫中心城市，这个一般它起着重要的作用，因为它的作用可以分成四个方面，一个叫中心点，以政治经济文化为中心。第二个增长级，就是在这个区域里头，带动整个区域增长。第三个是扩散源，就是技术、资本等等都是从它这个中心城市往周边扩散。第四个集散地，就是周边的重工业产品，通过它集中起来，运输出去。中心城市一般根据我们初步的研究，从中国的情况来看，大概要 400 万人口才能达到这样一个中心城市的作用，才能有这样的人气。第三类城市我们叫中小城市，这个是县一级的比较多，它的作用又不一样，它实际上是实现城市和农村的结合，农村劳动力的转移，合理有序的转移，减少功能差别，城乡差别，也是非常重要的领域，所以我们叫县域经济。第四个是小城市，人口在 5 万以上，中小城市一般是 50 万以上，我认为建设智慧城市目前的重点，我们讲的中心城市，我们讲的大城市，应该比较具备条件，这是人气。

第二个层次是人口的素质，这也非常重要。因为我们讲人为基础，不仅仅讲人的数量，更重要的讲人的质量，所以这样一个是要真的整个市民的科技、文化、道德水平要提高，这个社会功德等等方面要具备。另外一方面，就是能够有更多的、培养出更多的创新创业的人才，所以我们说城市的人气，一个是人口数量，一个是人口的质量。

第三就是一个适宜的人居环境，一个要想壮大吸引人才，你的人居环境是非常重要的，在这个问题上，我们应该看到这是一个城市在发展过程中，它的人居环境是不断地进行改善的，这里也就是说，你要给居民提供更好的公共服务，提供更便捷的交通系统，提供更多的休闲的绿地，提供更多的文化和公共服务等等，这样才能建设成一个宜居的环境。

第四个层次是要有一个合理的生活成本。应该承认，城市越大，它的生活成本相对是高的，这个是肯定的，否则的话，如果大城市和小城市，生活成本不一致的话，那人们都往大城市挤了，但是生活成本要比较合理，要能够保障，大家能够安居乐业。在这个问题上，我认为一个城市从它的住房，一方面对低收入的要有保障性住房，另外，从商品房发展来看，城市的发展，如果一个城市真的能够吸引越来越多的人进来，那么它的需求增加，需求增加的话，它的商品房房价就会上升，这也是供求关系。所以现在我们可以看到，有一些发展的好的中等的城市，它的房价是在上升，这个当然我们是要防止它过快的上涨。但是从另一个角度来看，这也是供求关系，说明这个城市发展，在吸引更多的人进来，进这个城市，有更多人到这个城市创新和创业。但是适宜的合理的生活成本是必要的，就是物价不要上涨太快，这个问题也是辩证的，因为从物价和收入的关系来看，从经济学的关系来看，物价从长远来说它总是上升的，你想今天的 100 块钱和十年前的 100 块钱没法比，十年前 100 块钱买的东西比今天多得多，但是你工资也涨，随着工资涨了以后，你的消费能力强了，如果商品的供应供不上，那物价肯定上来，所以我们要有合理的物价的上涨水平。一般的说 5% 以下，属于温和性的物价上涨，如果工资能够和 CPI 挂钩，这样的话，这个问题就应该说可以解决。那么为了保障合理的生活水平我曾经提出过有三个制度性的安排，一个就是人民的收入和经济发展同步增长，在 2007 年提出来。这实际意思是什么呢？在分配里头，个人分配的比例不要再降低了，要跟着国家经济发展同步，这是一个制度性的安排。第二个制度性的安排就是工资和 CPI 挂钩，还有一个第三个重要的制度性安排，就是劳动报酬和劳动生产率要联动，大家知道现在我们要提高劳动的分配综合比重，但是劳动生产率不提高，很难比较快的提高这个比重，我们现在制造业已经超过了美国了，从产值来看，现在的报道，那我们从劳动生产率来看，差距还是很大，我们根据报道，美国制造业生产率，每人每年 18 万美元，我们恐怕是 18 万人民币，全国平均来看还差很多，好的企业可以达到这个水平，但是从全国平均来看，还是低，所以你要想提高劳工报酬，关键是要提高劳动生产率，在这个问题上，在今天我们强调注意缩小收入差距，保障社会公平的同时，我们一定要注意提高劳动生产率是一个大的问题。

最后就是良好的社会管理，一个城市如果社会管理不好，治安不好人们老当心被偷被抢这个城市不要说智慧城市，人家都想离开了。所以我们说以人为基础，就是要做到这五个方面。这是第一。

第二是以土地为载体，大家知道城市最宝贵的资源，除了人以外就是土地。那么这个从国外发展模式来看，二次世界大战以后，城市的发展模式，多半是采取向四周扩张蔓延的方式，我们现在的很多城市也都是这样的方式，就是所谓采取城市蔓延。那么城市蔓延它带来的问题就比较多，第一个当然它占用了更多的农业用地，我们国家人口多，可耕地少，所以农业用地是非常宝贵的，如果城市蔓延，占用更多的农业用地，这会造成一个问题。第二个问题，它就会忽略了老城区改造和建设，因为新城区好办，新的土地，价格也比较便宜，又可以重新规划，重新建设，所以老城区土地更好地开发利用就容易忽略。第三容易形成一种单一的区域模式，你比如某个地方大量的居住小区，某个地方可能是专门的开发区等等，是一种单一模式，这种单一的模式，生活区和上班工作区有比较大的距离。第四形成以小汽车为主的，这样一种交通的方式，北京就是这样，小汽车的增长非常快，所以现在只能采取摇号的办法处理这个问题。所以城市蔓延问题，这个是在国外也出现的，正因为这样，美国马里兰州州长提出一个概念，1997 年他们提出来，2000 年美国城市规划协会，对增长作出一个明确的定义。现在来看，我们国家有不少人在研究，看今年增长非常重要的，就是更好地利用土地，防止城市蔓延造成的一些负面的影响。这个首先包括划定城市的边界，不能无限制地扩张，不能一环一环不断地扩张，这是第一。第二，就是合理地利用现有城市的空间，在保障容积率的前提下，能够合理地利用现有城市的空间。第三，合理的布局、生活、工作、休闲区域，要让他们能够尽量靠近，减少小汽车交通带来的问题。第四，就是提供更好的公共交通的服务，那么这些都是今年增长所包括的内容。当然近两年来，对增长还提出了加上绿色经济，因为在城市里面来看，别光考虑土地利用，同时还要考虑环境成本，如果说我们环境成本包括了环境污染，能耗低下，能效低下和生态破坏等等问题造成的损失，所以我们要做到城市的绿色增长，就要注意降低环境成本，我们曾经做过一个计算，出了一本书，就是 2005 年我们国家的环境成本大概在占我们 GDP 的 13.5%，同年我们经济增长只有 10.4%，这说明什么问题呢？把环境的债务留给子孙后代，这样是不可持续的，所以增长是可发持续的概念结合起来的，所以我们强调发展绿色经济。绿色经济的概念，一个是低碳经济，大家都知道，减少二氧化碳的排放，实际上是提高能源的利用效率，第二个是循环经济，提高资源的利用效率，提高资源的产出，再一个是生态经济，保护和改善生态环境，那么这个现在也包括经济增长概念之内。

第三是以信息技术为先导，这个是我们狭义的智慧城市的定义，用信息技术来改善城市的管理，促进城市的发展。大家知道信息化，这是我们国家非常重要的一个发展的方向，信息化促进工业化，工业化带动信息化。所以现在信息技术的发展，也是不断的新技术层出不穷，我曾经讲过三个最大的变化：一个就是IPv6，IPv6出现以后，你才有可能实现物联网、传感网这些东西；第二个就是Web2.0，这个是互动式的；第三就是移动手机的功能。现在来看，云计算，新的技术层出不穷，这个大家懂的比我多，我就不重复了，所以这些东西的出现，对于我们建设智慧城市是非常重要的。但是我在这想提出的，要真的介绍智慧城市，利用好信息技术，必须注重几个问题：

第一个是基础要好，也就是信息基础的要求，是建立在信息的基础上，你的信息一定要真实全面，要准确，要及时，而且还要一致，保持一致性。真实、全面、准确、及时，我都不解释了，什么叫一致性，就是各个部门提供的信息，实际在一定程度上，它可能有矛盾，如果有矛盾，用信息技术处理数据的时候，就会发生一些悖论，所以各方面数据的一致性的检验，这个对于建设智慧城市也是非常重要的，如果不做好这些基础工作，不在信息基础上做扎实，那你的智慧城市的建设，就是在沙子上，你的数据都不准，你算出来的很多东西，那肯定是有问题，甚至有误导，所以我想这是第一个需要注意的。

第二个需要注意的就是智慧城市的建设，它不是封闭，它必须是开放的，为什么？因为一方面你像企业来说，我们的企业现在实际上不是单个企业在那里发展竞争，而是一整套供应链在发展竞争，你和你的上家下家，上家的上家，下家的下家，都有千丝万缕的联系，所以在这种情况下，不是说你所有的上家和下家，都在同一个城市，所以你必须是开放的，必须是对整个供应链的信息集成和优化。那么再一个就是，信息本身由于有这样的情况，就需要共享，不是每个城市自己搞自己的，如果每个城市完全是自己搞自己的，它就会成为一个信息的孤岛，它就不能充分发挥信息技术在这方面的作用。

第三，智慧城市信息技术的应用，最终的受益者应该是市民，是消费者，是用户，这也是非常重要的。任何一次产业革命，最终最大的受益者，应该说还是人民群众。所以信息技术、智慧城市的建设也不例外，当然智慧城市的建设，对于提高政府的行政效率等等都有帮助，但是你们想象，最终还是要落实到人民群众，能够更多的受益，所以在这个问题上，我们要考虑这方面的问题。你像移动智能的手机，如果人民群众能够用它，既做开门的钥匙，又做电子钱包，又做电视遥控器，又做娱乐中心，又可以通话，那就可以省很多事儿，当然这些要结合各方面的服务，所以我们说信息技术的先导是非常重要的。

第四是以资本为后盾，没有资本你的智慧城市没法建。因为智慧城市是要求比较高的投入，当然它的回报也比较高，但是投入和回报之间有一个时间差，这个时间差可能是要三年到五年，没有充分的资本作为后盾，你是不可能建设好智慧城市的，那么从中国的资本情况来看，目前我们还处在工业化中期，所以目前我们还是以产业资本是占主体主导，你看我们的500强，甚至500大，绝大多数是产业资本，我们企业在银行的存款，大多数也是各个产业企业，当然我们有些大银行，也是算，但是大银行，我们国家的银行体系来说，它是集中起来形成这样一个大，真正主导的还是产业资本。实际从资本的发展，第二步应该是更重视商业资本的发展，因为产业资本它有个问题，它生产的产品它要销售，它没有生产没有销售，实际上拿不到效益。所以商业成本，在国外来看，在产业发展一定程度，商业资本起到重要作用，大卖场都是这样，你这个企业要进去，还要交进场费，你实际上在里头，给你提供一个卖的地方，你要卖不出去，你的产品，这个商业资本不负责。所以我们说我们国家相对来看，流通产业，这个商业资本的发展，在一些智慧城市里需要更多的发展，这个我专门在 IT 市场会上讲到，大家有兴趣，可以上百度网、Google 网或者新浪网查我的讲话。那么最终真正发展到更加雄厚的时候，就是金融资本，因为金融资本能够把社会上所有的闲置的资金集中起来，形成资本，这个力量是非常大的。只要有市场经济，就不可忽视资本的力量，这点我想大家都体会到了。

那么金融资本在智慧城市的建设，应该逐渐起到主导作用，当然这一方面像银行，大家都熟悉的，但是你像期货交易所，证券交易所这些，它一天的交易量是很大的，资金流量是很大的，大家看我们三个大交易所，上海、大连、郑州，两个大的证券交易所，上海和深圳，它每天的资金流量是很大的，这个资金只要停留一天，不要说一天，一小时，它产生的价值，大量的资金那就是很大的。所以我们说要建设智慧城市，我们要逐渐从产业资本出发，转向商业资本，进一步转向金融资本，才能真正为智慧城市的建设提供坚强的后盾。所以今天我就是讲这么四个观点：第一个就是人为基础，第二个是土地为载体，第三个是信息技术为先导，第四是以资本为后盾。

成思危，全国人大常委会原副委员长、中国智慧城市论坛主席、著名经济学家。

智慧城市的建设方针

在第二届中国智慧城市论坛上的讲话

智慧城市我提了四句话，叫做以人为基础，以土地为载体，以信息为先导，以资本为后盾。我们这几年来智慧城市的工作确实是发展很快，我到一些地方，看到各地有很大的积极性，在网上也可以看到有很多报道，确实取得不少的进展。我们在发展智慧城市方面，现在有不少地方政府确实是有积极性的，而且有些都作出了规划，有些项目的实践上也取得了一定的成绩。但是我想提醒大家的就是四句话，叫做量力而行，尽力而为，突出重点，讲求实效。为什么强调这方面的问题呢？

我觉得现在大家发展的积极性都有，但是一定要注意，我们要把目标明确了，要把我们实施的方案拟定好，另外，要把握好时机，还得掌握好一个度，我想这个恐怕是非常重要的。

我想不管什么规划，还是第一句话，就是要以人为基础，要真正便民惠民，我们搞智慧城市的目的，最后是为了让市民生活得更好，生活质量提高，生活成本合理，社会管理先进，整个社会秩序良好，公共服务质量效率都能够提高，最后达到这样一个目的。这是便民。

另外还有惠民，就是能够使得老百姓真正得到实惠，当然这个实惠不一定是指金钱，就是觉得它方便，觉得舒适，而且不用花太多的成本。所以在这些问题上，不管我们搞什么工作，前提还是要以人为基础，还是要从一个城市的市民利益出发来考虑这些问题。所以我觉得我们在制定规划的时候，是不是真正把这一点放在首位，以人为基础，恐怕这个是我们在实施的时候，会遇到不同的争论。因为我们规划得很全面了，但是你怎么去周密策划它的实施，这也是很重要的。那我想说，恐怕我们在实施上，就是要根据当地的情况，要认真地去分析选择，哪些东西先做，哪些事情后做，哪些事情是要先创造条件才能做。这个我想大家恐怕要认真思考的。这里头因为现在大家做顶层设计，你就必须考虑这个问题，一个是考虑各个项目之间先后的因果关系，你如果没有前面打下基础，你后面的工作可能要白费。另外考虑优先顺序关系，什么事情是你急着想解决，什么事情可以晚一步解决的，所以顶层设计里，这两个关系我们必须要考虑。

我想举个比较简单的例子，你比如说，我们现在讲智慧家居，当然智慧家居的内容，你可以把你的手机搞成远程控制，你还没回家，先把空调打开了，饭放在微波炉，没回家就遥控他，热起来饭回家就可以吃，这些都可能。但是现在老百姓最关心家居的问题是什么？一个是孩子，一个是老人，对孩子来说，当然平时上学没什么，他放学了，在家里到底怎么样，会不会在那老玩儿游戏，或者没有复习功课，或者有些时候还有些危险，比如爬到窗户上等等，所以这些问题，我想是人们关心的，这是一个。

第二个就是老人，特别是一些家里没有什么人的老人的问题，老人要摔了跤怎么自动报到急救中心，老人平时的生活行动，怎么能够有合理地监控，像这些问题，这就是在智慧家居里，这是雪中送炭的问题，比那个锦上添花的问题更加重要，所以我们要思考优先顺序，恐怕是要考虑的。

再一个就是不同城市，可能问题不一样，你像北京堵车问题很严重，交通问题是个大问题，需要解决，但是有的城市，这个不是最迫切需要解决的问题，所以不同城市它的重点也是不同的。

再一个实际上你的财力也是有限的，所以有限的财力怎么去分配，在最需要突出重点的项目上，这个我想也是大家很多在实施过程中，也必须要考虑的。

还有一点我们要注意的，就是信息技术的进步是非常快的，你如果早早的规划，把硬件全部配齐，可能过两年，你买这个硬件需要花的钱，只是你现在的一半，那你这个就不合算了，所以我为什么要突出重点，要分布实施，实际上要考虑各方面这些因素。

所以，我们真正以人为基础，就是真正从人的需要，最迫切的需要出发，从便民惠民出发，来作为考虑我们智慧城市建设的一个规划和实施，作为首要的因素，我想这是第一点。

第二点就是我讲的是以土地为载体，这个问题我现在发现，也是一个很大的问题，我最近也到一些城市看了，普遍的觉得土地不够，那么有的地方，像我最近到舟山看，舟山基本上靠围海造田来扩大土地，但是围海造田的成本越来越高，原来一亩地20万—30万，现在是40—60万，道理很简单，田大部分已经填的，再往里走就更深了，花的代价也更大，因为海域使用费也提高了。当然一个城市它的发展，总是面积要扩大，但是我们也有一个问题，怎么真正程度上以最大限度节约土地，不要避免城市过度的面积扩张，这种情况也是我们研究的。这个我上次讲过了，精明增长，就是怎么样考虑城市的增长更加精明。首先对我们来说，精明首先就是节约问题，节约土地的办法，当然大家都考虑比较多，但是我现在看到，有很多企业，实际上它的土地还是比较大的，因为基本上都是摊大饼的形式，我曾经看到一个企业，这个企业厂房铺的很大，如果你能把它搞成立体的，你能节约大量的土地，那么这样的话，土地可以做更多的用途，因为土地是人们生活生产的载体，除了要居住，要办公，要生产以外，你还有相当大的绿地面积，居民能够享受比较高的生活质量。所以在这种情况下，土地可以说是一个城市里，除了人以外最宝贵的资源，所以怎么样进一步节约土地，恐怕也是我们智慧城市规划，发展智慧城市的时候，所必须考虑的问题。

现在大家都知道信息技术发展的很快，所以我们有很多地方，把智慧城市理解的比较狭义，就是所谓数字城市，就是用信息技术来把城市武装起来。当然这个是重要的，我讲过智慧城市要以信息为先导，没有先进的信息技术，你智慧城市不可能实现，而信息技术的进步，确实现在也是日新月异，大家知道，熟悉的像移动互联网这些发展的很快，现在物联网、云计算，像我们管理上用的，第四方物流，这些方面发展的很快。我们要真正地做好实现信息为先导，首先你得加强信息基础设施的建设。那么 IPv6，第二代互联网，根据国务院的决议，到 2014 年和 2015 年，能够比较大范围的应用，所以我们有很多，现在考虑的措施，要配合将来 IPv6 实现的时候，能够进一步地发挥作用。

另外就是城市里无线网，你没有无线网很难实现移动互联，城市无线网现在来看，还不够普及，我们的 WIFI 也好，WLAN 这些不够普及，怎么能够在这些基础设施上，下比较大的功夫，来做好这些基础设施的服务。现在我确实感觉，因为云计算是比较热的话题，所以我到一些地方，地方上都说，准备花多少投资，建立一个云计算中心等等。我的感觉是这样，就是云计算，与其说它是一种平台，一种资源，不如说它是一种服务，实际上如果你接受服务的对象少了，你服务的内容少了，你花了很多钱搞起一个大的云计算中心，很可能就像高速公路一样，有了路没有车，如果没有车跑，你的路搞的好有什么用。所以在这个问题上，也就是刚才我说的，设计一个优先顺序的问题。

那么信息技术的应用，还有一个很重要的就是把它集成起立，你要不能集成起来，也不能发挥最大的效益。当然，我不是这方面的专家，但是我一直在搞虚拟经济管理方面的事情，大家知道，从实体的生产过程来看，我们是怎么样的呢？第一步是交换，资本从货币形式，变成劳动力，变成原材料，变成厂房，变成设备，然后是生产，生产出来产品，包括流通，变成商品，商品再通过交换，变回货币形式，然后产生了利润，同时这个商品在交换得到的商品，一个给居民消费，一个是作为生产资料资本品，再回到生产过程之中。这就是一个实体经济的生产过程。那么在这个生产过程里，我们以前应该比较偏重的是整个实体经济过程里的生产过程，但实际上现在看，生产过程，当然还是重要的，还是核心，但是如果没有流通和交换，我们实际上生产过程的效率是不能够充分提高的。那么怎么能够把整个实体经济活动，通过信息技术，把它集成起来，把它变成从最初的原料一直到最后的消费者，这中间都能够集成起来，这个我想恐怕是今后我们企业，在城市里的企业，将来智能化的一个非常重要的问题。

所以我这里提出一个虚拟商务的概念，就是要把整个实体经济的生产过程，把它虚拟化，或者将整个用信息技术联系起来，用信息技术整个联系起来以后，我们实际上就组成了很多一整个一套供应链，那么现在很多企业的竞争，已经不是单个企业和单个企业之间的竞争，而是供应链和供应链之间的竞争，所以我们如果把城市的企业，能够把它整个供应链组织好，我想这也是通过信息技术要做的，非常重要的事情。

最后谈到一点资本，我讲到资本是后盾，没有钱，你搞智慧城市是不可能的，这个钱全靠政府来拿，也是不可能的，那么怎么能够动员各方的民间资本来参与智慧城市的建设，这个恐怕也是我们一个非常重要的话题。大家知道，我们地方政府的负债比较高，根据审计署2011年7月报告，负债是10.7万亿，温总理在2012年3月份讲话，这个数字基本上没有太大变化，还是这个数字，如果地方政府全靠负债来搞建设，这个是危险的，因为你的财力跟不上，还款能力跟不上，会带来一系列的问题。当然有的地方，希望中央政府能帮助买单，中央政府当然有财力，但是要买单的话，你不是降低了中央政府在保民生，社保方面的支出吗？另外中央政府都为地方政府买单，那不就是谁赖帐谁就要受到鼓励了吗？所以我认为，中央政府买单，跟民生有关的，像保障房和社保体系方面，如果地方政府有困难的话可以有帮助，这是我个人看法。所以你必须要考虑自己有多大的力量，一定要量力而行。

但是一旦确定了你的目标，确定要实施的项目以后，你要尽力而为，这个时候怎么办？你要想办法动员各方面的资本，最近我到温州去了一趟，综合改革试验区，我看了一下，他们还是有不少想法，但是我给他们提出三个问题，第一个问题，金融改革的最终目的是什么，金融改革最终目的应该还是为实体经济服务，而不是金融系统的自我完善，那么你要为实体经济服务，更重要的是为企业和居民服务，你为企业服务，就不单是要解决他资金的问题，还要解决它更新改造，投资需要的资金，你还要为它保险、期货等等方式帮它降低风险，你要做这个事情。那么改革的第二个重要作用，民间大量的资金，能够合理地组织起来使用，现在民间确实有不少资金，而且又缺乏投资的渠道，存银行还是负利率，所以就发生了高利贷的问题，如果在建设智慧城市的过程中，能够把资金调动起来，比如通过地方政府债券的方式，通过项目招标投资的方式，通过私募基金的方式等等，把它集中起来，能够用于智慧城市的建设，恐怕这也是我们一个很重要的话题。当然这里头牵扯到一个，你必须要能够从里头得到一定的效益，如果你不能够得到效益，人家当然不愿意投资了。因为投资本身就是一种希望取得更多的财产性收入的一个活动。那么怎么通过我们智慧城市产生一定的效益，这个也是你在吸引民间投资的时候，必须要考虑的问题。当然温州这次金融改革还有一个很重要的，是允许居民私人对外投资，实际上我们现在居民的对外投资，能不能够把它组织好，在国外收购一些比较好的企业，然后让这个企业回来为建设智慧城市服务呢？我想这个问题，恐怕也是值得我们去思考的。

最后我想讲一点，就是建设智慧城市，政府的主导作用是必不可少的，但是政府绝对不能够包办。建设智慧城市先做哪些事儿，后做哪些事儿，政府可以有规划，但是也要听取老百姓的意见，要根据一个城市最迫切解决的问题，听取老百姓的意见，这个问题是非常重要的。因为你如果做的事情，大家觉得你不过是在那锦上添花，不解决老百姓问题，老百姓没有积极性，也不会给予更高的支持。

第二个就是政府在要求老百姓的同时，应该更严格要求我们自己，你像社会管理，我说的话可能得罪一些人，社会管理，你把老百姓弄的很清楚，因为IPv6出来以后，每个人都有一个ID，你的一切活动，都可以通过你的身份识别来办，可以很便利，这是一方面，但是另一方面，我刚才问广州的同志了，他们已经搞个人ID了，那么你个人信息保护怎么办？个人信息保护也要有一定的措施，你比如说我们物联网的发展，对于城市交通来说，可以每辆车，都有一个二维码甚至每辆车上的货品都可以有一个码来识别，你这个车开到哪里，什么状况，都在实时监控，这些都是好的。但是我们这些措施，对于政府的官员来说，也应该是同样的，不能只监控老百姓，不监督官员，而且当前来看，我认为智慧城市应该说在反腐败上面，也应该会起到作用，当官员经常出入洗浴中心，卡拉OK的时候，应该也会有记录，那么对你来说，你这一个礼拜，出入这种不合适的场所多了，给你一个黄牌警告，也不是不可以。就是我们要求老百姓做到的事情，我们政府官员首先要守法，要做到，只有这样才能树立老百姓的信心，才能觉得你搞智慧城市，不是给老百姓添麻烦的事儿，是真正便民惠民的事情。

今天还是那四句话，从实施的角度谈一些看法，供大家参考。总的来说，随着我们国家信息技术的发展，随着信息技术的进步，随着我们人民群众知识水平、生活质量和对文化物质方面需求的日益增加，智慧城市应该是一个很好的发展方向。但是我希望我们大家通过努力，根据中国自己的特点，把它真正做到以人为基础，以土地为载体，以信息为先导，以资本为后盾。把我们智慧城市的建设，搞的好上加好！

成思危，全国人大常委会原副委员长、中国智慧城市论坛主席、著名经济学家。

建设广义智慧城市的八项主要任务

在第三届中国智慧城市论坛上的讲话

作为中国智慧城市论坛的主席，在第一次智慧城市论坛大会上，我提出了广义智慧城市的概念，就是智慧城市是用人的智慧和先进的科学技术发展并管理好的城市，当时我提出了四个要素，就是要以人为基础，土地为载体，信息技术为先导，资本为后盾。

在第二次智慧城市论坛大会上，我提出智慧城市的建设一定要量力而行，尽力而为，突出重点，讲求实效。

我们的智慧城市论坛在三年的时间内，在各个方面进行了很多有益的探索，很多城市都有积极性。我听说不单是一些特大城市和中心城市，还有一些中小城市都有建设智慧城市的积极性。但是必须要明确一点，就是以信息技术为主的人工智慧，只是一种手段，目的还是要把城市发展和管理好。因此我们一定要讲求实效，真正把人的智慧和先进的科学技术手段与城市的发展和管理结合起来。取得实际的效果。为此今天我想提出八个方面的任务，也是目前群众比较关心的问题，作为我们推进广义智慧城市建设的参考。由于时间关系，我只能点到为止，有些内容大家可以进一步深入思考。

我认为建设智慧城市的第一个任务，就是建设一个善治政府。善治政府第一就是要守法。依法治国首先要依法行政，就是要依法治官。要加强普法的宣传，要让人民群众真正的懂法、用法，同时监督政府守法。我看到一个清华大学的教授讲到，我国许多城市的拆迁，其中有 90% 是违宪的，也就是说并非真正是为了国家利益而拆迁。我虽然无法核实 90% 这一数据，但是肯定在拆迁等等问题上，政府是有一些违宪或者违法的行为，必须要受到监督并认真改正。

第二是讲理。前两天网上争论很大的就是闯黄灯扣 6 分的问题。加强交规管理是应当的，但是这样的处罚规定不够合理。因为汽车在行进中有惯性，看见黄灯马上刹车也可能越线。经网友们提出意见后，现在暂时不执行了。但是实际上按照智慧城市管理交通的办法，可以做到区分两种不同的情况，一种是看到黄灯的时候就减速，越线后马上安全通过，这就不应处罚；再有一种是见了黄灯就加速，这就是故意闯黄灯，如果越线时已是红灯就应当处罚。

第三是透明，就是政务公开。要让群众知道政府在做什么，想做什么，要花多少纳税人的钱。我相信采用信息技术是完全可以做到的。

第四是高效，现在公务员队伍越来越庞大，我讲过，只有减政才能精兵；通过电子政务的建设，政府的效率可以大大提高。

第二个任务是建设和谐社区。社区是一个城市的基层，和谐社区首先治安要好，现在许多社区的治安主要靠保安的人力来维护，实际上可以利用很多先进的电子信息手段来维护。其次是对社区内老人和对孩子的关怀，例如，给老人身上带一个传感及信号发射器，一旦他出现紧急情况，立即可以自动和急救中心联系进行急救。如果在孩子身上挂着带有二维码的小牌子，当他迷路时警察用手持仪器一扫，就知道他的姓名和住址，以及他父母的联系方式。社区还可以通过信息系统帮助社区内的成员寻找合适的工作。当然社区委员会要通过群众选举，并有较大的自治权。

第三个任务是精明增长。其中最重要的是防止城市过度的扩张，我国的城市化率大概每年增加1%，但城市土地的扩张却远远超过每年1%，也就是说城市土地的利用是粗放的。这既不利于城市的发展，同时也不利于保障农业生产，保障粮食安全。为此需要精明地利用城市的土地，这也涉及到城市的规划、合理布局、土地的再开发和利用等问题。有些城市的土地开发和利用不合理，摊大饼式的扩张。也有一些废弃的土地，要经过处理后重新开发。政府必须动态地掌握城市中每块土地、每栋建筑物的信息，并按照既定的规划来进行开发。

第四个任务是发展绿色经济。城市经济的发展一定要尽量做到绿色。绿色经济包括三个部分，一是低碳经济，即提高能源的利用效率，减少二氧化碳的排放。我国是发展中国家，现在还不能承诺减少二氧化碳的排放总量，但一定要减少单位GDP的二氧化碳排放量，因此我国近期绿色经济的发展目标是低能耗、低排放、低污染。二是循环经济，即提高资源的利用效率，节约资源。三是生态经济，就是保护和改善生态，森林是城市的肺，湿地是城市的肾，都必须保护好。

第五个任务是智能交通。城市的交通问题包括如何将公共交通、出租车和私家车这三种交通体系协调好，如何合理地安排人流和物流。从人流看来除了公共交通以外，出租车作为一种交通服务也很重要，现在经常发现出租车不容易叫，如果能利用信息技术，用手机直接订车，而且在乘客同意的情况下，还可以顺路再搭上一两个乘客，费用分担。对私家车还可以规定，如果是几个人合乘一辆车，可以走一条专用路线。在物流方面要发展第三方物流和第四方物流，就是利用信息技术优化物流设施的配置，降低物流成本。

第六个任务是多彩文化。随着居民收入的增加，对文化服务的需求也会增多，而且这类需求是多种多样、因人而异的。文化产业的发展也有利于提高居民的文化素养，构建和谐社会。近年来有些城市在推进三网合一，在居民家中安装电视机顶盒，可以选择观看不同的节目。城市的剧院订票系统也可以通过信息系统来提高效率。

第七个任务是终身学习。人类即将进入知识社会，在知识社会中学习不仅是谋生的手段，而且是生活的需要。因此终身学习在知识社会中是必不可少的。城市要为居民的终身学习提供条件，包括各种各样专业的选择，设置针对已退休的老年人的，正在工作的中青年的，还有进入城市的农民工的各种课程。应当大力发展远程教育，更有效地利用教育资源。

第八个任务是全民保健。现在看病难、看病贵的问题，并没有真正解决。北京的大医院门口排大队，有的人从外地来京看病，不仅餐风露宿，还受到一些号贩子的盘剥，看到这种情景真是非常令人痛心。这主要是因为我国的医疗资源分布不均衡，基层诊所的医疗水平确实不够高。如果能建立一个完善的信息系统，在基层诊所看病的时候，医生可以通过信息系统向大医院的专家请教，必要时可以替患者在北京的大医院预约挂号，这样可以为患者节省很多时间和金钱，也更有助于挽救很多人的生命。

今天我提出的这八个方面可能还不够全面，但我的主要观点是智慧城市的建设应该着重解决人民群众最关心的问题，而不应过分追求和炫耀技术的先进性。在推进中国城镇化的过程中，以我们的智慧加上现有的技术手段、上述八件事应该是可以做到的。我今天就是想大胆地提出这八项任务，希望我们大家能够在建设善治政府、和谐社区、精明增长、绿色经济、智慧交通、多彩文化、终身学习和全民保健等方面共同努力，推进城市的发展和管理，真正实现我们建设广义智慧城市的目的。

我认为智慧城市的建设当前应当以中心城市为主，因为北京、上海等特大城市虽然已经有了相当的基础，但难度还是很大。我对中心城市的定义是四句话，一是中心点，是当地的经济政治文化中心；二是增长极，能够为当地的经济增长提供动力；三是扩散源，可以将技术等各种要素扩散到周围；四是集散地，可以将物流、人流集中起来并分散出去。我建议选择一个中心城市，认真去做这八件事。对于中小城市，有建设智慧城市的积极性是好的，但是希望要量力而行、尽力而为、突出重点、讲求实效。我期望在下一次智慧城市论坛上，能够有一些城市介绍他们在这八个方面取得的成绩和进展。

成思危，全国人大常委会原副委员长、中国智慧城市论坛主席、著名经济学家。

广义智慧城市和新型城市化

在第四届中国智慧城市论坛上的讲话

2013 年有两件大事涉及到智慧城市，第一件就是十八届三中全会，对于推进中国新型城镇化，可以说是提出了很多制度创新的问题，包括给予农民一定的财产权力，完善中国特色城镇化品质和机制，逐步实现进入城市的农村人口的市民化，提出了很多重要的、方向性的、战略性的指导意见，对我们今后实现城镇化会有很大的帮助。

第二件事，就是李克强总理和欧盟主席范龙佩，11 月 21 日共同出席了中欧城市化的建设论坛。李克强总理在论坛上讲了，我们新型城市化要集约绿色，人和自然和谐发展，中国和欧盟，签订了智慧城市试点计划，中方是 15 个城市，欧盟 15 个城市，所以一共是 30 个城市搞智慧城市，这对于相互之间的合作交流，对于我们吸收国外的经验，结合我们中国自己的特色，来推进智慧城市建设，会有很大的帮助。

但是，究竟什么是新型的城市化，现在还是有各种不同意见，我个人还是比较主张，用广义智慧城市的概念，来分析这个问题。为什么我们要提出广义智慧城市呢？这个原因就是我们要区别数字城市、智能城市、智慧城市和广义智慧城市这四个不同城市的概念。所谓数字城市，就是把城市所有的信息数字化，便于进行数据处理，这是最低的一个层次。智能城市，就是把计算机的人工智能运用到城市的建设和管理上。智慧城市实际上，把计算机的人工智能和人的智慧结合起来，那么广义智慧城市，我们讲的就更广了，包括人、地、信息技术和资本，真正是把人的因素和利用信息技术结合起来，把城市建设好、管理好。所以这是四个不同层次的概念。

我个人认为，新型城市化，因为讲广义城市，所以我还是用城市化。新型城市化，它的特点，应该就是这四个方面。

第一个就是城市本身是为人服务，使得大家愿意在城市里聚集生活工作，这是头一个特点。有人说新型城镇化是人口的城镇化，这个不用说，没有人口当然就没有城市，但是要让人口愿意进来，愿意住下去，生活的愉快，首先就是要以人为基础。所以这个智慧城市也好，新型城市化也好，首先要做到这一条，而这一条要做到也是很不容易的。

第二个就是新型城市化，一定要土地的合理集约使用。因为城市化，我们不能扩大土地，摊大饼似的发展城市，而怎么做到土地集约合理的使用，使得城市既不会过分的膨胀，又能够给居民提供一个很好的环境。

第三个特点，就是新型城市化，必须是以信息技术作为它的重要的内容，因为现在大家都知道，信息技术是第三次工业革命的核心，而现在可以说，信息革命已经接近于高潮时期了，大家看看，近年来信息技术的发展，从移动互联网到云计算，到物联网，到大数据，不断的新的东西推出来。所以新型城市化，如果没有信息技术作为先导，它是不可能实现的。

第四个特点，就是新型城市化，不能够靠政府来投资，主要靠市场的力量来筹集资本，因为大家知道，没有资本，城市化是搞不起来的，那么新型城市化的特点，不像以前一样，由政府来主导，政府来投资，而是要采用政府引导，市场为主的方式，来进行筹资。所以我个人提出，根据广义智慧城市的定义，这四个特点应该是新型城市化的特点。

今天我想重点讲的是第一个问题，就是怎么真正实现人为基础，当然现在三中全会的提法是人为核心，就是怎么样实现以人为核心，这个不是简单的问题。首先我们要看，城市从它原始的定义来说，城是什么？城是人们聚集的地方，在古代有一个土的城墙给你围住，市是人们从事商业活动，交换的地方。集市嘛！所以城市本身最原始的定义，是人们聚集并从事商业活动的地方，现在我们对商业活动的概念，应该是商务活动，包括生产、交换、流通和消费，各个环节的活动。所以城市最根本的就是要让人们愿意在这里聚集，要让人们愿意在这里从事商务活动，从这一点来说，城市必须是为人来服务的，没有人，城市不可能存在，甚至原来有的大城市，由于各种条件的因素，被荒废了，这在历史上是有的，所以从最初的定义来说，人是城市的基础。

但是要真正实现城市化，概念也很清楚，城市化评价的标准是什么？是以城市人口占总人口的比例来进行定义这个城市化率的。2012年，52.57%的城市化率，但是这个城市化率和国际上比较，还是不一致的，为什么？因为我们的户籍人口只有4.4亿，总的在城市人口是7.1亿，户籍人口只有4.4亿，还有2.7亿人口没有户籍，也就是说，他并没有成为市民。其中2.7亿里头，长期在城市的大概四千万，比较流动的是2.3亿，也就是说，我们现在的城市，52.57%的城市化率，实际上是没有在城市居住的人没有全部实现居民化的一种城市化率。这和国外是不一样的。如果说居民不能够实现市民化，这种城市化率，就是不稳定的。因为一旦他失业了，他就回去了，他不登记，我们现在失业率是登记失业率，农民工失业不登记，他就回乡了，实际上这是不稳定的城市化。所以三中全会提出来，就是要逐步实现进城农民的市民化。但是这个问题仔细分析一下，也确实有它一定的难度。从一方面来说，你要市民化，就要解决他的户籍问题，而解决户籍问题以后，他和市民享受同等的待遇，那就会带来一系列的需求，所谓户籍问题，不是一个很简单的问题，但是三中全会已经明确了，城镇和小城市户籍，是基本放开了。中等城市的户籍，是要逐步放开，大城市的户籍现在看来，一时还不能放开，但是要明确进入的条件，要有门槛。这个也是根据中国实际的情况，现在也不可能一次完全放开，但是从总的方向来看，肯定是要把户籍的问题逐步解决，最后实现按照《宪法》规定的人们有迁徙的自由，实现这个目标，当然这个需要一个过程。但是方向，三中全会已经明确了。至于要多长时间，可能要根据具体的情况来决定。因为只有解决了户籍问题，你才能够实现公共服务的均等化，否则的话，有人说北京光一个户口就值几十万，因为它带来的各种公共服务和你没有户籍不一样。

另一方面问题，他进入城市，真正成为市民的话，你要解决就业，解决他的住房问题，解决他的社保问题，解决他的子女上学等等一系列的问题。而这一系列的问题，要全靠政府包下来，也是很难的，所以有的地方政府，确实感到一方面城市化，进入城市，为城市发展做出贡献，很多农民进入城市务工为城市做出贡献，但是另一方面，如果全部实现市民化，对地方政府的负担也是非常重的，那么要解决这个问题，确实也是需要有一定的制度上的创新。经过很多专家反复的讨论，三中全会这次是明确了，一个非常重要的，就是赋予农民一定的财产权力。如果农民，大家知道解放初期，通过土改，农民分到了田地，他有财产权力，这个田地就是他的财产，还有农具、牛等等，后来集体化以后，农民的财产权力不明确了，变成集体财产了，农民进入城市的话，这些财产就没有了，那他怎么办？他只有回到农村去才有，这样的话，全部靠政府来解决是不可能的，三中全会这次明确了，要赋予农民一定的财产权力，这里头就是四个，一个是农村的经营性建设用地，还有进入土地市场。进入土地市场，同质同价，而且要处理好国家、集体和个人的利益关系，这就说明，农村的经营性的建设用地，不是像以前那样，政府以低价征收，然后再以高价卖出，不是这种做法了，这是第一点。

第二点，就是农民的经营承包权长期不变，而这个经营承包权，也可以扭转，因为他不在农村种地了，他的权力可以出租，可以转让，可以采取各种方式来取得一定的收益。

第三点，就是农村的集体事业的收入，农民的股份股权应该明确，现在是集体办了企业，集体办的事业，这里头他占有多大的股权，这个应该明确，股权的收益，应该归他。这样的话，他也就有一定的财产性收入。

第四点，农民的宅基地，明确是有用益股权，从理论上来说，地还是集体和国家的，但是农民享有用益物权，这个也是可以转让抵押等等。从这四个方面，赋予了农民一定的财产权力，而进城的农民，有了这样的财产权力，就不是一穷二白了，他有一定的财产权力，有财产权力就有财产性收入，就有能力在政府的支持下，来实现市民化的目标。三中全会这几条决定，有人说是第二次土改，等于是这次明确了，赋予农民财产权力，无论留在农村和进入城市，它都有一定的财产性收入。这一点来说，解决农民的市民化的一个非常有利的措施。当然这个问题也有的地方在探索，比如说用宅基地换保障房，用经营承包权换社保，这个只能在当地开始，如果异地的话，你就没法办了，如果在当地的农民，进入当地的城市，这样做法还可以，但是异地就没法办了。

这次三中全会在政策上明确了这几条，这是非常重要的。也就是说，真正实现进城的居民的市民化，让他真正进得来，留得住，这一点是非常重要的。否则的话，你这个城市化率就是不稳定的，这是以人为核心的，以人为基础的，第一个非常重要的问题，这是我们真正实现城市化，城市居民占人口的百分比，这是第一。

第二，就是你进城来，你要让他能享受在城市里，他能够呆得下去，这也非常重要。所谓能够呆得下去，刚才我说了，就业、住房、社保、子女上学等等一系列问题，这个也是需要慎重的研究确定的，为什么？因为现在城市的规模不一样，城市的情况不一样，你不可能一刀切，北京的房价和中小城市的房价一样的话，大家都跑到北京来了，涌到北京来了，所以大城市相对来说，生活成本比较高，包括你居住的成本、生活成本都比较高，中小城市相对就比较低，这样的话，你要到大城市来拼搏，你就要准备付出更大的努力，而且要参与更大的市场竞争，不是说你进来就能进来，国外没有户籍，为什么大城市不可能膨胀的非常快？就是因为这样，因为你到大城市来以后，你的生活条件都比较高，那么你就要考虑，你能不能站得住，所以就是大中小城市和城镇协调发展，这一条是非常重要的，就是要有差别，要没有差别，大家都往大城市涌了。国家中央机关到地方任职的市长，他说我在北京那套房子在北京不显眼，但如果到中等城市的话，就是一个豪宅了，就可以买一个豪宅了，就是因为房价的差异。所以大中小城市，在生活条件上，有一定的级差，这个是合理的。没有一定的级差，就会产生人口盲目向大城市集中，这是市场需求的力量，来保持一定均衡的发展，这也是非常重要的。所以对于保障房、社保、就业等等，大中小城市的标准，我认为不应该完全一样，应该有所区别。

第三，进入城市的农民，包括原来城市的市民，他的生活条件和工作条件，都应当尽量的给他优化，那么一个城市，我觉得城市的管理，首先就是要让大家能够宜居，这和以前发展模式是不一样的。以前我们城市的发展，是在工业化的初期，往往是建了一个大的企业，然后工人到这做工，到周围建家属宿舍，然后再服务业进来，慢慢这个城市，形成了以某一个大企业为主体的，这样一个城市，像我们鞍钢、鞍山等等，都属于这种类型。那么现在来看，新型的城市化，就不能采取这样的办法，新型的城市化，首先就要考虑，人们愿意在城市里居住，就要考虑如下几个方面。

第一个就是你城市的环境要好。所谓环境好，当然最好的就是有山有水有绿地，有湿地，有森林，这样的一个城市的环境，有山有水的城市就有灵气，那么湿地是城市的肾，森林是城市的肺，一个城市要有这样的布局，对于一个城市的大环境来说，就是非常好的，这是第一。第二，就是在城市里，对于污染的排放，你要有严格的标准，现在雾霾大家都很关心，实际上这就是恩格斯说的，这是人们不应该过分陶醉于对大自然的胜利，对于每一次这样的胜利，大自然都报复了我们，这是恩格斯在1886年说的话，当时没有人重视，但是现在就看到了，由于我们过度的，没有注意环境保护，现在大自然对我们进行报复，我们就要处理好和自然的和谐关系，要逐步解决这个问题，当然这个问题不是短时间能解决的，但是我们意识到这一点，如果我们不能和自然和谐相处的话，相反的人类自身也会受到损害。所以一个城市要强调绿色发展，所谓绿色发展是三个概念，就是低碳经济、循环经济和生态经济。

① 低碳经济

低碳经济主要讲的提高能源的利用效率，减少二氧化碳排放。要实现低碳发展，要"四管齐下"，一是要发展不排放二氧化碳的产业，你比如说新能源、太阳能、风能这些新能源产业，二是现代服务业，包括现代金融业、现代信息业、现代会展业、现代咨询业、现代物流业和现代管理业等等。三是文化产业。这些都是不排放二氧化碳的产业，基本没有污染的产业，这些产业应该留在城市里。

四是要减少二氧化碳的排放，这个方面就是我们所谓的节能减排，节能减排这也是非常重要的，而且中国现在还是工业化的中期或者中后期，重化工业，钢铁工业和石化重化工业，还占有比较大的比重。所以在这种情况下，我们必须要减少能源的消耗，减少二氧化碳和其他污染物的排放，这样实行最严格的排放标准。那么在这种情况下，城市就不宜把大的重化工业摆在城市当中，应该摆在人员稀少的地方去，像北京把首钢搬迁了，这也是非常重要的，否则的话很难解决这个问题。在这个方面，我们还是有很大的潜力的，比如说火力发电，现在平均全国是350克标准煤发一度电，最先进的是280多克发一度电，我国全国300克标准煤发一度电的话，一度电就省50克煤，中央下决心到2020年单位GDP二氧化碳排放量比2005年减少40%—45%，这是很艰巨的任务，因为中国，第一是在发展，我们还要发展，不像发达国家，它已经发展的差不多了，它主要发展服务业，发展的是服务产业，第三产业，我们现在还是发展第二产业，我们是发展中国家。所以你尽管单位GDP二氧化碳排放量降低了，但是实际的二氧化碳排放量，还是在增高的，现在我们二氧化碳排放量，每年将近87亿吨，很快达到90亿吨，是世界上最大的二氧化碳排放国。因为你要发展，这是"四管齐下"之一。

第二，就是中国的特点，是化石燃料占了中国主要的部分，就是煤炭、石油、天然气，要占到 90% 能源消费，尽管我们制定了雄心勃勃的新能源计划，但是到 2020 年的时候，新能源也只能占到 15%，从现在 10% 左右，提到 15%，85% 还是要依靠化石能源，化石能源就是排放来的。在这两个情况之下，我们要把重点放在减少节能减排上，也就是说，我们要低能耗、低排放、低污染，要在这方面下大工夫。

第三，就是我们要发展利用二氧化碳的产业，所谓利用二氧化碳的产业，就包括碳酸饮料，利用二氧化碳，但是这个量很少，那么现在来看，就是在化学工业上要下大力量去研究利用二氧化碳的产业，比如大家知道，我们的光盘是聚碳酸酯，聚碳酸酯的生产路线，有一条是光气路线，光气路线它的毒性比较大，也比较危险，那么新的路线是碳酸二甲酯路线，这个碳酸二甲酯路线就是二氧化碳做的材料，很安全。当然这个聚碳酸酯是一个方面，另外我们是不是还可以探索，利用二氧化碳作为化工原料变废为宝，是不是可以进行更多的探索。

最后一条，实在不行，那就要把二氧化碳储存起来，当然森林是很好的储存二氧化碳的地方，此外，就是二氧化碳浓缩以后液化，打到废的矿井里封存，所以叫四管齐下来解决这个问题，我们才能够少排二氧化碳。

② 循环经济

循环经济讲的是充分的利用资源，提高资源的投入产出率，那么这个里头，也是四个方面。第一，能不能直接循环回用，直接用。第二，经过处理以后回用，第三，就是把它里头有用的东西给回收回来，比如说我们很多废水里，它有很多金属，可以把它回收回来，既能变废为宝，又能消除污染。第四我们要发展可再生的资源，比如说，现在国外有的利用树木，利用草来做一些东西，发展可再生能源，这就是循环经济。我们刚刚成立了中国循环经济协会，就是大力推广循环经济。

③ 生态经济

生态经济就是讲的保护和改善生态，你就得把生态环境保护好，就是要合理地加强城市的生态建设。所以我觉得要真正实现城市的绿色发展，就必须要在低碳经济、循环经济和生态经济上去做大的文章。这样使得人们，觉得这个城市环境有所改善，最后，一个城市要让大家愿意住，城市得管理好，这个管理就涉及到各方面的因素，首先政府实行电子政务，或者我们说的智慧化的服务，让服务是透明的、高效的，这样市民办事不会跑好多趟，问题能够很容易地解决，另外有很多信息，直接在政府网站上就能看到，不用去问，新的规定都能看到，这个就是政府很重要的一个方面。

第二，就是要把社区建设好，社区是城市的细胞，社区的安全舒适、服务等等都非常重要，社区里对老人、对孩子的照顾，社区的医疗，小病能够不出社区，社区的文化服务，现在我们开发商建的社区，有的对文化服务重视不够，也有的开发商非常重要，对社区的文化建设、社区里的安全等等，这都是可以用信息技术来大大改善的。所以第二是社区建设。

第三，要把城市的功能划分好。现在一些大城市，往往喜欢划成居住区、办公区等等，这个对大中型城市是合适的。但是从另一个角度，会带来交通等等方面的问题，部署的时候，就要考虑交通方便的因素。另外从将来的发展来看，有些东西，不一定需要这样，你比如有的公司，在家就可以办公，像电子商务在家就可以做，有的软件开发，你也可以在家做。不一定需要每天跑去上班，你只要到时候交活就行了。所以功能区的划分，也要根据情况实事求是。

再一个就是要解决好交通的问题，交通的问题不解决好，同样也是大的问题。我最近看了一个报道，武汉市在市里行车的话，平均车速每小时只有 20.4 公里，那就比很多城市要慢，这样的话，把很多时间要花在路上，花在交通上，拥挤不堪，你摇号、限行等等措施，实际上也不能完全解决问题，所以如何用信息技术来解决智能交通的问题，这也是我们一个非常重要的课题，也是城市管理非常重要的问题。怎么能够错开高峰，怎么能够鼓励发展公共交通，怎么能够便利出租汽车等等的服务，最后怎么能够鼓励大家共用，比如说几个同事上班，你的车今天限行，大家坐他的车，明天坐你的车，这样的方式。

所以城市要把它管理好，最后就是城市要为人民提供更多的基本服务。我上次讲的八项任务，很多都是为人民提供更多的基本服务，什么是基本服务？第一是医疗，这是重要的基本服务。现在很多城市的病人都跑到北京来大医院去看病，门口排很长的队，我看了心里挺难过，为什么？这么冷的天。第二，还有人在那倒卖号，实际在地方上能够解决好医疗问题，小病在地方上看，如果真的这个病有疑难，通过网络，专家会诊，实在要到北京来看，先给你挂上号，你到时候来就行了，这些应该是不难做到的。问题就在于，我们是不是真正为人民服务，真正能为老百姓排忧解难的态度。

教育也是非常重要的公共服务，教育资源紧缺，我曾经检查义务教育法，我到郑州看，有的班里 80 个孩子一个班，为什么？因为农村来的孩子也要上学，学校班级坐的非常挤，因为教师跟不上，那么这些问题，实际上可以用信息技术来处理好，比如说网络教学。网络教学在美国已经成为大学里，开始成为一个重要的措施了，叫 MOOC，就是利用网络教学能够互动，不一定大家集中在一个地方上课，像这些，我们在教育上，完全提供更好的服务。

在文化上，也应该可以提供更好的服务，随着人们生活水平的提高，人们对文化产品和文化服务的需求，也就高了。而且只有人们对文化的需求高，才能提高人们的思想文化道德水平。所以我到俄罗斯就很有感慨，我们去看天鹅湖芭蕾舞，500 美元一张票，对一般俄罗斯人民来说，不是低的价格，但是有的人宁愿节衣缩食，还是愿意去看。一个城市不能提供文化服务，变成一个文化沙漠的话，这个城市是没有前途的。所以文化服务也是非常重要的。

当然还有其他一系列的公共服务。我今天讲的重点，就是我们城市真正要实现新型城市化，真的以人为核心，以人为基础，就是要从人的角度来考虑这些问题，来怎么做好这方面的工作，而这方面同样会给我们 IT 企业带来巨大的商机。

所以我们这个智慧城市论坛，有个特点，我们不是开完会就算了，我们智慧城市论坛的同志们，会后到各地去宣讲智慧城市，2013 年我也去了青岛、郑州、武汉、深圳、珠海，去了解智慧城市的情况，我们真正去宣讲，这是一个。第二，真正帮助地方政府做好智慧城市的顶层设计，做好城市的规划，这一点也非常重要。我最近到珠海的横琴和深圳的前海，这两个都是列为我们和中欧合作的智慧城市试点城市，他们还不清楚，因为是 11 月 21 日签的，我 12 月去的，他们不清楚，怎么办？你们列为中欧试点了你们打算怎么办？他们还不清楚，还没有很明确的想法，所以我觉得像这些情况，我们可以帮助他们，但是要人家自愿，人家需要，我们去帮助他们做好服务，帮助他们去对话。就是按照我说的，量力而行、尽力而为，突出重点、讲求实效，不是追求表面工夫和花架子，而是要做实事，让老百姓感受到，智慧城市给他们带来便利和好处，只有这样我们的智慧城市才能够健康的顺利的发展。

今天我想我就智慧城市这四个特点，广义智慧城市和新型城市化的关系，给大家做一个简要的介绍，特别重点是强调如何实现以人为核心，或者以人为基础的新型城市化。

成思危，全国人大常委会原副委员长、中国智慧城市论坛主席、著名经济学家。

智慧城市：创新驱动、政策协同与法律保障的思考

在经济全球化、创新全球化的大背景下，新一代信息技术革命突飞猛进，物联网、云计算、"互联网＋"、大数据挖掘的冲击波和辐射力，将重塑极具包容性的百业形态，催生真正意义上的集约、智能、绿色、跨界、低碳、再生的智慧城市升级版。中国拥有城市演进的后发优势和得天独厚的人才智力资源，坚持创新驱动、四化融合，完善顶层设计，探索互联、移动、智能化及其全新商业模式涉及复杂政策与立法问题，推进智慧城市沿着法制轨道科学发展，是实现新常态经济转型升级和可持续发展战略的重大选择。

一、"互联网＋"、物联网、云计算催生智慧城市建设升级版

历史的车轮驶入 21 世纪以来，科学技术进步与创新展现新的发展态势：一是科学研究，包括基础研究和应用技术研究，进入前所未有的深度和广度，趋于复杂、交叉和融合，逼近极限、边缘和本原。二是高技术的前沿孕育并实现着一系列重大的革命性突破，智能机器人、3D 打印、燃料电池车，分布式能源、绿色健康产业等等，新的技术群和新的产业群竞相崛起。三是信息技术突飞猛进，移动与互联、互联网与物联网、大数据与云计算、移动电商以及 4G、5G 等三网融合，成为创新驱动发展的主导力量，导致新一代先进信息技术的能级跃升，并产生一批提供较长价值链、支撑就业复苏、包容增长和未来竞争力的高端产业；另一方面，互联网经济应运而生，作为一种崭新的经济形态，催生新技术、新产品、新业态、新模式不断涌现，引发了国家创新体系、产业竞争格局、企业组织形态的重大变革。其巨大冲击波及影响力有以下几个特点：

第一，市场巨大，且与日俱增。移动互联具有巨大用户群，广阔渗透率，可全面进

入电子商务和产业智能化市场领域。据统计，2014 年，全球活跃社交用户已突破了 20 亿人；全球独立移动设备用户渗透率月超过总人口的 50%；全球活跃互联网用户突破了 30 亿人。2015 年中国网民规模达 6.49 亿，互联网普及率为 47.9%。而在电子商务领域，37% 的韩国人使用手机进行网购，排名第一，中国排名第二位。

第二，有强大辐射力、穿透力和包容性。互联网几乎能与所有传统产业的跨界融合、对接、渗透，创造出全新的商业模式和经济价值。在云计算、物联网、大数据挖掘等新一代信息技术推动下，当今正在进入产业互联网时代，互联网成为革命性引擎，进一步优化要素资源配置，全面推动产业结构调整，释放企业创新发展活力，促进经济结构调整和产业转型升级进入新阶段。

第三，互联网经济形成，且具革命性、颠覆性。互联网已经从新一代信息技术创新、形成互联网思维，发展到建立互联网经济形态。这既是互联网和新一代信息技术的新高地，也是创新驱动发展战略的"新常态"。在互联网思维主导下，传统的商业模式将被重塑，流程将被重新组织，组织需要进行重新设计。互联网经济以其新的理念、新的动能、新的模式，促进产业创新、加速跨界融合、惠及社会民生、培育新的科技制高点和经济增长点。与此同时，现代城市高级形态——"智慧城市"应运而生，在世界多个国家和地区得到了普遍认同和广泛接受。智慧城市建设成为当今世界一道新的风景线。

智慧城市早期概念的出现，应当追溯到 20 世纪与 21 世纪之交。伴随信息技术、互联网经济的飞速发展，类似"数字城市"、"电子城市"、"智能城市"、"信息化城市"等概念已相继问世。

——1998 年，美国前副总统戈尔做过一份关于数字地球的报告，提出数字城市、数字社区等概念。

——1999 年 11 月，由中国科学院主办的第一届数字地球国际会议在北京召开。中国科学院院长路甬祥作为大会主席作了关于"合作开发数字地球，共享全球数据资源"的主旨发言。来自 27 个国家 500 余名代表围绕数字地球的概念、理论、技术及其应用前景开展了研讨交流，会议期间通过了旨在推进数字地球建设的《北京宣言》。

——2004 年 3 月，韩国政府推出了 u-Korea 发展战略，旨在促进韩国提前进入智能社会。2009 年韩国推出"绿色 IT 国家战略"、2011 年 6 月，发布"Smart Seoul 2015"计划（"智慧首尔 2015"）目前韩国网速和宽带覆盖率均居全球首位，互联网网速平均传输速率达 20.4M/s，家庭宽带覆盖率达 95%。

——2005 年 7 月，欧盟正式实施"i2010"战略，致力于发展新技术、建设新网络、提供新服务、创造新的媒体内容。2009 年 3 月，欧盟委员会提出了《信息通信技术研发和创新战略》，力图加大研发和创新投入，使欧盟在该领域居领先地位。其中，荷兰首都阿姆斯特丹市为欧洲智慧城市建设的典范，也是世界上率先启动智能城市建设的城市之一。

——2006年，互联网、物联网、云计算的发展，新一代信息技术迈上新的台阶。新加坡最早出台"智慧国家2015"计划，旨在运用包括物联网在内的信息技术，将新加坡建成四通八达的"国际连城"，成为亚太地区电子商务中心。

——2008年11月，IBM在美国纽约发布《智慧地球：下一代领导人议程》的主题报告，希冀把新一代信息技术充分运用于各行各业，重塑我们居住星球。2009年1月28日，奥巴马就任美国总统后，与美国工商业领袖举行了一次"圆桌会议"，听取IBM公司首席执行官彭明盛首次解说"智慧地球"概念。彭明盛建议政府投资新一代的智慧型基础设施，奥巴马接受和认同其主张，同意将经济刺激资金投入到宽带网络等新兴技术开发中去，并称这是美国在21世纪保持和夺回竞争优势的方式。"智慧地球"的战略构想上升为美国的国家级发展战略。随后，美国出台了《经济复苏和再投资法》，依法投入总额为7870亿美元的经费，推动国家智慧基础设施发展战略的落实。

2009年，IBM的主题报告和美国政府的决策，建设智慧城市的战略性、前瞻性及其蕴含的巨大商机，在世界多个国家引起关注，产生强烈反响。2009年，英国推出纲领性文件《数字英国》。同年，日本发布"i-japan战略2015"。此后德国、法国、英国、瑞典、韩国、巴西、马来西亚等多国启动智慧城市建设。其中，德国和法国智慧城市建设颇具特色。

德国设立专司智慧城市建设的职能机构，选择第一大城市柏林、欧洲金融中心法兰克福、南部风景秀丽的弗里德里希哈芬市为重点，把提高居民生活水平和增强城市综合竞争力确定为建设智慧城市的两大目标，政企合作、多方投资、因地制宜、求真务实推进智慧城市建设，已经在节能、环保、智能交通、开发节能住宅、营造"环城绿带"、控制大气排放、垃圾再利用、使用可再生能源以及远程医疗、构建高效能网络教育平台等一大批关键项目取得了令人瞩目的成效。其中，联邦政府、地方政府运用强有力的法律和政策手段为建设智慧城市设保驾护航，十分重要。

法国也在智慧城市建设方面倾注了大量精力。法国电信、施耐德集团和达索集团等诸多知名企业都设立了从事智慧城市研发、设计和服务的工作室或实验室，在政府引导下，积极投身智慧城市建设，力求实现智慧城市建设的三大效益：一是不断提升城市居民的生活质量、舒适度和幸福感，创造智慧城市的民生效益；二是优化环境，降低温室气体排放20%—40%，创造智慧城市的生态效益；三是瞄准未来全球范围智慧城市总体规模达5000亿美元以上商机，力求开发这一新兴战略性产业，获取智慧城市建设巨大经济效益。法国的成功实践得益于几个方面：一是加强在大市政架构下的跨行业合作；二是法国第二大城市里昂智慧城市新概念、新技术的整合和使用；三是从法律上维护国家数据主权和信息安全；四是坚持自主研究开发和运行云计算项目，抵制某些外国公司的经济技术垄断和控制。

互联网、物联网、云计算、大数据等新一代信息技术发展不断提速，全球智慧城市建设也正在向着新的高度、广度和维度发展。已有多个国际型智慧城市组织、国际智慧城市奖项活跃在世界舞台。组织时代为其智慧城市发展，预留了广阔空间。

二、智慧城市支撑创新驱动、四化同步与可持续发展战略

我国已进入全面建成小康社会的决定性阶段，正处于经济转型升级、加快推进社会主义现代化的重要时期，也处于新型城镇化发展的关键时期。2015 年是我国《国民经济和社会发展第十二个五年规划纲要》的收官之年，2016 年跨入具有重要意义的"十三五"新阶段。

今天，中国的历史坐标是：世界第二大经济体，最大的贸易出口国，最大的外汇储备国；中国对世界经济增长的贡献率超过 20%。全社会研究开发经费与国内生产总值的比例达 2%，已经接近发达国家水平。我国科技进步与创新也迈出实质性步伐。根据 2013 年国家组织 8000 多名专家对《国家科学与技术中长期发展规划纲要（2006—2020）》10 个领域 1149 项重大专项所做的中期评估结论，已有 149 项居于国际领先地位，占项目总数的 17%；355 项已达到国际先进水平，占 31%，599 项尚处在赶超国际先进水平阶段，占 52%。这就是说，我国在重大科技专项领域与强劲对手相比，处在跟跑、并跑、领跑"三跑"并存状态。半数领域，已经居于国际领先或处于国际先进水平，半数领域仍然处在跟踪、赶超世界先进水平。就新一代信息技术博弈和交锋而言，我国在若干个领域已实现了能级飞跃。中国超级计算机"天河"一号、"天河"二号已经两次在世界高性能计算机 Top500 强排名第一，浪潮集团高性能服务器已经占据欧洲市场，预计将在 5 年内质量性能超过美国，成为世界第一供应商。以百度、阿里巴巴、腾讯为代表的中国 BAT 互联网巨头，也在消费者生活层面，分别在搜索、电商和社交领域占据优势地位。

在智慧城市研究领域，我国是最早提出和倡导数字地球的国家之一。在 1999 年世界上第一个以数字地球为主题的国际性会议上，国务院副总理李岚清致辞指出："无论是社会的可持续发展，还是提高人们的生活质量；无论是推动当前科学技术进步，还是开拓未来知识经济的新天地，'数字地球'都具有重要意义。"这个讲话代表中国政府向世界昭示：中国启动"数字地球"战略，建设数字城市，不只是一项信息化工程。数字城市、智慧城市也不等于信息化。智慧城市的真谛，是要实现人的全面发展，是要实现社会可持续发展战略。然而，由于我国经济发展长期沿袭技术引进、产业跟踪、商业模式复制和大规模接受外国产业转移的技术路线，经济结构和发展方式始终与"不合理、

不平衡、不协调、不可持续"等忧患共存。我国实现了国内生产总值跃居世界前列，但也在资源、环境、生态等诸多方面付出了沉重代价。面对新一轮科技革命和产业革新，这种依靠引进外资和产品出口、以要素成本优势驱动的经济发展方式已没有多大空间，大量消耗资源和牺牲环境的发展老路已难以为继。根据世界银行统计：全球还正在加速耗竭自然资源的存量。20 世纪的 100 年，人类共消耗了 2650 亿吨石油天然气、1420 亿吨煤炭。人类的"能源消费"已经让地球承载力透支 20% 以上。而我国这方热土，资源透支、环境污染、生态失衡更为严重。

当今之中国处于重要历史机遇期，处在科技进步与创新的跃升期。但风险与挑战不容低估。在国内层面，我们面对资源、环境、生态等日甚一日的严重制约。在国际层面，我们面临发达国家蓄势在先和新兴国家、发展中国家追赶比拼的双重压力。正是基于对历史规律的深刻洞察和对未来趋势的准确把握，党的十八大提出新时期"新四化"的壮丽蓝图：即贯彻"集约、智能、绿色、低碳"八字方针，推进新型工业化、信息化、城镇化和农业现代化。2014 年 3 月中共中央、国务院发布了《国家新型城镇化规划（2014—2020）》。这部指导我国新型城镇化道路的纲领性文件中，第十八章第二节"推进智慧城市建设"把发展智慧城市作为顺应现代城市发展新理念新趋势，推动城市绿色发展，提高智能化水平，增强历史文化魅力，全面提升城市内在品质，推动新型城市建设的重要内容。这是我国全面深化改革和现代化建设进程中，具有里程碑意义的一页。

如何发展中国特色智慧城市？《规划》的顶层设计是这样表述的："统筹城市发展的物质资源、信息资源和智力资源利用，推动物联网、云计算、大数据等新一代信息技术创新应用，实现与城市经济社会发展深度融合。强化信息网络、数据中心等信息基础设施建设。促进跨部门、跨行业、跨地区的政务信息共享和业务协同，强化信息资源社会化开发利用，推广智慧化信息应用和新型信息服务，促进城市规划管理信息化、基础设施智能化、公共服务便捷化、产业发展现代化、社会治理精细化。增强城市要害信息系统和关键信息资源的安全保障能力。"

我的理解是，城镇化是自然历史过程，是人类社会发展的客观趋势。智慧化、城镇化是现代化的必由之路，也是促进社会全面进步的必然要求。建设智慧城市，是保持经济持续健康发展的强大引擎、加快产业结构转型升级的重要抓手、推动区域协调发展的有力支撑。实施这项复杂系统工程，要统筹城市发展的物质、信息、智力三大资源，通过新一代信息技术与城市经济社会发展的深度融合、智慧运用，实现信息资源社会化、规划管理信息化、基础设施智能化、公共服务便捷化、产业发展现代化、社会治理精细化的目标。新型城镇化，"新"在何处？我的回答是，新在"智慧"，新在智慧城市。其亮点就在于新一代信息技术的创新应用、跨界融合、信息共享、协同发展；就在于统筹整合物资、信息、智力资源，推进合作共赢的新业态、新模式、新理念、新路径；就在于建设智慧城市上升为国家战略规划。

为了启动和推进中国特色智慧城市建设这项战略，我国诸多专家、学者、业界人士，深入研究、积极探索、通力合作，开拓进取，为这项功在当代、泽被永远的事业，贡献了智慧、贡献了力量。多个部委、省市、创新团队为建设智慧城市完成了大量基础建设。

2009 年，当美国和西方国家受 IBM 智慧地球主题报告启示，启动智慧城市计划后，我国著名经济学家、战略科学家、十届全国人大常委会副委员长成思危同志于 2010 年领衔创立了中国智慧城市论坛，汇聚我国自然科学、人文科学、信息技术、先进制造技术、国土资源和环境保护领域的高端人力资源和新一代物联网、互联网、大数据、云计算、系统工程等领域科学家、创新型企业家研究论证推进智慧城市建设的重大问题。聚焦我国改革发展和智慧城市建设的目标、规划、顶层设计和发展战略问题开展深入研讨，高端互动，总结实践经验，提供决策建议。5 年来，在这个跨界、跨域、跨部门的平台上，广泛深入地开展卓有成效的学术交流合作活动。

在 2011 年中国智慧城市论坛首届大会上，成思危主席提出智慧城市"以人为基础、以土地为载体、以信息技术为先导、以资本为后盾"的广义智慧城市四大要素。2013年，他在第三届中国智慧城市大会所做的主题报告中，进一步阐述了智慧城市建设应当努力实现构建善治政府、和谐社区、精明增长、绿色经济、智慧交通、多彩文化、终身学习和全民保健等八个目标。成思危同志广义智慧城市的深刻阐述，把我国智慧城市的研究和实践推进到一个新的深度和广度，得到业内同行的广泛赞同。

在开放、多元、跨域、协同、互补的氛围中，我国著名智慧城市专家也从不同层面、不同视野、不同学科背景，对智慧城市的战略、理念和范畴等做出阐述，例如，著名经济学家辜胜阻教授对我国智慧城市演进，用信息技术语言表述为：已经从智慧城市 1.0 时代的数字化城市，2.0 时代形成互联城市或无线城市，而今进入 3.0 时代，物联网、云计算和大数据处理与挖掘的全新时期。中国科学院牛文元参事强调，智慧城市建设是信息化推动工业化、城镇化、农业现代化的时代体现；是 21 世纪创新驱动、产业升级、结构重整，实现财富充分涌流的新兴平台；承载着绿色发展、环境治理、生态文明进而实现可持续发展的历史使命。我国著名信息技术专家、中国工程院邬贺铨院士在阐述智慧城市内涵时强调：无线城市、数字城市、宽带城市、感知城市是智慧城市的必要条件；创新城市、绿色城市、宜居城市、平安城市、健康城市、幸福城市、人文城市等是智慧城市应有之意。著名信息技术专家陈如明教授系统总结当今互联网、物联网、大数据发展轨迹和主要国家理论与实践，发表多篇论文，深度介绍智慧城市设施更先进，发展更科学，管理更高效，执行更务实，环境更绿色，城市更安全，社会更和谐，生活更美好的路径选择。

基于上述理念和倡议，中国智慧城市论坛启动了智慧城市全国行，走过南京、走过武汉，走过成都、长沙、广州、杭州、青岛、厦门、连云港等多个城市，就智慧城市建设交流经验，聚合资源，服务于各地智慧城市建设。中国智慧城市论坛与南京大学智慧城市研究院、武汉智慧城市设计院、华为、中兴等走在中国智慧城市建设前列的产学研组织密切合作，协助省市完善智慧城市顶层设计和专项服务，在中国特色智慧城市建设征程上，留下了我们开拓者、探索者和执着追求者的足迹。

三、智慧城市建设涉及若干国家战略、政策、科技立法思考

2015 年，国务院总理李克强同志在政府工作报告中提出实施"中国制造 2025"和"互联网 +"行动计划，要求坚持创新驱动，智能转型，把新兴产业和新兴业态作为竞争高地，壮大信息服务产业，加快培育消费增长点，打造大众创业、万众创新的新引擎。2015 年 3 月 2 日，经国务院批准，国务院办公厅印发了《关于发展众创空间推进大众创新创业的指导意见》，为加快实施创新驱动发展战略，适应和引领经济发展新常态，就加快发展众创空间等新型创业服务平台，营造良好的创新创业生态环境，激发亿万群众创造活力，打造经济发展新引擎，做出了重要的部署。

目前，我国智慧城市建设尚处在示范、试点和规划设计初期。据有关统计，截今为止，住房和城乡建设部公布两批智慧城市试点含 193 地区、171 城市。工业与信息化部启动了中欧智慧城市试点，开展常州、扬州等中小城市试点示范。科学技术部 863 项目支持开展了 20 个试点城市。各地积极推进智慧城市建设。100% 副省级以上城市、89% 的地级城市和 47% 的县级城市都已启动了智慧城市建设步伐。这里，需要思考一个问题，对于智慧城市建设，"互联网 +"，加什么？怎么加？智慧城市如何率先垂范，构建众创空间？怎样把试点示范城市打造成最具生机与活力的众创空间？

"互联网 +"行动计划，旨在促进云计算、物联网、大数据为代表的新一代信息技术与先进制造业、现代服务业等的融合创新，发展壮大新兴业态，打造新的产业增长点。智慧城市涉及工业、农业、服务业、交通、医疗、金融、安防、物流、文化、民生等诸多领域。按国际权威机构测算，"互联网 +"推进信息化与工业化深度融合，促进传统产业互联网化转型升级，企业能增效 20%，成本降低 20%，能耗减少 10%。"互联网 +"与农业的融合，变革农产品流通模式，搭建农产品电商平台，先进信息技术在农情监测、智能灌溉、灾害防治方面的应用，其模式创新、结构创新，将释放巨大潜能。"互联网 +"与现代服务业的融合，推进电子商务模式优化升级，开创智慧商贸、智慧物流、智慧金融等全新业态、全新模式，将极大实现智慧城市经济发展提速增效转型升级。

然而，作为一项重大战略，"互联网 +"与智慧城市建设的结合，所"+"的内容，不仅是技术、产业、服务的对接和融合，而且要在通过战略、政策、法律的对接和融

合，为智慧城市优化顶层设计，提升治理能力现代化，创造良好条件，提供有力支撑。

第一，"互联网+"行动计划与智慧城市建设的结合，要从贯彻落实创新驱动发展战略的高度，完成顶层设计。要通过创新驱动、两化深度融合、四化协同发展，顺应网络时代大众创业、万众创新的新趋势，适应和引领经济发展新常态，在科技创新、产业创新、企业创新、市场创新、产品创新、业态创新、管理创新、区域创新中，提高城市现代化、信息化、智慧化的水平。另一方面，"互联网+"与智慧城市建设的融合，要按照"集约、智能、绿色、低碳"方针，使智慧城市建设成为我国可持续发展战略的主攻方向和重要抓手。随着物联网、云计算、移动互联网、大数据等新一代信息技术广泛应用，使得更实时的感知、更泛在的互联、更智能的分析得以实现，将有效提升城市规划、建设、管理和服务的智慧化水平，这不仅为解决日趋复杂的"城市病"提供了高效的手段，也将极大提升城市精准管理和公共服务水平，从而营造出智能、宜居的城市环境。总之，要把智慧城市建设与"互联网+"紧密结合，融入国家创新驱动战略、人才强国战略和可持续发展战略总体框架，列入"十三五"规划，在国家宏观战略指导下，统筹协调，分步实施，挖掘增长潜力、培育增长动力，厚植发展优势，拓展发展空间，推动经济总量跃上新台阶。

第二，"互联网+"行动计划与智慧城市建设的结合，是一项促进政策衔接、配套、协同、创新的系统工程。既要完成试点示范城市建设与我国科技、经济、文化、社会发展等诸多方面政策的对接和集成，又要在政策融合中实现观念创新、政策创新、机制体制创新，目标是运用物联网、云计算、大数据、空间地理信息等新一代信息技术的集成创新，促进城市规划、建设、管理和服务体系的现代化、信息化、智慧化，建立城市化与信息化高度融合的高级城市形态，创造更加美好的生活。

经过两年多的综合协调，经国务院同意，国务院办公厅于2014年8月27日印发了国家发展改革委、工业和信息化部、科学技术部、公安部、财政部、国土资源部、住房和城乡建设部、交通运输部联合制定《关于促进智慧城市健康发展的指导意见》。就指导智慧城市发展而言，这是一份具有里程碑意义的政策文件。一是首次明确理清智慧城市建设的指导思想、基本原则和主要目标；二是科学提出智慧城市建设顶层设计的具体要求，包括提升顶层设计战略高度、推动构建普惠化公共服务体系、支撑建立精细化社会管理体系、促进宜居化生活环境建设、加快建设智能化基础设施；三是就加大信息资源开发共享力度、积极运用新技术新业态、加强网络信息安全管理和能力建设、完善组织管理和制度建设等提出指导性意见；四是要求建立发改委等部门建立部际协调机制，协调解决智慧城市建设重大问题，加强对各地区的指导和监督，研究出台促进智慧城市健康发展相关政策。目前，智慧城市工作已经获得国家发改委、工信部、科技部、公安部、财政部、国土资源部、住建部、交通运输部、国家标准委、教育部、民政部、人力资源社会保障部、环保部、水利部、农业部、商务部、国家卫生计生委、国家旅游局、国家质检总局、国家食品药品监督总局、证监会、中国科学院、中国工程院、国家能源局、国家测绘地理信息局在内 25 个部委及中央网络安全和信息化领导小组办公室的支持。国家发改委联合 25 个部门成立的促进智慧城市健康发展部际协调工作组，制定了《促进智慧城市健康发展部际协调工作制度及 2014—2015 年工作方案》。尽管我国智慧城市建设政策协同创新还有漫长路要走，但国务院批准的指导性意见出台和部际协调机制的诞生，开启了促进智慧城市建设政策集成创新的先河。

第三、"互联网＋"与智慧城市示范试点工作的结合，应当按照全面改革的要求，积极推进治理体系和治理能力现代化。要贯彻依法治国的基本方略，体现法治是治国理政的基本方式的时代要求。目前，全国超过 300 个不同规模、不同类型的城市启动了智慧城市示范试点工作。用新一代信息技术重塑现代化城市高级形态，既是城市结构调整，也是具有相当深度和广度的综合性改革。习近平总书记强调："凡属重大改革都要于法有据。"在新常态下，我们要深化改革，转变经济发展方式，实现智慧城市建设的理念新、模式新、机制新、方式新；更要转变改革方式，树立全新的法治改革观，运用物联网、云计算、大数据、空间地理信息集成等新一代信息技术提供科学、精准信息，作为决策依据，将智慧城市改革和建设纳入法治的轨道，以科学精神、法治思维和法治方式促进、引导、规范和保障智慧城市创新、建设和运行。

改革开放以来，我国社会主义法制建设迈出了坚实步伐。2010 年，我国已经基本形成了社会主义市场经济的法律体系。但相对于我国改革开放的伟大实践来说，立法建设还明显滞后于经济建设和社会发展的需要。智慧城市建设是新探索、新模式、新事物，其法制建设、治理体系和治理能力现代化建设，应与智慧城市建设同步进行。这是一项长期的任务，一项依法治理的系统工程，要依法明确建设智慧城市的指导思想、基本原则、治理体系、顶层架构标准化问题，要提出有关互联网、物联网、云计算和大数据技术应用及公共服务体系运行的相应规范，建立缜密保障国家网络安全、信息安全的制度和措施，并且要破解信息充分公开、安全使用、合理共享与个人隐私、个人信息保护、网络知识产权等复杂难题。毋庸置疑，"互联网＋"智慧城市建设的治理体系和治理能力现代化建设，需要高超的政治智慧，需要精湛的综合技术背景，需要专门的法律政策技巧，需要整合国内治理资源，借鉴国际有益经验。我们深信，行进在网络时代大众创业、万众创新征程前列推进智慧城市建设的创新大军，定能通力合作，群策群力，众志成城，完成这项历史使命，使中国特色智慧城市建设走到世界前列，为实现中华民族伟大复兴中国梦做出自己的贡献。

段瑞春，中国科学技术法学会会长、中国智慧城市论坛执行主席。

智能、智慧及智慧城市内涵解析与广义智慧城市发展策略

一、智慧城市及广义智慧城市概念、定义及内涵解析

1. 背景

美国 IBM 公司董事长兼 CEO 彭明盛（Samuel Palmisano）在其 CEO 卸任前按 IBM 公司惯例，需要提出一个对 IBM、美国乃至全球发展有巨大影响力的发展目标，即所谓 BigThing，经积极筹划，彭明盛在 2008 年 11 月在美国抛出了"Smarter Planet，智慧地球 / 智慧星球）"的概念。Smarter 一词为 Smart（智能）的比较级，IBM 大中华区 CEO 钱大群征询了数千华人的意见后决定将其翻译成中国人及华人普遍崇尚和喜爱的名词"智慧"进行推广，并进而提出"智慧 xxx"，及"智慧地球，赢在中国"等说法，主要强调智能化与感知对产业部门应用的作用与推动经济发展的战略重要性。进而，温总理于 2009 年 8 月 7 日、2009 年 11 月 3 日、2009 年 12 月 27 日三谈"感知中国"，强调占领制高点决定国家未来。从"感知中国"的提出时段、战略目标及实质内涵来看与"智慧地球"类似，是针对"智慧地球"提出的具中国特色的具体目标，强调泛在—物联 / 传感网凸显对智能 / 智慧城市的重要标志作用。

智慧地球概念进入中国已经是 2009 年，由于城市是国家发展的核心部位，由此由智慧地球概念即转而重点聚焦智慧的城市即智慧城市的发展问题。而智慧城市真正推进是在 2011 年左右。到现在，智慧城市发展 5 年左右的时间，它的推进却越来越深入人心。中国智慧城市最大的特点是与十二五规划紧密连接在一起，规模比较大。"智慧"是大众崇尚、憧憬与神往的名词，是心灵层次升华的概念，其核心是强调人的灵性、悟性与天才创新。之所以智慧城市理念那样热火而不衰，可能是人们，特别是市长们的视野中"智慧城市"及"智慧"一词是有吸引力与幢憬的愿景目标，并有利解决"城市

病"等难题及惠民与创建政绩，他们通常想把城市难题获得有效解决，亦想发挥自己的聪明才智，使城市发展得又好又快，使城市百姓生活得美好幸福，从他们的视野来看，智慧城市这正是很合他们胃口的一种追求目标，很愿意将其与"十二五"甚至中长期规划相结合，从而智慧城市比"云计算"这一有点虚无缥缈、其实很有实有价值的目标更容易为人们所接受而较少质疑。

2011 年，智慧城市成为全球城市最关注的热点话题之一。韩国、新加坡、美国、日本、瑞典等国更进一步在实施"智慧城市"发展战略。新加坡补充加入了"云计算"、商业分析和绿色通信技术的"智慧国 2015"计划，利用信息通信技术提升数字媒体与娱乐、教育培训、医疗卫生、金融服务、贸易和物流产业、旅游零售和电子政府九大领域的发展水平等。欧盟早在 2007 年就提出了一整套智慧城市建设目标，并付诸实施。欧盟的智慧城市评价标准包括智慧经济、智慧移动性、智慧环境、智慧治理等方面。欧盟通过第七研究框架计划，对未来互联网、云计算、物联网及智慧城市等关键领域进行重点支持，共同攻克技术难关。我国也十分重视智慧城市建设，北京、上海、天津、广州、重庆、武汉、深圳、成都、宁波、佛山、无锡、南京等 30 多个城市，在 2011 年先后发布了智慧城市的规划与行动计划，并且在区域和行业先行试点，有 100 多城市已有意将未来城市发展规划中纳入智慧城市这一战略目标。据 2012 年底的一些统计称，我国已有 150 多个大、中城市结合十二五规划已将其纳入其规划甚至行动计划之中，包括在运营商积极推动下已有 370 多个包括地县级小城市在内将"智慧城市"纳入其发展规划的目标。2013 年 1 月底至 2 月初，工业和信息化部携手浙江省政府、国家标准委在北京与环保部、水利部、卫生部、国家旅游局、国家电网公司洽署了 6 项智慧城市建设示范试点项目合作协议，组织开展智慧环境、智慧水务、智慧健康、智慧旅游、电动汽车、智慧电网 6 个示范试点项目。试点项目覆盖城市发展的主要领域，累积一些值得推广的经验，解决信息化应用所面临的跨部门协同与整合等复杂问题，作为推进智慧城市建设的主管部门，工信部将进一步完善公共政策，优化发展环境，加强协调配合，更好地引导智慧城市健康发展。工信部、科技部及住建部等均在积极推进智慧城市的试点工作。住建部的新型城镇化智慧城市试点规模极为庞大，两批，包括第一批再扩展 9 个，共计试点城市达 90+9+103=202 个，还在筹划第三批，而且这种智慧城市均称为"国家智慧城市"。一些资料统计称，目前大约全国有 400 个左右城市热衷于推进发展智慧城市。

2. 概念、定义与内涵

对智慧城市定义及内涵目前根据各自不同战略利益与视野有多种不同见解，在探索、发展中，期望逐步走向趋同与融合。

a. 智慧地球——按照 IBM 的智慧地球定义，"智慧地球"包括三个维度：第一，能够更透彻地感知和度量世界的本质和变化；第二，促进世界更全面地互联互通；第三，在上述基础上，所有事物、流程、运行方式都将实现更深入的智能化，企业因此获得更智能的洞察。根据设想，在"智慧地球"时代，IT 将变成让地球智慧运转的隐性能动工具，弥漫于人、自然系统、社会体系、商业系统和各种组织中。因此，在这样的时代，IBM 希望自己能像空气一样渗透到智慧运转的每个角落，成为人类地球生存不可或缺的因素。"你可能在选择某种服务时，直接找到 IBM；或者在一些看似自然产生的服务背后，了解到提供支撑的力量也来源于 IBM。"说出这番畅想的，是 IBM 中国研究院院长李实恭。三个月后，美国迪比克市与 IBM 共同宣布，将建设美国第一个智慧城市。IBM 将采用一系列新技术武装迪比克市，将其完全数字化，并用电脑将城市的所有资源都连接起来，使其可以侦测、分析和整合各种数据，并智能化地响应市民的需求，降低城市的能耗和成本，更适合居住和商业的发展。一切看起来都仿佛在计算机的控制之下。当然，彭明盛希望那是 IBM 构建的。

b. 感知中国——2009 年 8 月 7 日温家宝总理在无锡视察时指出，第一要加快传感网和 3G 的融合；第二，要在重大科技专项中加大对传感网的投入；第三，要在剧烈的国际竞争中迅速建立中国的传感信息中心，或者说"感知中国"中心。在传感网的发展中要早一点谋划未来，早一点攻破核心技术。2009 年 11 月 13 日，国务院批准同意在无锡建设国家传感网创新示范区（国家传感网信息中心）。对此，温总理于 2009 年 8 月 7 日、2009 年 11 月 3 日、2009 年 12 月 27 日三谈"感知中国"，强调占领制高点决定国家未来。因此，从"感知中国"的提出时段、战略目标及实质内涵来看与"智慧地球"类似，是针对"智慧地球"提出的具中国特色的具体目标，在中国的这一战略总目标中"智慧城市"、"信息（化）中国"、"宽带中国"、"智能 / 智慧 / 感知 XXX"等项目，均隶属于"感知中国"这一总体集合理念中，在此究其"感知"、"认知"与"智慧"之类名词定义并非重要，关键是要务实智慧创新，早日谋划推进，掌握核心技术，而且结合中国国情，并具中国及东方智慧特色才行。甚至也有企业在"智慧城市"基础上从应用观点将其推广至"智慧中国"，但至今未见高层政界人士响应或提及这一名词。

c. 维基百科"对智慧城市的定义

智慧城市是以"智慧技术、智慧产业、智慧人文、智慧服务、智慧管理、智慧生活"等为重要内容的城市发展的新模式，是信息化向更高阶段发展的表现，具有更强的集中智慧发现问题、解决问题的能力，因而具有更强的创新发展能力。

应该说，该"维基百科"定义主要是从服务和应用角度对智慧城市的一种宏观层面的定义，若从建设和支撑层面来看智慧城市可视为是物联网行业应用的综合集成，并通过数据统一集中管理、信息的智能化与智慧处理，面向城市管理、控制与服务的一种新模式，为更好支撑城市智慧化应用，形成上述六大智慧化内容。

d. 中国电信智慧城市的相关定义

智慧城市是按照科学的城市发展理念，利用新一代信息技术，在泛在信息全面感知和互联的基础上，实现人、物、城市功能系统间无缝连接与协同联动的自感知、自适应、自优化，从而对人民生活、环境保护、城市管理、商务活动等城市功能做出智能的响应，形成具备可持续内生动力的安全、便捷、高效、绿色的城市形态。

中国电信该定义主要强调利用新一代信息通信技术为主体促使城市科学发展，对人创新的重要基础作用及资源配置综合优化未直面触及。

e. 广义智慧城市理念

中国智慧城市论坛 CSCF（China Smarter City Forum）认为，从城市发展论及知识、智能、智慧经济学观点出发，全国人大原副委员长、享誉海内外的著名经济学家，社会活动家成思危先生，对"智慧城市"给出了狭义与广义的两种较全面的定义——

狭义的定义就是用信息技术来改进城市管理，和促进城市的发展；从更广义的角度，更高的角度来看，就是怎样运用人们的智慧来管理与发展好城市。对此要做好四件事，就是四个原则，第一个是以人为基础，第二个是以土地为载体，第三是以信息技术为先导，第四是以资本为后盾，此即为城市的四大核心资源，因此广义上说，智慧城市就是如何尽可能优化地配置好城市各种核心资源，管理与发展好城市[1]。

在 2011 年我国智慧城市发展有些过热势头情况下在 2012 年第二届中国智慧城市大会上成思危提出智慧城市要**"量力而行，尽力而为，突出重点，讲求实效"**十六字发展方针。

在转方式与资本运作方面，成思危先生认为十二五期间我国要转变经济发展方式，经济转型可以讲三个"外转内"，即从依靠外需转变为依靠内需、从外延型增长转变为内涵型增长、从外生型动力转为内生型动力。现在国外提得较多的内涵型增长，就是做智慧城市，狭义来说就是用信息技术做好城市的规划管理，从广义来讲则包括经营增长、绿色建筑，等等。在 2013 年初的第三届中国智慧城市大会上成思危先生主旨报告中进一步再次强调信息技术，它是一种手段，它不是一个目的，目的还是要把城市发展和管理好，所以我们真正要讲求实效，讲求真正把人的智慧和先进的科学技术手段和城市的发展管理结合起来。而且真正成为用于城市的发展和管理，取得真正的实效；他认为推进智慧城市建设，重点要从善治政府、和谐社区、精明增长、绿色经济、智能交通、多彩文化、终身学习和全民保健这八方面发力。绿色经济包括三个部分，一是低碳经济，即提高能源的利用效率，减少二氧化碳的排放。我国是发展中国家，现在还不能承诺减少二氧化碳的排放总量，但一定要减少单位 GDP 的二氧化碳排放量，因此我国近期绿色经济的发展目标是低能耗、低排放、低污染。二是循环经济，即提高资源的利用效率，节约资源。三是生态经济，就是保护和改善生态，森林是城市的肺，湿地是城市的肾，都必须保护好。智慧城市建设，大城市方面，北京、上海已经做的有相当基础了，我们应该选一个中心城市，所谓中心城市就是当地的，中心城市成思危定义四句话，一个就是中心点，当地的经济政治文化中心，第二个是增长极，当地经济增长很重要的动力，第三个是扩散源，就是通过中心城市，可以将技术各方面，扩散到周围，第四是集散地，就是通过中心城市，把物流、人流集散起来，那么，应该选择一个中心城市，认真去做这八件事儿。

2014 第四届中国智慧城市大会上成思危就广义智慧城市与新型城市化进一步做了演讲，讲广义智慧城市和新型城市化之间的关系。究竟什么是新型的城市化，现在还是有各种不同意见，我个人还是比较主张，用广义智慧城市的概念，来分析这个问题。为什么我们要提出广义智慧城市呢？这个原因就是我们要区别数字城市、智能城市、智慧城市和广义智慧城市这四个不同城市的概念，所谓数字城市，就是把城市所有的信息数字化，便于进行数据处理，这是最低的一个层次。智能城市，就是把计算机的智能人工智能运用到城市的建设和管理上。智慧城市实际上，把计算机的人工智能和人的智慧结合起来，那么广义智慧城市，我们讲的就更广了，就是包括人、地、信息技术和资本，真正是把人的因素和利用信息技术结合起来，把城市建设好、管理好。所以这是四个不同层次的概念[1]。

广义智慧城市理念有较好包容性、可扩展性与可持续性。首先与以人为本的人文理念为基础，强调人的大脑的智慧创新的头等重要作用，并紧密瞄准城市人民的切实需求与惠民、关切民生，城市第一把手及其智囊团队在现代智能化技术支持下，包括调动城市人的智慧创新能力，应对各种城市发展难题与挑战，做出及时有效与有战略视野的综合决策，以确保城市的健康、可持续发展。同时，广义智慧理念强调了信息通信等先进科学技术的先导作用，以及根据实际情况的狭义智慧城市的先导与有效发展，而注重综合资源有效利用及顶层规划设计与建设的广义智慧城市可较符合城市市长们的视野，可较好地助力全面推进技术、政治、经济、文化、社会、生态多位一体的以智慧创新为核心的有中国特色的新型城市 / 城镇化健康、可持续发展。

3. 智能、智慧及智慧城市内涵的进一步理解

借助信息通信技术新进展，诸如泛在 – 物联 / 传感网、移动互联网、宽带光网络、云计算、MESH 及自组织网络 SON、软件定义的网络 SDN/NFV/ICN、智能运营管道等一系列新技术，建立以数字城市 / 无线城市 / 智能城市等的智能平台为基础，再加上运用人的智慧与创新能力做好顶层规划设计，尽可能优化配置好城市各种核心资源，以实现城市发展向真正的智慧城市务实迈进。对智慧城市（SMARTER City）的基本内涵亦可作如下诠释，即——Sustainability 可持续性，智慧城市的信息技术可以解决水源与动力短缺、土地有限、人口膨胀、就业压力、环境污染、道路拥堵等可持续发展难题。

Multi-dimension architecture 多维架构，智慧城市包括很多子体系，而每一个子体系可构成一个多维度的网络。Aggregation 整合与优化资源配置，智慧城市将有效利用先进的智能高效技术手段加上人的智慧创新，有效整合与优化资源配置现有的经济、文化、社会和地理等各类资源。Responsibility 责任，智慧城市各职能部门及相关企业的责任在于提高效率、务实运作，改善民生。Technology 技术，智慧城市建设离不开泛在 – 物联 /传感网、互联网、NGN/NGI/NGxx/NetSE/FIA/FN，移动互联网、宽带光网络，云计算、MESH 及 SON、SDN、大数据处理、智能运营管道等一系列新技术支撑。Enhancement 提升，提升各方面品质，包括城市生活的安全、和谐与幸福指数品质等。Realities 实际，一切讲究真实、实际、实效、务实、安全、可靠、绿色，等等。从而构成 SMARTER 这一基本涵义。

"智慧"通常指人们对事物与问题能迅速、机灵并正确地理解、处理与解决好的能力。"智慧"是大众崇尚、憧憬与神往的名词，是心灵层次升华的概念，其核心是强调人的灵性、悟性与天才创新，人称诸葛亮及爱因斯坦是智慧的化身，即是指其天才灵魂性创新，而曹植"七步成诗"、曹冲"以船秤象"及儒家、道家等"智慧说"——"知识重要，智慧更重要"；"知识是死的，智慧是活的"；"学习的最终目的不是知识的累积，而是智慧的提高"；"君子知微知彰，知柔知刚，万夫之望。"……等等，均反映出中国与东方智慧的精粹与深隧底蕴。进而，智能与智慧确有区别，即便目前人工智能 2.0 在向智能心理学、智能大脑学、智能行为学、智能情感学、智能社会学、智能经济学、智能仿生学等积极推进，然最聪明的机器人亦不能代替具有丰富感情的常人，更不能替代人的天才创新能力，从现代教育学、知识学和人工智能与智慧学观点观察，一般均认同"显性智慧"人工智能可以模拟复制，而人类心灵层次的"隐性智慧"人工智能无法模拟复制。即使是"深蓝"（Deep Blue）及"沃森"（WatSon）与国际象棋大师卡斯帕罗夫对弈取胜，亦并不说明它能终究取胜，因为人工智能机器在"HPC/CC"（高性能与云化计算）支持下，可以有比人大脑更强的存储、检索、分类能力与一定条件下的自学习、认知与分析决策能力，但此种对弈决策是工程师们根据该象棋大师棋路数据的人工智能分析决策精心设计的结果，一旦大师对弈棋路全变，便将可能取得完全相反的结果。同样，IBM 超级电脑沃森（Watson）2011 年 2 月 14—16 日（北京时间 15—17 日）亮相美国最受欢迎的智力竞赛节目《危险边缘（Jeopardy）》战胜该节目两位最成功的选手肯·詹宁斯及布拉德·鲁特亦应作类似反思。对此，一些当时的美国计算机专家的评述是十分恰当与中肯的：美国华盛顿大学计算机科学教授奥伦·埃齐奥尼说，"沃森"获胜标志着人工智能领域一个历史性时刻。不过，专家们认为，"沃森"的胜利归根到底是人类的胜利。卡内基 – 梅隆大学教授埃里克·尼贝里 2007 年开始与另外 20 多名专家共同研制"沃森"，他说，计算机可以变得越来越聪明，但是让它真正具备人类智能可能"永远做不到"。美国州立波特兰大学计算机科学教授巴特·马西认为，计算机技术进步让人愈加珍视人类独特之处，他开玩笑说："要想建一个真正像人的东西，只需9个来月，而且乐趣多多。"美国伦斯勒理工学院计算机和认知科学教授詹姆斯·亨德勒告诉美联社记者："把人类所长和'沃森'所长结合在一起，我们可以构建出一个系统，解决那些单独一方不能解决的难题。"因此，智慧确实是比智能更高层次的理念。"智"指智能化、自动化，自学习、自组织、自适应化，是智商（IQ, Intelligence Quotient）的表征；"慧"字下方有一心，指与人的心/脑密切相关，指人灵性/悟性、人文化、变革力、创造性，尤其是人的智慧头脑的天才创新力，是情商（EQ, Emotional intelligence Quotient），或者说是情商（EQ）与变商（CQ, Change Quotient）的有机融合。有一种智慧源于岁月的历练与经验的累积，另一种智慧源于灵光的闪现与心灵的火花，还有一种智慧是善于"舍得"，"智慧人生、品味舍得"即道出了这一人生真谛，更有一种智慧源于智商、情商及变商和谐协同与有机融合的提增与升华，现代信息通信为基础的高度智能化技术支撑下的未来城市发展智慧化演进及广义智慧城市的发展即属于此[2, 4, 12]！

"智慧城市"建设要"智"和"慧"协同、融合发展，而且，"智能"不等于"智慧"，"智慧"与"智能"相比确属更高层次。应充分运用泛在感知—物联/传感网、移动互联网、云计算及宽带光网络、MESH及自组织网络SON、SDN/NFV、大数据处理、智能运营管道等一系列先进ICT手段提高城市产品服务的"智"，以创造优质生态、人文和科技及融资环境，增进城市人的"慧"。在此基础上将智商、情商、变商之类与人的天才创造力融为一体，进一步更有效优化各类资源配置，建立以数字城市/无线城市/智能城市等的智能平台为基础，成为提升智慧创新环境的有效支撑平台，再加上运用人的大脑的智慧与创新能力融为一体，即三维空间域（信息网络空间域，Cyber SpaceDomain；物理空间域PhySical SpaceDomain；大脑空间域，Human Brain SpaceDomain）融为一体，继承与发扬博大精深的中国与东方"智慧学"理念，尽可能优化配置好城市各种核心资源，以实现城市发展向真正的智慧城市务实迈进，有效助力执行十八大五位一体的总体精神，推进城市/城镇化务实、又好、又快可持续发展，推动信息化和工业化深度融合、新型工业化和城镇化良性互动、新型城镇化和农业现代化相互协调，促进新型工业化、信息化、城镇化、农业现代化这新四化同步发展。无论智慧城市或新型城镇化的规划与发展，均要强调人的基础作用与核心作用。智慧城市，特别是具有更优良顶层设计与统筹协同能力的广义智慧城市理念，是推进信息化与人工智能及新型城镇化与智慧治理导向下的广义智慧城市群发展的有机结合点，必须予以充分重视与支持。

目前国际上普遍认为智慧城市是集自我创新功能、时空压缩功能、自动识别功能、智慧管理功能于一身，并高度数字化、网络化、泛在化、精准化的信息集合体，亦是进一步促进创新驱动发展的新平台。但国内外大多智慧城市为以信息技术驱动惠及民生、促进产业健康可持续发展与提高政务效率、实施善治政府等为主导的狭义智慧城市，甚至结合国家与城市特点搞一个智慧项目亦冠以智慧城市名称，但亦愈来愈多地同时提及以人为本的概念；在此，广义智慧城市包容各类狭义智慧城市发展，但更强调电脑与人脑的有机结合，即上述信息空间（C）、物理空间（P）及人脑空间（HB）这三维综合空间域融为一体，进一步扩展综合各类核心资源的优化配置利用及顶层设计的总体统筹约束，以取得更好的利用效率与价值，并能更节省与有效利用各类资源[13]。

4. 新型城镇化

对新型城镇化李克强总理强调指出，新型城镇化是以人为核心的城镇化，不能靠摊大饼，要大、中、小城市协调发展，东、中、西部地区因地制宜地推进，还要注意防止城市病。而且最近一些媒体报导，从东、中、西部十余省份采访调研发现农村青壮年剩余劳动力所剩无几，农村留守妇女、儿童、老人的"三留"现象严重，青壮年外出务工，向城市转移，60岁以上老人还是种地主力军，尽管我国目前劳动力总量依然充沛，但立足农村的青壮年劳动力加速"探底"及"用工荒"蔓延加剧等社会经济现实，促使人们思考新型城镇化应积极寻求以人为核心的"稳增长、调结构"良方已迫在眉睫！

2013年12月12—13日召开的中央城镇化工作会议根据习总书记及李总理讲话精神更制订了顶层指导细节要求，会议指出，城镇化是现代化的必由之路。推进城镇化是解决农业、农村、农民问题的重要途径，是推动区域协调发展的有力支撑，是扩大内需和促进产业升级的重要抓手，对全面建成小康社会、加快推进社会主义现代化具有重大现实意义和深远历史意义。会议要求，要紧紧围绕提高城镇化发展质量，稳步提高户籍人口城镇化水平；大力提高城镇土地利用效率、城镇建成区人口密度；切实提高能源利用效率，降低能源消耗和二氧化碳排放强度；高度重视生态安全，扩大森林、湖泊、湿地等绿色生态空间比重，增强水源涵养能力和环境容量；不断改善环境质量，减少主要污染物排放总量，控制开发强度，增强抵御和减缓自然灾害能力，提高历史文物保护水平。会议要求，要以人为本，推进以人为核心的城镇化，提高城镇人口素质和居民生活质量，把促进有能力在城镇稳定就业和生活的常住人口有序实现市民化作为首要任务。要优化布局，根据资源环境承载能力构建科学合理的城镇化宏观布局，把城市群作为主体形态，促进大中小城市和小城镇合理分工、功能互补、协同发展。要坚持生态文明，着力推进绿色发展、循环发展、低碳发展，尽可能减少对自然的干扰和损害，节约集约利用土地、水、能源等资源。要传承文化，发展有历史记忆、地域特色、民族特点的美丽城镇。会议强调，推进城镇化，既要坚持使市场在资源配置中起决定性作用，又要更好发挥政府在创造制度环境、编制发展规划、建设基础设施、提供公共服务、加强社会治理等方面的职能；中央制定大政方针、确定城镇化总体规划和战略布局，地方则从实际出发，贯彻落实总体规划，制定相应规划，创造性开展建设和管理工作。

会议提出了推进城镇化的六项主要任务：推进农业转移人口市民化；提高城镇建设用地利用效率；建立多元可持续的资金保障机制；优化城镇化布局和形态；提高城镇建设水平；加强对城镇化的管理。会议指出，城镇化是长期的历史进程，要科学有序、积极稳妥地向前推进。新型城镇化要找准着力点，有序推进农村转移人口市民化，深入实施城镇棚户区改造，注重中西部地区城镇化。在具体工作中，要科学规划实施，加强相关法规、标准和制度建设。坚持因地制宜，探索各具特色的城镇化发展模式。智慧城市必将有效助力新型城镇化的推进与发展。

在 2015 年春节后二月下旬严重雾霾一周之际，习近平总书记考察北京时就北京发展和管理提出了五点要求：一是要明确城市战略定位，坚持和强化首都全国政治中心、文化中心、国际交往中心、科技创新中心的核心功能，深入实施人文北京、科技北京、绿色北京战略，努力把北京建设成为国际一流的和谐宜居之都。二是要调整疏解非首都核心功能，优化三次产业结构，优化产业特别是工业项目选择，突出高端化、服务化、集聚化、融合化、低碳化，有效控制人口规模，增强区域人口均衡分布，促进区域均衡发展。三是要提升城市建设特别是基础设施建设质量，形成适度超前、相互衔接、满足未来需求的功能体系，遏制城市"摊大饼"式发展，以创造历史、追求艺术的高度负责精神，打造首都建设的精品力作。四是要健全城市管理体制，提高城市管理水平，尤其要加强市政设施运行管理、交通管理、环境管理、应急管理，推进城市管理目标、方法、模式现代化。五是要加大大气污染治理力度，应对雾霾污染、改善空气质量的首要任务是控制 PM2.5，要从压减燃煤、严格控车、调整产业、强化管理、联防联控、依法治理等方面采取重大举措，聚焦重点领域，严格指标考核，加强环境执法监管，认真进行责任追究。显然建设和谐宜居绿色的智慧北京与中国特色的智慧城市已成当务之急！

2014 年 3 月 5 日，第十二届全国人民代表大会第二次会议李克强总理作政府工作报告，对推进"以人为核心的新型城镇化"强调指出城镇化是现代化的必由之路，是破除城乡二元结构的重要依托。要健全城乡发展一体化体制机制，坚持走以人为本、四化同步、优化布局、生态文明、传承文化的新型城镇化道路，遵循发展规律，积极稳妥推进，着力提升质量。今后一个时期，着重解决好现有"三个 1 亿人"问题，促进约 1 亿农业转移人口落户城镇，改造约 1 亿人居住的城镇棚户区和城中村，引导约 1 亿人在中西部地区就近城镇化。

2014 年 9 月 16 日国务院总理李克强主持召开推进新型城镇化建设试点工作座谈会并作重要讲话。他表示，新型城镇化贵在突出"新"字、核心在写好"人"字，要以着力解决好"三个 1 亿人"问题为切入点。同时指出，应把进城农民纳入城镇住房和社会保障体系，促进约 1 亿农业转移人口落户城镇，不能让他们"悬在半空"。

新型城镇化应以人为本而不是以地为本；让市场起决定性作用而不是由政府大包大揽；以工业化为推动力而不是以土地炒作导致经济泡沫化；以人口城镇化为重点而不是以中心城区高楼大厦集聚为亮点；以传承文化解乡愁为导向而不是以崇洋媚外为思路。新型城镇化应走产业兴旺、集约高效、环境友好、功能齐全、社会公平、个性鲜明、区域协调发展的康庄大道。此次确定省、市、县、镇不同层级，东中西不同区域 62 个地方开展试点，并以中小城市和小城镇为重点，是用中国城镇的 10% 来探索实现"中国梦"的幸福未来！

进尔，在 2015 年 3 月 5 日十二届全国人大会上李克强总理所作政府工作报告中对智慧城市的战略重要论述及"人民网"相关解读亦为一大亮点，在谈城镇化时提及"发展智慧城市，保护和传承历史、地域文化"。"发展智慧城市是个重大的战略方向，是信息化与城镇化的最切实的结合点，能带动产业升级，其中蕴藏着大产业、大机遇、大前途"。而涉及民生、惠民之治国之道时强调"立国之道，惟在富民"，"民之疾苦，国之要事"，"要坚决把民生底线兜住兜牢。持续推进民生改革和社会建设"。"立国之道，惟在富民"，"要以推进民生福祉为目的，加快发展社会事业，改革完善收入分配制度，千方百计增加居民收入，促进社会公平正义与和谐进步[16, 20]"。

涉及新型城镇化与以人为核心的创新驱动的重要会议要求及习总书记与李总理的有关顶层指导思想应成为广义智慧城市顶层总体设计及建设规划推进的基本指导思想。

二、广义智慧城市发展中大数据处理及其价值利用的重要性

1. 大数据的兴起及其度量与基本特征

2001 年，Gartner 的研究员道格·莱尼将数据增长的挑战定义为 3 个方面（3V）：日益增长的数据量（Volume）、速度（Velocity）、多样性（Variety）。2011 年 5 月，维克托·迈尔 – 舍恩伯格［Viktor Mayer-Schönberger］在《大数据时代》一书中，指出大数据时代与传统"小数据"时代在处理数据的理念方面的巨大转变，企业必须积极适应、应对大数据的巨大转变，才能在未来的激烈竞争中占据有利地位，否则将会在整个价值链中被边缘化。

尔后，随着 P2P 对等互联、社交网络、移动互联网、泛在感知—物联 / 传感网、云计算等快速兴起及视频监控、视频在线、数码摄像、智能终端、应用商店等的快速扩展与普及，乃至其综合需求表现的热点方向智慧城市的发展，全球数据量以 40%—50% 的增长率在爆炸式增长，即使在全球遭遇金融危机的 2009 年，全球信息量比 2008 年度增长 62%，达到 80 万 PB（千万万亿，10^{15}）字节量级，2010 年又增达 120 万 PB 量级；

而且据 IDC 预测，至 2020 年全球以电子式存储的数据量将达 32ZB（十万亿亿字节，即 10^{21} 字节）。以 120 万 PB 数据量级为例，如果将其刻录在 DVD 上，再将这些盘片堆叠起来，就可从地球垒到月球的一个来回！这便是大数据量的基本概念，对此电信运营商哀叹其网络无休止扩容同时，却面临"增量不增收"的困境；而一些采用"数据驱动型决策"模式经营的公司，则可将其生产力提增 5%—6%，看有多大区别。

所谓大数据（big data），或称巨量资料，指的是所涉及的数据量规模巨大到无法通过目前现有主流软件工具，在合理时间内有效达到采集、存储、分析处理并整理成帮助企业可形成经营决策和管理能力的数据集，因此在指定时间及地点大数据亦有其动态性与相对性。

大数据量有关度量为

1KB（Kilobyte 千字节）=1024B，

1MB（Megabyte 兆字节　简称"兆"）=1024KB，M. 10^6

1GB（Gigabyte 吉字节　又称"千兆"）=1024MB，G. 10^9

1TB（Trillionbyte 万亿字节　太字节）=1024GB，T. 10^12

1PB（Petabyte 千万亿字节　拍字节）=1024TB，P. 10^15

1EB（Exabyte 百亿亿字节　艾字节）=1024PB，E. 10^18

1ZB（Zettabyte 十万亿亿字节　泽字节）= 1024EB，Z. 10^21

1YB（Yottabyte 一亿亿亿字节　尧字节）= 1024ZB，Y. 10^24

1BB（Brontobyte 一千亿亿亿字节　勃字节）= 1024YB.，B. 10^27

其中"兆"为百万级数量单位 1×10^6［10^6］。

目前的大数据已不是原先常说的 GB、TB，而是 PB 乃至 ZB 或更高，将来还会扩展其上界面。笼统说亦不仅称"海量"，而扩展称"巨量"及"超量"等，按 $10^3/10^6$ 之类步阶方式跃变。

数据类型繁多，愈来愈多为上述非传统型文本、网页、图片、视频、高清及 3D 图像与位置信息等各种半结构化和非结构化数据信息。

对于大数据时代，目前通常认为已由 2001 年道格 . 莱尼定义的"3V"演变为下述五大特征"Volume、Variety、Velocity、Value、Veracity"，亦常称为"5V"特征——

a. 量大（Volume Big），如上所述已从 TB 进入 PB 乃至 ZB，可称海量、巨量乃至超量。

b. 多样化（Variety Type），数据类型繁多，愈来愈多为上述非传统型文本、网页、图片、视频、高清及 3D 图像与位置信息等各种半结构化和非结构化数据信息。

c. 快速化（Velocity Fast），往往为高速实时数据流，而且往往需要快速、持续的实时处理，这方面与以往传统数据挖掘有本质不同，处理工具亦在快速演进，软件工程及人工智能等包括机器学习和自然语言处理等均可能介入。

d. 价值高和密度低（Value High and Low Density），以视频安全监控为例，连续不断的监控流中，有重大价值者可能仅为一两秒的数据流；360度全方位视频监控的以往死角处，可能会挖掘出最有价值的图像信息。

e. 准确真实性（Veracity），此低密度的高价值即源于其正确真实性，这才是大数据处理发挥出其巨大价值与作用的本质所在。IBM超级电脑"深蓝"（Deep Blue）及沃森（Watson）与国际象棋大师对弈取胜，以及沃森（WatSon）亮相美国最受欢迎的智力竞赛节目《危险边缘（Jeopardy）》战胜该节目两位最成功的选手等均为此明显示例[17, 19]。

2. 大数据点睛智慧城市发展

大数据涉及智慧城市发展的各行各业与各个领域，诸如金融、保险、政务、安防、工业、农业、能源、交通、环保、气象、电信、教育、地产、物流、证券、科学计算、国防军事、社会管理、医疗保健、食品安全、社区园区与突发/热点事件预测等方方面面，因此智慧城市发展必然要产生"大数据"，有关统计资料表明目前与智慧城市相关项目产生的数据量已达PB、EB量级或更高，因此构建好智慧城市的合理优良的数据架构、进行好相应大数据分析、挖掘、处理、整合、共享，及时有效利用大数据的真正价值所在，有重大战略意义，并已成当务之急。"大数据点睛智慧城市发展"正点出了这一重要发展趋势及其价值所在！

大数据处理涉及多重领域、多方面技术，有如：数据采集、数据存取、基础架构、数据处理、统计分析、数据挖掘、结果呈现 等。以数据挖掘为例即有分类（Classification）、估计（Estimation）、预测（Prediction）、相关性分组或关联规则（Affinity grouping or association rules）、聚类（Clustering）、语义分析（Semantic analysis）、描述和可视化（Description and Visualization）、复杂数据类型挖掘（Text，Web，图形图像，视频，音频等）；模型预测有预测模型、机器学习、建模仿真等；结果呈现有云计算、标签云、关系图、全视图表达等。

一般说来结构性数据的大数据处理借助关系型数据库技术，相对已较为成熟，非结构性数据场合大数据处理有较多挑战。此时信息采集、网页预处理、网页分类等处理流程，以及借助自然语言处理进行网页信息摘要、热点事件预测与情感分析等处理方法均很有讲究。

虽然应该说，大数据确实开创了信息资源利用新时代，但有价值的大数据及时有效发掘应用决非轻而易举，已采集下来的大数据的有价值处理挖掘者仅为沧海一粟、冰山一角，将此价值挖掘出来尤如大海捞针，难度非比寻常。从而对此仍属起始探索阶段，特别是对愈来愈多的非结构性数据（80%左右或更多）；有价值的小数据亦往往深藏于大数据之中，但决非是常说的大数据内深藏黄金，似乎可垂手而得。大数据的核心要求，诸如高并发读写、高效率存储访问、高扩展性和高可用性等使得传统 SQL（结构化查询语言，Structured Query Language）已无能为力，从而导致 NoSQL 数据模式应用变得流行，如 Google 的 BigTable、Facebook 的 Cassandra 及 Amazon 的 Dynamo 等均为典型示例。另一方面，商业智能 B I 系统不论其呈现给用户的应用面为哪种形式，不论其采用的技术为 MDM（Master Data Management）、动态实时分析（OLAP）、数据挖掘（Data Mining）等，不论其数据架构为数据仓库（Data Warehouse）、数据集市（Data Mart）或者 Hadoop，该应用系统整体架构的最底层必为数据整合（ETL）的机制；这亦为包括应对非结构型大数据挑战而构建全方位数据整合提供了坚实基础。

目前包括应对非结构型数据目标在内以及在大数据存储、分析、挖掘、管理在内的大数据领域已产生不少知名企业及其创新成果与实际应用，上述 Google、Facebook 及 Amazon 等均为众所周知的典型示例。包括应对非结构型数据应对在内的大数据存储、分析、挖掘、处理、管理等应用较好的一些企业有如：Trinity Data 全方位数据整合平台，华为的 ManageOne 数据中心管理解决方案，EMC 的 Isilon 存储平台，HP 的 StoreAll 极速搜索，曙光 X Data 高性能并行处理大型一体机，HDC UPC 统一架构、可扩展虚拟化平台，Wynlink 基于云代理和 Hadoop 技术有机结合、具全面动态智能资源管理能力的云变平台大数据中心，等等。下面不妨以 Trinity Data 及华为两公司为例作稍详细介绍——

2013 年，大数据专业厂商 Trinity Data 正式进入中国市场。Trinity Data 帮助企业 CIO/CEO 应对大数据的挑战，化繁为简，以成熟的产品、开放的平台、灵活的服务、合理的价格助力客户成功实施大数据环境的数据整合、管控、分析、应用及安全，最终帮助企业实现业务增值，导入全方位数据整合平台，发挥 BI 极致效益，无缝连接关系数据库与 Hadoop，快速导入 BigData 分析应用。近几年 BigData 如何导入 BigData 应用与企业数据分析，却因缺乏成熟的工具或应用软件，导致开发人员由摸索学习 Hadoop 开始、然后编写许多复杂的程序。为了协助企业加速导入 BigData 分析应用，Trinity 提供 BigData ETL 数据整合管理，将 Hadoop 复杂的 MapReduce 处理程序纳入排程管理控管，不但增进管理性，更大幅减少程序开发而提升生产力。Trinity 是一套可充分支持 BI 系统且助其发挥极致效益的数据整合平台，具备下列优势：易学易用、强大且完整的功能，缩短导入与变更开发时间。Trinity 提供简易 GUI 与强大的功能模块，简化开发过程、降低开发成本，进而缩短系统导入与变更时的上线时间。高弹性扩充架构，满足快速变动的业务需求。通过内嵌组件 plug-in，Trinity 用户可依需求定制开发 Java、C+ 等组件，扩充系统功能，让系统的应用更具弹性以迅速反应业务需求，提升整体绩效。首创工作排程管理整合，提供 End-to-End 全方位作业控管。Trinity 独家内建工作排程管理系统，将复杂的数据整合工作流程，以创新的分布式架构执行，并透过易学易用的 GUI 轻松进行繁复的流程设计及大量作业的维运管理。此外，BI 系统的作业从底层源数据汇整，直到前端报表产出，虽然横跨多套 AP 或程序，实应视为一体。Trinity 的流程管理在具体实施时，可涵盖 End-to-End（源数据汇总至最终报表输出）作业的整体流程控管。无缝连接关系数据库与 Hadoop，快速导入 BigData 分析应用。近几年 BigData 成为显学，但如何导入 BigData 应用与企业数据分析，却因缺乏成熟的工具或应用软件，导致开发人员由摸索学习 Hadoop 开始、然后编写许多复杂的程序。为了协助企业加速导入 BigData 分析应用，Trinity 提供 BigData ETL 管理，将 Hadoop 复杂的 MapReduce 处理程序纳入排程管理控管，不但增进管理性，更大幅减少程序开发而提升生产力。

"Trinity"是一套可充分支持 BI 系统且助其发挥极致效益的数据整合平台，目前基于关系型数据的 BI 技术诸如 OLAP、Mining 等都已成熟，许多企业也已建立 BI 系统，在数据的分析应用端应符合现有需求，目前的困难是难以处理 Big Data，而通过简单易用的 Big Data ETL 作业，Trinity 可将半结构与非结构化数据作为 BI 底层的新数据源，与既有的关系型数据一并汇总纳入企业数据仓库中，后面即可套用业界成熟的数据分析方案，这是一种较好的思路。

华为 Manage One 数据中心管理解决方案——

包括诸多实际大数据应用解决方案，诸如，数据中心容灾解决方案，数据中心整合解决方案，ManageOne 数据中心管理解决方案，MicroDC 微数据中心解决方案，无带化高清全台网数据中心解决方案，天下大势——下一代数据中心 DC^2。亦已有不少成功应用案例，诸如，高清桌面云携手 MicroDC 加速企业信息化——华为助力中冶新加坡打造建筑应用新标杆，华为云园区数据中心解决方案，IDC 公有云解决方案，源商云数据中心绽放上海杨浦，打造企业未来十年 IT 基础—招商局集团数据中心项目，模块化数据中心快速部署—凤凰新媒体数据中心机房项目，首都电子政务第一朵云—北京市政务云平台互联网云项目，华为云计算助力四川审计系统信息化—四川省审计厅金审二期项目，华为云数据中心助力凤凰卫视展翅高飞，华为集装箱数据中心助力 HATCH 轻松应对业务增长，华为 MicroDC 助力中国银行里斯本分行快速开展业务，绿色高效 IT 设备建设电子政务外网平台—辽宁省电子政务云计算数据中心基础设施项目，华为万人桌面云数据中心成为全球样板……等等。

从战略层面观察开始，对此大数据挖掘处理至少有三方面问题应特别注意——a. 构建开放创新的结构化环境，有如元数据标准化、自然语言深度理解（NLDU，Natural Language Deeply Understanding）、语义解析、模式识别、情感分析、知识体系化认识等；b. 智慧创新与务实落地应用，处理价位亦应为智慧城市大规模扩展应用所能接受，并确保数据的安全可靠性；c. 适应大数据五大特征，推进其挖掘处理的芯片、处理软件与算法及操作系统技术，等。

如上所述，由于大数据涉及智慧城市发展的各行各业与各个领域，智慧城市发展必然要产生"大数据"，智慧城市，特别是广义智慧城市必然要在大数据环境中发展、运行，因此构建好智慧城市的合理优良的数据架构、进行好相应大数据安全地开放、分析、挖掘、处理、整合、共享，及时有效利用大数据的真正价值所在，显然有重大战略意义，并已成当务之急。"大数据点睛智慧城市发展"正点出了这一重要发展趋势及其价值所在！为此中国智慧城市论坛在确定并有效实施了2013年以智慧城市助力新型城镇化为主题的全国行经验基础上，确定了2014年的全国行主题为"大数据点睛智慧城市发展"，确信顶层设计深度研讨，测评体系与发展水平指数研究确立和大数据价值有效挖掘探索是务实发展广义智慧城市的三大研究目标，必须认认真真、踏踏实实地有效务实推进，包括其示范试点检验，尔后推广。

三、广义智慧城市务实发展策略思考

1. 确立明确的顶层指导思想，是执行好广义智慧城市顶层设计的关键

如众所知，一个国家的政府处于国家社会的核心与领导地位，肩负整个社会的指导、协调、管理、控制及服务等诸多功能，并掌控整个国家的经济发展、社会进步、文化繁荣、环境控制及人民生活质量保障等等，对国家社会这一极为庞大的复杂巨系统，在信息化、网络化、智能化时代，政府执行其智慧化管理功能时基本途径是通过收集上述各类功能的重要信息，包括上下沟通快速迭代运作，进行综合加工整理和方案拟订乃至预演后，向公众发布相关指令性、调控性、管理性、解释性及服务性等顶层信息集合，同时快速地收集社会各界与人们对此的有益反馈信息，进行及时分析处理，以便对此顶层信息集执行迭代式修正和优化，达到较满意的复杂的社会巨系统的运行实施结果。

虽然现今在这智慧城市火热发展浪潮中，尚未形成全国统一行动的"智慧中国"理念，但党中央和国家最高领导人亲自指导与智慧城市密切相关的新型城镇化的规划与发展，如上所述，习总书记及李总理的上述有关重要讲话与指示精神以及相关会议与规划和政策法规文件均应作为广义智慧城市顶层设计的重要指导思想与原则，规范此顶层设计框架制订与实施推进。由于政府部门处于社会的核心与领导地位，从而智慧城市发展对智慧政务或善治政府尤应注重。

2. 广义智慧城市顶层设计策略的一些思考

A. 顶层设计中顶层的基本涵义

a. 顶层设计，是战略层面的总体蓝图设计，有高瞻远嘱性、统筹协同性及智能智慧性的统一总体规划设计。

b. 广义智慧城市如上所述，应有效助力执行十八大五位一体的总体精神，推进城市 / 城镇化务实、又好、又快可持续发展，推动信息化和工业化深度融合、新型工业化和城镇化良性互动、新型城镇化和农业现代化相互协调，促进新型工业化、信息化、城镇化、农业现代化这新四化同步发展这一国家级顶层的战略要求，从而涉及新型城镇化与以人为核心的创新驱动的重要会议要求及习总书记与李总理我国最高层领导的有关顶层指导思想应成为广义智慧城市顶层总体设计及建设规划推进的基本指导思想。

c. 有些与信息技术相关的顶层设计方法论，如 IEM（Information Engineering Methodology）信息工程方法论认为，大型信息系统建设应有四个层次的工作：高层构思，即业务领导和高管层提出系统建设的顶层要求和发展愿景；业务域分析，即按相关的业务域（职能域）进行需求分析和业务建模；接下来，是系统设计和建造的中下层工作。这就是面向对象信息工程（OOIE）的"金字塔模型"，该模型的上两层，就是顶层设计层，是以信息工程方法论（IEM）为指导的主要工作；下两层属于软件工程方法论（SEM）的工作，即通常的系统设计和建造工作。

B. 广义智慧城市顶层设计的基本思路

广义智慧城市的顶层设计，是一个城市战略层面的总体蓝图设计，是从全方位的视角对城市各种核心资源进行有效统筹协同联合优化的总体约束设计，使城市规划设计与建设推进均遵从这一顶层理念上的约束设计要求，以保证这些核心资源能统筹协同联合优化地有效发挥好作用。进行广义智慧城市顶层架构的设计，对整个架构的各个方面、各种参与力量、各种正面的促进因素和负面的限制因素进行统筹规划和设计，力争达到人、地、信息、资本、环境与信息应用发展之间的统筹、协调，以便顺利地将广义智慧城市向前推进。

顶层设计对广义智慧城市建设的成效至关重要，可以说，没有一个好的广义智慧城市的顶层设计，便不可能有一个良好顶端规划与建设实施及智慧化运营、决策管理和智慧服务、惠及民生的智慧城市，顶层设计的好坏决定着广义智慧城市的成功与否及成效多寡。目前全世界的广义智慧城市建设还处在摸索过程中，亟需全面整体的技术模型来规范软件、接口、体系标准等关键要素，尤其在中国条块分割的行政体系下，广义智慧城市推进如果没有一个整体性的顶层设计指导，在实施过程中必然会遭遇各自为政、信息孤岛、部门利益驱动下的不很好协同运作等城市信息化建设的老问题，从而增加广义智慧城市建设不有效乃至失败的风险。

"广义智慧城市"的基本内涵是将视野聚集在人、地、信息、资本四要素上，利用信息技术相关工具为先导、依托人的智慧，进行综合统筹、平衡考虑的复杂巨系统工程；将有效助力新型工业化、信息化、城镇化、农业现代化这"新四化"的有机融合发展，并建设绿色、宜居及幸福的生活环境；使城市能够集约、绿色、宜人、可持续地发展。广义智慧城市亦将有效助力推进新型城镇化的发展。在广义智慧城市建设中应避免"有居民、无产业"，"有样子、不惠民"，"有智能、不智慧"。广义智慧城市是对智慧城市的拓展，是在更大、更多元层面上进行协同综合优化的智慧城市建设。成思危先生创导的广义智慧城市基本理念，包容着狭义智慧城市，即目前人们常说的以信息技术为主体的智慧城市，甚至针对城市特点以某一智慧项目为目标的智慧城市，但要指出缺乏较好统筹协同的过份狭义的智慧城市发展有很多负面因素，必须向广义智慧城市发展才好，当然目前一些以信息技术为主体的智慧城市发展均在向广义化、向以人为核心、以人为基础、惠民等目标发展，但其整体规划没有像广义智慧城那样在更多元层面上进行协同综合优化的顶层设计与规划建设考虑，因此有必要施加影响，鼓励其向理念与架构更完美的广义智慧城市融合发展，这便是较多强调广义智慧城市，甚至将一些在广义化方向上做得较好的智慧城市亦称之谓广义智慧城市的原委。目前，我国智慧城市、广义智慧城市的建设已经步入从启动至规划与分阶段、分步骤推进建设的快速发展阶段，全国上百个城市都提出了智慧城市的建设方案，大规模的城市信息化升级正在拉开帷幕。广义智慧城市建设是一项复杂的巨系统工程，要完成这种复杂工程，需要以理念一致、功能协调、结构统一、资源共享、部件标准化等综合集成系统学及方法论（系统方法论），从全局视角出发，对项目的各个层次、要素进行统筹优化考虑与推进。就像习近平总书记加强对权力运行的制约和监督的名言"把权力关进制度的笼子里"一样，要做好广义智慧城市各部门及核心资源的综合统筹协同优化工作，必须编织好广义智慧城市顶层设计这一总体框架设计笼子，而且广义智慧城市发展为一个较漫长的过程，这一统筹协同总体顶层设计规划笼子亦必然要分步骤、有序发展地不断进一步完善编织。

C.广义智慧城市顶层设计方法论

广义智慧城市是一个复杂巨系统，目前，全球"广义智慧城市"的建设仍处于起步阶段，相关理论还较为匮乏。由于缺乏成熟的理论体系、完善的标准体系以及成功的国际案例做支撑，大多数地区的建设实践都处于小范围试点或零星的行业应用阶段。但有一些成熟的理论体系可供规划设计参考，在做广义智慧城市规划设计时，将充分参考业界领先的理论体系以及自身在广义智慧城市的理论研究中积累的理论基础，合理规划设计广义智慧城市整体架构。

EA（FEA、TOGAF）框架体系

企业架构（EA）作为信息化的方法论，不仅描述了业务架构、数据架构、应用架构和技术架构等架构模型和相互关系，而且定义了路线图及用架构控制 IT 项目的治理方法。企业架构是 IT 与业务真正融合的方法论，已经成为信息化领域的热点和制高点。

它能在对业务战略和流程理解的基础上，进行信息化顶层设计，形成灵活稳健的 IT 结构，构建和谐的 IT 环境，EA 规划包括五部分内容：整体分析、业务架构分析、应用架构分析、数据架构分析和技术架构分析，重点在于通过分层关注梳理每个要素的结构，通过关联形成有机的整体。

联邦企业架构（FEA）是美国联邦政府在用的一个顶层架构，相当于美国政府电子政务的顶层设计。FEA 是一个在用的 EA，拥有完整的方法论体系，FEA 对于广义智慧城市顶层设计具有重要的借鉴意义。

随着信息化的深入发展，如何避免信息化过程中"只见树木、不见森林"的盲目建设，实现"合作、共享和重用"的信息化目标，企业架构方法论应运而生，并得到了迅速发展。开放组（The Open Group）是一个致力于企业架构框架开发及认证推广的国际非赢利性组织，其宗旨是创造"无边界信息流"。开放组推出的企业架构框架 TOGAF 在全球得到了广泛采用。2009 年推出的最新版 TOGAF9 增加了架构内容框架、架构能力框架及 SOA 等内容，已经成为了一个非常完整的顶层设计架构开发方法论。

SOA（Service-Oriented Architecture）架构

面向服务的体系结构（Service-Oriented Architecture，SOA）是一个组件模型，它将应用程序的不同功能单元（称为服务）通过这些服务之间定义良好的接口和契约联系起来。接口是采用中立的方式进行定义的，它应该独立于实现服务的硬件平台、操作系统和编程语言。这使得构建在各种各样的系统中的服务可以以一种统一和通用的方式进行交互。

新一代信息技术为广义智慧城市提供了基础，SOA 技术为广义智慧城市应用中的数据融合与服务融合提供了关键的技术支持，按此可提出建设广义智慧城市需要规划先行、合理布局、应用驱动、注重实效、自主可控、长效发展。

IEM（Information Engineering Methodology）方法

如上所述，IEM 信息工程方法论认为，大型信息系统建设应有四个层次的工作，这就是面向对象信息工程（OOIE）的"金字塔模型"，该模型的上两层，就是顶层设计层，是以信息工程方法论（IEM）为指导的主要工作；下两层属于软件工程方法论（SEM）的工作，即通常的系统设计和建造工作。

Cobit IT 治理

Cobit IT 治理虽然是 IT 领域的理论基础，但是信息化在广义智慧城市建设中有着十分重要的地位。"IT 审计"已经成为众多国家的政府部门、企业对 IT 的计划与组织、采购与实施、服务提供与服务支持、监督与控制等进行全面考核与认可的业界标准。作为 IT 治理的核心模型，COBIT 包含 34 个信息技术过程控制，并归集为四个控制域：IT 规划和组织（Planning and Organization）、系统获得和实施（Acquisition and Implementation）、交付与支持（Delivery and Support）以及信息系统运行性能监控（Monitoring）。COBIT 目前已成为国际上公认的 IT 管理与控制标准。已在世界一百多个国家的重要组织与企业中运用，指导这些组织有效地利用信息资源，有效地管理与信息相关的风险。该理论应用于广义智慧城市的意义在于：实现广义智慧城市目标与 IT 治理目标之间的桥梁作用。

ITIL 政府 IT 服务管理

ITIL 即 IT 基础架构库（Information Technology Infrastructure Library，ITIL，信息技术基础架构库）由英国政府部门 CCTA（Central Computing and Telecommunications Agency）在 20 世纪 80 年代末制订，现由英国商务部 OGC（Office of Government Commerce）负责管理，主要适用于 IT 服务管理（ITSM）。ITIL 提供了一个指导性框架，这个框架可以保留组织现有 IT 管理方法中的合理部分，同时增加必要的技术，并且方便了各种 IT 职能间的沟通和协调。

共享服务中心（SSC）理念与最佳实践

共享服务中心的概念，始于 20 世纪的美国，其原理是将公司（或集团）范围内的共用的职能 / 功能集中起来，高质量、低成本地向各个业务单元 / 部门提供标准化的服务。共享服务中心所集中的通常是诸如财务、信息系统、人力资源、法律、采购、研发等职能，通过这种方式，既可以发挥规模效应、节约成本，同时也有助于保证这些职能的质量和一致性。一般而言，采用共享服务中心模式的企业，多为跨国、跨区域的大型公司，这是因为只有规模达到一定的程度，共享服务模式才会产生更大的经济性。该理论和最佳实践应用于广义智慧城市的设计，关键点在于提供一种思路，如何去服务市民、社会、企业，降低社会总成本。

此外，以 C4ISR 为主要目标的美国国防部的体系结构框架 DODAF 中数据为中心的一些设计方法的有益之处及敏捷顶层设计架构 ATA 中基于适应大环境变化反馈触发敏捷迭代（Agile Itelation）与强调促使人员智慧参与、沟通、协作与讨论的有益思想，必要与可能时均值得吸取。由于广义智慧城市实际智慧化运营特别要强调云化运营的作用，由此，这十种左右基本方法协议中尤其应特别重视支持云化作用的 SOA，可考虑以此为基础并可与其它协议有效互通，一些有如智慧政务、智慧交通等智慧 XX 项目中在国内外应用中已应用较多的协议 EA（FEA、TOGAF）、IEM 等可予保留并直接互通；还有一些情况是涉及一些应用目标与环境，其优化统筹环境太过复杂，非上述一些方法所能覆盖与描述，则应局部优化再松耦合会聚及借助市场驱动进行统筹优化综合调节，并借助互联网思维原则进行统筹优化创新。

在进行各类细节目标架构设计时特别应注意其系统性能架构、功能平台架构及相应数据架构间的紧密结合与映射，这样有利于各类规划建设的设计与务实落地推进。对以中心城市为核心的智慧城市群的顶层设计特别应聚焦涉及根据该城市群特点充分发挥广义智慧城市的统一全面协同一体化发展理念，聚焦其主要挑战解决、互补协同优势发挥、资源利用综合优化配置利用，特别是重点智慧项目诸如智慧环境、智慧交通、智慧社区、智慧民生、智慧产业及智慧创新等往往首当其冲。同时，广义智慧城市的运作必然要产生大数据，从而亦必然是在大数据环境中运营，因此要特别重视大数据价值的挖掘与有效利用。随着大数据应用飞速发展人们依然面临一系列新挑战，需要不断创新，如上所述，包括 Google 在内国际上诸多大数据技术领先公司依然在不断努力推进，应对结构化、半结构化及非结构化数据深度分析方面，通过人工智能和机器学习技术深度分析大数据普遍认为具良好发展途径，根据人脑认知过程的分层特性，增加人工神经网络层数和神经元节点数，加大机器学习规模，构建深度学习神经网络可提高训练效果已获得试验证实，当然，超大规模神经网络的工程实现等方面还存在诸多挑战……，显然随着大数据应用进一步推进，这种创新发展还将无止境扩展！

涉及智慧城市 / 广义智慧城市资本运作，往往采取运作企业与政府按照 PPP 模式成立的智慧城市运营公司，共同负责智慧城市项目的规划、融资、建设、运营工作。对政府融资企业运营类项目运营模式是政府融资建设，并且项目建成后由企业来运营，包括 BL（建设—租赁）、BOT（建设—经营—转让）、BOO（建设—拥有—经营）、BOOT（建设—拥有—经营—转让）模式。在融资模式上也需要政府、企业和公众共同发挥创造力，灵活运用 BL、BT、BLT、BOT、BTO、BOO、BOOT、ROT、POT、BOOST、TOT、PFI 等方式组织实施。政府方面可成立广义智慧城市建设投资公司（政府独资、政府控股等），融资用于广义智慧城市建设和运营。企业可以通过独资、合资、合作、项目融资等直接方式，投资广义智慧城市的建设运营。

总之广义智慧城市顶层设计应遵循上述中央领导与文件顶层指导精神、广义智慧城市基本理念及顶层设计的一些基本系统方法论及相关协议，结合所在城市的基本特点确定好其战略愿景蓝图目标，确定好其可扩展的协同、统筹、优化的框架约束要求与开放性原则及发展指导方向，达到城市核心资源的最佳分配、利用与管理好城市，使市有计划、有步骤、又好、又快地向前发展。而且应特别强调指出，一方面涉及其理念发展与新的顶层设计导指思想与发展方向在不断演进提升，相关复杂巨系统的综合集成系统方法论从体系架构至综合优化方法亦在不断完善与提高，等等，因此广义智慧城市顶层设计亦必然是一个不断完善的过程，必须适时进行相应更新提高，以满足新形势、新环境下城市发展的新需求。相应广义智慧城市的总体架构如图 1 所示——

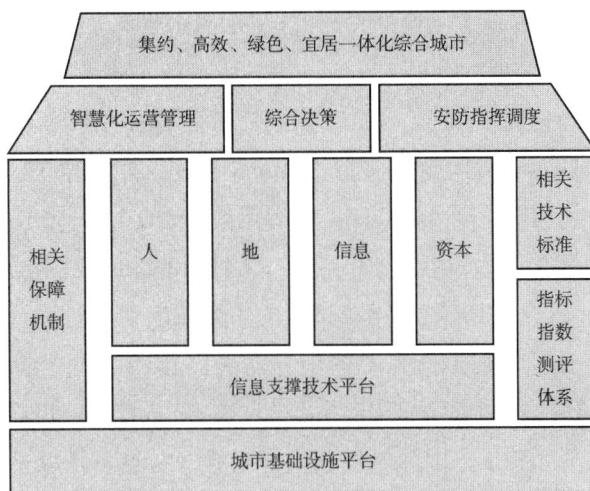

图1 广义智慧城市的总体架构图

中国智慧城市论坛对广义智慧城市顶层设计组织了云集国内涉及此顶层设计的顶级专家进行了多次深度研讨,并与相关合作伙伴研究起草了"广义智慧城市顶层设计与建设规划框架(V.3.3版)",作为广义智慧城市顶层总体设计与建设规划的内部基础文件,试行检验其顶层设计与建设规划推进的有效性[20]。

3. 加强国际合作与经验交流,共赢推进中国特色智慧城市建设步伐

A. 中欧智慧城市合作

2013年12月上旬举办的中欧城镇化伙伴关系论坛智慧城市分论坛上,中欧智慧城市合作正式启动。工信部委托工信部电信研究院与欧盟委员会通信网络内容和技术总司(DG CONNECT)推进中欧智慧城市合作,决定成立中欧绿色智慧城市专家团(expert framework),在中国和欧盟成员国中各选择15个试点城市开展智慧城市合作,组织撰写中欧智慧城市比较研究报告等。此次入选的15个中欧城市包括:

China 中方 1. 北京市海淀区 / Beijing Haidian District 2. 天津市滨海新区 /Tianjin Binhai New Area 3. 上海市浦东新区 /Shanghai Pudong New Area 4. 江苏省扬州市 /Yangzhou of Jiangsu Province 5. 江苏省南通市 / Nantong of Jiangsu Province 6. 江苏省淮安市 /Huai'an of Jiangsu Province 7. 浙江省宁波市 /Ningbo of Zhejiang Province 8. 浙江省嘉兴市 / Jiaxing of Zhejiang Province 9. 福建省漳州市 /Zhangzhou of Fujian Province 10. 山东省烟台市 /Yantai of Shandong Province 11. 广东省广州市南沙区 /Guangzhou Nansha District of Guangdong province 12. 广东省深圳市前海深港合作区 / Authority of Qianhai Shenzhen–Hongkong Modern Service Industry Cooperation Zone of Shenzhen,Guangdong province 13. 广东省珠海市横琴新区 /Zhuhai Hengqin New Area of Guangdong province 14. 四川省成都市 /Chengdu of Sichuan Province 15. 新疆维吾尔族自治区库尔勒市 /Korla of Xinjiang Uygur Autonomous Region

EU 欧方 1.Amsterdam/ 荷兰阿姆斯特丹 2.Barcelona/ 西班牙巴塞罗那 3.Bristol/ 英国布里斯托 4.Copenhagen/ 丹麦哥本哈根 5.Florence/Prato/ 意大利佛罗伦萨 / 普拉托 6.Frankfurt/ 德国法兰克福 7.Issy-les-Moulineux，Paris/ 法国巴黎伊西莱穆 8.Lyon/ 法国里昂 9.Malmo/ 瑞典马尔默 10.Manchester/ 英国曼彻斯特 11.Riga/ 拉脱维亚里加 12.Tallinn/ 爱沙尼亚首都塔林 13.Venice/ 意大利威尼斯 14.Vilnius/ 立陶宛首都维尔纽斯 15.Zagreb/ 克罗地亚萨格勒布。显然，此绿色智慧城市多半为中小城市或大城市的绿色城区智慧城市合作建设。

B. 无锡成为唯一入选 IEEE 智慧城市试点的中国城市

2014 年 7 月 29 日，一则振奋人心的消息从美国新泽西州皮斯卡塔韦市的会场发来，从全球数百个候选城市中脱颖而出，"无锡入选 IEEE 智慧城市项目，成为唯一参与该项目的中国城市！"，IEEE（国际电气和电子工程师协会）是电子技术与信息科学领域最著名的国际性专业技术学会，在技术标准领域极具影响力。IEEE 智慧城市试点计划 2012 年正式启动，将在全球遴选 4 座城市有针对性地开展智慧城市研究，并承诺提供知名专家咨询、人才交流培养、专业期刊宣传以及科研资金等具体支持。

无锡是温总理 2009 年提出"感知中国"的发源地，"IEEE 选择无锡不是没有根据的，无锡有自己的底气。"用 IEEE 智慧城市项目主席吉勒斯·贝蒂斯的话说，无锡为这次试点"提供了令人信服的证据"，而最关键的"武器"则是无锡作为中国唯一的国家传感网创新示范区，近年来在物联网建设上取得了令全球顶尖专家折服的成就。从 2009 年至今，五年深耕物联网，从概念走向应用、从小规模示范走向大规模铺开，它不仅改写了无锡的产业格局，更是渐次结出了一颗又一颗"智慧之果"——基于物联网技术的无锡智慧社区、智慧旅游、智慧安防、智慧交通等项目逐一出炉，有的甚至得以在全国推广。无锡以物联网为基础，将无线网络、4G、云计算等新兴技术融入城市营销和政府管理，从 2009 年至今累计建设物联网应用示范项 160 多个，涵盖经济社会发展各领域。IEEE 智慧城市项目有关负责人称，IEEE 专家团队将帮助无锡进一步降低污染水平，缓解交通堵塞，让市民享有"舒适而有朝气的生活环境"，这也正是物联网深耕无锡所追求的主要目标。

由上述事例可充分理解，智慧城市建设能否为国际合作所认可，主要不是依据城市的大小，主要决定其用心与智慧，是否取得了真正令人折服的业绩与市民大众发自心底的赞扬与支持。

4. 城市第一把手及其团队智慧运营综合决策应发挥其大智大慧的关键作用

广义智慧城市发展首先要强调的核心理念是人的基础作用与创新精神，尤其是就城市 / 城镇化发展而言，城市第一把手及其团队在发掘、利用与优化配置各种重要资源时的综合决策应发挥其大智大慧的关键作用，这些资源包括城市特种资源，与民生密切相关的水、电、气、热、环境等日用资源，密切支撑 ICT 新技术、新业务发展的频谱 / 轨道与码号/地址资源，及支持无所不在、无所不能的云应用服务资源，以及有效创新的人力资源等，使物的高度智能化甚至"智慧化"与人的天才智慧创新有机融合于一体。人的智慧达到这种"知微知彰、知柔知刚"的境界就可以为众人钦佩与折服，成为一个有具大智慧的领军人物，即智慧城中的具大智大慧的第一把手，驾驶智慧城市的又好、又快务实发展，此即"第一把手工程"的真正涵义，其中智能化手段云计算与"大数据处理"即可有效支撑与协助此聪明人脑的智慧决策与管理。

5. 现代城市发展而言注重广义智慧城市发展理念尤为重要

在发展智慧城市及各类智能×××与智慧×××项目时可组合协同推进狭义及广义的智慧城市理念，对现代城市发展而言注重广义智慧城市发展理念尤为重要，实施C、P、HB三维综合空间有机融合，电脑、人脑紧密协同工作，借助先进的ICT智能技术与智能决策平台有效支持，结合本城市特点，进行优化各类资源配置的综合创新决策，在推进举措方面结合"十二五"、"十三五"等城市五年规划设计，有机融入智慧城市发展；从积极推进治理体系和治理能力的现代化及智慧治理一定要遵循处理好全面深化改革的六方面重大关系等考虑，智慧治理可有效助力广义智慧城市/智慧城市群的务实发展，从而全局资源配置优化处理较高层次的广义智慧城市发展特别应重视智慧治理。"智慧城市"尤其是"广义智慧城市"应特别注重其顶层总体规划设计，以保障"智慧城市"的健康、可持续发展。务实进行其概念设计、中长期规划设计、短期行动计划设计及智能/智慧项目推进设计，以及包括创新评价在内的各类智能/智慧项目及智慧城市发展的综合指标评定体系的设计与评价，包括测评指数评价及相应标准化工作，充分利用各类大数据库协同融合工作，挖掘其价值及时有效利用。学习与借鉴国外智慧城市有益经验，聚合各类智慧资源，打造有东方底蕴与中国特色的智慧城市。

6. ICT及FN/SDN/NFV/ICN支持可持续发展策略

在借助先进ICT技术支撑时，首先必须考虑与反映泛在感知—物联/传感网，云—X、X—云及XaaS与大数据处理及重要价值快速有效挖掘与利用，SDN/NFV/ICN为基础的云化/虚拟化的大数据中心，万物移动互联网、智能终端及应用商店与建立可盈利的有效商业模式，绿色创新、智慧生态及数字制造等方面的ICT新技术，并需切实重视与处理好智慧应急联动与智慧城市的安全问题应对及2G/3G/4G/5G的重叠兼融支持的重要战略价值，等[8, 10-11, 15]。

7. 数字城市、无线城市、智能城市、智慧城市及广义智慧城市前后向互补支持协同融合发展

数字城市、无线城市、智能城市、智慧城市及广义智慧城市是城市发展演进的自然过程，必须前后向互补支持协同融合发展推进。与信息化的关系，认为智慧城市不是信息化是不正确的，但信息化不等于智慧城市，不能包揽智慧城市，甚至过份狭义缺乏良

好统筹融合的狭义智慧城市有明显弊端，必须向广义智慧城市融合演进才行。信息化与智慧城市从集合论观察确属不同集合，有紧密重叠相交，智慧城市，特别是广义智慧城市必须要由信息化与近代信息技术这一各行各业现代化的引擎作先导与有效支撑才行。

8. 从新经济学观点观察广义智慧城市的作用

经济体制改革是全面深化改革的重头戏，信息经济在工业经济改革中发挥愈来愈明显作用，近年来信息消费的快速增长即为最明显例证。从新经济学观点观察，由信息经济内含与外延的网络经济、知识经济、文化经济、智能经济、智慧经济亦必将发挥其各自重要作用，广义智慧城市的发展将成为有效协同融合发展工业经济、信息经济、网络经济、知识经济、文化经济、智能经济、智慧经济于一体的一种重要途径。

9. 5G 启动的战略价值及对广义智慧城市发展的有效支撑

的确，秉承以往 1G、2G、3G、4G 十年一代以空中接口革命性变化为基础的十年一代的基本理念思索，还没有看到 4G 出笼直至目前快速推进发展之时，有可信服的革命性技术真正显露未来可行的头角，若依旧按十年一代启动推进 5G，似乎不可思议——从而人们认为 4G 刚刚落地（2014 年 6 月 27 日下午五点，工信部向中国联通和中国电信发放 FDD-LTE 试验网牌照，允许他们在国内 16 个城市建设 FDD 试验网），3G 还未熟透（联通 HSPA⁺），甚至还有人坚守在 2G 的阵地上（中国移动乃至中国联通的 VOIP 语音实施及移动语音杀手作用），5G 的大幕竟悄然拉开，令人费解！从而，如何确定好 5G 的务实发展方针、技术路线及确定其关键技术装备走向，显得尤为重要。

除技术层面外，对 5G 标准化及其产业发展还有政治层面的考量。IMT 与 MBB（Mobile Broadband）之争及相应竞争与合作融合自 2012 年 WRC—12 以来始终未停止，在 LTE 获得长足进展基础上，IMT 的 5G 标准化与研发工作在 4G 开展不久基础上又已在密锣紧鼓声中推进，尽管其与前几代移动通信有所不同，至今尚未找到明确的更新换代革命性技术，只是与 4G 相比根据市场需求预测，首先确定了其明确的峰值传输速率、典型用户数据速率、单位面积移动数据流量增长及频谱效率提升等目标，并亦一再强调应更好满足用户感受与体验等基本思想。与此相应美国政府表示希望建立一个横跨全国的超级 Wi-Fi 网络，这一网络的强大之处便在于其可以触及境内几乎每一位消费者，而且他们可以完全免费的使用这一网络拨打电话或上网冲浪，且无需每月向运营商缴纳任何费用。超级 Wi-Fi 将电视未使用的"空白频段"，一般在 30MHz—450MHz 间，建构成无线网络，与普通 Wi-Fi 相比优势明显，理论上，超级 Wi-Fi 传播距离可达到 160 公里。该项目由美国联邦通讯委员会（FCC，Federal Communications Commission，）主席朱利叶斯 – 格纳考斯基（Julius Genachowski）亲自操刀设计提出，以 IEEE 802.22 或 IEEE 802.11af 无线网络标准为基础，以 Hotspot 2.0（又名 Wi-Fi Certified Passpoint）为主要技术支撑，获得包括 Microsoft、Google 和其它科技巨头支持，他们表示全民免费 Wi-Fi 服务可以有效激发创新，并使大多数美国民众因此受益，尤其是对于经济情况较差的人群来说，当然，对这些巨头亦不会白费支持力气，包括 OTT 之类新商业模式及股市升值肯定会给他们带来实实在在的创新战略增值好处！

首先移动互联网、物联网、OTT/O2O/RCS/ 智能终端，特别是智能手机与嵌入式智能设备，智能时代 / 智慧城市 / 新型城镇化等各类实际社会与市场环境驱动要求人们必须进行一些深度思考与探索，如何解决好数据流量无休止海量增长与争抢 3000MHZ 以下有限移动频谱资源带宽的矛盾？如何解决好所谓各类"去电信化"、"互联网思维"始终未能显示出真正的创新活力与进展，从而未能真正解决好电信网与实质寄生于其上的虚拟运行的互联网的真正有效协同与融合！互联网的自由创新与安全隐患是一把双刃剑，这亦是 GENI/FIND/SDN/OPEN Flow 的革命性运作的目标初衷，对此 5G 必须要努力把控；5G 系统架构设计必须有效涉及各类异构系统的全接入与深度融合协同工作；绿色创新、软件定义一切（SDE）及有机融合 SDN/NFV 于 5G 之中；深度关注及推进频谱利用效率大于 50/100 bit/s/Hz 或更高的极高频谱利用效率的信号设计与信号处理技术及其对 5G 网络与系统架构的影响，……等等，从而使之确实可一步步向愿景目标"信息随心至，万物触手及"务实迈进！

根据 5G 启动的基本环境，5G 推进的基本方针一方面应秉承全球网络技术走向与基本理念共识，结合 2G/3G/4G/5G 重叠演进基本路径，采取"开放、创新、融合，务实、合作、共赢"这一基本方针。

在技术推进路线方面，既要现实可行，亦不失前瞻创意，充分利用既有 ICT 前端技术思想与实施基础，并积极关注与参与传输技术与网络架构方面的革命性推进与探索，为 5G → 5G⁺ → 6G 发展打下良好引领基础，为此应遵循"异构协同，分布虚拟，并行高效，绿色生态，智能智慧"这一基本原则。

针对 5G 启动背景及 ITU-R 标准化路标，确实，对于还没体验 4G 移动通信魅力的国内移动通信用户而言，5G 也许还是镜中花，雾中月；但对于科研界而言，5G 研究已经启程，从技术、产业与政治层面考量，5G 加速启程，完全必要，各重量级国际组织、国家与公司，均明确体现与释放出这一信号。

业界比较认同未来 5G 移动通信的演进存在三条重要路线，即以 3GPP 的 LTE/LTE-Advanced 为代表的 3.9G/4G/4G+ 的蜂窝演进路线，IEEE802.11x 的所谓下一代 WLAN 演进路线，以及急需探索研究并有效可装备实施的所谓革命性技术路线，并积极关注其对现有拟推进中的 5G 系统架构的影响及工作协同与融合。

为此，可结合 3GPP R13/14/15/16/17 等推进步骤、IEEE 下一代 WLAN 及频谱高端大踏步扩展与自适应、自组织与自学习、自管理的认知无线电技术方向组合迈进，下述十项较可取的关键技术走向如下——

（1）多元、多维、多层次异构网络／系统深度协同与融合

（2）大规模多天线 MIMO（MaSSive MIMO）技术

（3）超密集组网

（4）高频段频谱扩展及智能频谱管理

（5）新型高状态调制及编码、编码调制和网络编码技术

（6）物联网感知／认知增强及 D2D 终端直联技术

（7）同时同频全双工 FDD/TDD 彻底融合

（8）非正交传输（NOMA）技术及其增强 PDMA.SCMA 与 MUSA 空口技术

（9）基于轨道角动量（OAM）的"旋转式"（扭曲型）无线传输技术

（10）基于不平稳谱随机过程信号设计技术的超窄脉冲式 TPM（时相调制）及超窄带（UNB）技术。

考虑 5G 务实推进，首先应瞄准 ITU 5G 标准化的明确实施日期目标，以中国"IMT-2020 推进组"为核心，拟订积极严密的实施计划，有机分工协同，夺取 5G 标准化胜利第一仗[19, 22]。

2012 年 5 月，ITU 决定开展面向 2015—2020 年技术趋势研究报告（IMT Future Technology Trend）的起草，2014 年 10 月定稿。ITU 计划在 2017 年完成 5G 候选技术标准的征集与评估工作，到 2018 年年底基本完成标准化工作，2019 年开始进行试商用。对此，尽管我部 5G 推进组及中国移动等已做了不少有效的工作，但如上所述，围绕 5G 标准化的其它国家亦做了大量工作，突别是针对数据能力比 4G 提升 1000 倍及包括高频扩展的 10GB 传输能力演示等；根据 4G TD-LTE/LTE-A 标准化成功经验，有实力与市场／产业后盾的成功演示尤为重要，而现今如何协同好 863 5G 及重大专项 5G 和以华为、中兴、大唐等龙头制造企业的设备创新研发实力快速推进 5G，包括实施好有份量的国际研讨会与关键性演示已成当务之急！并瞄准好 2020 年正式商用及 5G 有效支持好 2022 年中国冬奥会成功举办。

正如我国 5G 概念白皮书所强调指出，5G 概念与传统通信标准制定有很大不同。每一代移动通信系统都可以通过标志性能力指标和核心技术来定义。1G 采用 FDMA，2G 采用 TDMA，3G 采用 CDMA，4G 以 OFDMA 为核心。5G 至今虽未实现革命性空口核心技术突破，但 5G 关键能力比以前几代移动通信更加丰富，用户体验速率、连接数密度、端到端时延、峰值速率和移动性等都将成为 5G 的关键性能力指标。对 Pre-5G 应特别注意 4G 增强技术 4.5G 之类的支撑技术衔接，对关键技术选择应着力于 4G 增强基础上拓展国际大都认同的有关技术，诸如万物移动互联新型多址技术及 SDN/NFV-D2D 等新型网络架构，大规模天线阵列，超密集组网，高频段有效扩展的所谓全频谱接入及相关其它配套增强支撑技术等，对此看来大都可认为是 5G 的一些较现实主要技术方向，均

能够在 5G 主要技术场景中发挥关键作用。同时，应充分利用中国 2G/3G/4G 市场优势，结合国情在推进 4G/4G⁺FDD/TDD 协同融合有效发展基础上，加强国际合作共赢，引领与积极推进 5G 务实发展；对革命性战略技术目标，加强国家自然科学基金、重点研发计划及产业发展为主体目标的中长期重大专项有机协同支持衔接的创新攻关一体化实力，打一个 OAM 之类革命性技术引领创新战略大胜仗；针对节能低碳/绿色创新、FN/SDN/NFV 网络发展、深度智能化及智慧化应用、智慧城市与新型城镇化等发展大环境，发挥 5G 积极作用，有效推进实施"信息随心至，万物触手及"这一宏伟愿景目标的逐步实现。

2014 年 5 月 28 日发布的 5G 推进组第一份白皮书——《5G 愿景与需求白皮书》是一份非常有内涵与前瞻性的表明中国观点的 5G 文件。指出面向 2020 年及未来，5G 将为用户提供光纤般的接入速率，"零"时延的使用体验，千亿设备的连接能力，超高流量密度、超高连接数密度和超高移动性等多场景的一致服务，业务及用户感知的智能优化，同时将为网络带来超百倍的能效提升和比特成本降低，最终实现"信息随心至，万物触手及"的总体愿景。而且尤其令人印象深刻的是以频谱效率、能耗效率及成本效率这三片效率绿叶有效支撑的以六角形蛛网框架为参考，包含六大性能指标：流量密度、用户体验速率、峰值速率、端到端时延、连接数密度及移动速度——这六瓣 4G 与 5G 对比的显明花瓣表征的性能需求与效率需求一起定义的 5G 关键能力真如图 2 所示一朵绽放的鲜花，令人赞叹与神往！

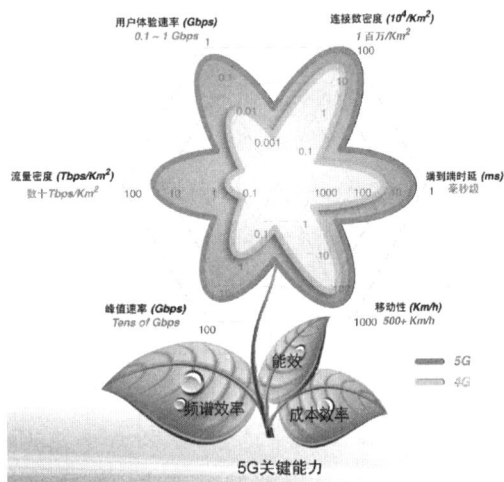

图 2　5G 关键能力

针对节能低碳/绿色创新、FN/SDN/NFV 网络发展、深度智能化及智慧化应用、智慧城市与新型城镇化等发展大环境，5G 将发挥积极作用，有效推进实施"信息随心至，万物触手及"这一宏伟愿景目标的逐步实现，为实现中华民族伟大复兴"中国梦"积极贡献力量[19]！

10. 广义智慧城市对实施创新驱动发展战略及促进新一轮创新高潮浮出水面的战略作用

十八大明确指出实施创新驱动发展战略，科技创新是提高社会生产力和综合国力的战略支撑，必须摆在国家发展核心位置。要坚持走中国特色自主创新道路，进而，在 2013 年 9 月 30 日，习近平总书记参观中关村国家自主创新示范区创新成果展并主持中央政治局第九次集体学习时再次指出，实现创新驱动发展战略决定着中华民族的前途命运。下一步从紧跟创新至引领创新，务实执行与推进创新驱动战略尤为重要，美国之所以具备压倒性核心创新优势即从创新驱动角度出发，营造创新环境、氛围与人文理念，使小孩从小就形成独立思考、独立工作与崇尚创新的习惯与理念，并广泛网罗全球有优秀的智商、情商等创新的人才进行自由、开放及条件优良的创新工作。2015年两会期间习主席与李总理在创新驱动基础上又多次明确了"大众创业、万众创新"的战略重要性，而在2015年十二届全国人大会议上李克强总理政府工作报告中对智慧城市的战略重要论述及"人民网"相关解读亦为一大亮点——"发展智慧城市是个重大的战略方向，是信息化与城镇化的最切实的结合点，能带动产业升级，其中蕴藏着大产业、大机遇、大前途"。

而且特别应该指出，在这移动互联/万物移动互联网时代，"互联网思维"是推进创新驱动的重要理念；所谓互联网思维这一概念就商业模式创新而言，结合新媒体及网络电视等发展已较早有一些学者探讨论及，但至今"互联网思维"尚未形成一个明确统一的定义，可以说这是互联网经营者获得成功的经验总结；但"互联网思维"概念提出的第一人目前较多认同为百度掌门人李彦宏，2011年左右他便强调"我们这些企业家们今后要有互联网思维，可能你做的不是互联网，但你的思维方式要逐渐用互联网的方式去思考。"这是正确而有普遍价值的一种看法。虽然目前已有很多讨论谈及互联网思维，本人以为"互联网思维"有十大重要特征：1.用户为王；2.体验至上；3.开放为先；4.颠覆创新；5.寄生运作；6.前台免费；7.简易为重；8.快速迭代；9.社区化推进；10.智慧服务。其中有些特征并非互联网独有，只是其发挥得比较好而已。"寄生化"、"草根化"、"迭代化"、"平台化"、"颠覆化"及"社区化"可认为是互联网思维的精髓。而当前流传较多的对于"互联网思维"的描述基本均规避了一个互联网企业在"盈利"、"现金流"等方面能够取得成功的本质因素，即"寄生（虚拟）运营"。对此，互联网企业与电信运营商的关系是"毛"与"皮"的关系，"皮之不存，毛将焉附！"；从战略视野观察，双方尤其要看重这种相互依存的共存、合作与协同关系，积极走向有效协同与融合的未来目标。应该说，充分强调互联网思维创新前提下的两者有机融合的未来网及其相应企业（运营、集成、内容、终端等）才属科学合理，应正确思考与认识寄生运营与大规模管道投入运营对盈利与现金流的实质影响，科学分析与处理"收入"、"盈利"、"现金流"、"价值"、"虚拟经济与实体经济"实力之间的关系与平衡策略。监管部门同样要积极创新，这对确保融合过程中网络安全（互联网为核心对象）、商业模式可持续发展、利益平衡等健康有序发展尤为重要。至于"互联网＋"这一概念与理念，可追溯到2012年11月易观董事长于扬在第五届移动互联网博览会上首先提出，认为它是互联网对传统行业的渗透和改变；尔后，2013年11月腾讯掌门人马化腾在众安保险开业仪式上的发言时提到:"互联网加(+)一个传统行业,意味着什么呢?其实是代表了一种能力,或者是一种外在资源和环境,对这个行业的一种提升",众安保险的定位是护航互联网生态,成立不到一年的时间,累计服务客户超过2亿,护航了2014年双11年,一天的保单就超过了1.5亿,获得空前成功。2015年3月随着李克强总理在两会上将"互联网+"这一概念作为政府工作报告中的内容之一,更使得这个概念成为大众聚焦的亮点,而"互联网+",便成为推进具全新理念的新经济现象而真正浮出水面!通过以用户为中心打造全新的"互联网+"战略,这已经成为未来时代发展的必然趋势。不管现今对"互联网+"有多少解读,但最本质之点,在于应充分利用互联网这一有效工具,实施对各行各业发展的跨界融合创新,使各领域的老企业与部门焕发新面貌、产生新价值,以取得有效的转型与成功。在这"创新驱动"与"万众创新"时代,应该特别强调此"互联网+"及"互联网思维"的战略重要性,应充分发挥其对稳增长、促改革、调结构、惠民生、防风险的重要作用!就IP互联网时代的核心问题网络、信息与智能终端的安全问题,固然讲究未来网络FN架构改进尤为重要,但对互联网这一全球第一大网即便有革命性保障的安全架构创新,纵然按重叠式演进实施,亦必然要长期才能凑效,快速陡变装备实施更不现实,因此政府协同监管依然十分重要,对此,应始终牢记我国政府制订的互联网发展十六字方针"积极利用,科学发展,依法治理,确保安全"及中国互联网发展和治理的十二字根本原则"依法治网,依法办网,依法上网",十分科学合理与明智务实,必须共同遵守、坚决贯彻执行!

就成功的创新驱动典型范例而言,在此特别应该指出,2013年11月18日国际TOP500组织公布了最新全球超级计算机HPC 500强排行榜榜单,中国国防科学技术大学研制的"天河二号"以比第二名美国能源部下属橡树岭国家实验室的"泰坦"快近一倍的速度再度轻松登上榜首。美国专家预测,在一年时间内,"天河二号"还会是全球最快的超级计算机,确属如此,2014年11月17日,"天河二号"再次以33.89千万亿次浮点运算速度,以快近一倍的优势力压美国第二名"泰坦",其浮点运算速度为每秒17.59千万亿次,实现了HPC全球500强排名"四连冠",且进尔,国际TOP500组织2015年7用13日在德国法兰克福举行的国际超级计算机大会上"天河二号"以每秒33.86千万亿次的浮点运算速度获得世界超算"五连冠",而且更令人振奋的是2015年11月18日再次蝉联超算全球"六连冠"。另一个引发全球注视的激动人心的壮举为2013年12月14—15日的中国航天嫦娥三号着陆器与玉兔号巡视器顺利成功驶抵月球表面,创造了继前苏联、美国后,成为世界上第三家并一次一举成功实现地外天体软着陆的航天大国/强国,对此,首次完成载人登月的美国科学界高度评价指出"中国航天团队一再表现出一种不可思议的能力",显然,这些才真正是充分体现凝聚了中国人智慧和力量的智慧创新成果!如上所述,广义智慧城市的核心理念是创新,对创新与国家发展的关系要从战略高度来认识。智慧城市务实推进，将促进更多引领型创新与新一轮创新高潮浮出水面，并聚合与协同各类自主创新应用，为建设创新型国家积极贡献力量，使广义智慧城市及新型城镇化助力激发中国人的创新精神及实现中华民族伟大复兴的"中国梦"！

而如上所述，在此应再次强调，在 2015 年十二届全国人大会议上李克强总理政府工作报告中对智慧城市的战略重要论述及"人民网"相关解读亦为一大亮点——"发展智慧城市是个重大的战略方向，是信息化与城镇化的最切实的结合点，能带动产业升级，其中蕴藏着大产业、大机遇、大前途"。而涉及民生、惠民之治国之道时强调"立国之道，惟在富民"，"民之疾苦，国之要事"，"要以推进民生福址为目的，加快发展社会事业，改革完善收入分配制度，千方百计增加居民收入，促进社会公平正义与和谐进步"。

总之，广义智慧城市及智慧城市具备的几个基本显著特征将是"设施更先进，发展更科学，管理更高效，执行更务实，环境更绿色，城市更安全，社会更和谐，生活更美好"。通常还可用更简明易记的几个关键字来描述智慧城市的主要特征与目标，即如——

"安全幸福，绿色和谐，便捷宜居，智慧高效"等主要特征，无论是 4 个、8 个、12 个、16 个关键字或更多，汇成一个基本目标为"使城市更智慧，让生话更美好"，或"智慧城市让生活更美好"！对应英语表达为 *The Smarter City, The Better Life*！

其四大战略价值为：全面提升城市生产力水平，全面提升城市智能 / 智慧创新能力水平，全面提升政府管理与服务效率及水平，全面提升城市惠民、幸福、安全、和谐、绿色、宜居水平，开启智慧新生活[5, 9, 19, 21]！

参考文献

[1] 成思危，"中国智慧城市论坛 2011、2012、2013、2014 年度中国智慧城市大会主旨报告"亦见 HTTP//WWW.chinaSmartercity.org

[2] 陈如明，"智慧城市、绿色创新与多媒体视讯发展策略"，中国多媒体通信，No.6，pp24-25，2011

[3] 陈如明，"多元异构系统的协同与融合助力智慧城市的务实发展"，新媒体时代，No.10，pp. 93-97，2011.

[4] Ruming Chen, " Pragmatic Development Strategic Considerations on Cloud Computing, Smarter Emergency Integrated Response System and Smarter City", 2012 3rd IEEE International Conference on Emergency Management and Management Science In China, Beijing, China, Aug. 2012

[5] 陈如明，"未来信息通信网络发展战略思考"，(I、II、III)，中国新通信，技术版，Vol.8，No.15、No.17、No.19，pp.5-10，pp.11-15，pp.5-13，2006.8-10

[6] 陈如明，"杀手铜"、"产业链"问题及创新与发展策略"，电信科学，No.7，pp.1-6，2003

[7] 陈如明，"IPv6 与 P2P 结合的市场前景及务实发展战略思考"，通信技术政策研究，No.3，pp.17-31，2007

［8］J.Metola III,"Cognitive Radio: An Integrated Agent Architecture for Software Defined Radio", Stockholm, Sweden: Royal Institute of Technology（KTH）, 2000

［9］陈如明,"先进技术驱动下的节能减排与绿色创新",移动通信（I、II、III）, No.8, No.11 and No.12, pp. 5-9, pp.7-10 and pp.7-9,, 2008

［10］Martin Casado, Michal J. Freedom, Nick McKeown, et al.,"Ethane Taking Control of the Enterprise"［C］. ACM SIGCOM, Proceeding of the 2007 Conf. Applications, Technologies, Architecture and Protocols for Computer Communication Review, Tokyo Japan, 2007, 37（4）, 1-12

［11］Nick McKeown, Tom Anderson, Scott Shenker, et al.," Open Flow: Enabling Innovation in Campus Networks"［J］. ACM SIGCOM, Computer Communication Review, 2008 38（2）69-74

［12］陈如明,"智能城市、智慧城市的概念、内涵及务实发展策略",数字通信, No.5, pp.3-9, 2012

［13］陈如明,"智慧城市定义与内涵解析",移动通信, No.3, pp.5-9, 2013

［14］陈如明,"两化深度融合助力中国第三次工业革命",通信技术政策研究, No.6, pp.8-25, 2013

［15］陈如明,"泛在/物联/传感网与其它信息通信网络关系分析思考",移动通信, No.8, pp.47-51, 2010. 4

［16］陈如明,"智慧城市的安全问题应对策略思考",通信技术政策研究, No.5, pp.19-25, 2012

［17］陈如明,"大数据时代的挑战、价值与务实应对策略",通信技术政策研究, No.6, pp.1-10, 2012

［18］陈如明,"SDN面临的挑战及其务实发展策略思考",通信技术政策研究, No. 4, pp.1-21, 2013

［19］陈如明,"大数据点睛智慧城市发展",通信技术政策研究, No.2及3, pp.1-13及pp.1-13, 2014

［20］"广义智慧城市顶层设计与建设规划框架（V. 3.3版）",2014中国智慧城市论坛广义智慧城市顶层设计研究中心及深圳中兴网信科技有限公司

［21］陈如明,"中国创新驱动务实推进战略思考",通信技术政策研究, No.5, pp.1-18, 2014

［22］陈如明著,"信号、系统与高速无线数字传输",科学出版社, 2000

陈如明,工业和信息化部通信科技委专职常委及原副主任,中国智慧城市论坛副主席兼秘书长,教授,中国通信学会及中国电子学会会士。

智慧城市建设与系统工程

智慧城市建设已成为国内外关注的热点问题，全世界已有上千座城市在探索智慧城市建设，我国就有数百个城市进行试点。智慧城市建设是系统的实践问题，因而需要系统科学思想与系统工程。本文主要介绍钱学森系统科学思想与系统科学体系，希望能为智慧城市建设提供一些理论方法和技术。

系统科学是现代科学技术体系中一个新兴的科学技术部门，并在迅速发展之中，而且越来越显示出其强大生命力。从现代科学技术发展特点来看，以下几个主要方面都与系统科学紧密相关：

1.现代科学技术发展呈现出既高度分化又高度综合的两种明显趋势：一方面已有的学科和领域越分越细，新学科新领域不断产生；另一方面不同学科不同领域相互交叉、结合与融合，向结合集成的整体化方向发展，二者相辅相成，相互促进。系统科学就是这后一发展趋势上的科学技术。

2.复杂性科学的兴起引起国内外高度重视

20世纪80年代中期，国外出现了复杂性研究。复杂性研究和复杂性科学是处在高度综合这个趋势上，与系统科学有着密切关系。

复杂性研究和复杂科学的开创者之一 Gell-mann，在他所著的《夸克与美洲豹》一书中，曾写道："研究已表明，物理学、生物学、行为科学，甚至艺术与人类学，都可以用一种新的途径把它们联系到一起，有些事实和想法初看起来彼此风牛马不相及，但新的方法却很容易使它们发生关联"。

这里，Gell-mann 并没有说明这个新途径和新方法是什么，但从他们后来关于复杂系统和复杂适应系统的研究中可以看出，这个新途径就是系统途径，这个新方法就是系统方法。

3.科学方法论的发展

从近代科学到现代科学，科学方法论经历了：还原论方法—整体论方法—系统论方法，系统论方法与系统科学的出现和发展密切相关。

4.以计算机、网络和通信为核心的现代信息技术革命，改变了人类思维方式，出现了从人脑思维到人、机结合以人为主的思维方式。人类更加聪明了，有能力去认识和处理更加复杂的事物。这种思维方式为系统论方法提供了理论基础和技术基础。

5.创新方式的转变

由以个体为主向以群体为主的创新方式转变，出现了创新体系，特别是国家创新体系已成为创新驱动发展的强大动力。

6.现代社会实践越来越复杂，越复杂的社会实践其综合性和系统性就越强，因而也就更加需要系统科学和系统工程。

一、系统科学及其体系结构

钱学森指出，系统科学的出现是一场科学革命。科学革命是人类认识客观世界的飞跃，系统科学究竟是研究什么的学问，又为什么如此重要？

从辩证唯物主义观点来看，客观世界的事物是普遍联系的，正如马克思所说"世界是普遍联系的整体，任何事物内部各要素之间及事物之间都存在着相互影响，相互作用和相互制约的关系"。既然客观事物是普遍联系的整体，那就一定有其客观规律，我们也就应该研究、认识和运用这些规律。能够反映和概括客观事物普遍联系这个事实和特征最基本和最重要的概念就是系统。所谓系统是指由一些相互联系、相互作用、相互影响的组成部分构成并具有某些功能的整体。这样定义的系统在客观世界是普遍存在的。客观世界包括自然、社会和人自身。马克思这里所说的客观世界是普遍联系的整体就是辩证唯物主义系统思想。

正是从系统思想出发并结合现代科学技术的发展，钱学森提出，系统科学是从事物的整体与部分、局部与全局以及层次关系的角度来研究客观世界的，也就是从系统角度来研究客观世界。

系统是系统科学研究和应用的基本对像。

系统科学和自然科学、社会科学等不同，但有深刻的内在联系。系统科学能把自然科学、社会科学等领域研究的问题联系起来作为系统进行综合性、整体性研究。这就是为什么系统科学具有交叉性、综合性和整体性的原因。

也正是这些特点，使系统科学处在现代科学技术发展综合集成的整体化方向上，并已成为现代科学技术体系中一个新兴的科学技术部门。

系统结构、系统环境和系统功能是系统的三个重要基本概念。系统结构是指系统内部，系统环境是指系统外部。

系统的一个最重要特点，就是系统在整体上具有其组成部分所没有的性质，这就是系统的整体性。系统整体性的外在表现就是系统功能。

系统的这个性质意味着，对系统组成部分都认识了，并不等于认识了系统整体，系统整体性不是它组成部分性质的简单"拼盘"，而是系统整体涌现的结果。

系统研究表明，系统结构和系统环境以及它们之间关联关系，决定了系统的整体性和功能，这是一条非常重要的系统规律。

从理论上来看，研究系统结构与环境如何决定系统整体性和功能，揭示系统存在、演化、协同、控制与发展的一般规律，就成为系统学，特别是复杂巨系统学的基本任务。国外关于复杂性研究，正如钱老指出的，是开放复杂巨系统的动力学问题，实际上也属于系统理论方面的探索。

另一方面，从应用角度来看，根据上述系统原理，为了使系统具有我们期望的功能，特别是最好的功能，我们可以通过改变和调整系统结构或系统环境以及它们之间关联关系来实现。

但系统环境并不是我们想改变就能改变的，在不能改变的情况下，只能主动去适应。而系统结构却是我们能够改变、调整、设计和组织的。

这样，我们便可以通过改变、调整系统组成部分或组成部分之间、层次结构之间以及与系统环境之间的关联关系，使它们相互协调与协同，从而在系统整体上涌现出我们满意的和最好的功能，这就是系统组织管理、系统控制和系统干预（Intervention）的基本内涵，是系统管理、系统控制等学科要研究的主要科学问题，也是系统工程、控制工程等所要实现的主要目标。

科学是认识世界的学问，技术是改造世界的学问，而工程是改造客观世界的实践。从这个角度来看，系统科学和自然科学等类似，也有三个层次的知识结构。即工程技术（应用技术）、技术科学（应用科学）和基础科学。

在钱学森建立的系统科学体系中：

1.处在工程技术或应用技术层次上的是系统工程，这是直接用来改造客观世界的工程技术，但和其他工程技术不同，它是组织管理系统的技术；

2.处在技术科学层次上直接为系统工程提供理论方法的有运筹学、控制论、信息论等；

3.处在基础科学层次上属于基础理论的便是系统学和复杂巨系统学。

目前国外还没有这样一个清晰的系统科学体系结构。

这样三个层次结构的系统科学体系经过系统论通向辩证唯物主义哲学。

系统论属于哲学层次，是连接系统科学与辩证唯物主义哲学的桥梁。一方面，辩证唯物主义通过系统论去指导系统科学的研究，另一方面，系统科学的发展经系统论的提炼又丰富和发展了辩证唯物主义。

关于系统论，钱老曾明确指出，我们所提倡的系统论，既不是整体论，也非还原论，而是整体论与还原论的辩证统一。关于系统论的这个思想后来发展成为他的综合集成思想。根据这个思想，钱老又提出了将还原论方法与整体论方法辩证统一起来的系统论方法。

系统科学体系体现了钱学森系统科学思想。

综上所述，客观事物普遍联系及其整体性思想就是系统思想，系统思想是辩证唯物主义哲学内容，系统科学体系的建立就使系统思想从一种哲学思维发展成为系统的科学体系，系统科学体系是系统科学思想在工程、技术、科学直到哲学不同层次上的体现。这就使系统思想建立在科学基础上，也把哲学和科学统一起来了。

系统科学思想是钱老对辩证唯物主义系统思想的重要发展和丰富。

二、从系统科学到复杂巨系统科学

在系统科学体系中，系统工程已应用到实践中并取得显著成就如航天系统工程；技术科学层次上的运筹学、控制论、信息论等也有了各自理论方法并处在发展之中。但系统学和复杂巨系统学却是需要建立的新兴学科，这也是钱老最先提出来的。

钱老根据系统结构的复杂性提出了系统新的分类，将系统分为简单系统、简单巨系统、复杂巨系统和特殊复杂巨系统。如生物体系统、人体系统、人脑系统、社会系统、地理系统、星系系统等都是复杂巨系统。其中社会系统是最复杂的系统了，又称作特殊的复杂巨系统。这些系统又都是开放的，与外部环境有物质、能量和信息的交换，所以又称作开放的复杂巨系统。

钱老明确界定系统学是研究系统结构与功能（系统演化、协同与控制）一般规律的科学。形成了以简单系统、简单巨系统、复杂巨系统和特殊复杂巨系统（社会系统）为主线的系统学基本框架，构成了系统学的主要内容，奠定了系统学的科学基础，指明了系统学的研究方向。

对于简单系统和简单巨系统都已有了相应的方法论和方法，也有了相应的理论，并在继续发展之中。但对复杂巨系统和社会系统却不是已有方法论和方法所能处理的，需要有新的方法论和方法。所以，关于复杂巨系统的理论研究，钱老又称作复杂巨系统学。

从近代科学到现代科学的发展过程中，自然科学采用了从定性到定量的研究方法，所以自然科学被称为"精密科学"。而社会科学、人文科学等由于研究问题的复杂性，通常采用的是从定性到定性的思辨、描述方法，所以这些学问被称为"描述科学"。当然，这种趋势随着科学技术的发展也在变化，有些学科逐渐向精密化方向发展，如经济学、社会学等。从方法论角度来看，在这个发展过程中，还原论方法发挥了重要作用，特别在自然科学领域中取得了很大成功。

还原论方法是把所研究的对象分解成部分，以为部分研究清楚了，整体也就清楚了。如果部分还研究不清楚，再继续分解下去进行研究，直到弄清楚为止。按照这个方法论，物理学对物质结构的研究已经到了夸克层次，生物学对生命的研究也到了基因层次。毫无疑问这是现代科学技术取得的巨大成就。

但现实的情况却使我们看到，认识了基本粒子还不能解释大物质构造，知道了基因也回答不了生命是什么。这些事实使科学家认识到"还原论不足之处正日益明显"。这就是说，还原论方法由整体往下分解，研究得越来越细，这是它的优势方面，但由下往上回不来，回答不了高层次和整体问题，又是它的不足一面。

所以仅靠还原论方法还不够，还要解决由下往上的问题，也就是复杂性研究中的所谓涌现问题。

著名物理学家李政道对于21世纪物理学的发展曾讲过："我猜想21世纪的方向要整体统一，微观的基本粒子要和宏观的真空构造、大型量子态结合起来，这些很可能是21世纪的研究目标"。

这里所说的把宏观和微观结合起来，就是要研究微观如何决定宏观，解决由下往上的问题，打通从微观到宏观的通路，把宏观和微观统一起来。

同样道理，还原论方法也处理不了系统整体性问题，特别是复杂系统和复杂巨系统（包括社会系统）的整体性问题。

从系统角度来看，把系统分解为部分，单独研究一个部分，就把这个部分和其他部分的关联关系切断了。这样，就是把每个部分都研究清楚了，也回答不了系统整体性问题。

意识到这一点更早的科学家是彼塔朗菲，他是一位分子生物学家，当生物学研究已经发展到分子生物学时，用他的话来说，对生物在分子层次上了解得越多，对生物整体反而认识得越模糊。在这种情况下，于20世纪40年代他提出了一般系统论，实际上是整体论方法，强调还是从生物体系统的整体上来研究问题。但限于当时的科学技术水平，支撑整体论方法的具体方法体系没有发展起来，还是从整体论整体、从定性到定性，论来论去解决不了问题。正如钱老所指出的"几十年来一般系统论基本上处于概念的阐发阶段，具体理论和定量结果还很少"。但整体论方法的提出，确是对现代科学技术发展的重要贡献。

20世纪80年代中期，国外出现了复杂性研究。关于复杂性，钱老指出："凡现在不能用还原论方法处理的，或不宜用还原论方法处理的问题，而要用或宜用新的科学方法处理的问题，都是复杂性问题，复杂巨系统就是这类问题"。

系统整体性，特别是复杂系统和复杂巨系统（包括社会系统）的整体性问题就是复杂性问题。所以对复杂性研究，国外科学家后来也"采用了一个'复杂系统'的词，代表那些对组成部分的理解不能解释其全部性质的系统。"

国外关于复杂性和复杂系统的研究，在研究方法上确实有许多创新之处，如他们提出的遗传算法、演化算法、开发的 Swarm 软件平台、基于 Agent 的系统建模、用 Agent 描述的人工生命、人工社会等等。在方法论上，虽然也意识到了还原论方法的局限性，但并没有提出新的方法论。

方法论和方法是两个不同层次的问题。方法论是关于研究问题所应遵循的途径和研究路线，在方法论指导下是具体方法问题，如果方法论不对，再好的方法也解决不了根本性问题。所以方法论更为基础也更为重要。

20 世纪 80 年代初，钱学森明确指出系统论是整体论与还原论的辩证统一。根据这个思想，钱老又提出将还原论方法与整体论方法辩证统一起来，形成了系统论方法。

在应用系统论方法时，也要从系统整体出发将系统进行分解，在分解后研究的基础上，再综合集成到系统整体，实现系统的整体涌现，最终是从整体上研究和解决问题。

由此可见，系统论方法吸收了还原论方法和整体论方法各自的长处，同时也弥补了各自的局限性，既超越了还原论方法，又发展了整体论方法.

20 世纪 80 年代末到 90 年代初，结合现代信息技术的发展，钱学森又先后提出"从定性到定量综合集成方法"（Meta-synthesis）及其实践形式"从定性到定量综合集成研讨厅体系"（以下将两者合称为综合集成方法），并将运用这套方法的集体称为总体设计部。

这就将系统论方法具体化了，形成了一套可以操作且行之有效的方法体系和实践方式。

从方法和技术层次上看，它是人·机结合、人·网结合以人为主的信息、知识和智慧的综合集成技术。从应用和运用层次上看，是以总体设计部为实体进行的综合集成工程。

综合集成方法的实质是把专家体系，数据、信息与知识体系以及计算机体系有机结合起来，构成一个高度智能化的人·机结合与融合体系，这个体系具有综合优势、整体优势和智能优势。它能把人的思维、思维的成果、人的经验、知识、智慧以及各种情报、资料和信息统统集成起来，从多方面的定性认识上升到定量认识。

钱老提出的人·机结合以人为主的思维方式是综合集成方法的理论基础。从思维科学角度来看，人脑和计算机都能有效处理信息，但两者有极大差别。关于人脑思维，钱老指出"逻辑思维，微观法；形象思维，宏观法；创造思维，宏观与微观相结合。创造思维才是智慧的源泉，逻辑思维和形象思维都是手段"。

今天的计算机在逻辑思维方面确实能做很多事情，甚至比人脑做得还好还快，善于信息的精确处理，已有许多科学成就证明了这一点，如著名数学家吴文俊的定理机器证明。

但在形象思维方面，现在的计算机还不能给我们以很大的帮助。至于创造思维就只能依靠人脑了。然而计算机在逻辑思维方面毕竟有其优势。如果把人脑和计算机结合起来以人为主的思维方式，那就更有优势，思维能力更强，人将变得更加聪明，它的智能和创造性比人要高，比机器就更高，这也是 1+1>2 的系统原理（见图 1）。

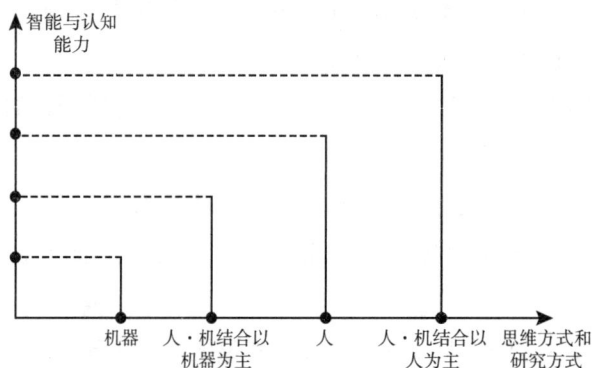

图1　思维方式和研究方式与认知能力的关系

从图 1 可以看出，人 – 机结合以人为主的思维方式，它的智能和认知能力处在最高端。这种聪明人的出现，预示着将出现一个"新人类"，不只是人，是人 – 机结合的新人类。

信息、知识和智慧是三个不同层次的问题。有了信息未必有知识，有了信息和知识也未必就有智慧。信息的综合集成可以获得知识，信息和知识的综合集成可以获得智慧。人类有史以来是通过人脑获得知识和智慧的。现在由于以计算机为主的现代信息技术的发展，我们可以通过人·机结合以人为主的方法来获得信息、知识和智慧，而且比人脑还有优势，这是人类发展史上具有重大意义的进步。

综合集成方法就是这种人·机结合以人为主获得信息、知识和智慧的方法，它是人·机结合的信息处理系统、也是人·机结合的知识创新系统、还是人·机结合的智慧集成系统。

按照我国传统文化有"集大成"的说法，即把一个非常复杂的事物的各个方面综合集成起来，达到对整体的认识，集大成得智慧，所以钱老又把这套方法称为"大成智慧工程"。将大成智慧工程进一步发展，在理论上提炼成一门学问，就是大成智慧学。

从实践论和认识论角度来看，与所有科学研究一样，无论是复杂系统和复杂巨系统（包括社会系统）的理论研究还是应用研究，通常是在已有的科学理论、经验知识基础上与专家判断力（专家的知识、智慧和创造力）相结合，对所研究的问题提出和形成经验性假设，如猜想、判断、思路、对策、方案等等。这种经验性假设一般是定性的，它所以是经验性假设，是因为其正确与否，能否成立还没有用严谨的科学方式加以证明。在自然科学和数学科学中，这类经验性假设是用严密逻辑推理和各种实验手段来证明的，这一过程体现了从定性到定量的研究特点。

但对复杂系统和复杂巨系统（包括社会系统）由于其跨学科、跨领域、跨层次的特点，对所研究的问题能提出经验性假设，通常不是一个专家，甚至也不是一个领域的专家们所能提出来的，而是由不同领域、不同学科的专家构成的专家体系，依靠专家群体的知识和智慧，对所研究的复杂系统和复杂巨系统（包括社会系统）问题提出经验性假设。

但要证明其正确与否，仅靠自然科学和数学中所用的各种方法就显得力所不及了。如社会系统、地理系统中的问题，既不是单纯的逻辑推理，也不能进行实验。但我们对经验性假设又不能只停留在思辨和从定性到定性的描述上，这是社会科学、人文科学中常用的方法。

系统科学是要走"精密科学"之路的，那么出路在哪里？这个出路就是人·机结合以人为主的思维方式和研究方式。采用"机帮人、人帮机"的合作方式，机器能做的尽量由机器去完成，极大扩展人脑逻辑思维处理信息的能力。

通过人·机结合以人为主，实现信息、知识和智慧的综合集成。这里包括了不同学科、不同领域的科学技术和经验知识、定性和定量知识、理性和感性知识，通过人·机交互、反复比较、逐次逼近，实现从定性到定量的认识，从而对经验性假设正确与否做出科学结论。

无论是肯定还是否定了经验性假设，都是认识上的进步，然后再提出新的经验性假设，继续进行定量研究，这是一个循环往复、不断深化的研究过程。

综合集成方法的运用是专家体系的合作以及专家体系与机器体系合作的研究方式与工作方式。具体来说，是通过定性综合集成到定性、定量相结合综合集成再到从定性到定量综合集成这样三个步骤来实现的。这个过程不是截然分开，而是循环往复、逐次逼近的。

复杂系统与复杂巨系统（包括社会系统）问题，通常是非结构化问题，现在的计算机只能处理结构化问题。通过上述综合集成过程可以看出，在逐次逼近过程中，综合集成方法实际上是用结构化序列去逼近非结构化问题（见图 2）。

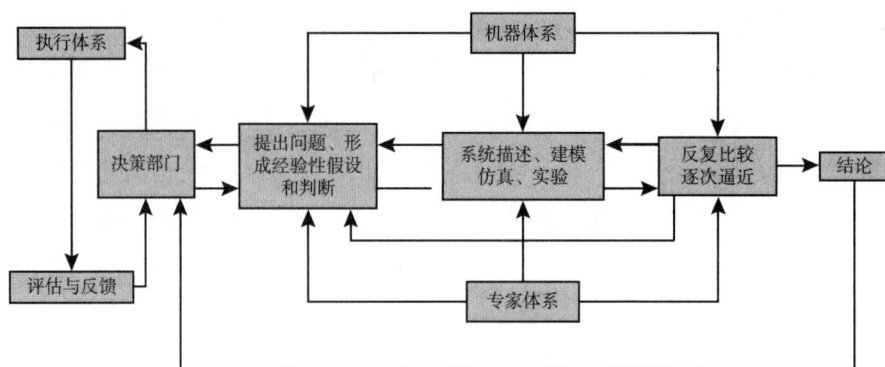

图2 综合集成方法用于决策支持问题研究的

这套方法是目前处理复杂系统和复杂巨系统（包括社会系统）的有效方法，已有成功的案例 证明了它的科学性和有效性。

综合集成方法的理论基础是思维科学，方法基础是系统科学与数学科学，技术基础是以计算机为主的现代信息技术和网络技术，哲学基础是辩证唯物主义的实践论和认识论。

从方法论和方法特点来看，综合集成方法本质上是用来处理跨学科、跨领域和跨层次问题研究的方法论和方法，它必将对系统科学体系不同层次产生重要影响，从而推动了系统科学的整体发展。

20世纪90年代中，钱老提出开创复杂巨系统的科学与技术。由于有了综合集成方法，可以在科学层次上建立复杂巨系统理论，这就是综合集成的系统理论，它属于复杂巨系统学的内容。虽然这个一般理论目前尚未完全形成，但有了研究这类系统的方法论与方法，就可以逐步建立起这个一般理论来，这是一个科学新领域。

另一方面，在应用层次上运用综合集成方法可以发展复杂巨系统技术，也就是综合集成的系统技术，特别是复杂巨系统的组织管理技术，大大地推动了系统工程的发展。

系统工程是组织管理系统的技术，是组织管理系统规划、研究、设计、实现、试验和使用的技术和方法。它的应用首先是从工程系统开始的，如航天系统工程。

但当我们用工程系统工程来处理复杂巨系统和社会系统时，处理工程系统方法就暴露出了局限性，它难以用来处理复杂巨系统和社会系统的组织管理问题，在这种情况下，系统工程方法也要发展。由于有了综合集成方法，系统工程可以用来组织管理复杂巨系统和社会系统了。

这样，系统工程也就从工程系统工程发展到了复杂巨系统工程和社会系统工程阶段，是现在就可以应用的组织管理复杂巨系统和社会系统的系统工程技术。

由于实际系统不同，将系统工程用到哪类系统上，还要用到与这个系统有关的科学理论、方法与技术。例如，用到社会系统上，就需要社会科学与人文科学等方面的知识。

从这些特点来看，系统工程不同于其它技术，它是一类综合性的整体技术、一种综合集成的系统技术、一门整体优化的定量技术。它体现了从整体上研究和解决系统管理问题的技术方法。

钱老开创复杂巨系统的科学与技术，实际上是由综合集成思想、综合集成方法、综合集成理论、综合集成技术和综合集成工程所构成的综合集成体系，也就是复杂巨系统科学体系，在哲学层次上就是大成智慧学。

这就把系统科学体系大大向前发展了，发展到了复杂巨系统科学体系。

如前所述，现代科学技术的发展一方面呈现出高度分化的趋势；另一方面又呈现出高度综合的趋势。系统科学、复杂巨系统科学，就是这后一发展趋势中最具有基础性和应用性的学问，它对现代科学技术发展，特别对现代科学技术向综合集成的整体化方向发展，必将产生重大影响，将成为一门21世纪的科学。

三、系统科学　治国之方

从系统科学观点来看，任何一项社会实践，都是一个具体的实践系统，正如钱老所说"任何一种社会活动都会形成一个系统"。实践对象是个系统，实践主体也是系统且人在其中，把两者结合起来还是个系统。因此，社会实践是系统的实践，也是系统的工程。这样一来，有关社会实践或工程的组织管理与决策问题，也就成为系统的组织管理和决策问题。在这种情况下，系统科学思想、理论方法与技术应用到社会实践或工程的组织管理与决策之中，不仅是自然的，也是必然的。这就是为什么系统科学和系统工程具有广泛的应用性以及系统科学思想指导性的原因。

但在现实中，真正从系统角度去考虑和处理社会实践和工程问题并用系统工程去解决问题，还远没有深入到各类实践之中。

人们在遇到涉及的因素多而又复杂且难于处理的社会实践或工程问题时，往往脱口而出的一句话就是：这是系统工程问题。这句话是对的，其实它隐含两层含义：一层含义是从实践或工程角度来看，如上所述，这是系统的实践或系统的工程；另一层含义是从科学技术角度来看，既然是系统的工程或实践，它的组织管理就应该用系统工程技术去处理，因为系统工程就是直接用来组织管理系统的技术。

可惜的是，人们往往只注意到了前者，相对于没有系统观点的实践来说，这也是个进步，但却忽视或不了解要用系统工程技术去解决问题。结果就造成了什么都是系统工程，但又没有用系统工程去解决问题的局面。

要把系统工程技术应用到实践中，必须有个运用它的实体部门。我国航天事业的发展就是成功地应用了系统工程技术。航天系统中每种型号都是一个工程系统,对每种型号都有一个总体设计部,这个总体设计部就是应用系统工程技术的实体部门,总体设计部由熟悉这个工程系统的各方面专业人员组成,并由知识面比较宽广的专家(称为总设计师)负责领导。根据型号系统总体目标要求,总体设计部设计的是型号系统总体方案,是实现整个系统的技术途径和方法。

总体设计部把型号系统作为它所从属更大系统的组成部分进行研制,对它所有技术要求都首先从实现这个更大系统的技术协调来考虑(型号系统的系统环境),总体设计部又把系统作为若干分系统有机结合的整体来设计,对每个分系统的技术要求都首先从实现整个系统技术协调的角度来考虑(型号系统的系统结构),总体设计部对研制中分系统之间的矛盾,分系统与系统之间的矛盾,都首先从总体目标(型号系统的系统功能)的要求来考虑和解决。

运用系统方法并综合集成有关学科的理论与技术,对型号工程系统结构、系统环境与系统功能进行总体分析、总体论证、总体设计、总体协调、总体规划,包括使用计算机和数学为工具的系统建模、仿真、分析、优化、试验与评估,以求得满意的和最好的系统总体方案,并把这样的总体方案提供给决策部门作为决策的科学依据。一旦为决策者所采纳,再由有关部门付诸实施。航天型号总体设计部在实践中已被证明是非常有效的,在我国航天事业发展中,发挥了重要作用。

这个总体设计部所处理的对象还是个工程系统。但在实践中,研制这些工程系统所要投入的人、财、物、信息、知识等也构成一个系统,即研制系统。对这个系统的要求是以较低的成本、在较短的时间内研制出可靠的、高质量的型号系统。

对这个研制系统不仅有如何合理和优化配置资源问题,还涉及到体制机制、发展战略、规划计划、政策措施以及决策与管理等问题。这两个系统是紧密相关的,把两者结合起来又构成了一个新的系统。

显然,这个新系统要比工程系统复杂的多,属于社会系统范畴。如果说工程系统主要综合集成自然科学技术的话,那么这个新的系统除了自然科学技术外,还需要社会科学与人文科学等。

如何组织管理好这个系统,也需要系统工程,但工程系统工程是处理不了这类系统的组织管理问题,而需要的是社会系统工程。

应用社会系统工程也需要有个实体部门,这个部门就是运用综合集成方法的总体设计部,这个总体设计部与航天型号的总体设计部比较起来已有很大的不同,有了实质性的发展,但从整体上研究与解决系统管理问题的系统科学思想还是一致的。

总体设计部是运用综合集成方法、应用系统工程技术的实体部门,是实现综合集成工程的关键所在。没有这样的实体部门,应用系统工程技术也只能是一句空话。

1978 年，钱学森、许国志、王寿云发表了《组织管理的技术——系统工程》一文，并大力推动系统工程在各个领域的应用，特别是致力于把社会系统工程应用到国家宏观层次上的组织管理，以促进决策科学化、民主化和组织管理现代化。

1991 年 10 月，在国务院、中央军委授予钱学森"国家杰出贡献科学家"荣誉称号仪式上，钱老在讲话中说"我认为今天的科学技术不仅仅是自然科学工程技术，而是人类认识客观世界、改造客观世界的整个知识体系，这个体系的最高概括是马克思主义哲学。我们完全可以建立起一个科学体系，而且运用这个体系去解决我们中国社会主义建设中的问题。"

现代科学技术体系为国家管理和建设提供了宝贵的知识资源和智慧源泉，我们应充分运用和挖掘这些知识和智慧，以集大成得智慧。而系统科学中的综合集成方法和大成智慧工程又为我们提供了有效的科学方法和有力的技术手段，以实现综合集成大成智慧。这就是钱学森把系统科学特别是复杂巨系统科学和社会系统工程技术运用到国家宏观层次组织管理的科学技术基础。

钱老在提出经济的社会形态、政治的社会形态和意识的社会形态构成了一个社会有机整体的基础上，又从社会发展和文明建设角度进一步提出，相应于社会形态三个侧面也有三种文明建设，这就是相应于经济的社会形态的经济建设，即物质文明建设；相应于政治的社会形态的政治建设，即政治文明建设；相应于意识的社会形态的思想和文化建设，即精神文明建设。

根据我国实际情况，钱老提出了我国社会主义建设的系统结构：

1.社会主义物质文明建设，包括科技经济建设和人民体质建设；

2.社会主义政治文明建设，包括民主建设、法制建设和政体建设；

3.社会主义精神文明建设，包括思想建设和文化建设；

4.社会主义地理建设（生态文明建设），包括基础设施建设、环境保护和生态建设。

以上共四大领域九个方面。在九个方面中，科技经济建设是基础，也是中心。

由于社会形态三个侧面相互关联，也就决定了社会主义三个文明建设之间相互关联、相互影响、相互作用。

社会系统外部环境即地理系统，它和社会系统也是相互关联、相互作用、相互影响的。

从系统科学角度来看，只有当社会系统内部之间及其外部环境相互协调和协同时，才能获得最好的整体功能。这就是说，上述三个文明建设以及地理建设（生态文明建设）之间，必须协调发展，形成良性循环，才能使我国社会主义建设的速度更快、效率更高、效益更好。

四大领域建设是一场伟大的改造客观世界的社会实践，是一项极其复杂的大规模工程。钱老指出，"我们可以把完成上述组织管理社会主义建设的技术叫做社会工程，它是系统工程范围的技术，但范围和复杂程度是一般系统工程所没有的，这不只是大系统而是巨系统，是包括整个社会的系统。"

这里所说的社会工程就是社会系统工程。社会系统工程是组织管理社会系统，使四大领域协调发展，以获得长期和最好整体效益的组织管理技术。

2008 年 1 月 19 日，胡锦涛同志看望钱老时说：20 世纪 80 年代初，我在中央党校学习时就读过您讲系统工程的报告，给我留下非常深的印象，我到现在还记得，您这个理论强调，在处理复杂问题时，一定要注意从整体上加以把握，统筹考虑各方面因素，理顺它们之间的关系，这很有创见。现在我们强调科学发展，就是注意统筹兼顾，注意全面协调发展。

目前国内还没有这样的研究实体，有的部门有点像，但研究方法还是传统的方法。总体设计部也不同于目前存在的各种专家委员会，它不仅是个常设的研究实体，而且以综合集成方法为其基本研究方法，并用其研究成果为决策机构服务，发挥决策支持作用。

从现代决策体制来看，在决策机构下面不仅有决策执行体系，还有决策支持体系。前者以权力为基础，力求决策和决策执行的高效率和低成本；后者则以科学为基础，力求决策科学化、民主化和程序化。

这两个体系无论在结构、功能和作用上，还是体制、机制和运作上都是不同的，但又是相互联系相互协调和协同且两者优势互补，共同为决策机构服务。

决策机构则把权力和科学结合起来，形成改造客观世界的力量和行动。

从我国实际情况来看，多数部门是把两者合二为一了。一个部门既要做决策执行又要作决策支持，结果两者都可能做不好，而且还助长了部门利益。如果有了总体设计部和总体设计部体系，建立起一套决策支持体系，那将是我们在决策与管理上的体制机制创新和组织管理创新，其意义和影响将是重大而深远的。

一个单位、一个部门甚至一个国家的管理，都是不同类型系统的管理，系统管理的首要问题是从整体上去研究和解决问题，这就是钱老一直大力倡导的"要从整体上考虑并解决问题"。只有这样才能统揽全局，把所管理系统的整体优势发挥出来，收到 1+1>2 的效果，这就是基于系统论的系统管理方式，我国航天事业的发展就是成功的应用了系统管理方式。

但在现实中，从微观、中观直到宏观的不同层次上，都存在着部门分割条块分立，各自为政自行其是，只追求局部最优而置整体于不顾。这里有体制机制问题，也有部门利益问题，还有还原论思维方式的深刻影响。这种基于还原论的分散管理方式，使得系统的整体优势无法发挥出来，其最好的效果也就是 1+1=2，弄不好还可能是 1+1<2，而

后一种情况可能是多数。

　　管理科学　兴国之道，系统科学　治国之方。钱老关于国家管理和建设的系统科学思想、理论方法与技术以及实践方式，紧密结合实际和国情，具有重要现实意义。

于景元，中国航天科技集团公司 710 研究所（北京信息与控制研究所）科技委主任、研究员、博士生导师。

从格物致知到众智成城

东周《礼记·大学》提出八目即"格物、致知、诚意、正心、修身、齐家、治国、平天下","物格而后知至,知至而后意诚","物有本末,事有终始,知所先后,则近道矣"。用宋代朱熹的话来解释就是"知事物之本末,穷事物之理"。从物联网到大数据再到智能化是"格物致知"的过程,通过分析决策达到"知行合一"。建设智慧城市是"格物致知"在城市建设和管理上的体现,通过智慧城市推动我国城镇化的发展,支撑治国平天下。

一、从感知城市到数据城市

物联网(Internet of Things,IOT)的词汇最早出现在 20 世纪 80 年代,认为每个物体均应有标志以便于管理,到 90 年代认为可将物体联网,近几年进一步挖掘物体联网的价值是感知环境并支持分析决策。物联网的体系由三层组成,感知层利用感知单元(射频标签 RFID、条码和传感器)获取物体或人或环境的信息,网络层利用通信网络汇集这些信息,应用层进行信息处理和数据挖掘,提供智能决策。

智慧地球、感知中国和智慧城市等概念随着物联网的应用而出现。无线城市、数字城市、宽带城市、感知城市是智慧城市的必要条件;智能制造、智能农业、智能电网、智能交通、智能建筑、智能安防、智慧物流、智慧环保、智慧医疗等是智慧城市的重要体现;创新城市、绿色城市、宜居城市、平安城市、健康城市、幸福城市、人文城市等是智慧城市应有之意。感知是基础,生成智慧是目的,中间还需要对感知所得到的大数据进行分析,如果说物联网是智慧城市的必要条件,那么智慧城市的充分条件中至少还应加上大数据的挖掘应用。

智慧城市生成大数据。以下分别就政府的数据、制造业的数据、服务业的数据、医院的数据、网站的数据等说明城市产生大数据。

政府的数据。按照 IDC 公司报告，在 2015 年被分析与标签的数据中监控数据占到 50% 以上，到 2020 年也有 40% 的比例。现在视频监控摄像头广泛用于城市主要道路、热点地区、地铁和居民小区的安全监视。北京超市食品架前均要求装摄像头，要能清晰拍到走在架前的人的脸部。一个 8Mbps 摄像头每小时产生 3.6GB，很多城市的摄像头多达几十万个，一个月的数据量达到数百 PB，若需保存 3 个月则存储量达 EB 量级。浙江法院系统建成了动态更新、开放共享的全省法院数据中心和覆盖全省 1758 个审判用法庭的数字法庭统一管理平台，汇总全省 758 万余件案件数据和 84 万余件案件庭审录音录像，先后开发了 100 多个应用系统。北京的"检立方"系统以覆盖北京市三级检察院的 50 万件案件、380 万份法律文书、9800 万项检察信息为基础，已经积累了 50 万件案件、过亿项信息的"大数据"，集中接入了控申接待、远程指挥、远程讯问、警车轨迹等音视频信号，整合部署了 160 多项应用，可以从中统计 692 项业务点，生成 139 项指标和报告。深圳市公安局信综平台拥有人员档案 1.16 亿份，电话号码档案 1.39 亿份，场所档案 1200 多万份，车辆档案 900 多万份。国家税务总局每月收集全国数据 4TB，已集中的结构化数据 260TB。北京市政府部门数据库总量 2011 年 63PB，2012 年 95PB。

制造业的数据。GE 在所生产的每一引擎上装 20 个传感器，在飞行过程中每隔一段时间通过卫星将传感器收集的引擎状态传给 GE 公司。每个引擎每飞行小时产生 20TB，从伦敦到纽约每一飞行就能产生 640TB 级数据，GE 每天收集 PB 级引擎数据。美国每月收集 360 万次飞行记录，监视机队 25000 个引擎。风力发电机装有测量风速、螺距、油温等多种传感器，每隔几毫秒测一次，用于检测叶片、变速箱、变频器等的磨损程度。一个具有 500 个风机的风场一年会产生 2PB 的数据。根据赛门铁克的 2012 年发布的《信息状况调查报告》，全球企业数据存储总量 2.2 ZB，年增 67%，10KB 相当于一张填满了文本的 A4 纸，2.2ZB 的纸张堆栈相当于 1287 幢帝国大厦一样高（1，454 英尺）。

服务业的数据。根据 McKinney 公司研究，证券和银行公司的数据存量位于行业排名前列，在 2009 年美国的一个标准的银行大概的数据存量为 1.9PB、一个证券公司大概为 3.9PB、一个保险公司大概为 0.9PB。中国工商银行企业级数据仓库存储量已超过 350TB，积累的数据 4.5PB。中国农业银行每年产生结构化和非结构化数据分别突破 100TB 和 1PB，已归档 PB 级数据。中国银联发卡量 40 亿张，每天近 600 亿次交易，每秒 50 万次记录，存储量 350TB。国家电网公司年均产生数据 510TB（不含视频），到 2013 年累计产生数据 5PB。北京公交一卡通每天使用 4 千万人次，地铁一千万人次，北京市交通调度中心每天数据增量 30GB，存储量 20TB。中国移动 2013 年 7.7 亿的客户，100 万座基站，每分钟 800 万次通话，每秒发短信 2.4 万条，每秒上网流量 33GB，每分钟应用下载 1142 次，每天话单数据 10TB，每天信令数据 100TB，每天上网日志

500TB，累计数据存量 80PB，年增 50%。中国联通建立用户上网记录大数据系统，每秒记录 83 万条，对应年数据量 3.6PB，从通信网络采集的数据每年 100PB。上海电信每分钟 8 万条位置更新信息、每小时 300 万次移动电话呼叫、每天 70—100TB 互联网访问量。

医疗的数据。现在一个病人的 CT 影像往往多达两千幅，数据量已经到了几十个 GB。按照卫生部门的规定，CT 类数据需要保存 50 年，以广州中山大学第一附属医院为例，在 2008 年已经存储数据超过 100TB，预计到 2015 年可达 1000TB，即 1PB。深圳华大基因每天产生数据超过 10TB，现已存 20PB，预计该基因库能达到 1EB。

网站的数据。淘宝网每天交易超过数千万笔，2014 年双 11 购物节峰值时处理交易达到 3.8 万笔 / 秒。通常单日数据产生量超过 50TB，在阿里数据平台事业部的服务器上有超过 100PB 已处理过的数据。百度公司每天要处理 60 亿次搜索请求（比谷歌高一倍），新增 10TB，处理 100PB 数据，每天产生 1TB 的日志，目前存储网页数近 1 万亿，数据总量接近 1000PB 即 1EB。腾讯公司 QQ 月活跃用户超 8 亿，微信用户 5 亿，在线人际关系链超 1000 亿，每天 1 千亿次服务调用，日新增 200—300TB 数据量，每月增加 10%，经压缩后的数据总存储量 100PB。新浪微博每天有数十亿外部网页和 API 接口访问需求，在晚上高峰期微博每秒要接受 100 万以上的响应请求。

科研的数据。在澳大利亚和南非正在安装平方公里阵（AKA），以分布于 3000 公里的 36 个小天线组成一个巨大的射电望远镜，每天收集 Ebyte 级的数据。在日内瓦 CERN 的大型强子对撞机产生大数据，2012 年采集 25PB 的数据。

二、从数据挖掘到智能分析

智慧城市的数据从来源分为三类，即传感器收集的数据、从网络收集的数据，以及政府和企事业单位积累的数据。三元数据的融合将使数据挖掘更有价值。例如利用马路上的埋地线圈和摄像头可以感知道路交通拥堵状况，如果再根据政府的数据或根据微信上报告的突发事件便有可能知道道路发生拥堵的原因。

数据挖掘在制造业的应用。美国雷神公司（Raytheon）的导弹工厂自动保留了每个导弹的数据，包括配件及其操作员以及湿度和温度，当错误发生时，有助于找出究竟是哪一个环节的问题。摩托车生产厂商哈雷公司不停记录着微小的制造数据，如喷漆室风扇的速度等，当察觉风扇速度、温度、湿度或其它变量脱离规定数值，它就会自动调节机械。陕鼓动力集团收集出厂设备的运行数据，将过去销售设备的一次性收入扩展为长期的售后服务支持，服务收入占公司收入 1/3。GE 公司通过对安装在所生产的 2 万台喷气引擎上的传感器数据分析，开发的算法能够提前一个月预测其维护需求，预测准确率达到 70%，可将发动机的处理过程从 30 天压缩为仅仅 20 分钟。按照美国交通运输局报告，美国航空公司每年耗费大约 480 亿美元的燃油，利用对飞机引擎的监控可以节约燃油消耗，如果燃油节约 2% 就可节省 10 亿美元。GE 航空部门与埃森哲合资建立 Taleris 公司，收集飞机上的传感器数据、空中流量数据、气候等数据，开发产业互联网软件系统，两年来已帮助国内航线避免 1000 次延迟起飞与取消。利用风电引擎检测到的数据实现预防性维护，保守估计能延长风机寿命 3 年，每年每风机成本将下降 17%。华尔街对冲基金依据购物网站顾客评论分析企业销售状况。华尔街银行根据求职网站岗位数量推断就业率。现在每天在百度上搜索汽车的次数高达一千万次，百度将网民对汽车的各类搜索请求进行大数据挖掘，帮助一汽等车企深入了解消费者需求，设计新品及资源调配。青岛红领服装公司积累了超过 200 万名顾客个性化定制的版型数据，包括款式（领型、袖型、扣型、口袋、衣片组合等）和工艺数据，建立个性化量身定制 MTM（Made-to-Measure）服装数据系统。顾客只需按红领量体法采集身体 18 个部位的 22 个数据，输入该系统自动建模，形成专属于该顾客的版型，并将成衣数据分解到各工序，跟随电子标签流转到车间每个工位。红领公司开创 C2M（消费者到工厂）的直销方式，客户自主决定蓝图、工艺、价格、服务方式，可在七个工作日交付成品西服，用工业化的流程生产个性化产品，成本只比批量制造高 10%，但回报至少是两倍以上，年均销售收入、利润增长均超 150%。

数据挖掘在商业上应用。沃尔玛电商基于每月 4500 万网络购物数据并结合在社交网络上挖掘出的对产品的大众评分，开发机器学习语义搜索引擎"北极星"，方便浏览，在线购物者增加 10%—15%，增加销售十多亿美元。沃尔玛还通过对消费者的购物行为等非结构化数据进行分析，了解顾客购物习惯，从销售数据分析适合搭配卖的商品。美国排行第二的折扣超市 Target 选出孕妇常购的典型商品，建立怀孕预测指数，针对性派送孕妇用品的优惠广告，还将分析用到各种细分客户群。Informatica 公司帮助美国一家零售公司把交易型的数据与社交媒体产生的数据能够关联分析，找到"最佳客户"并分析他们的购买行为。eBay 通过购买一些网页搜索的关键字，将潜在客户引入其网站，为计算出每一个关键字的广告效果，建立了优化系统来分析，自 2007 年以来，eBay 产品销售的广告费降低了 99%，顶级卖家占总销售额的百分比却上升至 32%。淘宝团队利用多年积累的消费者搜索与购物行为大数据库，把项目细分从 8000 项做到了 200 万项，根据不同的细分，再安排相应的广告推送，结果广告推送的点击率大幅度提升 30%，带动淘宝的广告收入大幅提高。淘宝网建立淘宝指数，通过采集、编制淘宝网上成交额比重达到 57.4% 的 390 个类目的热门商品的价格走势，反映网络购物市场整体状况，以及城市主流人群的消费状况。在淘宝上买商品的顾客会在阿里的广告交易平台中留下记录，从该平台买下这些记录的商家一旦发现该顾客浏览与该商家有广告关系的网站时，就会推出与顾客曾经购买过的商品相关的广告，广告主的投放更精准，网站广告可卖出好价钱，阿里和网站各有所得，而用户的体验也会改善。宝洁、平安保险和1号店（日用快消品电商公司）等从百度获得用户对产品的喜好，百度在搜索排名中优先推介，百度承诺按广告效果收费，这些公司将广告费从传统媒体转到百度。最近百度推出"直达号"，这是商家在百度移动平台的服务账号，基于移动搜索、@账号、地图、个性化推荐等多种方式，让客户直达商家服务，还为商家提供CRM后台。

数据挖掘在金融业的应用。华尔街的银行通过应用大数据分析大大缩短了从分析到决策时间：分析风险数据从3月缩短到3小时，价格计算从48小时减少到20分钟，行为分析从72小时缩短到20分钟，每年的模型自动化从150个扩展到1.5万个。人保财险有1亿多张保单，3000万企业客户和8000万个人客户，以前人保财险都是在客户出险之后再调出保单，然后进行相应的服务，如今利用大数据，人保财险可以根据曾经的记录和保单数据分析对客户分类，为不同的风险客户推销相应的产品，另一方面进行风险偏好分析，总结出事故发生的规律，做好有效预防。工行在2013年有1.6万个网点，每天交易2亿笔，IBM帮助做客户分析，吸储增加1400亿元，工行2013年将大数据分析用于风险管理，全行日均手工监督工作量由895.8万笔降至5.4万笔，全行减少了5900余名业务监督人员。交通银行信用卡中心采用智能语音云产品对海量语音数据进行分析处理，实现了录音的高效检索、准实时自动质检、多维度业务分析、声纹识别与语音导航，过去需数千人人工处理，现语音检索时间从3—5天缩短为5分钟，反馈时间短于100毫秒。阿里公司根据在淘宝网上中小企业的交易状况筛选出财务健康和诚信的企业，无需担保便可从网上申请到贷款，平均利率6.7%。目前已放贷上千亿元，阿里实现单日利息100万元。单笔微贷成本为银行的0.1%。坏帐率为商业银行的1/3。京东商城收购网银在线，利用其掌握消费数据，联手中国银行可同时为商家和消费者提供贷款，包括订单融资、应收账款融资和协同投资等，还推出信用卡分期付款服务，打造仓储、物流、贷款到支付的闭环。阿里公司基于支付宝的3亿实名用户，在线钱包1.9亿活跃用户，日常交易4500万笔的大数据，建设投融资平台。阿里公司2014年10月推出"蚂蚁金服"，存、贷、汇业务，未来还可扩展成为互联网金融业的纽交所，获取用户属性、地域、兴趣、购买力等多维度资讯，分析出可支配收入，并形成对该客户信用能力的判断。百度金融理财类搜索引擎在2013年的日搜索量高达3.3亿次，基于理财的搜索需求，百度建立"百发计划"与华夏基金合作建投资平台，获得客户的实名和账号。腾讯基于社交平台利用"微信红包"、补贴使用微信支付的打车软件，以此方法获取网络用户的实名和支付账号，培养用户使用打车软件和微信支付的习惯。

数据挖掘在交通运输业的应用。美国UPS每天平均运输163万件包裹，用传感器跟踪46000辆车，优化运输路线，2011年少跑了8500万英里路程，节约了840万加仑燃料。美国 AirSage 公司每天通过处理来自公路汽车的上百万手机用户的 150 亿条位置信息，为超过 100 个城市提供实时交通信息。谷歌公司在 2012 年获得内华达州颁发的无人驾驶汽车牌照，利用 GPS、街景等大数据，目前已经运行 1400 英里。中远物流公司有 100 多个配送中心，3000 个网点，装 GPS 的上万辆车每月产生 2 亿条信息，减排 10%。美国纽约的交通部门从交通违规和事故的统计数据中发现规律，改进了道路设计。北京公交每天有 5 千万人次记录，分析这一数据可优化城市公交路线的设计。利用电信大数据，可动态跟踪手机用户的位置和运动速度，提供精准的车流和行人实况，支撑交通规划和流量疏导。高德公司以互联网众包思路采集 3 亿多高德地图导航用户的出行数据，再以浮动车数据来佐证，得出 2014 年 3 季度全国城市拥堵排名，前十名是北京、杭州、上海、福州、大连、济南、沈阳、温州、广州、郑州，以拥堵指数（表示拥堵比非拥堵所需出行时间的倍数）来衡量，北京高峰时段拥堵指数 2.12（早高峰 2.01，晚高峰 2.25，平时 1.74）、平均速度 22 公里 / 小时，每 10 公里需时 27.3 分钟、每 10 公里延时 14.4 分钟。在 2014 年北京 APEC 会议期间因实施单双号管理，北京高峰时段拥堵指数下降 36%，平均车速升至 36 公里 / 小时，车速提升了 60%。高德指数还总结出北京常发拥堵地点 90% 情况发生在快速路入口，需要设置较长的缓冲带，避免与主路车流冲突，另外拥堵发生在小学门口，还有商圈附件缺少车位也是拥堵原因之一。

数据挖掘在电力行业的应用。IBM 通过对历史数据分析做风场 200m*200m 的小尺度（通常气象局是 100km*100km 尺度）72 小时风力预报，预测未来发电量，使电网能提前均衡，并网出力增加 10%。美国加州大学洛杉矶分校将人口调查信息、用户实时用电信息和地理、气象等信息全部整合，设计了"电力地图"，能更准确地反应该区经济状况及各群体的行为习惯，为城市和电网规划提供基础依据。

数据挖掘在电信业的应用。中国移动建立网络资源统一管理平台，将全网资源细化到机盘和端口并给予统一编号，在有资源可用的情况下将电路调配时间从几天缩短到几分钟，利用该平台可以优化资源配置和网络规划。中国移动获取移动用户上网记录，解决用户透明消费问题，使用其中的数据做精细化营销，有针对性开发业务和优化资费模式。中国联通建立移动互联网业务数据平台与分析检测系统，基于云计算平台，从 SGSN 与 GGSN 间以分光方式获取移动用户上网 IP 地址、时长、上网记录和基站流量，通过挖掘用户数据，更好服务用户，还可据此监测网络故障和优化网络规划。中国电信提出智能管道，用"去电信化"的思维，通过新增能力开放系统和高智能引擎实现应用层开放；在 IP 层逐步引入支持路由开放能力，将策略控制、路由选择、流量调度开放给第三方；升级边缘设备，感知终端与业务，实现资源按需配置和网络资源优化。

数据挖掘在文体业的应用。视频网站将视频娱乐节目与即时通信及大数据耦合，将电视节目重播平台升级为新媒体融合平台。将电视观众变为互动用户。美国 Netflix 网站每天记录用户 3000 多万个观看的动作（暂停、回放、快进、停止）和 400 万个评分，300 万次搜索，利用积累的大数据预判观众喜好，据此选择导演和演员及调整剧情；针对性向用户宣传，吸引用户从试用转向付费订阅，一次性连播形式和多屏收视颠覆了美剧通常的形态，Netflix 的《纸牌屋》获得成功。阿里巴巴推出"娱乐宝"，百度推出"众筹"频道，网民出资 100 元即可投资影视作品，承诺预期年化收益率 7%。美国 NBA 从 20 世纪 80 年代开始将球员在赛场上的表现数据化，经过 30 多年的积累已达到可辨别每一个球员在场上的弱点，方便教练进行针对性战术安排，2013 年 30 家 NBA 球队俱乐部已有半数聘请了数据分析师，他们的平均胜率达到 59.3%，而没有进行数据分析的球队仅有平均 40.7% 的胜率，目前 NBA 全部球队都使用大数据分析系统。中国 U 联赛自主研发的 STATSCAST 软件平台，提供运动员与同位置运动员进行对比的数据，指导自己的技术动作，最终实现从数据到价值的转化。

数据挖掘在医疗保健业的应用。谷歌把 5000 万条美国人搜索词和美国疾控中心在 2003—2008 年间流感传播期的数据进行了比较，建立数学模型，结合 45 条检索词条，在 2009 年甲型 H1N1 流感爆发的几周前，Google 就给出了预测，与疾控中心数据相关性高达 97%。中科院与百度合作，精选了 160 多条关键词，对 5 年来的数据进行建模分析，先于卫生部门公布前几周得出中国艾滋感染人群的分布情况。在 CT 扫描时如何把 X 射线剂量降至最低从而避免可能发生的致癌风险，一直是医学界研究的课题，GE 公司建立 Dose Watch 剂量管理平台对人群 CT 剂量进行管理，检测并记录病人在一段时间内接受到的辐射剂量数据，包括不同部位的 CT 检查剂量、不同型号 CT 机扫描同一部位的辐射剂量、不同扫描方式的辐射剂量，通过医院甚至整个城市、国家收集全球所用剂量统计数据，发现通过 Dose Watch 观察每一个扫描技师并进行行为学监测和纠正，就可以将整个科室全年的同一部 CT 的扫描剂量降低 41%。根据麦肯锡的报告，医疗大数据的分析将为美国产生 3000 亿美元的价值，减少 8% 的国家医疗保健支出。

数据挖掘在舆情分析中应用。奥巴马竞选团队有数千名志愿者，通过社交网络和微博等收集选民的爱好和关注，同时运行 66000 个计算机分析数据并建立选民档案，例如某个选民在 Facebook 或者 Twitter 上的大部分帖子都是关于环保和医疗成本，就可通过电子邮件以奥巴马名义发一条的专门谈论环境问题的信息，让该选民有理由支持总统连任。微软纽约研究院的经济学家 David Rothschild 根据网络舆情在 2012 年预测美国总统选举结果，对 51 个选区预测命中其中 50 个，准确率达到 98%。2014 年 11 月台湾地方选举期间根据候选人的"Google 指数"（过去 24 小时内该候选人在 Google 和 YouTube 的相关搜索量以及在 Google+ 中被讨论的次数，合并之后计算出来的参考指数）判断，除了新北市国民党的候选人朱立伦险胜民进党候选人游锡堃外，其他几个主要都市的国民党的候选人都落败，最后的选举结果证实了这一判断。

利用短信、微博、微信和搜索引擎可以收集热点事件与舆情挖掘。通过对微博用户建立档案，提前关注可能引起社会不稳定的因素。在长假之前，很多人会在网络上搜索旅游点、旅店、火车与飞机航班信息或自驾游的路线等，由此可预知哪些旅游点和交通线路会拥塞。2013 年 5 月昆明市民上街抗议"PX 化工项目"上马，早在市民集会前一周该项目的百度搜索关注度剧增。

数据挖掘在治安管理的应用。美国把二十多年的犯罪数据和交通事故数据映射到同一张地图上后惊奇地发现，交通事故和犯罪活动在时空上都有高度的重合性，美国公路安全部门与司法部门通过共治，交通事故率和犯罪率双双下降。浙江建立政法大数据系统，得出 2012 年浙江男性犯罪的前三种是盗窃罪、危险驾驶罪与故意伤害罪，被告人平均年龄分别是 28.32 岁、36.66 岁和 30.64 岁，女性犯罪前三种是盗窃罪、开设赌场罪和贩运制毒罪，对应的平均年龄分别是 30.84 岁、38.45 岁和 29.69 岁。浙江法院建成了覆盖在浙 52 家商业银行的网上专线查询被执行人存款的系统。自 2014 年 6 月该系统开通以来，已查询被执行人存款 118 万人次，查到存款余额 1745 亿元，13.8 万件案件得以执结。依据手机用户地域分布的大数据，实时提供人口密集情况，有利于对突发事件的预警，长期的统计结果可用于城市规划。

三、从开放政府到智慧政府

城市数据是智慧城市的重要资产。智慧城市应具有四方面的要素，首先是可测量的，可监控的以及可分析的，通过分析服务于个人、企业及政府的系统所产生的数据流，提供新的洞察力和机会，提高效率；其次是整合的，对于所有的城市系统有完整的规划和整体的、综合的管理，城市间可以轻松地共享信息以及成功经验；第三是创新的，应用新的科技及技术提高效率；第四是协作的，市机关、企业、教育机构和个人共同创造城市的构想蓝图及实施方案，提高生活质量。由此可见，数据是智慧城市的第一要素，城市数据是智慧城市的重要资产。

开放数据是智慧城市的标志。Gartner 公司曾经描述过在信息化时代的政府，2000年是电子政府，政府建立门户网站并提供在线服务，2005 年为整合政府，管理部门流程再造，2010 年为开放政府，强调透明、参与和协作以及社区自律，2015 年为智慧政府，跨部门的、用得起的和可持续的。Gartner 公司所提出的政府演进的时间表不一定准确，但开放政府与智慧政府的先后顺序是清晰的，即智慧政府必然是开放政府，开放数据是开放政府的标志，是智慧政府的前提。按照麦肯锡公司的报告 2009 年美国存储数据量排名前两位分别为制造业和政府，制造业因企业多而数据多，政府则因管理权力大而数据多，政府掌控的数据的质量往往优于其他渠道所获得的数据，例如因实名而可信性高，因全面而代表性广。如果政府能在保证国家安全和公民隐私的前提下带头开放数据，既有利于改进政府的形象，也因政府的透明而为社会提供了更大的发展空间，有利市民监督，提升公共效率并激励创新。

开放数据宪章。2013 年 6 月 17—18 日在英国北爱尔兰召开 G8 会议，签署了"开放数据宪章"，提出了开放数据五原则，即开放数据是基本要求、开放数据要注重质量与数量、开放数据让所有人都可用、为改善治理而发布数据、发布数据以激励创新。该宪章提出了三项优先行动，即制定 G8 国家行动计划（需要报告执行宪章的计划和年度进展）、发布高价值的数据（包括国家统计、地图、选举、预算、民主、环境等关键数据）和给出元数据（提供关于信息资源或数据的一种结构化数据）映射。该宪章列出了 14 个重点开放数据的领域，它们是公司、犯罪与司法、地球观察、教育、能源与环境、财政与合同、地理空间、全球发展、治理问责与民主、保健、科学与研究、统计、社会流动性与福利、交通运输与基础设施。到 2014 年，全球已有 63 个国家和地区推进政府数据开放，共开放超过 70 万个政府数据集。目前美国和英国无论开放的政府数据集数量和质量以及所开发的应用数量都位于前列。

美国政府开放数据门户。美国联邦政府从 2009 年起建立统一数据开放门户——Data.Gov，按原始数据、地理数据和数据工具三类开放政府拥有的公共数据，先后加入了数据分级评定、高级搜索、用户交流和社交网站互动等功能。美国阳光基金会举办数据开发大赛，参赛作品必须使用 Data.gov 开放的公共数据，可以是数据分析程序、数据可视化应用，或是社交网站和智能手机插件。现在 Data.Gov 中有近 300 个程序、工具和插件是由民间的程序员、公益组织等社会力量开发的。截至 2013 年 12 月，Data.Gov 共开放 88411 个数据集（2014 年底为 136804 个数据集）、349 个市民开发的应用、137 个移动应用、409 个政府 API，地理数据 386429 项，还汇集了 1570 个数据可视化应用。

数据开放与隐私保护并重。政府开放的数据既要做到尽可能开放又要做到保护公民隐私。美国联邦政府 2009 年对市民提出的 900 项开放数据申请给予回复：16% 立即开放，26% 短期开放，36% 计划开放，22% 因为国家安全、隐私以及技术的限制无法开放。对于开放数据平台上没有的数据，只要公众提出，会有专门的工作人员对这些需求进行分析和答复。曾有一位应用开发者希望获得具体到小区层面的犯罪率数据，尽管这一数据目前还未在开放平台上开放，但工作人员仔细查阅后发现，可以在纽约警察局获得，并提供了链接。纽约市的开放数据平台目前开放了按邮政编码分区域的人口统计信息、用电量、犯罪记录、中小学教学评估等历史数据；地铁公交系统的动态实时运行数据；与公众生活密切相关的数据：小区噪音指标、停车位信息、住房租售、旅游景点汇总等；与商业密切相关的数据：饭店卫生检查、注册公司基本信息等；处理数据所需的软件工具。

开放数据平台有利于市民对政府更好的监督。 开放数据平台的标准化尤为重要，需要统一开放数据的标准，至少有标准一致的可机读的数据格式。对于财政数据，各国在数据管理上、发布形式上都有着很大的差别，需要通过标准化来实现财政数据透明化、开放化。世界经合组织的预算透明化指南明确了哪些内容必须要包含在预算报告中，哪些细节必须做到透明化。美国的阳光基金会倡议政府采购的透明化与开放化，目标是将政府采购中标金额、中标公司等数据能够以一种标准的、开放的形式发布给民众，从而更利于民众对政府采购的监督。财政数据透明化和开放化包括企业注册信息的开放，这将有利于公众甄别僵尸企业、空壳企业，以及摸清复杂的公司结构，防止贪污、洗黑钱等犯罪行动。从 Data.Gov 公布的各种数据中可找出关联，例如高中升学率与师资力量的关系、空气质量与工厂数量的关系、胖子数量与快餐店多寡的关系、天气与航班延误的关系等。关于空气质量和噪音的数据可以被用来估测房价，关于饭店的卫生检疫测评数据推荐可以促进环境治理、激励饭店提高卫生标准。

开放数据促进公用事业效率提升。 美国交通部开放了全美航班飞行的数据，有市民利用这些数据开发了航班延误时间的分析系统（Flyontime.us）。单次航班的延误时间似乎是随机的、无规律的，但是，当数据累积到一定程度时，航班延误时间的长短就会在统计上呈现出一种秩序和稳定，据此帮助消费者找到表现最佳、或者最符合自己需要的航班。Flyontime.us 还能够查询各个机场安检通关的时间长短，这个数据是候机的乘客通过微博或短信向该系统提交的，通过加总和平均，用于对机场服务质量的评价。Flyontime.us 系统成为很多人乘机、候机的行动指南，帮助旅客选择正点率高的航班，而且推动航空公司提升正点率，美国航班延误率从 2008 年的 27% 下降到 2010 年的 20.23%。地面公共交通系统的动态数据公布后，公众其进行深度挖掘，不仅创造出了手机应用为公众出行提供实时建议，而且为地铁系统在客流高低峰时段、热点站和普通站之间的调配提出更优的方案，这些在原来警察局或交通部门各自垄断数据的情况下无法想象。纽约市的 Sense Networks 公司利用个人位置数据推出了可实时给出城市人群活动集中地点的 CitySense 服务，还给出每周每小时出租车上客最多的街角排行榜的集合图 CabSense 服务。

开放数据助力城市治安管理。 纽约市详尽犯罪记录数据开放后，出现了对应的手机 APP，提示公众避免进入犯罪高发区，而且还能将犯罪记录信息和动态交通数据结合起来，起到指导调配警力的作用。2012 年美国加州大学分析洛杉矶市政府提供的过去 1300 多万起案件数据，找到了各小区发案与日期、天气、交通状况及其它相关事件的关系，建立犯罪活动预测平台，该系统已使该地区财产犯罪率和盗窃案件分别下降 12% 和 26%。

开放数据扶持中小企业。 美国 Panjiva 公司（磐聚网）利用政府开放的海关货运数据建立全球外贸搜索引擎，成为面向采购商和供应商的智能 B2B 平台，每年采集上亿条货运记录，包括发货人、收货人、集装箱内货物内容和价值等，同时提供信用报告、合格证、网站和供应商等信息。Weaver Leather 是美国俄亥俄州的一个皮具制造商。通过使用磐聚网了解供应链，节省了 70% 的采购时间。硅谷有个 Climate 公司，从美国政府获得 30 年的气候、60 年的农作物收成和 14TB 的土壤的历史数据，同时还利用来自 250 万个地点的气候测量数据和 1500 亿例土壤观察数据，生成 10 万亿个模拟气候数据点。该公司预测任一农场的明年产量，向农户提供天气变化、作物、病虫害和灾害、肥料、收获、市场价格等咨询，承诺如果出现未能预测的恶劣天气损坏庄稼，气候公司将及时赔付。最近该公司被孟山都公司以 9 亿美元的价格收购。

开放数据激励创新。数据不会被它所激发的思想和创新消耗，相反它可以为创新提供无穷的燃料，一小片合适的信息可以促使创新迈进一大步，一组数据可能会得到数据收集人难以想象的应用，也可能会在另一个看起来毫不相关的领域得到应用，因为这些创新型的应用，数据的能量将层层放大。1983 年，美国将原本用于军事的卫星定位系统 GPS 向公众开放使用，并且在 2000 年后取消了对美国民用 GPS 精度的限制，从汽车导航、精准农业耕作到物流、通讯等，GPS 开放后不仅服务了生产和生活，同时还创造了大量就业岗位，据估算仅美国国内就有约 300 万的就业岗位依赖于 GPS。开放数据平台会吸引大量高科技人才和企业的关注，激发前沿的创新和应用。虽然 Data.gov 成立时间不长，但围绕着纽约开放数据平台而产生的应用开发团队已有几百个。由政府主导、向全社会开放政府拥有的公共数据，这种做法本身就是一种创新，但更重要的是，Data.Gov 不仅仅是一个创新的结果，它的出现，代表着数据在社会的自由流动、知识向大众的自由流动，这为更多的大众创新、社会创新提供了一个平台。

数据开放与挖掘将释放全球经济增长动力。麦肯锡公司曾经分析政府开放数据能够帮助全球经济在以下 7 个领域释放 3.2—5.4 万亿美元的价值，其中教育为 0.89—1.18、运输为 0.72—0.92、消费产品为 0.52—1.478、电力为 0.34—0.58、油气为 0.24—0.51、保健（只计入美国）0.3—0.45、消费者财务 0.21—0.28 万亿美元。开放数据将在未来五年内为 G20 国家带来 13 万亿美元的增长，相当于 1.1 个百分点的 GDP 增长。BBC 分析如开放由国家海洋和大气协会收集的数据其年度估值就达 100 亿美元。

四、从依法治国到众智成城

政府开放数据需要高层推动。从 2009 年开始美国奥巴马总统发布"透明和开放政府备忘录"，2010 年联邦政府各部门发布"开放政府计划"，2011 年发布"美国开放政府国家行动计划"。2013 年奥巴马发布"开放数据并让机器可读政令"，明确联邦政府推进开放数据的职责和进度，负责政策实施协调和制定实施方案的联邦政府机关管理与预算办公室发布"开放数据政策：将信息作为资产管理"备忘录，规定了如何有效管理生命周期各阶段信息以及实现互操作和开放等原则，即可公开、易获取、可描述、可重用、完整性、时效性和可管理性，总统管理委员会还制定"开放数据跨部门优先目标"，建立和维护部门级内部数据清单和公共数据目录、建立公众反馈机制、防止数据信息不适当泄漏等。data.gov 由美国联邦 CIO 委员会负责开发，由总务委员会负责主管。

大数据挖掘需要有法可依。要区别个人数据与隐私，前者强调归属于本人的可识别性，后者强调与公共事务无关的私密性，要在保护隐私的前提下鼓励对用户数据的挖掘。信息安全的监管也需要有法律来界定，明确规定信息监管的适用对象，把监管纳入法制轨道，既要打击网络犯罪，又要保障公民的言论自由。我国一些部门和机构拥有大数据但以邻为壑，共享难导致信息不完整或重复投资，需要通过立法界定数据的所有权和使用权，要研究建立促进信息共享的互利机制，鼓励信息共享和挖掘。国家需要制定"信息保护法"与"政府数据公开法"，在维护国家安全与公民隐私前提下，公开是原则，不公开是特例，还要制定"公民隐私保护法"，防止针对公民个体信息侵犯隐私的行为，既要鼓励面向群体而且服务于社会的数据挖掘，提倡数据共享，又要防止数据被滥用。要塑造一个良性有序的立法环境，在立法层面需要考虑如何让社会各类主体参与到网络社会的管理和建设。

智慧城市的管理比建设更具挑战。处于信息化与城镇化同步发展的我国对智慧城市情有独钟，目前已有数百个城市都提出要建设智慧城市。但多数城市热衷于城市建设多而关注管理少，在建设方面关注交通基础设施建设多关注信息基础设施少，在信息化方面关注硬件多关注软件少，在信息产品方面关注有形的产品多而关注数据内容少，在数据方面关注收集多而关注分析挖掘少，在数据挖掘方面关注政府管理多而关注服务民众少，在数据应用方面政府内部多而向公众开放少。城市的物理设施和信息化手段对智慧城市尤为重要，但先进的基础设施也要通过管理才能产生智慧，而管理的基础来自数据，情况明才能决策准。我国的政府数据开放还处于起步阶段，2012 年北京数据开放平台（www.bjdata.gov.cn）和上海数据开放平台（www.datashanghai.gov.cn）已分别建立。

市民的参与性是智慧城市的评价标志。欧盟的智慧城市评价标准包括六方面，即智慧经济（以创新精神、创业、贸易、劳动生产率、劳动力市场、国际嵌入性和转型能力来反映城市竞争力）；智慧移动性（本地的可达性、国内 / 国际可达性、ICT 设施可用性、可持续的创新和安全交通运输系统）；智慧环境（自然条件的吸引力、污染防治、环境保护、可持续资源管理）；智慧生活（以文化便利、保健条件、个人安全、住房质量、教育便利、对旅游者的吸引力和社会凝聚力来反映生活质量）；智慧人民（文化程度、对终身学习的喜爱、社会与民族、灵活性、创造性、开放性和参与性）；智慧治理

（参与决策、公共与社会服务、透明治理和政策与前景）。从欧盟关于智慧城市的评价标准可以看出，开放政府是智慧城市的前提，数据开放程度是对城市政府评价的重要指标，市民的参与性是智慧城市的评价标志。

众志成城与众智成城。 政府的数据开放有利于市民参与城市管理和对政府的监督，改进公众服务和社会管理，营造创新环境和释放商业机会，打造众智成城的生态。前述美国联邦政府开放数据后激发市民参与利用这些数据，市民还把他们所开发的数据挖掘应用工具软件也上载到 Data.Gov 网上。众包的方法是开放参与的好方法，以纽约时报的数字化为例，纽约时报已有 130 多年的历史了，一百多年来都是纸质的报纸，现在要将老报纸的内容数字化面临很大的难题，发黄的纸张已经无法用 OCR 扫描的办法来识别文字了，纽约时报借用网站上常用的验证码方法，在通常的验证码之后加上从需要数字化的报纸中拍下来的一个词，网民在识别带有这一词汇的验证码的过程实际上帮助完成了该词汇的数字化，纽约时报 130 年的存档的数字化工作在几个月内就由网民不知不觉完成了。GE 公司在网上征求对喷气式发动机拖架的设计，鼓励创客社区利用 GE 公司提供的 3D 打印的设计工具参与设计，从 56 个国家 / 地区将近 700 件设计作品中选出优胜的设计，设计完全达到 GE 公司的要求而且将重量减轻了 85%。我国三大电信运营商都各有几十万员工，但运营商也采用众包的方法以便更全面获得网络性能，他们的做法是选择 500 万用户作为网络性能监视的志愿者，这些用户的手机上装有运营商指定的定期自动测量网络性能并向运营商报告的软件，运营商为这批志愿者提供优惠话费。电信运营商所掌握的手机用户时空分布的数据对于城市交通管理和城市规划以及突发事件管理都是宝贵的财富。

五、结束语

智慧城市将产生大数据，城市数据是智慧城市的重要资产。开放政府是智慧城市的前提，数据开放是开放政府评价的重要指标，市民的参与性是智慧城市的评价标志。政府的数据开放有利于市民参与城市管理和对政府的监督，改进公众服务和社会管理，营造创新环境和释放商业机会，打造众志成城和"众智成城"的生态。从"格物致知"到"物格知至"，无论在技术与体制上难度不小，但创新空间广阔。大数据时代对中国是机遇也是挑战，期待通过深化改革和完善法制来推动政府数据的开放和智慧城市的健康发展。

邬贺铨，中国工程院原副院长，中国工程院院士，光纤传送网与宽带信息网专家。

智慧城市是全面融入信息化社会的理想平台

一、智慧城市是促进创新发展的新动力

坚持走中国特色新型工业化、信息化、城镇化、农业现代化道路,坚持创新驱动战略,推动信息化和工业化深度融合、工业化和城镇化良性互动、城镇化和农业现代化相互协调,实现工业化、信息化、城镇化、农业现代化的同步发展,是中国新时期健康发展的基本要求。其中可以深刻领悟,在新的历史时期下,信息化将是推动工业化、城镇化和农业现代化的基本手段。智慧城市的核心就是在各个管理领域全面提升信息化的总体现。

国际上普遍认为:智慧城市是集自我创新功能、时空压缩功能、自动识别功能、智慧管理功能于一身的高度数字化、网络化、精准化、智能化的信息集合体。按照 IBM 认定智慧城市所具有的四大特征:全面透彻的感知、宽带泛在的互联、智能融合的应用以及以人为本的可持续创新[1],智慧城市是 21 世纪发展的最大特征之一。

智慧城市充分应用信息化时代的强大学习能力和超大计算能力,在数字生产、数字流通、数字分配和数字消费的总链条中,通过数字地图、传感网、物联网、泛能网、云计算、大数据以及 RFID、嵌入式系统等,经过调控中心的智慧产出,有效实施全程监控、智能寻优,达到精准识别并直接参与城市规划、城市建设、城市的生产消费流通,以及资源智慧管理、经济智慧管理、市政智慧管理、社会智慧管理、安全智慧管理、家庭智慧管理等。从而使新型城镇化处于精准、高效、健康、安全、舒适的全方位智慧服务之中。总括起来,智慧城市是信息时代的载体、是知识经济的结晶、是可持续发展的支撑,它将在新一轮社会财富增长中,寻求并实现全新发展中"动力、质量、公平"三大元素的交集最大化[2]。

一提及智慧城市建设，可能会使人陷入某种误区，以为智慧城市就是物联网、传感网，以及现实生活中的"三网"融合，"三屏"合一等技术层面上的问题。实质上，智慧城市建设是信息化推动工业化、城镇化、农业现代化的时代体现和具体落实；是21世纪创新驱动、产业升级、结构重整，实现财富充分涌流的新兴平台；是支撑现代社会结构、社会组织、社会效率整体推进的内在动因；是全面更新生产领域、流通领域、消费领域，涉及"自然资本、生产成本、人力资本、社会资本"的深度数字管理；是承载绿色发展、环境治理、生态文明进而实现可持续发展的历史使命。可以毫不夸张地说，智慧城市是遍及"生产、流通、消费"、"管理、服务、生活"、"绿色、生态、文明"全方位多层次的系统建设。

二、智慧城市的源流脉络

早在"智慧城市"术语提出之前，在有关IT产业的规划中，已经提出电子政务、电子商务、远程教育、远程医疗等，期间有关数字城市、智能交通、智能电网以及Cyber-City、Digital-City、U-City等，这些均可视作为提出智慧城市的前奏。2007年10月，欧盟在《欧盟智慧城市报告》中率先在城市发展传统理论的基础上提出一种创新构想，可视为现代意义上"智慧城市"概念的发端。

真正意义上的智慧城市，源于IBM提出的"智慧地球"这一理念。2008年11月，IBM在美国纽约发布《智慧地球：下一代领导人议程》的主题报告中，首先提出"智慧地球"的理念、内涵、设想和行动，希冀把新一代信息技术充分运用在人们所面对的各行各业之中。

其后在2008年11月25日，IBM连续发布了4篇评述去阐述这一战略构想。

奥巴马就任美国总统后，对IBM的"智慧地球"概念做出了积极回应。在其主导下，到2009年1月，"智慧地球"已成为美国国家战略的一部分，正式成为美国应对当时金融危机乃至国家长远发展计划的有力选项，声称是美国的新经济增长点，也是美国在21世纪不做世界第二的有力支撑。其后采用一系列IBM新技术的美国迪比克市，以完全数字化建设为标志，将城市的所有资源和管理（水、电、油、气、交通、公共服务等）都连接起来，将监测、分析和整合各种数据，通过智能化的分析，对于城市的管理与服务作出及时的精确响应，满足城市发展的各类需求。

其后，欧盟提出智慧城市的"六大关键要素"的智慧轮（见图1）[3]。

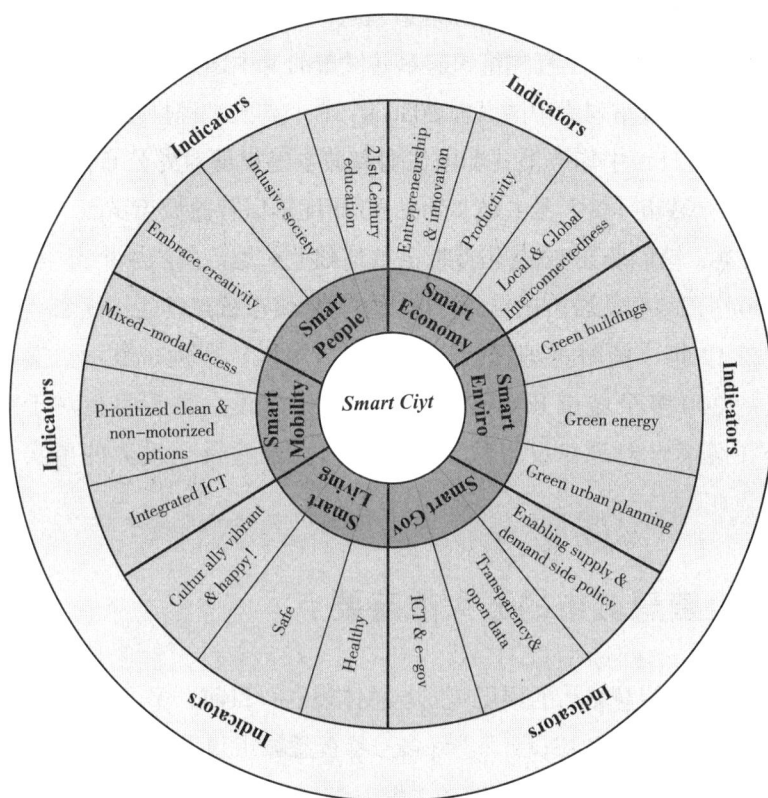

图1 欧盟提出智慧城市的六大要素智慧轮

2009年，英国政府推出了一份纲领性文件《数字英国》，主题是推广全民数字应用，提供更好的数字服务，从而将英国打造成世界数字之国。日本于2009年7月推出"i-japan战略2015（智慧日本）"。新加坡提出了"智慧国2015"。2010年，巴西里约热内卢州布济乌斯市被计划打造成拉丁美洲第一座"智慧城市"，主题是"更好地利用能源"。2011年6月，韩国发布了"Smart Seoul 2015"计划（即"智慧首尔2015"）。

出于商业目的，IBM提出了"智慧城市在中国突破"的战略方案，并相继与中国大陆的多个省市签署了"智慧城市"共建协议，使得"智慧地球""智慧城市"等新概念引起各界广泛关注。在IBM《智慧的城市在中国》白皮书中，基于新一代信息技术下的智能传感设备，将城市设施节点连成网络，并与互联网系统全面对接融合，在智慧分析的基础上，进入有序的响应与实时的监控。

为应对智慧城市建设的趋势，中华人民共和国住房和城乡建设部发布了《国家智慧城市试点暂行管理办法》，中华人民共和国工业和信息化部也在酝酿相关标准。

2011年，上海浦东新区和中国智慧工程研究会先后制订"智慧城市指标体系1.0"

和"中国智慧城市（镇）科学评价指标体系"。

2012 年 12 月，在中国工程院组织起草并发布的《中国工程科技中长期发展战略研究报告》中，将智能城市列为中国面向 2030 年 30 个重大工程科技专项之一。

2013 年 8 月 5 日，中华人民共和国住房和城乡建设部对外公布国家智慧城市试点名单，确定 103 个城市（区、县、镇）为 2013 年度国家智慧城市试点，其中包括 83 个市、区；20 个县、镇以及在 2012 年首批试点基础上扩大范围的 9 个市、区。加上此前公布的首批 90 个国家智慧城市试点，目前中国智慧城市试点已达 193 个。

截止到 2012 年，施耐德电气已在全球包括中国、印度、欧洲、美国、南美等国家和地区的 200 多个城市开始进行智慧城市的建设。尽管目前对于智慧城市建设的争议仍在继续，但是建设智慧城市的浪潮已经遍及全世界的事实，却是确定无疑的。

三、建设智慧城市的五大战略要点

1. 战略设计——智慧城市的顶层蓝图与总体规划：目前，中国智慧城市建设的最大缺憾是没有宏观全局的"顶层设计"。许多号称智慧城市建设试点的主管部门，均未认真组织专业队伍，进行智慧的、前瞻的、统一的规划与设计。世界经验告诉我们：智慧城市的顶层设计达到什么高度，城市的智慧水平才能达到什么高度；顶层设计思考了什么智慧，城市才能具有什么智慧；顶层设计考虑得有多么全面，城市的管理与运行才能实现多么全面的成效。可以这么说，截至目前全世界尚未见到一份真正意义上的智慧城市建设蓝图。智慧城市的顶层设计通常应有四大文本构成：即顶端规划设计的"制度文本"、标准统一融合的"建设文本"、多元智慧有序的"运行文本"、数字分析应用的"服务文本"。

2. 战略基础——智慧城市基础设施的布设、融合、标准：智慧城市建设所必需的数字包络功能体取决于适应智慧城市的基础设施建设。这些设施通常应包括城市多元控制节点和终端的可读可视可感建设；统一融合传输线路快速高效通达的网络建设；陆空天传感实现的通联技术；超大容量、超高速的计算中心建设；复杂网络交换技术、虚拟现实技术和社会计算技术；数据挖掘及预测预警技术；不断升级的城市创新与城市服务研发中心和专业实验室建设等。

3. 战略核心——智慧城市的数字生产、数字流通、数字消费、数字应用：以宽带化、全覆盖、信息易获取、传输无障碍、分辨率可调整、图像可视化、传感器智能化等为特点的数字生产、数字流通和数字应用，是智慧城市建设的战略核心。由此，智慧服务的空间布局、关键节点的选取、网络线路的布设、信号通畅的传输、监控中心的处理、终端用户的反馈、智能水平的提高等，是智慧城市运行的必然要求。

4.战略主导——智慧城市全方位的物联网、监测网、计量网建设："物联网"概念最早于1999年提出，即把所有物品通过射频识别（RFID）等信息传感设备与互联网连接起来，实现智能化识别和管理。2005年11月17日，国际电信联盟发布了《ITU互联网报告2005：物联网》，正式确立了"物联网"的概念。可以说，物联网描绘的是将一个充满智能化的标准生产、便捷运送、识别认证、安全输运、及时检测集于一身的"物－人"系统，融入到现代城市生活之中。它的终极任务是实现"三零"目标，即零废品、零库存、零中间交易成本。"传感网"以对物理世界感知为目的，以信息获取为中心，以网络为交互载体，提供感知信息服务的智能综合信息系统。除传感节点组网外，传感网必须能与互联网、移动通信网、广播电视网实现全面融合。以第三次工业革命的核心标志为例，将清洁能源加上互联网再加上分布式构成的新一代能源革命的基本框架，实质上是智慧城市中物联网、监测网、计量网建设的一个特例。

5.战略启动——智慧城市的政务管理、市政管理、安全运行管理、社会民生管理、与家庭智能生活管理：智慧城市建设的战略启动必须关注与广大民众密切相关的市政管理、与居民切身利益有关的社会民生管理、以及与城市生活质量有关的智能家庭管理。在这一方面，政府管理部门、信息产业部门和家电生产部门，已经投入了极大的热情，取得了一些成果。但是由于建设智能城市的总体框架不完善，他们的努力也许会带来一定的风险，这一点必须引起充分的注意。

四、提升发展能级，为新一轮积累更多财富

1.智慧城市基础设施建设：智慧城市的数字规划、数字设计、数字生产、数字流通、数字应用与数字服务，以及表达智慧城市信息基础设施完善程度的"数字覆盖率"、"数字分辨率"、"数字传输速率"、"数字应用效率"和"数字鸿沟差异率"，这是任何一个城市进入智慧城市的先决条件和战略准备。

一个城市的智能化水平，首先取决于它的信息获取能力，以及与该能力有充分联系的信息产生、信息传递和信息应用等各个环节。智慧城市信息基础设施的规划与建设，其中心始终围绕着城市对于信息获取总能力和数字应用总能力的持续提高。上已述及，对于一个高效、便捷、精准、绿色的智慧城市建设，信息基础设施的规划和建设居于战略基础地位，这事实上是一个联系着航天（外空间）、航空、地面、地下的立体网络，该网络通过各类传感器、各类调制解调装置、各类接受通道、各类标准适配、不同应用

终端、多元反馈系统、分类识别系统、不同社会计算和各类虚拟现实中心等组成，从信号（包括卫星信号）接收、图形图象处理、光纤传输网络、超大型计算机枢纽同常规的社会、经济、环境统计资料的有机结合，形成智慧城市信息基础设施规划的基本内容，其中包括了不断更新的技术进步，也包括了不断提高的城市管理水平，同时还牵涉到城市立法与决策的相应转换，从而为信息城市数字化水平的整体提高，编制出高质量的城市运行图。同时，智慧城市信息基础设施的规划与建设作为最必要的战略准备，还必须针对每个城市的自身特点及城市的发展方向，严格地从空间布局、网络构战、数据处理、应用领域、运行安全和效能评估诸多方面，作出升级传统城市规划的整体思考[4]。

2.智慧城市的基础数据与超算中心建设：一个城市的信息化程度，从源头上取决于该城市基础数据库的容量、速度、便捷性、可靠性、可更新能力和智能化水平。从宏观上去考察，一个智慧城市的基础数据库至少应包括以下14项内容：

智慧人口（户籍）管理：针对衡量城市人口整体状况的各项基本指标，特别是人口结构、人口素质、人口动态变化、个人身份识别、个人信用档案、人的户籍管理、人的基本生理指标、人的职业流动等，从宏观管理到微观管理应当有全面的记录。

智慧土地（地籍）管理：主要对城市规划、土地利用、地形地貌特征、城市空间布局、城市图形、地产价格及其动态变化、城市土地级差地租动态变化等，一直到门牌、户型、街道、城市基础设施（能源、交通、通讯、自来水及排污管道等）的动态记录和识别。

智慧资源管理：自然资源（能源、水资源、气候资源、生物资源）以及人力资源、社会资源等。

智慧生产管理：主要针对设计、原材料、加工、节能减排、包装环节以及研发、孵化器等生产性服务业。

智慧市场管理：主要针对贸易、企业、工商等的经济增长、统计报表等，作出实时的记录和存储，同时对于物流配送以及市场消费的监管。

智慧金融管理：涉及政府债务、流动性、企业经营、国际贸易、股票交易、债券、保险、投资、信用、理财等的电子管理。

智慧交通管理：立体化、智能化、自动化的交通网络管理。

智慧社区管理：对每一个社区的家庭、健康、教育、娱乐、社区活动、社区建设、社区服务等，作出系统的记录。

智慧环境管理：对于城市中环境污染源、治理状况、环保设施、环保产业以及城市生态、城市绿化、城市园林等的系统档案。

智慧文化管理：包括网络教育、远程医疗、数字图书、数字出版、数字新闻、多媒体娱乐等。

智慧灾害管理：城市火灾、洪灾、风灾、地震、交通灾害、管道泄露、地面沉降等。

智慧犯罪管理：城市安全、心理版图、罪犯识别、应急处理等。

智慧社会民生管理：就业、失业、教育、医疗、养老、社会救济、慈善事业等。

智慧家庭管理：终身学习、家庭护理、家庭劳动、家庭事务、家庭安全、个人娱乐等。

通过以上 14 个大类的城市数据库建设和超算中心建设，所谓的数据分析、虚拟现实表达、云计算、大数据以及真正的"时空压缩"功能，才具备坚实的基础。

3. 智慧产业全面升级永远是智慧城市的战略主体：城市的智慧产业必须举办三大优势：以新一轮的发展红利抵消传统产业的边际效益递减；以创新的发展内涵抵消粗放式生产的外部成本；以智慧管理的制度精准性重塑产业的新秩序。在此三大原则下，智慧城市必须大力提升有品质的 GDP，即能创造出新一轮的社会财富。

智慧产业是任何智慧城市建设必须考虑的第一要务。美国正在积极寻求未来 20 年智慧产业的发展前景与市场预测，奥巴马政府集中了 100 多位高科技创业者、资深管理人员、科学家、工程师、未来学家和世界其他顶尖专家的人才，通过"专家知识 + 计算机学习系统"，创建了未来 20 年技术预见前提下的市场情景。该项研究总结了七个主要技术领域的预测结果以及相应的三组实现方案，突出强调那些具有巨大创新价值的技术突破和商业潜力（见图 2）。

世界银行曾有测算指出：一个百万以上人口的智慧城市建设，当其达到实际应用水平时，该城市的 GDP 在投入不变的条件下财富将比原来增加 2—2.5 倍。这意味着智慧城市有可能促进经济增长翻两番，实现联合国倡导"四倍跃进"的城市可持续发展目标。财富从什么地方来？智慧产业是智慧城市建设必须全面关注的主题。这些财富的创造如果同时加上城市的制度建设、城市的社会和谐、城市的组织程度、城市的环境质量、城市的宜居水平、城市的生态文明、城市的文化精神等，智慧城市建设的价值将会大大超出它仅仅对于经济增长的贡献。

4. 智慧城市全面提升城市管理能力：在智慧城市建设中，电子政务是提高政府工作效率，提升政府施政水平，优化政府服务功能的最佳选择。同时也是提高政府办公透明度、实现公正廉洁和有效监督的重要工具。因此，数字政府是智慧城市建设中占有战略主导地位的一项任务。在全世界各国倡导的信息高速公路的五大应用领域中，电子政府均被列为数字应用的第一位。同传统定义下的政府运作相比，电子政府可以认为是行政管理的一场革命性变化。在智慧城市中的计算机、数据库、信息技术和互联网，为电子政府提供了技术支撑条件和信息交流的公共平台，通过这个平台，引导城市管理迈向更加快速、更加高效和更加智能的台阶。政府在一个社会系统中居于核心的地位，它肩负着对整个社会导向、协调、控制、管理和服务的功能，城市经济的发展、城市社会的进步、城市文化的繁荣、城市人民生活质量的保障等，都离不开政府的主导作用。在

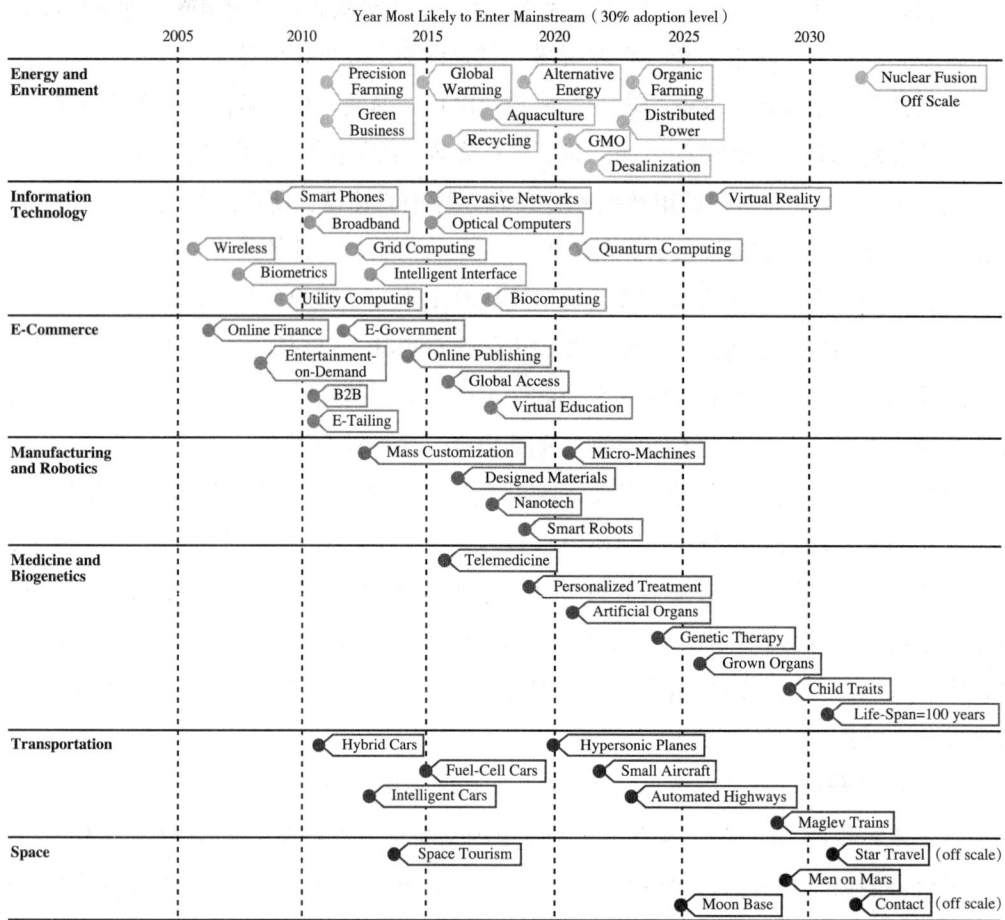

图2 美国对未来20年的产业预见路线图（原图）

一个高度数字化的城市中，政府执行上述功能的基本途径是通过广泛收集"自然、社会、经济"复杂系统中的各类信息，在进行加工整理和方案预演后，向公众发布有关指令性的、调控性的、解释性的和服务性的"高等级信息集合"，同时能够快速有效地收集到社会反馈的广泛信息，以便于对"高等级信息"进行修正和优化。鉴于这些原因，在智慧城市规划中一向把电子政府作为智慧城市的神经中枢去建设，它将打破现有行政机构的人为组织界限，构建一个电子化的虚拟机关，突破时间限制（如现行的8小时工作制）、空间限制（如现行的严格属地原则）、流程限制（如现行的必须一级对一级的转送）、暗箱限制（如现行的关系寻租、政治寻租等），达到政务公开、采购公开、管理公开和服务公开。据统计，由于逐步实现电子政府和提高政府的信息化水平，1992年—1998年的6年间，美国政府员工减少了24万人，全国关闭了近2000个办公室，减少政府开支1180亿美元。在对民众和企业的服务方面，政府中的20个局确立了3000项服务标准，废止了1.6万项以上的过时行政法规，简化了3.1万多项行政服务。

但是，这里必须关注的最大挑战之一是政府网的安全问题。一个电子政府的运行，如果不能成功抵御计算机病毒的侵袭和黑客的攻击，如果没有出色的防火墙和稳定可靠的密码技术，那就很难达到智慧城市的预定要求。

5. 智慧城市更新现代服务几乎所有的功能：智慧城市实施全方位的电子商务架构。智慧城市的最大服务对象和需求用户之一是关于电子商务的全面建设。随着信息时代的到来与加速发展，联系到千家万户和每个公民的切身需求，电子商务系统的全方位、多等级和虚拟化建设，将成为未来城市发展活力的具体体现之一。电子商务建设的关键和难点，集中地体现在如何完成"物流、信息流、货币流"三者的有机匹配和统一网络化。在城市商业行为中，创造一个"公信、稳定、安全、有序、高效"的虚拟商业环境，把每个人、每个企业、每样产品、每项政府采购和各类供需交易等的交换活动转换成一种全新的方式，即把包括生产中心、采购中心、仓储中心、配送中心、批发中心、零售中心和各类电子住户充分联结的物流系统；把网络查询、电子订货、电子交易、价格协商、电子指南、合同拟订、电子服务、电子广告和电子仲裁的信息流系统；把虚拟资本、投资往来、货币兑换、股权交易、电子消费、电子结算、电子钱包、电子家政计划等的货币流系统，整体地纳入到不同级别、不同类型、不同平台、不同中心的统一数字管理体系之中，这将是智慧城市建设中一个特别庞大、特别精密和具有特别法律效力的战略实体工程。

6. 智慧城市寻求最急切的战略入口：智慧城市着力打造智能交通、全力消除城市病是当前人们急切盼望的现实选择。智能交通的全面建设是城市居民期盼的智慧城市成果之一。城市交通是一个高度动态化的空间网络体系。它从一个（随机的）起点，经过不同等级通道，通过不同交叉联结，经历不同信号调控和不同速度交混，走到目的地的（随机的）终点，其中还包括了不同车辆特性。不同静态交通（如停车场、修理厂、洗车厂等），不同环保要求和不同交通工具的具体规定。城市交通智能化的最终目的是实现"路程最小化、时间最小化和成本最小化"的目标函数。城市交通智能化必须把地理信息系统、全球定位系统和卫星遥感技术的3S技术，加上各种智能化传感器，结合城市规划中的现实交通网络（包括地面交通、地下交通、空中交通和铁路、公路、水路）和未来发展的交通网络，在智慧城市的总体规划下，完善不断变化着的城市电子地图和各类地物标志，周密设置不同交通等级的虚拟控制中心，虚拟流动模拟、虚拟通过能力、虚拟交通疏导方案、虚拟交通寻的优选，从而将移动物体（车辆）的流动通量，无人值守的自动调控信号及车载智能终端等的信息采集、信息处理、信息反馈和优化决策组成一个高度灵敏的交通智能系统，该系统将成为智慧城市建设中首先实现的可行目标。

7. 智慧城市追寻的战略目标函数：智慧城市全面推动绿色发展、低碳发展与可持续发展。绿色发展是在社会经济活动中，通过正确处理人与自然、人与人之间的两大关系，高效文明地实现对自然资源的永续利用，使绿色财富持续增长、使生态环境持续改善，使生活质量持续提高的发展模式。绿色发展实质上是在可持续发展理念下寻求"自然绿色、经济绿色、社会绿色、心灵绿色"的交集最大化。

欧盟提出"欧盟2020绿色战略"，英国提出"绿色振兴计划"，美国提出"绿色经济复兴计划"，日本提出"绿色经济计划"，韩国宣布"绿色增长五年计划"。可以看出，世界各主要经济体都把绿色增长作为新一轮发展的主旋律，纳入到国家的整体发展战略之中。

中国是一个人口众多、人均资源相对短缺、生态环境先天脆弱的发展中大国。中国正在经历工业化和城镇化的高速发展进程，需要消费大量能源和资源，对生态环境的压力也越来越大。针对发展中出现的高投入、高排放、高污染、低效率的状况，我国从第九个五年规划开始就大力推行资源节约环境友好，大力倡导转型升级，大力实施科技创新，大力发展清洁能源，取得了很大的成绩。相继颁行《环境保护法》、《循环经济促进法》、《绿色制造科技发展"十二五"专项规划》等以及压缩产能、清洁能源、资源管理、环境治理、生态保护等一系列的法律法规，为中国的绿色发展做出了积极的贡献。

绿色发展、低碳发展、可持续发展的技术支撑、工程支撑、服务支撑，与信息产业、信息服务密切相关，将其分解到社会生产、社会流通、社会消费的各个环节，构成了信息社会的全景式蓝图。向信息技术要能源效率、要资源节约、要环境友好、要可持续能力建设的效益，是智慧城市的宏观表达与最终追求[5]。

中国智慧城市的建设，是新型城镇化实现人口集聚、财富集聚、智力集聚、消费集聚的新一轮要求，是落实十八届三中全会精神的具体响应，它的强劲动力必将成为促进中国走出"增长停滞魔咒"和克服"中等收入陷阱"的重要选项之一。随着智慧城市的实现，将能更加优化地配置城市的自然资本、货币资本、人力资本、生产资本、社会资本和政治资本，由此达到大力节省资源，提高整体效率，促进经济发展、推动社会进步，改善生态质量的基本要求，将国家可持续发展战略所规定的目标扎实地向上推进一步。

据世界银行的测算，一个规模百万人口城市的智慧城市建设，当其基本达到实际运行的程度时，在投入不变的条件下这个城市的总产值（城市总财富）将会增加2.0—2.5倍，相当于目前传统城市状态下的3倍，这意味着智慧城市可为促进经济规模再度翻两番，逐步达到世界向往的"四倍跃进"目标，迈进一大步。

参考文献

［1］Townsend, Anthony M., 2013, Smart Cities: Big Data, Civic Hackers, and the Quest for a New Utopia, W. W. Norton & Company
［2］牛文元，2013，生态文明的理论内涵与计量模型，中国科学院院刊，28（2），163–172

［3］B. Cohen，2012，What Exactly Is A Smart City? Fast Company

［4］牛文元．2007．中国可持续发展总论，（路甬祥总主编，《中国可持续发展总纲》国家卷，第 1 卷），北京：科学出版社

［5］牛文元，2014，智慧城市是新型城镇化的动力标志，中国科学院院刊，29（1），34-41

牛文元，国务院参事，中国科学院可持续发展战略组组长兼首席科学家。

智慧城市中的大数据

一 智慧城市的概念

1 智慧城市的概念与内涵

数字城市存在于网络空间（Cyber space）中，虚拟的数字城市与现实的物理城市相互映射，是我们现实生活的物理城市在网络世界中的一个数字再现[1]。智慧城市则是建立在数字城市的基础框架上，通过无所不在的传感网，将它与现实城市关联起来，将海量数据存储、计算、分析和决策交由云计算平台处理，并按照分析决策结果对各种设施进行自动化的控制[2]。在智慧城市阶段，数字城市与物理城市可以通过物联网进行有机地融合，形成虚实一体化的空间（Cyber physical space）。在这个空间内，将自动和实时地感知现实世界中人和物的各种状态和变化，由云计算中心处理其中海量和复杂的计算与控制，为人类生存繁衍、经济发展、社会交往等提供各种智能化的服务，从而建立一个低碳、绿色和可持续发展的城市。

用易于理解的简单公式表达，我们可以这样认为：

智慧城市 = 数字城市 + 物联网 + 云计算

2 智慧城市的发展历程

智慧城市的发展历程，按照信息化、数字化、智能化的程度主要可以分为三个阶段：信息化城市阶段、数字城市阶段和智慧城市阶段。其中可以代表每个阶段的标志性事件如下：

（1）1993 年 9 月美国启动"信息高速公路"计划；1995 年中国推动全国信息化的"八金"工程，标志着城市信息化建设开始起步。

（2）1998年美国副总统戈尔提出"数字地球"概念[3]，"数字化舒适社区建设"标志着城市信息化开始步入数字城市建设新阶段。我国已有300多个城市初步建成数字城市基础框架，国家测绘地理信息局发布在互联网上的"天地图"成了数字中国和数字城市的载体，已有数亿网民使用。

（3）2006年物联网、云计算等新一代信息技术正式推出形成对城市信息系统的综合集成与整合应用；2008年国际商业机器公司（IBM：International Business Machines Corporation）提出智慧城市的新理念，2009年IBM首席执行官彭明盛向美国总统奥巴马提出要推进智慧的基础设施的建设，旨在打破金融危机，对社会经济发展带来新的动力，标志着城市开始由数字化迈向智慧化建设的新阶段。

智慧城市的发展与早期信息基础设施以及数字城市的建设一脉相承，但智慧城市阶段更注重信息资源的整合、共享、集成和服务，更强调城市管理方面的统筹与协调，时效性要求也更高，是信息化城市和数字城市建设进入实时互动智能服务的更高级阶段，也同时是工业化和信息化的高度集成。

3　中国智慧城市建设的目标与动力

中国智慧城市建设的目标就是要推进城市向着低碳、绿色、和谐和可持续发展的方向发展，实现十三亿人的中国梦。中国的城镇化和工业化相对于发达国家还有一定差距，但在信息化上基本与之同步；而西方国家的城镇化和工业化已经趋于成熟与稳定，在推进智慧城市的过程中，其实际需求、动力以及资本的支持也没有中国这样巨大而迫切。中国当前正处于城镇化、农业现代化、工业化、信息化同时推进的大好时机，四化一同建设，有利于相互促进更加高效的协调发展，我们具有后发优势和强劲的发展动力，智慧城市建设从国家部委到地方政府，再到相关行业和企业都非常活跃，并逐步从探索、设计迈入建设阶段。

二　智慧城市的总体架构及支撑技术

城市为人类提供生产繁衍、经济发展、社会交往和文化享受这四大类职能，而智慧城市将在这四个方面为人类提供各种智能化的应用和服务，从而使得人与社会、人与自然更加协调的发展。智慧城市能够为人类生存繁衍、经济发展、社会交往和文化享受这四大类职能提供的智慧应用如表1所示。

表 1　城市职能及智慧城市的应用

城市职能	智慧城市应用
生存繁衍	智慧安防\智慧环保\智慧能源\智慧城管\智慧养老\智慧医疗\智慧社区\智慧家居……
经济发展	智慧制造\智慧工业\智慧物流\智慧国土规划……
社会交往	智慧交通\智慧购物\智慧社会综合管理……
文化享受	智慧教育\智慧旅游\智慧户外流媒体……

　　智慧城市依托数字城市技术将城市中的人和物按照地理位置进行组织，通过物联网获取并传输数据和信息，将海量实时运算交由云计算进行处理，并将结果反馈到控制系统通过物联网进行智能化和自动化控制，最终让城市达到智慧的状态。智慧城市的总体架构主要由获取数据的感知层，对信息进行传输交互的网络层，提供海量数据存储、实时分析和处理的服务层，以及面向最终用户的应用层组成，如图1所示。以下就支撑智慧城市的数字城市、物联网和云计算这三大类支撑技术分别进行介绍。

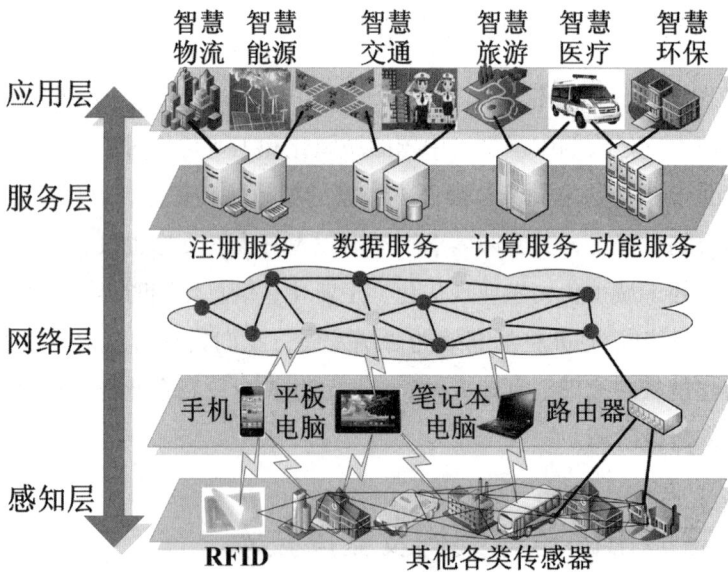

图 1　智慧城市的总体架构

1　数字城市技术

　　数字城市是一个无缝的覆盖整个城市的信息模型，把分散在城市各处的各类信息按城市的地理坐标组织起来，既能体现出城市中的各种信息（自然、人文、社会等）的内在有机联系，又便于按地理坐标进行检索和利用[4]。将基础地理数据、正射影像数据、街景影像数据、全景影像数据、三维模型数据、专题数据等各类数据按照地理位置在数字城市里进行整合，通过面向服务的架构，把各类空间和属性数据通过网络服务发布并提供给用户[5]。各类用户通过网络注册共享自己信息，并以服务的形式在数字城市地理空间框架平台上进行发布，政府、行业和公众等各类用户都通过网络方便地获取交通、旅游、医疗、教育、应急等相关服务[6]。

2 物联网技术

通过射频识别、红外感应器、全球定位系统、激光扫描器等信息传感设备，按约定的协议，把任何物品与互联网连接起来，进行信息交换和通讯，以实现智能化识别、定位、跟踪、监控和管理的一种网络。具体地说，就是把感应器嵌入和装备到电网、铁路、桥梁、隧道、公路、建筑、供水系统、大坝、油气管道等各种物体中，并且被普遍连接，形成物联网。物联网实现了人与人、人与机器、机器与机器的互联互通[7]。世界无线研究论坛曾预测，未来世界是无所不在的物联网世界，到2017年将有7万亿传感器为地球上的70亿人口提供服务[8]。这些传感器通过各类有线和无线网络，为用户提供固定、游牧和移动式无所不在的应用和服务。

3 云计算技术

云计算是一种基于互联网的大众参与的计算模式，其计算资源（包括计算能力、存储能力、交互能力等）是动态、可伸缩、被虚拟化的，而且以服务的方式提供。云计算是一种基于互联网模式的计算，是分布式计算和网格计算的进一步延伸和发展[9]。云计算支撑信息服务社会化、集约化和专业化的云计算中心通过软件的重用和柔性重组，进行服务流程的优化与重构，提高利用率。云计算促进了软件之间的资源聚合、信息共享和协同工作，形成面向服务的计算。云计算能够将全球的海量数据快速处理，并同时向上千万的用户提供服务[10]。

三 智慧城市中的大数据

2008年9月，Nature出版《Big Data》专刊[11]，2011年2月，Science出版《Dealing with Data》专刊[12]，指出大数据时代已到来；2012年3月，美国奥巴马政府宣布正式发布了"大数据研究和发展倡议"并正式启动了该计划，认为大数据是未来世界的"石油"，该计划的意义堪比20世纪的信息高速公路计划。从科学界到政界，都逐渐意识到大数据将是我们挖掘信息和知识的一个宝藏。而随着智慧城市的逐步建设和应用，人类将和各类传感器一同产生越来越多的数据，数据矿藏越来越大，数据量级将从现在的GB（GigaByte）和TB（TeraByte）级逐步增长到PB（PetaByte）级甚至EB（ExaByte）级。

若能透彻分析这些结构复杂、数量庞大的数据，以云端运算整合分析，便能快速地将之转化成有价值的信息，从中探索和挖掘自然和社会的变化规律。我们正处在一个激动人心的大数据时代，利用大规模有效数据分析预测建模、可视化和发现新规律的时代就要到来。

1 高速增长的大数据

智慧城市通过无所不在的物联网将现实城市与数字城市连在一起。全球每日在产生超乎想象、数据量不断扩张的大数据。人们每分每秒以极速在网络上交换思想、数据和信息。一分钟内，Google 就有二百万次的搜索查询，Facebook 有 68 万条贴文，逾二亿个电子邮件被发送；百度每天要处理 60 亿次搜索请求，新增 10TB，处理超过 100PB 的数据，产生一个 TB 的日志。目前互联网网页总数近 1 万亿，数据总量接近 1000PB。腾讯 QQ 月活跃用户超过 8 亿，微信用户超过 5 亿，在线人际关系链超过 1000 亿，经压缩后的数据总存储量达 100PB，每天 1 千亿次服务调用，日新增 200TB 以上的数据。数字地球中的海量空间 2 维和 3 维大数据在快速增长，也将达到 TB 到 PB 级。单个高清摄像头每小时产生 3.6GB 数据，全中国摄像头数目超过 2000 万个，数据量将达到 PB 到 EB 级。民航飞机装有大量传感器，每个引擎每飞行小时产生 20TB 数据，从伦敦到纽约的飞行将产生 640TB 数据，这些引擎状态数据在飞行过程中通过卫星传回发动机公司进行监测。根据赛门铁克 2012 年的调研报告，全球企业数据存储总量达到 2.2ZB，年增长率达 67%。北京公交一卡通每天使用量达 4 千万人次，地铁 1 千万人次，北京市交通调度中心每天数据增量 30GB，存储量 20TB；国家电网年均产生数据 510TB（不含视频），累计产生数据 5PB；单个病人的 CT 影像往往多达两千幅，数据量已经到了数十 GB，如今中国大城市的医院每天门诊上万人，全国每年门诊更是以数十亿人次，住院已经达到两亿人次。按照医疗行业的相关规定，患者的数据通常需要保存 50 年以上，医疗大数据也将会达到 EB 级。

2 智慧城市中大数据带来的挑战

智慧城市中由海量传感器组成的物联网将不断的采集海量的数据，而这些大数据需要经过存储、处理、查询和分析后，才能充分用于各类应用从而提供智慧服务，并且对大数据存储、处理、查询和分析的实时性要求越来越高，随之将带来一系列的问题和挑战。

（1）大数据存储成本过高

存储技术发展带来的存储成本的下降的速度远赶不上数据增长的速度，现阶段按照理想的标准存储和保存所有大数据还存在成本上的巨大障碍。以天津市安防系统为例，按理想状况进行建设 4.6EB 的存储能力，成本就超过 500 亿元，相当于 2012 年整个西藏的 GDP 总值，快速增长的数据规模及随之带来的过高成本已成为制约城市安防等系统发展的重要因素。目前我国绝大部分城市均采取缩短数据保存时限，降低数据存储质量的方式来降低建设成本，但这样又会严重降低视频数据的可追溯性和辨识价值。

（2）大数据的快速检索、信息提取自动化程度较低

传统的信息系统只对数据进行简单的采集和存储，而对行为等关键语义信息缺乏有效的自动提取和分析。在大数据时代，尤其是空间、视频等大数据规模的急剧扩大进一步凸显传统方法的困境，各种遥感对地观测卫星每天向地面发回 PB 级的数据，城市中视频每天采集 EB 级的数据，现阶段复杂的语义自动分析与理解还存在障碍。而城市中的大数据中蕴含摔倒、扭打、翻墙、徘徊以及车辆碰撞、逆行等较为重要的异常行为、事件和特征等信息，可以进行识别并进行预警，例如重大抢劫事件前通常会伴随踩点这类徘徊行为。

如何高效的通过对象与行为识别与检索等自动化技术，提取城市大数据中的语义信息，对犯罪进行事前预警和有效震慑，对事件做到事前预防、事中实时掌握信息和事后及时处置，最终使得城市突发事件中的人民生命财产安全以及日常生产生活秩序得到全方位的保障。

（3）挖掘大数据中丰富的知识十分困难

大数据中不仅包含数据和信息，也同时隐含着丰富的规律和知识，而数据中的规律与知识并不是直接给出，需要通过深度的挖掘与分析，而大数据由于自身特性就存在难以有效集成与管理，难于自动化处理与分析的问题，尤其是涉及空间相关的数据挖掘十分困难，想要挖掘与分析大数据中蕴含的规律和知识，在解决数据异构和检索等问题外，想要对大数据进行深度的挖掘还需要解决数据筛选，语义描述，语义理解，不确定性、知识表达等一系列关键技术[13]。而现阶段有效可行的数据筛选、语义理解，语义关联等方面还无法直接面向大数据进行应用，同时导致大数据中的规律和知识无法被充分利用。面对人类可持续发展的九大问题，人类健康、能源、气象预报、气候变化、灾害应急预测、水资源、可持续农业、生态环境和生物多样性等至今未能得到有效的回答。

四　基于时空信息云平台的大数据服务

面对智慧城市中各类数量庞大的大数据，尤其是空间、视频等非结构化的大数据，我们应积极面对大数据的挑战，通过充分发挥云计算的优势并重点研究数据挖掘理论，

对大数据进行有效的存储和管理，并快速检索和处理数据中的信息，挖掘大数据中的信息与知识，充分发挥大数据的价值。

在云计算与数据挖掘等技术支撑下，智能服务将从任何人可在任何时间、任何地点获取任何信息的服务（4A：Anyone，Anytime，Anywhere，Any information），转变为在规定的时间、关注的地点将正确的信息传递给需要的人的灵性服务（4R：Right time，Right place，Right information，Right person），从而使得城市真正达到智慧的状态。

1　时空信息云平台基础框架

基于云计算技术，建立从基础设施、数据、平台到服务的一体化的时空信息云平台，将空间大数据、视频大数据以及各类应用中的大数据进行有效管理，并按照实际需求进行处理、存储、管理并提供相应服务，满足交通、物流、城市管理、旅游、安防、应急等各行业和城市综合的智慧应用，如图 2 所示。

时空信息云平台基础框架包含 4 层。第 1 层为设施虚拟化管理平台：采用虚拟化技

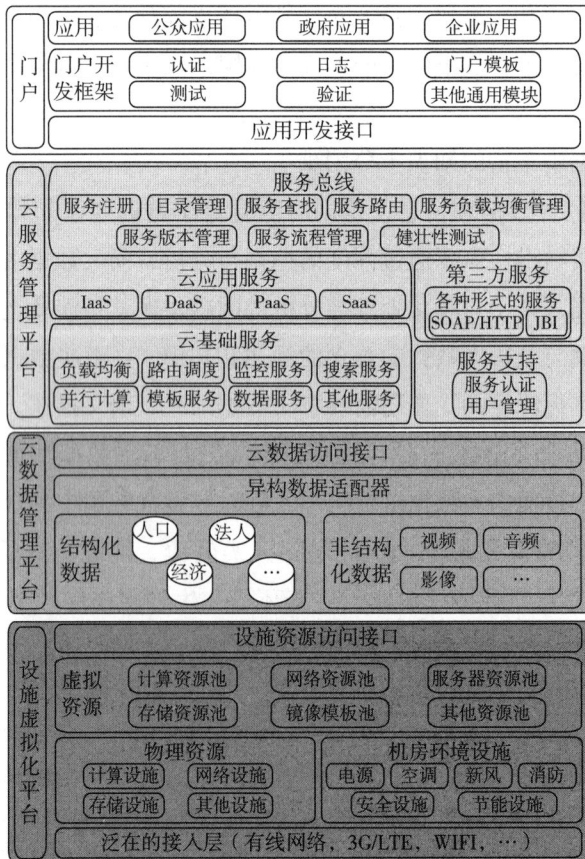

图 2　时空信息云平台基础框架

术，将计算、存储、网络等多种资源形成一个虚拟化资源池，实现资源虚拟化管理，通过对基础设施的集中管理实现智能资源调配和动态负载均衡。第 2 层为云数据管理平台：实现多源、异构、海量时空数据的一体化存储与管理。第 3 层为云服务管理平台：为用户提供多种类型服务，服务统一通过服务总线进行注册，通过服务访问接口请求服务，可以根据实际业务需求实现服务自助开发和注册。第 4 层为云服务门户：通过门户网站和各类应用的形式为用户提供服务，门户对各种专题服务进行封装，例如二维地图、实景地图等各种地理信息的专题服务，智慧城管、智慧社管、智慧养老、智慧交通等各种行业专题服务，并支持各种主流开发语言的网络版和移动版开发接口，快速构建各类智慧应用服务。

2 大数据的存储

基于时空信息云平台的云存储与智能压缩算法，可以初步解决大数据最基本的存储问题。在设施虚拟化管理平台中，将存储资源直接作为服务实现云存储，云存储能够通过集群应用、网格或分布式文件系统，将网络中大量各种不同类型的存储设备通过应用软件集合起来协同工作，共同提供数据存储和业务访问功能。云存储可以实现存储完全虚拟化，所有设备对云端用户完全透明，任何云端被授权用户都可以通过网络与云存储连接，从而让用户拥有相当于整片云的存储能力，从而突破传统存储方式的性能和容量瓶颈，实现了性能和容量的线性扩展。智能压缩方法将从整体获取大数据冗余产生的机理出发，将编码层次从传统的信号编码层和特征编码，提升到语义编码层。针对视频大数据，将基于全局运动估计的高效视频编码，在视频对象所在的空间中对前景和背景、全局对象、运动估计进行提取和表达，对全局冗余对象特征进行抽取和语义映射，在语义层上进行编码，同时也为后期快速检索与分析提供良好支撑。结合云存储与智能压缩，可以大幅降低存储成本，对智慧城市中的各类大数据进行有效保存将成为可能。

3 大数据的快速检索和处理

在解决基础性的存储问题后，还需要针对应用范围，进行高效快速的数据检索。在检索到有效的数据集后，结合各类智慧应用的具体需求进行处理，并按需提供可靠服务。以下以检索、遥感影像处理和位置服务为例进行说明。

（1）检索云

在弹性计算能力支撑下的检索云服务，不仅能够自动地提取图像和视频内的特征，还能够对翻墙、奔跑、尾随、聚集、徘徊等行为进行提取并建立索引，如图 3 所示。

图3　自动提取翻墙、奔跑等行为

针对视频检索，首先将视频分割成各个镜头，并实现对各个镜头的特征提取，得到一个尽可能充分反映镜头内容的特征空间，这个特征空间将作为视频聚类和检索的依据。特征提取包括关键帧中的颜色、纹理、形状等视觉特征和镜头的运动特征的提取。镜头运动特性提取通过对镜头的运动分析（主要针对镜头运动的变化、运动目标的大小变化，视频目标的运动轨迹等）来进行。然后根据提取的关于镜头的动态特性和关键帧的一些静态特性进行索引。对于最终用户而言，只需选择感兴趣的行为和地理位置，例如对某小区搜索奔跑行为，即可快速检索到小区内与奔跑有关的对象位置、关键帧以及视频信息。

（2）遥感云

遥感云通过整合各类遥感相关信息资源，建立面向网络服务的架构，通过云计算平台为用户提供直观、便捷、定制化的地球空间服务。具体来说，遥感云就是将分布在不同的地理位置空天地传感器资源、空间数据资源、处理算法及软件资源、地学知识资源、模块化的工作流资源等进行有效组织，并通过注册服务中心统一发布，借助于云计算平台可伸缩性，通过计算资源、网络资源、存储资源的共享和自动控制机制，通过各种网络为全社会提供地球空间信息可视化服务。国家测绘地理信息局主导建设的国家地理信息公共服务平台——天地图，采用分布式存储将全国各省市的电子地图、影像、地形等基础地理空间数据在通过门户网站提供一站式的数据资源服务，并且可以扩展到三维城市、水雨情等各类型的数据。OpenRS-Cloud采用将注册的数据与算法服务在云计算中心的支撑下虚拟成Web桌面，让用户无需搭建专业平台，在选择遥感数据和算法后自动分配计算资源快速获得相应的处理和分析结果。GeoSquare采用空间信息服务链可视化建模工具，通过简单的拖拉图形对象方式构建从数据到算法到处理流程的完全可视化服务链模型，分配计算资源并获得相应的处理结果。

正在建立的空天地一体化对地观测传感网，将实现全球、全天候、全天时、全方位的空间数据获取，将成为遥感云中获取地理空间数据和快速响应和预警各类灾害、资源安全等重大事件和应对全球可持续发展重大问题的基础。国际对地观测组织把基于观测网的卫星星座观测作为未来 10 年的核心计划，并在 2007 年非洲及 2008 年缅甸洪灾等重大灾害监测中发挥了巨大作用。

（3）位置云

全球卫星导航系统由于存在各种误差，定位精度还无法达到很多行业用户的要求。为了提高定位精度出现了连续运行参考站系统（CORS：Continuously Operating Reference System），现在用户将卫星定位信息传送到位置云服务中心，位置云服务在 1 秒内即可将定位精度解算到亚米级。通过地面基准站系统的增强服务，可以实现北斗等卫星定位系统米级高精度导航定位服务。而对于卫星信号无法覆盖的室内和地下空间，可以采用加速度计，陀螺仪，电子罗盘，摄像头等传感器和 WiFi（Wireless Fidelity），无线通信网，蓝牙等无线信号方式进行定位，提供高精度室内外连续定位。充分满足各类环境、森林等监测、勘察、调查以及城管、公安等从政府、行业到公众的需求。图 4 为采用多传感器多网络的位置服务。

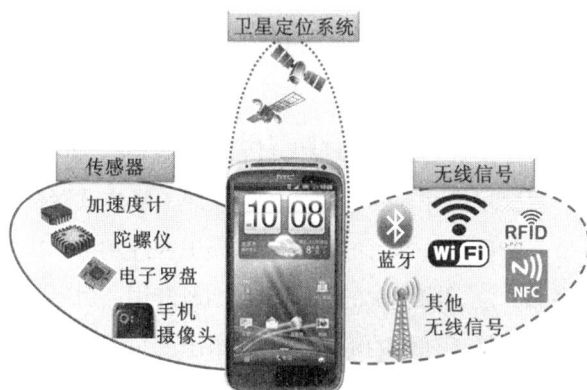

图4　基于多传感器多网络的位置服务

4　大数据的数据挖掘

科学家格雷对科学发展的四种范式进行了划分：在几千年前，科学是经验法；在几百年前，科学是理论的分支，由假想到印证假想的过程；在近几十年前，科学是计算的分支，通过计算进行模拟和验证；现在，科学是数据探索与挖掘，通过数据挖掘来统一理论、模拟和实验验证[14]。数据挖掘已经成为从大数据中发现和探索科学以及知识发现的一个重要手段和解决现实重大问题与需求的有效方法。通过对智慧城市中的大数据进行数据挖掘，可以从中探索和发现自然和社会的变化规律，包括人们的生活、行为及喜好，社会的潮流、思维和舆论趋向，推断市场对产品、服务甚至政策等各方面的反应等。下面具体分析大数据的数据挖掘过程，以及空间、属性相关的数据挖掘。

（1）数据挖掘的过程

对大数据进行数据挖掘需要对整个过程都面向大数据的特点往前端和后端延伸，具体过程包括从海量、多源大数据中进行处理和分析，自动发现和提取隐含的、非显见的模式、规则和知识，通过可视化并融合为易于人类理解的方式进行展现，具体过程如图5所示。数据挖掘与数据检索、处理和信息提取相比较而言有更大的难度，需要基于大数据和知识库的智能推理等相关理论技术的支持。

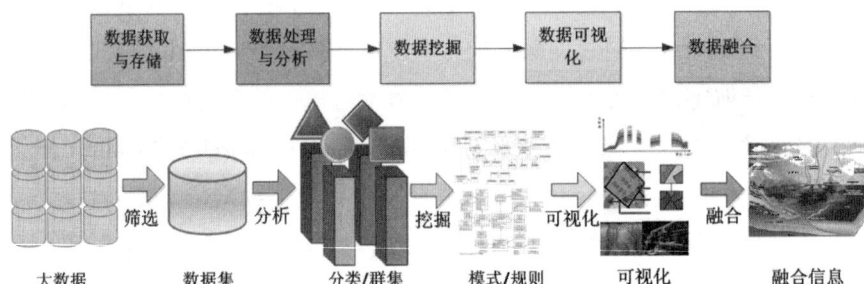

图5 大数据的数据挖掘的过程

数据挖掘首先获取并存储数据，按照挖掘需求在大数据中进行数据采集、检索和整合，并对数据进行筛选，包括去噪、取样、过滤、合并、标准化等去除冗余和多余数据，建立待处理数据集。接着对数据集进行处理和分析，包括线性、非线性、因子、序列分析，线性回归，变量曲线，双变量统计等处理和分析，按照一定方式对数据进行分类并分析数据间及类别间的关系等。然后对分类后的数据通过人工神经网络、决策树、遗传算法等方法揭示数据间的内在联系，发现深层次的模式、规则及知识。对发现的这些模式、规则及知识按照变量的关系以人类易于理解的可视化方式给出变量间的关系分析，对于各类不同又有一定关联的内容，可以将其融合在一起，更直观展示并供人类分析和利用。

（2）集成空间和属性数据的数据挖掘

空间数据是与对象的地理和空间分布有关的、反映现实世界各种现象及其变化的记录，与一般数据相比，空间数据不仅具有空间性、时间性、多维性、海量性、复杂性等特点，还包含空间不确定性[15]。而属性数据是对象的非空间数据，可以具有离散类别值或连续值。基于空间和属性数据的数据挖掘是指从空间和属性数据并及关联信息中提取用户感兴趣的空间模式与特征、空间与非空间数据的普遍关系及其它一些隐含在数据中的普遍的特征、规律和知识。基于空间和属性数据的数据挖掘与其使用的挖掘方法与发现的知识类型密切相关，空间数据挖掘理论与方法的选取将直接影响到所发现知识的优劣。空间数据挖掘的主要理论和方法包括概率论、证据理论、空间统计学、规则归纳、聚类分析、空间分析、模糊集、云模型、数据场、粗集、神经网络、遗传算法、决策树等等。以上方法不是孤立应用的，为了发现某类知识常常要综合应用这些方法，根据特定的需求综合选择和使用相应数据挖掘理论、方法和工具，并充分利用机器学习和人工智能等自学习技术来提高自动化程度，减少人机交互参与程度。

五　智慧城市运营中心

1　智慧城市需要运营中心

一个城市在完成物联网、云计算、数字城市地理空间框架等相关平台和基础设施建设后，如何更好地在城市运行中充分发挥其巨大的智能作用，就需要一个融合各类实时数据、信息和汇聚各种服务的机构——智慧城市运营中心（SCOC：Smart City Operation Center），SCOC作为智慧城市的"心脏"，将全方位的收集和监控城市运行中的各类数据与信息并面向政府、企业和个人提供智能化和个性化的定制服务。

通过SCOC的建设，在规划和设计上首先对智慧城市进行顶层设计，制定相关政策法规与标准；统一规划各行业信息化发展的目标、框架、任务、运营管理机制等；在顶层设计上进行各种规范和标准的统一。在城市运营中，整合与共享城市信息资源；实时监控城市运行状况，并实现多部门的协同与指挥。在服务全社会上，全面促进面向全社会的大数据开放应用、服务与交易体系的形成，形成完善的基于大数据的包括公益及商业化深加工在内的各层次应用和服务体系。

2　智慧城市运营中心的组成

SCOC一般由大数据中心、城市运行监控与指挥中心、城市IT基础设施运维中心、智慧服务中心4个部分组成。大数据中心将成为城市运营的数据资源池和物联网的枢纽，实现城市运营数据的实时全面感知。城市运行监控与指挥中心将在实时全面感知的基础上，实现跨部门、跨区域、跨系统的高效协同与应急响应。城市IT基础设施运维中心负责对SCOC的基础设施进行维护和更新，保证SCOC全天候的安全和稳定运行。智慧服务中心除面向政府提供服务外，还能面向城市中各类企业和公众提供服务。

传统的政府IT信息化架构将逐渐被"云－端"互动的智慧城市所取代，降低城市信息化建设与运维的成本，最大程度降低政务成本、全面提升城市运营效率。政府治理的模式也将通过SCOC真正从城市管理走向城市运营与服务。

3　智慧城市运营中心的作用

通过SCOC对城市不仅能够提供城市运营和服务，还能将政府治理和重大决策将以大数据为基础，基于数据和实证事实，避免个人主观意志及各类商业利益集团的影响。

城市运行将实现可视化、可控化、智能化、可预测及可量化评估与持续优化。政府将因之变得更加开放和负责，并更有效率，从而最大程度地降低行政风险。麦肯锡的研究表明，欧洲公共管理部门应用大数据以后，每年潜在价值将达到 2500 亿美元[16]。企业也能够通过大数据重组生产资源，优化商业模式，获得更大效益。例如在银行选址问题，不仅需要综合考虑位置、人口分布、消费水平和结构、聚集效应、交通等因素，还要考虑各银行当前运营状况的各种属性数据，在大数据中充分对空间数据与属性数据进行数据挖掘，可以因地制宜的对不同等级的银行网点进行合理规划和布局。面向公众的各类智慧服务将贯穿出生、医疗、教育、就业、婚育、养老、殡丧等人生全过程，提升城市居民的幸福感。

美国纽约等五大城市已将城市数据库和相关海量信息向社会大众开放，各类企业、组织和个人均可以通过开放的大数据挖掘出各自需要的信息与知识，提供各类智能的服务，提升自身的竞争力的同时提升了城市整体的综合竞争力，开放大数据的最终目的是为了吸引更多的投资人、更多的旅游者以及提供更友好的服务，从而更好地推动城市发展和繁荣。

六　结论与展望

智慧城市是基于数字城市，物联网和云计算建立的现实世界与数字世界的融合，以实现对人与物的感知、控制和智能服务。智慧城市对经济转型发展、城市智能管理和对大众的智能服务具有广泛的前景，从而使得人与自然更加协调地发展。智慧城市建设是一个系统工程，需要根据每个城市自身的特点，在做好顶层设计后统一规划，分步实施。智慧城市的实现需要建设更加完善的信息基础设施和包括智慧城市运营中心为主的技术支撑体系，才能保证各种智慧城市的应用能够用得好、用得起。智慧城市建设中将产生的大数据问题既是下一代的科学前沿问题，也是推进智慧城市发展的源动力，它必将带来新的机遇和挑战，需要我们有针对性地加快有关大数据的技术创新和攻关研究，才能推动和加速智慧服务产业发展，更好地实现智慧城市中的各种智慧应用，以更好更多的智慧应用服务全社会的同时，让城市更加科学、高效、低碳和安全地运行。

参考文献

[1] Li Deren, Yao Yuan, Shao Zhenfeng, et al. From Digital Earth to Smart Earth [J]. *Chinese Science Bulletin*, 2014, 59 (8): 722–733.

［2］Li Deren, Shan Jie, Shao Zhenfeng, et al. Geomatics for Smart Cities–Concept, Key Techniques, and Applications［J］. *Geo-spatial Information Science,* 2013, 16（3）: 13–24.

［3］Gore, A. The Digital Earth: Understanding Our Planet in the 21st century［J］. *Photogrammetric Engineering and Remote Sensing*, 1999, 65（5）: 528.

［4］Shao Zhenfeng, Li Deren. Image City Sharing Platform and its Typical Applications［J］. *Science in China（Series F: Information Sciences）*, 2011, 54（8）: 1738–1746.

［5］Li Deren, Shao Zhenfeng. the New Era for Geo–information［J］. *Science in China（Series F: Information Sciences）*, 2009, 52（7）: 1233–1242.

［6］Li Deren, Yao Yuan, Shao Zhenfeng. the New Mission for Surveying, Mapping and Geographic Information Science in the Smart Earth Era［J］. *Science of Surveying and Mapping*, 2012,（37）6: 5–8（李德仁, 姚远, 邵振峰. 智慧地球时代测绘地理信息学的新使命［J］. 测绘科学, 2012,（37）6: 5–8）.

［7］ITU. ITU Internet Reports 2005: the Internet of things［R］. ITU, Tunis, Tunisia, 2005.

［8］Uusitalo M A. Global Visions for the Future Wireless World from the WWRF［J］. *IEEE Vehicular Technology Magazine*, 2006, 1（2）: 4–8.

［9］Li Deyi. Cloud Computing Supports Sociality, Intensiveness and Specialization of Information Service［J］. *Journal of Chongqing University of Posts and Te lecommunications（Natural Science Edition）*, 2010, 22（6）: 698–702（李德毅. 云计算支撑信息服务社会化、集约化和专业化［J］. 重庆邮电大学学报: 自然科学版, 2010, 22（6）: 698–702）.

［10］Barroso L A, Dean J, Hölzle U. Web Search for a Planet: the Google Cluster Architecture［J］. *IEEE Micro*, 2003, 23（2）: 22–28.

［11］Howe D, Costanzo M, Fey P, et al.Big data: The Future of Biocuration［J］. *Nature*, 2008, 455（Specials: Big data）: 47–50.

［12］Reichman O, Jones M, Schildhauer M. Challenges and Opportunities of Open Data in Ecology［J］. *Science*, 2011, 331（6018, Special issues: Dealing with data）: 703–705.

［13］Li Deren, Wang Shuliang, Shi Wenzhong, et al. On Spatial Data Mining and Knowledge Discovery［J］. *Geomatics and Information Science of Wuhan University*, 2001, 26（6）: 491–499（李德仁, 王树良, 史文中, 王新洲. 论空间数据挖掘和知识发现［J］. 武汉大学学报·信息科学版, 2001, 26（6）: 491–499）.

［14］Hey T, Tansley S, Tolle K. the Fourth Paradigm: Data–intensive Scientific Discovery［M］. Washington: Microsoft Research, 2009.

［15］Li Deren, Wang Shuliang, Li Deyi. Spatial Data Mining Theories and Applications［M］Beijing: Science Press, 2006（李德仁, 王树良, 李德毅. 空间数据挖掘理论与应用［M］. 北京: 科学出版社, 2006）.

［16］Manyika J, Chui M, Brown B, et al. Big data: the Next Frontier for Innovation, Competition, and Productivity［R］. The McKinsey Global Institute, U.S.A., 2011.

李德仁，中国科学院院士、中国工程院院士。

姚　远，武汉大学博士。

邵振峰，武汉大学博士。

智慧城市与人工智能

何谓智慧城市？智慧城市的目标是什么？智慧城市与人工智能有什么关系？这些基本问题至今仍然见仁见智。鉴于这些问题的基础性和重要性，本文对此进行了深入的探讨与澄清，希望防止认识上的"差之毫厘"导致实践上的"失之千里"。

一、智慧城市的涵义

智慧城市的第一要素是"智慧"，正是它决定了城市的性质和水平。然而，不无遗憾的是，由于"智慧"一词比较抽象，几乎所有各种讨论都忽视了"智慧"这个要素的内在含义。这就可能导致对智慧城市的认识产生严重偏差，并在实践上招致重大损失。所以，在讨论智慧城市与人工智能的关系之前，极有必要重新审视"智慧城市"的科学内涵和期望目标。

智慧，是人类所独有的最高层次的能力。人类智慧的本质特征，是他的**认知能力和创造能力**。具体表现为：首先，人类具有明确的**总体目标**，这就是**永不停歇地改善自己生存与发展的状况**。有了这个总体目标，人们就会利用先前所积累的知识（称为**先验知识**），发现当前环境中应当解决而且能够解决的**实际问题**，预设问题的**求解目标**，根据"先验知识、实际问题、预设目标"这些**初始信息**，生成求解问题所需的**专门知识**，在求解目标的导控下，通过学习、评估和优化把信息和知识演绎成为解决问题的**智能策略**，进而**执行策略**解决问题。在解决老问题之后，又会依据总体目标和新的先验知识去发现新的问题，预设新的目标，生成新的专门知识，演绎新的智能策略，解决新的问题。如此**不断地发现问题和解决问题，不断地认识世界和优化世界，不断地改善人类生存发展的水平**。这就是"智慧"的基本含义。

值得指出，由于人类智慧活动中发挥了**目标**和**知识**的作用，它所演绎的智能策略就既能"满足人类不断改善生存发展水平的主观要求"（**目标**），又能"符合客观世界的发展规律"（**知识**），实现人类与环境之间的**主客双赢**。

研究表明，人类智慧能力中"根据总体目标，利用先验知识，发现实际问题，预设求解目标"的能力，是人类所固有的标志性能力，称为"**隐性智慧**"，机器难以模拟；而"根据初始信息，提取专门知识，演绎智能策略，解决实际问题"的能力，是人类智慧能力之中外显的能力，称为"**显性智慧**"，可以被机器模拟。可见，人类智慧包含相辅相成的两类能力：隐性智慧和显性智慧。隐性智慧规定了显性智慧的具体工作框架（即实际问题、先验知识、求解目标）；显性智慧则在隐性智慧规定的框架内去求解问题。所以，**隐性智慧是发现问题和定义问题的能力，是驾驭显性智慧的能力，显性智慧是在隐性智慧规定的框架下解决实际问题的能力**。

在社会发展的进程中，人类不会总是赤手空拳地施展自己的智慧能力，而是要不断地创造先进的科学技术工具来模拟和扩展自己的显性智慧能力，使自己的能力在发展过程中不断得到强化和解放。在现代科学技术体系中，模拟人类"显性智慧"的科学技术是"智能科学技术（人工智能）"。因此，在技术意义上，人类智慧也可以体现为"**由人类的隐性智慧所驾驭的智能科学技术的能力**"。这样理解"智慧"的内涵，不仅符合科学道理，而且也揭示了人类智慧与人工智能的关系。

智慧城市的另一个要素是"城市"，它是"智慧城市"的定义域。人们对城市的概念比较熟悉，但却常常忽视"城市也是一个社会"的事实。人们往往关注了城市的交通、商贸、服务、文化、教育、医疗这些显性的功能，忽视了城市的生产力、生产关系和上层建筑这些隐性的但却是决定性的功能。因此，他们所提出的"智慧城市"的定义中通常看不见这些决定性功能的身影，遗忘了这些决定性要素的巨大作用。

综上所述，**智慧城市的内涵可以表述为：**

以民生需求为导向，以民众参与为前提，以智能科学技术为主导，遵循复杂系统工程方法，立足现实，放眼未来，统筹协调，合理利用和保护资源，推动基础设施现代化、社会生产力智能化、生产关系平等化和上层建筑服务化，有序持续地改善民众生存发展水平并实现天人共赢的美好城市。

IBM 所定义的"物联化＋互联化＋智能化"是一个纯技术性的定义，后来又被具体解释为"深度感知（物联化）＋广泛互联（互联化）＋智能利用（智能化）"。但即使作为一个技术性的定义，它的表达也不够严谨。这是因为，物联网感知的信息经过互联共享之后依然是信息，而由于没有相应的知识支持和目标的导控，这些信息是不可能直接转化为智能的。何况，"智慧城市"远远不止是纯技术的工程项目，而是一个经济—社会—文化—民生—生态的综合系统工程。至于把智慧城市理解为"无线城市"、"宽带城市"、"数字城市"、"移动互联城市"、"绿色城市"、"服务城市"、"房地产建设"、或"新的经济增长点"等等，都只是智慧城市建设的某些方面，而不是准确的内涵。

本文的"智慧城市定义（内涵）"至少表达了如下十个方面的重要思想。

1、强调以人为本

强调"以人为本，民众参与"，就是要以"民生需求"作为规划的导向，做好深入广泛的舆论沟通，动员和吸引全体民众以主人公的姿态积极参与，发挥人民群众的智慧和创造力去发现和确定智慧城市建设应当解决的实际问题，确定城市建设的目标，通过不断解决问题，不断有效地改善城市人民生存发展水平。公众是否广泛积极地参与了智慧城市的建设，这是检验智慧城市建设是不是"真智慧"的试金石。

2、强调科技创新驱动战略

智慧城市建设要实现"真智慧"，仅用常规信息技术是远远不够的，必须以智能科学技术为主导。这是因为如上所说，智能科学技术可以实现人类的"显性智慧"，而且是当代科技创新的"富矿区"，因此是"智慧城市"建设的制高点和主力军，一切科学技术都要努力实现智能化，以智能科学技术的创新带动整个科学技术的创新，才能使智慧城市建设实现高水平，使"智慧城市"不停留在目前"信息化城市"的水平。

3、强调复杂系统工程方法

任何城市都由众多不同功能的系统组成，而城市作为一个整体则是由这些系统所构成的复杂的综合系统。因此，智慧城市建设是一项极其复杂的系统工程，必须运用复杂系统工程的方法，把城市如实地看作是国家和周边环境中的一个开放复杂大系统，准确认识城市系统与国家和区域大环境、城市系统与城市内部的各种业务功能系统、城市系统与市内区域系统之间错综复杂的相互关系，在此基础上做好统筹全局协调发展的规划和顶层设计，制定协同合作实施规划的路线图和进程表。

4、强调立足城市现实

智慧城市的建设要想取得实效，必须深入分析和正确认识城市的现实情况，准确判断和把握城市内在的优势和劣势，还要透彻了解城市与周边区域的相互依存关系以及城市与周边农村的相互依存关系。立足城市与周边环境的现实，根据国家的整体发展战略科学确定城市发展的功能定位，正确规划城市自身以及周边区域的发展战略，脚踏实地地谋求发展，做出符合城市实际的个性特色。

5、强调放眼长远目标

智慧城市的建设必须放眼长远目标，而不应当囿于城市各届领导班子政绩的任期目标或者其它"短期目标"，也不应当是不着边际的空洞设想。这个"长远目标"不应当只是一些传统观念下的刻板数字，而应当是在科学分析城市功能及其环境现实状况的基础上实现"不断改善民众的生存与发展水平"和"天人共赢"的动态发展目标。为此，就需要制定"定位准确、目标清晰、近期可实现、长远可持续"的动态发展规划。

6、强调全面深度改革

智慧城市的建设与发展，不可能是仅仅通过规划和建设城市的几个"显性功能"项目就能完成的任务，只能通过全面深度的改革与发展才能实现。这是因为，所有显性的功能项目（如智能交通，智能商贸，智能服务，智能社区等等）的实施都不仅仅是工程技术的问题，而是必然牵连到全局范围的社会生产力智能化、生产关系平等化和上层建筑服务化这样一些深层的体制机制改革问题。没有这些深层体制机制的改革，打破旧有的体制藩篱障碍和既有利益格局，那些显性功能项目的建设是很难实现的。

7、强调区域协同

城市不是一个孤立运行的封闭系统，而是存在于一定的大环境之中。这个大环境既包括"国家"这个上层环境，也包括周边相关的其他城市和乡村。另一方面，任何城市都不可能是一个完全自给自足的社会，必然要与区域内其他城市互相沟通、互相依存和互相补足。因此，智慧城市的建设不仅应当全面考虑城市内部的发展，而且要缜密考虑与周边区域的合作协调发展。

8、强调城乡互补

智慧城市的规划和建设不仅要考虑与周边城市的协作，而且要协同和带动周边农村地区的建设与发展。实际上，城市离不开农村，农村也离不开城市。应当有计划有步骤地打破城市与乡村的二元结构，逐步缩小城乡之间的发展差别，要发挥城市与乡村的互补优势，使城市享有同乡村一样的新鲜空气、优良生态和美好环境，使乡村享有同城市一样先进的物质文明和精神文明。

9、强调有序可持续发展

城市的建设要做到有序可持续的发展，就必须遵守"人口－资源－环境－生态"规律的约束：有多少可用的资源（劳动力资源、安全的水资源、合格的土地资源、清洁的能源、科技资源、产业发展需要的各种物质资源等），能够支持多大规模的人口和支持什么性质与规模的产业而保持城市良好的生态和优美的环境，这些资源的现实状况和未来发展的动态趋势，以及如何建设和保护这些资源，都需要做出系统缜密的规划。

10、强调适时效果评估与改进

智慧城市建设的主要目标，是通过深度的改革实现"不断改善城市居民生存与发展水平"和"天人共赢"。为此，不仅需要做出科学的建设与发展规划，明确发展的路径和责任的落实，而且需要制定相应的建设效果评价体系和执行评价监督的机制，适时检查各项建设的成效和存在问题，及时把建设的成果惠及城市居民，及时调整和改进建设的计划，使智慧城市的建设始终处于有序可持续的健康状态。

二、智慧城市的总体目标与评价体系

智慧城市建设的总体目标是要实现：（1）基础设施的现代化，（2）社会生产力的智能化，社会生产关系的平等化，社会上层建筑的服务化，（3）经济发展，社会进步，文化繁荣，环境优美，民生幸福，国防巩固。它们充分体现了智慧城市的内涵。

图1表示了这些目标所构成的体系，也叫智慧城市建设的**总体设计**或顶层设计。

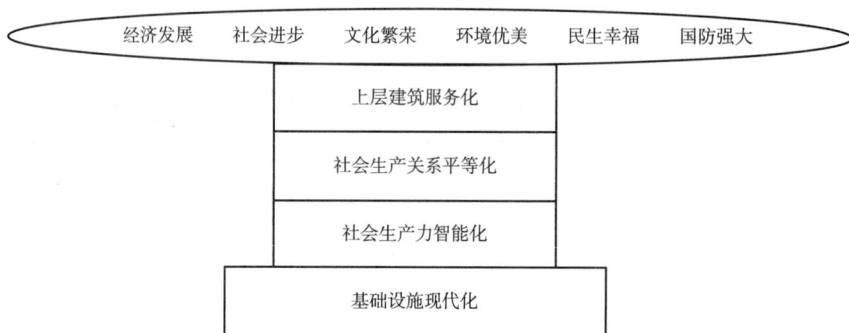

图1 智慧城市建设的目标体系

需要说明，这里所说的"基础设施"是指整个智慧城市建设所依赖的公共基础资源和基础能力，不仅包括通常所理解的交通运输，能源供给，信息网络，而且也包括人才培育体系，科技研发体系，思想教育体系，道德建设体系等公共的基础资源能力。

目标体系中的**基础设施现代化建设**，不但为智慧城市建设提供物质资源、能量资源、信息资源的互通共享，而且为智慧城建设提供和谐的社会道德环境、高素质的建设人才、高水平的科技能力和科技产品，因此，是智慧城市建设的共性基础。

目标体系中的**社会生产力水平智能化建设**，是智慧城市建设的核心推动力，是带动智慧城市建设的火车头，是智慧城市建设质量和水平的决定性力量；而**社会生产关系的平等化和上层建筑的服务化改革**，则是基础设施现代化建设和生产力智能化建设所必不可少的体制机制和制度保障。没有它们的同步改革，基础设施的共享和生产力的发展都将难以实现。

目标体系中的**智慧城市建设各领域项目**，是在现代化基础设施的支持下、在智能化社会生产力的带动下、在平等化社会生产关系和服务化社会上层建筑的保障下所展开的各项惠及城市的经济、社会、文化、生态、民生、安全的具体建设内容，是智慧城市建设的实际效果的最终体现。

有了总体目标和顶层设计，智慧城市的建设就要根据这个顶层设计，针对城市的实际情况，拟定建设的**具体项目**，在科学分析的基础上确定各个要素和项目的**阶段划分和**

近期阶段建设指标（定性与定量要求），制定建设的**任务分解与落实方案**，明确实现目标的**路线图**、**进程表**和**协调机制**，以便实施推进与监督检查。

这就是智慧城市建设总体目标和顶层设计的基本内涵，也是检验智慧城建设成功与否的**评价体系**。这是因为，评价的根本目的就是检验建设目标的实现情况。可以看出，智慧城市建设是一个**复杂的综合的系统工程**，既不能随心所欲，也不能零打碎敲。

也许有人会产生这样的疑问：如果所有智慧城市的建设都遵循图1所示的总体目标顶层设计，岂不就会变成"千城一面"而失去了不同城市的特色了？

这其实是一个误解。这里强调，任何城市（包括智慧城市）的建设都必须具备图1所表示的总体目标，因为这是一切城市所应当具有的"共性功能"。试想，哪个智慧城市可以不需要基础设施的现代化？哪个智慧城市不应当实现生产力智能化、生产关系平等化、上层建筑服务化？又有哪个智慧城市的建设不需要努力实现图1顶层的那些基本要求？作为城市建设，这些功能缺一不可。正所谓：麻雀大小不同，基本功能齐备。

智慧城市建设的特色和个性化，不应当体现在顶层设计的共性功能上，而应当在符合这个共性功能的前提下，体现在各个城市的历史传统、现有基础、功能定位、"人口—资源—环境"的实际约束、以及由此所选择的建设重点、各个建设要素的具体落实方法和具体推进方式上。比如，对于大城市的智慧城市建设、中小城市的智慧城市建设、新兴城市的智慧城市建设以及乡镇新建的智慧城市来说，它们的发展基础各自不同，它们在国家城镇化建设中所赋予的功能定位各不相同，它们所具有的"人口—资源—环境"约束情况也都各不相同，因此，它们在共性的总体功能要求下的建设重点和推进方式肯定都不可能一样。这就是共性与个性的辩证统一。

另外一个可能产生的疑问是：生产力、生产关系、上层建筑的改革是国家立法机构的权力，各个城市怎么能"擅作主张，自行改革"呢？

这也是一个辩证法的课题。一方面，正如本文上面所强调的，如果我们不进行这些改革，智慧城市建设就只能在旧有的体制框架和既有的利益藩篱之中打转转，无法取得突破。所以，改革是"无可回避"的任务，不改革就没有出路。另一方面，各个智慧城市建设所发出的改革呼声，正好可以为国家最高权力机关的立法提供需求和动力，促进国家宏观层面的立法，这正体现了"社会民生之所需，国家立法之所向"。至于一些属于地方立法范畴之内的改革课题，各个城市完全可以自行试点先行，探索道路，创造可复制可推广的成功经验。这正是中央与地方辩证互动的模式，并不存在问题。

目前，智慧城市的建设还处在起始阶段。努力准确认识智慧城市的内涵和建设目标，可以有效地防止"开头差之毫厘，结果失之千里"。这是当前强调准确理解"智慧城市内涵和目标"的意义所在。

三、人工智能与智慧城市

前面关于"智慧城市内涵"的分析已经指明：在宏观含义上可以认为，智慧城市的建设应当"**以民生需求为导向，以民众参与为前提，以智能科学技术为主导，遵循复杂系统工程方法，立足现实，放眼未来，统筹协调，合理保护和利用资源，推动基础设施现代化、社会生产力智能化、生产关系平等化和上层建筑服务化，有序持续地改善民众生存发展水平并实现天人共赢**"。

那么，什么是"智能科学技术"？

如所周知，人类是具有智慧的生物。人类智慧包含难以被机器模拟的"隐性智慧"和可以被机器模拟的"显性智慧"这样两个相互联系相辅相成的部分。其中，可以被机器模拟的"显性智慧"部分，即人类"利用知识解决问题"的能力（不包括"目的、直觉、想想、灵感、顿悟"等能力）通常被称为"人类智能"。

智能科学技术（简称"人工智能"科学技术）就是模拟人类智能的科学技术，具体来说**就是在人类"隐性智慧"给定的框架下实现人类"显性智慧"的科学技术**。对照智慧城市内涵的要求，**它就成为智慧城市建设所倚重的主导技术**。

图2所表示的，就是一个比较完整的人工智能科学技术模型。

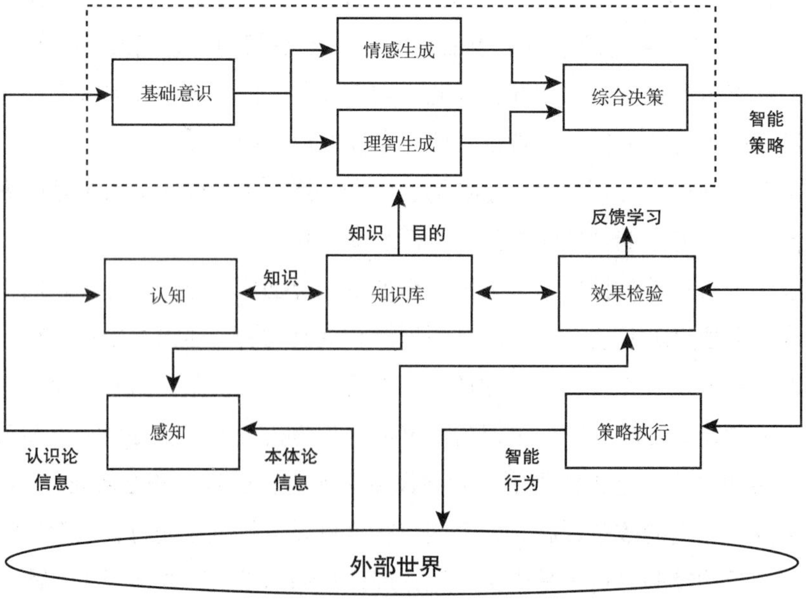

图2　人工智能系统模型

在图2的人工智能科学技术模型中，底部椭圆用来表示"外部世界"，图中其余所有各个部分，则表示"模拟人类显性智慧能力的各个环节"，也就是人工智能的各个技术子系统。

模型中，人类认识主体的"**隐性智慧**"表现在：（1）面对外部世界的环境，人类所选定的"**实际问题**"；（2）人类事先为知识库提供的"**先验知识**"；（3）人类所预设的问题"**求解目标**"。发现问题和定义问题是人类固有的创造力，因此，这三者就是人类隐性智慧的表现，它们规定了人工智能（显性智慧）的工作框架。

在这个"隐性智慧"给定的框架下，人工智能系统所要执行的任务就是：模拟人类的"**显性智慧**"能力，解决所给定的"实际问题"，达到预定的"求解目标"。

不过，图2所表示的人工智能系统模型比较完整，也比较复杂，适合于科学研究的用途，不适合于一般性介绍的场合。针对本文讨论的需要，我们可以把它适当地加以简化，成为图3所表示的简化模型。

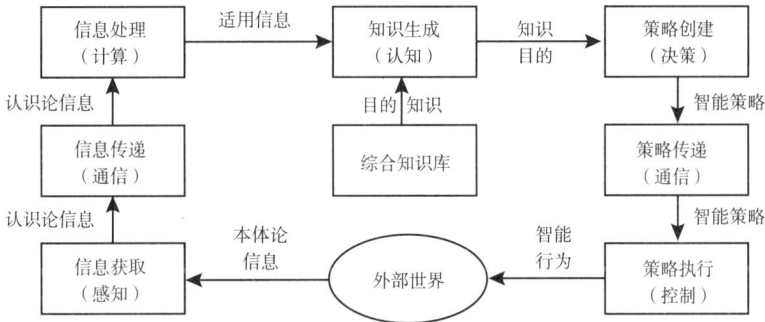

图3　人工智能系统的简化模型

现在，我们就可以针对图3所示的人工智能系统简化模型来分析，希望比较简明地考察它是怎样**在人类主体"隐性智慧"规定的框架下模拟人类的"显性智慧"能力去解决给定的"实际问题"达到"求解目标"**的。

（1）作为人类"隐性智慧"的体现，人类主体首先给定需要解决的"实际问题"，提供"先验知识"，并预设"求解目标"。这就是人类主体为人工智能系统所制定和提供的"显性智慧"工作框架。

（2）作为人工智能系统，它的第一个步骤就是要收集有关"工作框架"的信息，首先是其中关于"实际问题"的信息（即模型中的"**本体论信息**"），这就是人工智能系统工作的初始信息。

（3）通过"信息获取（感知）单元（模拟人的感觉器官）"的作用，把关于"实际问题"的本体论信息转换为人工智能系统的"**认识论信息**"。需要注意，术语"感知"具有两层意义：感，即传感（获得语法信息）；知，即感性认识（获得认识论信息）。

（4）通过"信息传递（通信）"单元（模拟人的传入神经系统）的作用，把认识论信息的语法信息准确、及时、安全地传送到"信息处理"单元。

（5）通过"信息处理（计算）"单元（模拟人类思维器官的丘脑）的作用，对所收到的语法信息进行处理，使认识论信息变得便于利用，成为"**适用信息**"。

（6）通过"知识生成（认知）"单元（摸拟人类思维器官的联合皮层）的作用，根据求解问题的需要，把认识论信息转换为"**专门知识**"。

（7）通过"策略创建（决策）"单元（模拟人类思维器官的前额叶）的作用，把认识论信息、专门知识、求解目标转换为求解问题的"**智能策略**"。

（8）通过"策略传递（通信）"单元（模拟人的传出神经系统）的作用，把智能策略传递到"策略执行"单元。

（9）通过"策略执行（控制）"单元（模拟人的执行器官）的作用，把智能策略转换成为"**智能行为**"，反作用于外部世界。

（10）如果"智能行为"反作用于实际问题的结果没有满意地实现预期的"求解目标"，就**把误差作为新的信息反馈到"信息获取（感知）"单元，通过学习，补充新的知识，优化智能策略，改善执行效果，减小误差，直到满意为止。**

有时，由于人类主体所给定的"实际问题"、预设的"求解目标"和提供的"先验知识"之间可能存在矛盾或者不够合理（由于问题的复杂，这种情形并不罕见），上述第（10）个步骤循环多次不但不能使误差减小，反而越来越远离目标。如果出现这种情况，那么，就必须进行人工干预，由人类主体自己来修正问题和目标，或者补充知识，也就是修改隐性智慧给定的工作框架，直至第（10）步能够满意结束。

作为人工智能系统，第（10）步的"满意结束"就算可以告一段落。不过，由于人类追求"改善生存与发展水平"的努力永不停歇，因此，人类的"隐性智慧"又会发现新的"实际问题"提出新的"求解目标"。于是面对人类主体"隐性智慧"所给定的新框架，人工智能系统就必须重新开始一轮模拟人类"显性智慧"能力的工作。如此循环往复，螺旋上升，不断地展开人类主体与人工智能系统之间和谐默契的合作。

这就是人工智能的基本工作情景。

从以上这10个步骤可以看出，在人类主体与人工智能系统之间，人类始终是合作的主体，人工智能系统则是人类得心应手和善解人意的工具，很好地体现出人类与科学技术之间"机器辅人，机器拟人，合作共生"的规律。而由于人工智能系统接受了人类主体所预设的"求解目标"和"先验知识"，这就可以保证人类主体与外界客体之间实现"天人合作，主客双赢"的原则：主体之赢，因为实现了主体的"求解目标"；客体之赢，因为遵守了体现在"先验知识"中的客观规律。这是极为重要的特色。

前已述及，智慧城市的内涵就是"以民生需求为导向，以民众参与为前提，以人类的智慧驾驭智能科学技术，遵循复杂系统工程的方法，立足现实，放眼长远，通过深化体制改革，通过科技创新，实现不断改善民生水平，实现天人合一"。因此，人工智能科学技术完全可以担当并足以胜任这个重任。

当然，以上的讨论都是理想的情况。实际上，由于（1）人类主体给定的"先验知识"未必能够理想地体现客观规律，也未必能够100%地满足求解问题的需要；（2）人类预设的"求解目标"也不见得永远都完全合理；（3）人工智能系统各个环节也必然存在各种各样的不理想性，因此，人工智能系统对人类"显性智慧"能力的模拟也不可能完全到位。因此，人工智能系统提供的问题解答也有可能不如人类自己求得的解答。换句话说，人工智能系统所模拟的人类"显性智慧"能力，原则上不可能超过人类自己的显性智慧能力。如果说人工智能系统也有"超人"的地方，那只能是它的工作速度、工作精度、持久能力等操作因素，而不可能是"显性智慧"中的智慧因素。

除此之外，以上的讨论也清楚地表明了：在人类主体与人工智能系统之间，没有可能出现会"人主机辅"关系颠倒的情形。也就是说，一些人（特别是一部分科幻作家）所宣传的"机器超越人类"甚至"机器淘汰人类"的说法是没有根据的。无论是人工智能系统，还是其它各种机器系统，它们共同的问题之一是：它们没有生命，因而也没有目的，不会自主产生任何愿望，从而也就不可能自主地发现"应当解决而且也有可能解决的问题"，尤其不可能无中生有地形成"超越人类"和"淘汰人类"的荒唐愿望，更不可能产生"淘汰人类"或"灭绝人类"的行为。那些宣扬人工智能机器将在21世纪中叶"取代人类"的说法，纯属主观想象，没有科学根据。我们希望，这些主观臆想不至于干扰人们建设智慧城市和美好家园的伟大事业。

总之，以上的讨论，一方面论证了"人工智能技术能够模拟人类的显性智慧能力"以及"人工智能技术怎样在人类隐性智慧框架的约束下实现对于人类显性智慧能力的模拟和扩展"。而这是现今其它各类技术做不到的；另一方面，也说明了了"人工智能技术不可能超越人类的能力，特别是不可能具有人类的隐性智慧能力"，这当然也是其它各类技术不可能做得到的。这样，我们对于人工智能技术的能力定位就比较清晰了。

四、人工智能，信息技术，新型信息技术

近年来，人们也注意到，在国内外"智慧城市建设"的讨论中，经常会出现这样的话题：为什么智慧城市建设要倚重于人工智能技术而不是倚重于信息技术？人工智能技术与信息技术之间究竟是什么关系？

应当认为，出现这样的问题十分自然。这是因为，经过数十年的信息化建设，人们对信息技术已经非常熟悉，而且已经普遍体验到了信息技术所带来的好处，特别是计算机通信网络（即互联网）给人们获取信息带来极大的方便，基于互联网业务的电子商务

更为人们日常生活的购物带来了极大的便利，人们无形之中对信息技术产生了一种强烈的亲近感；另一方面，人们对于人工智能技术却知之甚少，还十分陌生，觉得离自己很遥远，甚至还充满某种神秘色彩，因此，自然对它存在一种疏远感。

1、人工智能与信息技术

为了清晰准确地理解人工智能技术与信息技术之间的关系，可以重新温习图3所示的人工智能系统简化模型。

图3的人工智能系统模型表明，完整的人工智能技术系统必须具有如下环节：信息获取（感知）、信息传递（通信）、信息处理（计算）、知识生成（认知）、策略创建（决策）、策略执行（控制）以及反馈学习优化等基本技术系统，这正像"人"这个智能系统必须具有感觉器官（信息获取）、传输神经系统（信息传递）、思维器官（信息处理、知识生成、策略制定）以及执行器官（策略执行）那样。

注意到，在图3所示的人工智能系统中包含了人们所熟悉的信息技术，如感知（主要指传感）、通信、计算、控制技术等。这就表明，人工智能系统是一个全局整体，而传感、通信、计算、控制是其中一些信息技术环节，正像"人"这个智能系统是一个全局整体，而感觉器官、传输神经、海马丘脑和执行器官是其中一些信息环节一样。也就是说，人工智能技术和信息技术具有十分密切的关系。

那么，人工智能技术与信息技术之间是一种什么样的关系呢？

如果把人工智能系统作为一个"完整意义上的人工智能系统"，而把其中除了上述信息技术以外的那些部分称为"核心人工智能系统"（因为它确实处在核心得地位），它主要包含"知识生成（认知）"和"策略创建（决策）"两个部分。

可以看出，在"完整意义人工智能系统"、"核心人工智能系统"和"信息技术系统"之间存在如下的关系：

完整意义的人工智能系统 = 核心人工智能系统 + 信息技术系统

可见，"核心人工智能技术系统"和"信息技术系统"两者都是"完整意义人工智能系统"的有机组成部分，而"核心人工智能技术系统"与"信息技术系统"之间则是相互联系、相互作用、相辅相成的关系，它们之间的默契合作才能构成"完整意义的人工智能系统"。

在这种理解下可以看到，**"核心人工智能系统"处于"完整意义人工智能系统"的核心地位，负责处理"知识"和"智能"层次的问题；"信息技术系统"则处于"完整意义人工智能系统"的外周，负责处理"信息"层次的问题，同时担任核心系统与外部世界之间的两端接口**：一端是从外界获取信息（感知），另一端是对外界执行智能策略（控制）。

如图所示，"信息技术系统（包括传感、通信、计算、控制）"处理的是信息层次的问题，"核心人工智能系统"才能处理知识和智能层次的问题。这就表明，信息技术系统提供给人类的服务主要是方便快捷的信息共享，而不可能提供"如何认识事物本质"的服务（因为这需要知识），更不可能提供"如何解决问题"的服务（因为这需要智能策略）。然而，在智慧城市建设中必然面临大量新颖、复杂、困难问题的挑战，也就是人们常说的**"智慧城市建设的工程技术必然要进入深水区"，仅凭快捷的信息共享服务无法满意地解决问题，必须"在人类隐性智慧驾驭下利用智能科学技术"模拟人类的显性智慧能力才能有效的解决。**

这就是人工智能技术与信息技术的关系。

当前，人工智能技术已经取得许多重大的进步。令人印象深刻的人工智能技术成果包括：战胜国际象棋世界冠军卡斯帕罗夫的深蓝（Deeper Blue）专家系统，战胜问题抢答全美冠军的华生（Watson）专家系统，具有初级智能水平的工业机器人（这是当前兴起的"机器换人"的基础），各种领域的智能服务机器人（如各种智能家庭劳作机器人，各种专门业务领域的咨询机器人，各种展览的智能讲解和引导机器人，各种特定场所的清洁维护机器人等等），各种专门领域的机器翻译系统，一些试验中的无人驾驶汽车，以及若干专业的医疗专家系统等等。**最近国内外正在迅猛发展的智能制造（德国称为工业4.0），尤其值得高度的关注，因为这是在国民经济的核心领域兴起的人工智能技术应用。**

2、人工智能与"新型信息技术"

近十多年来，国内外先后出现了一批新技术，包括大数据、云计算、物联网、移动互联网以及各种互联网的应用技术（即"互联网+"）等等。习惯了"信息技术"概念的人们就把这些新技术称为"新型信息技术"或"新一代信息技术"。

一般来说，给某种事物取什么名字并不是什么太值得在意的事情。不过，怎样为事物命名，既反映人们的喜好，也反映人们的知识水准，反映人们对这些事物的理解水平。理解得准确（命名准确）会有利于技术的发展和应用，而理解不准确（命名不准确）则有可能在无形之中对技术的发展产生某种负面作用。因此，这里也有必要对这些"新型信息技术"的技术本质做一番考察和分析，希望对这些技术有更准确的理解和定位，更好地促进技术的发展，发挥它们的作用。

在大数据、云计算、物联网、移动互联网和"互联网+"这些名称中，"网络"是综合性的"大名称"，因为按照科学定义，"网络是若干节点与连接这些节点的边的集合"。互联网、物联网、移动互联网和"互联网+"都是一些各有特色的信息网络，都是由若干节点（链路节点或终端节点）和连接这些节点的边（传输链路）组成的。计算（也可以称为处理），是网络的工作方式；而数据则是网络计算或处理的对象。所以，大数据、云计算、互联网、移动互联网、物联网这些技术是互相有逻辑关联的，而不是偶然或随机发生的，我们应当从技术发展内在规律的高度来认识这些技术。

具体来说，这些技术发生发展的内在逻辑可以这样描述。

（1）由于"**信息化**"的全面启动，计算机和通信网络各自独立发展的方式不再能够满足社会的需求，于是促使了计算机联网，从局域联网到广域联网，直至发展成为全社会的"**互联网**"，从而可以向人们提供各种数据的信息共享服务。

（2）随着信息化的深入发展，互联网的"人—网—人"的方式不再能够满足经济和社会发展的需要，于是孕育了"人／物—网—物／人"方式的"**物联网**"出现。

（3）同样随着信息化的广泛展开，固定方式的互联网与物联网显得非常不便，于是推动"**移动互联网技术**"登上了舞台。

（4）由于互联网、物联网、移动互联网的快速发展，使得网络的各种用户数量飞速增加，激发了互联网的数据业务爆炸式的增长，于是促成了"**大数据**"的爆发。

（5）面对大数据的猛烈冲击，原有各自为战的常规存储技术和计算技术无法适应，只有采取资源共享方式的"**云存储**"和"**云计算**"才能缓解矛盾。

（6）可以预料，随着各种网络、各种数据的进一步猛增，一般的云存储和云计算技术也将难以应对，这时，"**智能互联网**"、"**智能物联网**"、"**智能移动互联网**"技术也必然应运而生。

上述各种技术发生发展的内在逻辑规律和历史事实清楚地表明，随着信息化由初级阶段不断向高级阶段推进，社会进步的需求越来越呈现多样化、复杂化、高级化，原有的**信息技术只有走向智能化才能适应和满足不断发展和不断增长的社会需求**。这也是人工智能技术必然要登上社会大舞台的原因。

顺便指出，近来人们又在热烈关注"**互联网＋**"。其实，"互联网＋"可以有两种不同的理解。一种理解是当前人们正在热烈关注的"**互联网推广**"，这里的"＋"就相当于信息化的"化"。另一种理解则把"互联网＋"理解为"**互联网升级**"，即把"以计算机为终端的现有互联网"升级为"以人工智能系统为终端的智能互联网"。这就是2015年"两会"期间的"**中国大脑**"提案。这两种理解可以形象地表示为：

$$\text{互联网＋} \begin{cases} \text{互联网升级（智能"化"）} \\ \text{互联网推广（信息"化"）} \end{cases}$$

应当认为，"互联网推广"，把互联网应用到各行各业是完全必要的，这是信息化建设的正常要求："化"就是要"彻里彻外，彻头彻尾"。但是，从信息化建设的发展大势来看，"互联网升级"，把当前常规互联网升级为"智能互联网"则更为必要，这将为我国信息化建设注入更为强大的新活力，是转变经济发展方式的需要，是国民经济产业升级的需要。

深入分析表明，上述这些"新型信息技术"的核心环节不是别的，正是"核心人工智能系统"的"知识生成"和"策略创建"技术，它们的"新"也表现在需要"核心人工智能系统"的"知识生成"和"策略创建"技术。

以"大数据"技术为例。图 4 表示了"大数据"技术系统的工作流程。

由于多种来源，多种背景，多种格式，大数据通常是"病态结构"或"不良结构"的大规模数据集合，常规信息技术难以处理；而且其中还可能包含"垃圾"、"病毒"和"黑客攻击"程序。因此，正如图 4 所示，大数据技术的第一个环节必须"智能分类"，把无用的数据识别分类出来进行过滤和抑制，把有用的数据按照某种特征进行分类，再分门别类地送到恰当的"云计算（和云存储）"系统，进行相应的信息处理，为"知识生成（知识挖掘）"做好必要的准

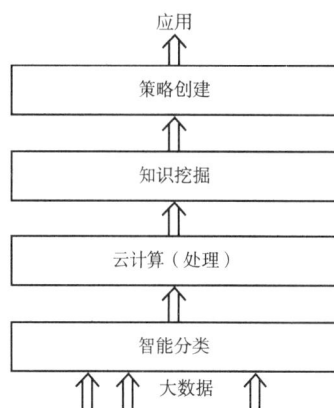

图 4 大数据的工作流程

备。通过知识挖掘生成了足够的知识之后，才可以把这些知识（结合"求解目标"）转换成为用来解决问题的"智能策略"。其中，"智能识别"、"知识挖掘"和"策略创建"都是核心人工智能的基本技术。可见，如果没有核心人工智能技术，大数据就只能是"数据"，而不可能转换成为有用的"知识"和可以用来解决问题的"智能策略"。

可见，大数据技术的关键乃是核心人工智能技术，可以把它比较确切地称为"面向大数据的人工智能技术"。而把它称为"新型信息技术"则没有真正抓住大数据技术的要害和本质，模糊了人们对大数据技术和人工智能技术的认识。当然如前所说，名称问题本身并不十分重要，但"名不副实"也会带来诸多副作用，会掩盖人们对人工智能技术的认识，延缓人工智能技术的发展，延缓技术的进步。

不但大数据和云计算的概念是如此，"物联网"的概念也是如此。

如前所说，"互联网"是计算机通过通信网络互联（计算机的操作者是人），从而实现了方便的"人与人的信息共享"。物联网的概念和技术是在互联网的基础上扩展出来的：一方面，希望把人们关注的"物"的信息引入互联网，使人们不仅可以方便地共享他人的信息，而且可以方便地了解所关注的"物"的信息。为此，就把对"物"的状况敏感的传感技术引入了互联网。另一方面，希望对"物"的状况能够进行控制，因此又把控制技术引入了互联网。于是，这样发展起来的物联网，就可以使人们能够对"物"进行监控。便面看来，这样的物联网属于纯粹的信息技术，因为传感技术、通信技术、计算机技术、控制技术都是信息技术。

但是，这种物联网对"物"的监控完全是"人工"方式的：它的控制策略是由人来确定和操作的。显然效率很低，是一种初级的物联网。如果因为人工智能的"知识生成"和"策略创建"技术，这种初级的物联网就可以升级成为具有智能的物联网。

这种智能物联网的模型不是别的，正是图 3 所示的模型。对照图 3，只要在综合知

识库内设置"对物控制的目标",那么"外部世界的物"的信息就经由传感器获得,经过通信系统传送到计算系统,在这里进行必要的处理把信息变成适用的信息之后由认知系统转换成为知识,然后由决策系统根据控制目标把信息和知识转换成为控制"物"所需要的智能策略,后者经通信系统传到执行系统之后转换成为智能行为反作用于所关注的"物",使它的状态符合预设的目标。可见,物联网的核心仍然是人工智能技术。

综上所述,大数据技术、云计算技术、智能物联网技术,其实都是人工智能技术的相关具体应用。可以这样说,如果没有人工智能技术,单凭信息技术很难有效地应对大规模复杂问题的挑战,而后者则正是智慧城市建设中大量而频繁发生的问题。

五、结语

智慧城市的建设,应当在人类智慧的引导下,确定各个阶段的建设目标(体现以民为本),通过深化体制(生产关系和上层建筑)的改革,充分利用以人工智能技术为主导的现代科学技术来实现基础设施的现代化和社会生产力的智能化,实现现有产业的换代升级,实现由工业时代的经济发展方式向信息与智能时代经济发展方式的转变。这样,才可以避免以往信息化建设中经常出现的低水平的重复和互相割据的"信息孤岛"。

强调人工智能技术在智慧城市建设中的主导作用,并不是排斥信息技术的作用。恰恰相反,信息技术是智能技术系统的有机组成部分,强调人工智能技术的作用实际上也就强调了信息技术的作用。但是反过来就大不一样,如果强调信息技术的主导作用,就不可能体现人工智能技术的作用,因为人工智能技术不是信息技术的一部分。而是信息技术的提升和发展。

目前,人工智能技术本身正处在快速发展阶段,大多数人熟悉信息技术而不熟悉人工智能技术,而智慧城市建设又迫切需要人工智能技术。因此,需要在民众中特别是在各级决策层次中大力宣传人工智能技术,积极推动人工智能技术的发展和应用,使智慧城市的建设真正走上健康发展的轨道。

参考文献
[1] 钟义信.信息科学原理(第5版).北京邮电大学出版社,2013
[2] 钟义信.高等人工智能原理.科学出版社,2014

钟义信,北京邮电大学计算机学院智能科学技术研究中心创始教授,中国人工智能学会第四届和第五届(2001–2010)理事长。

加强新一代信息技术运用，
推进智慧城市创新发展

一、智慧城市内涵及国内外整体发展情况

1 智慧城市内涵

智慧城市是运用物联网、云计算、大数据、移动互联网、空间地理信息集成等新一代信息技术，促进城市规划、建设、管理和服务智慧化的新理念和新模式。智慧城市是工业化、信息化、城镇化、农业现代化过程的历史交汇。智慧城市的发展是一个以城市现实情况为基础，以城市需求为导向，以信息通信技术为依托，以城市科学发展为目标，不断演进的过程，是城市信息化的更高级阶段。

随着城市化进程加快，人口与各种资源逐步向城市集中的趋势日益显现，出现城市人口集中，经济活动频繁、人员流动速度加快，城市发展与环境、资源的矛盾不断突出，传统的城市管理面临巨大的挑战。物联网、云计算、大数据、移动互联网、空间地理信息集成等新一代信息技术向生产生活各领域的加快渗透与深入融合，正在深刻地改变城市的运行方式和管理模式，利用信息技术提升城市管理智能和水平正在成为国际社会的共同选择。

2 国外发展现状

智慧城市作为实现城市科学可持续发展的有效途径，已成为世界各国城市未来的重要发展趋势。全球以欧洲、北美和东亚地区为代表，不断推进和深化智慧城市发展建设。智慧城市成为欧盟"地平线2020"计划12大重点领域之一，2014年获得9200万欧元资助，重点发展节能、交通、ICT（信息通信技术）基础设施三大方向；北美西雅

图、波士顿、旧金山等多个城市推进智慧城市建设，领先城市建设与发展；新加坡正在编制《2015 年智慧国》升级版——智能 2025 战略，进一步强调数据收集和分析基础设施、根据所获数据预测公民需求。

综合分析国外智慧城市建设情况，其建设重点主要涉及城市感知能力建设、基础设施建设、以市民为中心的政务信息开放共享与协同、智慧应用四个方面：

一是通过在城市各个领域广泛应用物联网等信息通信技术，综合提升城市状态感知、应用协同和智能决策水平，比如韩国推进泛在生态城建设，并在全国智慧城市建设中推广城市集成运营中心，推动城市各行业应用系统间的互联、整合以及一体化管理与服务。

二是发达国家政府在智慧城市信息通信基础设施建设方面普遍投入力度较大，随着世界城市范围内对宽带网络需求的增长，对宽带网络的投资呈现增加趋势，城市用户互联网接入速率不断提高，有力提升城市公共服务能力和智慧城市应用发展。

三是以市民为中心的政务信息开放共享与协同是通过政府政务信息开放和业务整合，为市民及企业提供更便捷、更高效的城市电子政务服务。以欧盟开放城市项目、欧盟北海地区智慧城市试点项目以及美国的开放政府计划为代表，主要项目包括以市民为中心的定制化政务服务网页、城市服务联络中心、城市部门原始数据开放等。

四是智慧城市创新应用在多领域展开，涉及城市能源、生态环境、交通、医疗、智能建筑等多个领域，有效推动城市向着智能绿色低碳可持续方向发展，如瑞典斯德哥尔摩建设智能收费系统，通过收取"道路堵塞税"减少了车流，交通拥堵降低了 25%，交通排队所需的时间下降 50%，道路交通废气排放量减少了 8%~14%，二氧化碳等温室气体排放量下降了 40%。

3 国内发展现状

国家相关部委及国内很多城市十分重视智慧城市的发展，以此作为应对城市化高速发展中面临的人口、能源、环境、产业等诸多问题和挑战的重要手段。2014 年 4 月国务院出台《国家新型城镇化规划（2014—2020 年）》，将建设智慧城市作为推动新型城市发展的核心理念之一。2014 年 8 月，国家发展改革委、工业和信息化部等八部委联合印发了《关于促进智慧城市健康发展的指导意见》，明确了智慧城市的主要发展目标和重点任务。截至 2014 年 11 月，住建部、工信部、科技部、交通部、国家旅游局、国家测绘地理信息总局六个部委累计批复试点城市 293 个，全国已经 219 个城市已经展开智慧城市建设。

国内城市普遍重视信息通信基础设施建设，大部分城市提出的"十二五"期末城区居民互联网固定接入带宽目标达到 20Mb/s，一些城市超过 30Mb/s。物联网应用涉及城市管理和公共服务的各个方面，包括市政、安防、交通、医疗、教育、社区、家居、环保、工业、物流、农业等。许多城市也将电子政务的进一步提升作为智慧城市建设的重要内容，提出了建设基础信息数据库、市民网页等，发展的重点是提高信息资源共享和应用协同水平。

4 国内外智慧城市发展对比

国内外智慧城市建设均十分重视感知能力和信息通信基础设施建设，但我国基础设施方面与发达国家差距较大。其次电子政务也成为国内城市智慧城市规划发展的重点之一，但在信息开放共享、资源开发利用以及应用协同运作方面与国外存在较大差距。国内外侧重发展的智慧城市应用不同，欧盟及美、日、韩多以绿色低碳环保或其它某一个或少数几个领域为发展重点，而我国城市多准备是在城市各个行业、各个领域实现全面发展，虽然能源环境也是我国发展的一个重点，但重视程度与发达国家相比还不够。

二、智慧城市技术特征和总体框架

1 智慧城市技术特征

智慧城市是在数字城市、无线城市、光网城市、宽带城市、智能城市等信息化城市理念上的新跃升，是城市信息化的高级阶段。智慧城市与传统意义上的数字城市有明显的区别，主要体现在影响范围、组织体系、建设内容、技术手段四大方面，如表1所示：

表 1　智慧城市与数字城市比较

	数字城市	智慧城市
影响范畴	局限在信息基础设施建设和应用推广	全面提升城市经济发展质量、运行管理效能、人居生活水平
建设内容	单个、局部信息化项目质量、运行管	城市规划整体布局。融入人的智慧，强调提升人的素质
组织体系	信息化主管部门推动	市委市府统筹领导，多部门协同推进
技术手段	GIS、GPS、数字技术、信息网络、	更强调新一代信息技术，如物联网、云计算、下一代互联网

从技术维度看，智慧城市具有四大特征：

（1）**状态透彻感知**。通过物联网的感知技术，结合视频监控、网络舆情监控等方式，全面采集城市中的人流、物流、信息流状态，形成城市智慧的泛在信息源。

（2）**信息泛在互联**。通过发展下一代互联网、新一代移动通信，融合电信网、互联网和移动通信网，实现信息的实施传递和广泛互通。

（3）**系统高效协同**。利用各种信息资源库和公共服务平台，结合高集成、智能化的智慧城市运行智慧中心，加强行业、部门间的资源整合、信息共享，使城市各个系统和参与者进行高效协作，达到城市运行的最佳状态。

（4）**决策科学智能**。利用云计算、大数据服务等技术，结合数学模型，对城市海量信息资源和数据进行智能分析和处理，为科学决策提供支持。

2　智慧城市顶层框架模型

智慧城市的目标是要构建一个系统中的系统（System of system），微观上包括智慧城市各应用领域子系统的发展建设，宏观上需要考虑各个应用领域在技术、公共基础设施、数据、服务、安全保障等多维度的整合，亟需一个统一的认识与整体性的顶层设计框架。

参考电子政务顶层设计思路，从全局的视角出发，紧密结合各城市发展战略目标，对智慧城市的各个组成要素，各个层面、各种参与力量以及各类影响因素进行统筹考虑，通过抓住城市运行与发展的关键资源要素，本文提出智慧城市顶层框架模型，如图1所示，分为智慧城市目标层、运行层和支撑层。

目标层：以八部委联合发布的《关于促进智慧城市健康发展的指导意见》中的公共服务便捷化、城市管理精细化、生活环境宜居化、基础设施智能化、网络安全长效化五大目标为智慧城市顶层设计目标。

运行层：基于智慧城市统一的标准规范，构建智慧基础设施和高效运行的信息系统，打造支撑平台，实现对城市运行、城市管理、智慧产业等多个领域的更透彻的感知、更全面的互通、更深入的分析和更准确的决策，优化整合资源，规范城市管理和运行流程，实现智慧技术高度集中、智慧经济高端发展和智慧服务高效便民。

运行层又细分为四层，从底层至上层分别为感知层、网络层、支撑层、应用层。

（1）感知层主要包括末端感知基础设施。感知层将城市中海量的运行、状态数据数字化、信息化，提供丰富的末端感知能力和与公众、企业的交互能力，并通过网络层透明传输至城市支撑平台，实现信息共享。

（2）网络层是智慧城市的重要基础设施，由高速、泛在、高可靠的有线光纤网络和无线宽带网络构成，为实现城市智慧应用和信息高速传输奠定基础。

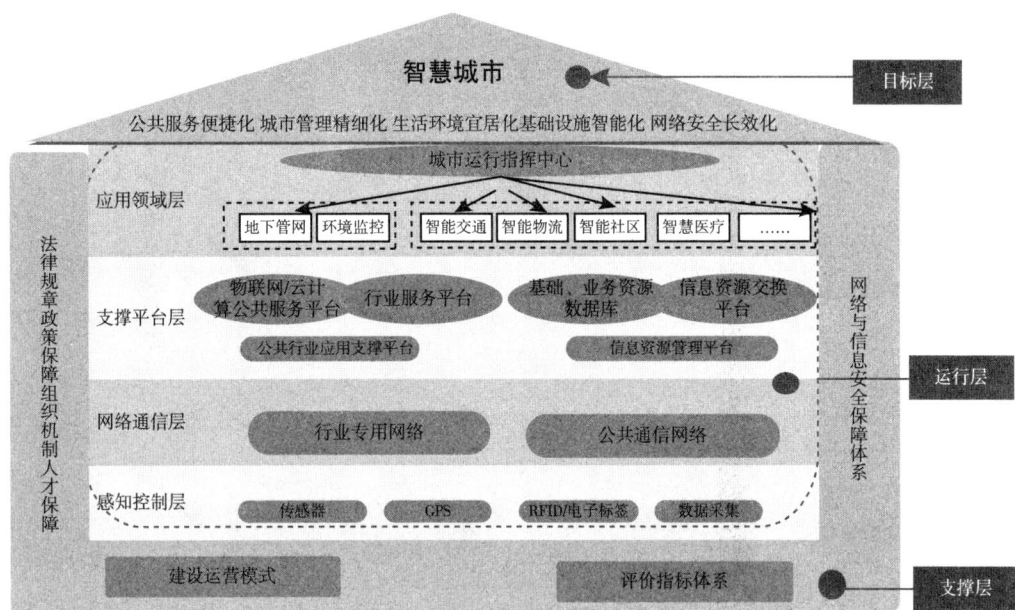

图1　智慧城市顶层框架模型

（3）支撑层主要包括信息资源管理平台和公共行业应用平台。由于广泛部署的感知终端和末梢感知能力，智慧城市将产生大量数据信息，这是城市堪比石油、木材等传统资源的新型战略资源，需要建立对应的信息资源库以及利用数据管理、数据挖掘、数据活化等一系列技术进行有效管理。同时，智慧城市还将服务众多行业用户，需要构建面向公众的物联网、云计算公共服务平台，以及行业公共服务平台，抽取智慧城市核心公共能力，释放智慧潜能。

（4）应用层，主要包括为实现公共服务便捷化、城市管理精细化、生活环境宜居化、基础设施智能化、网络安全长效化为目标的智慧城市所涵盖的众多智慧行业应用和信息系统。这些智慧应用领域以及智慧信息系统部署的广度与深度，都与城市自身特点和产业优势密切相关，并无特定划分模式。但存在一个共性应用需求，即构建联通不同服务机构和政府部门信息系统的中心化数据汇聚的智慧城市运营指挥中心。

支撑层：提供智慧城市发展的基础支撑环境，包括组织保障、机制保障、政策保障、资金保障、人才保障、安全保障、评估指标和考核、建设运营模式等。

3　智慧城市技术框架

智慧城市总体技术架构内含在顶层框架模型中，由感知层、网络层、支撑层和应用层组成，如图2所示。

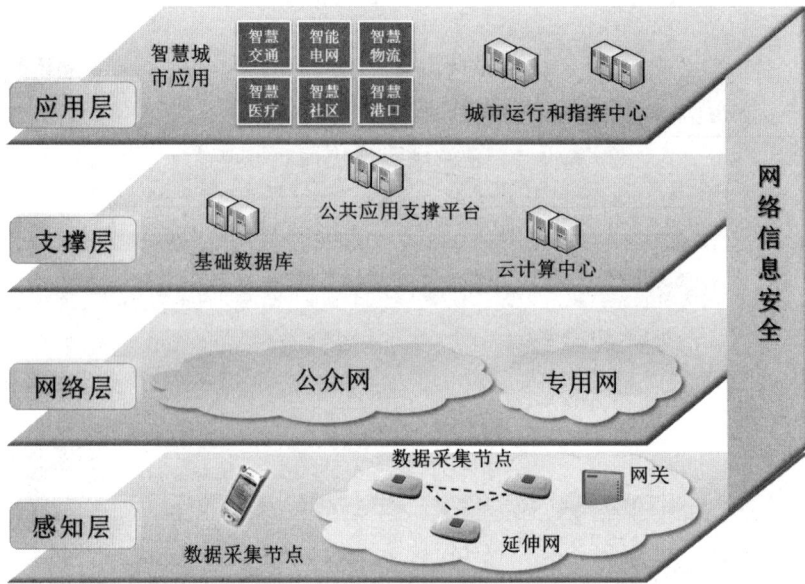

图 2 智慧城市总体技术架构图

感知层：通过对城市中现场物理实体及其环境的信号感知识别、数据采集处理和自动智能控制，实现对城市动态信息的全面获取与控制。包括：数据采集节点、网关、延伸网等，通过接口连接到传输层。

网络层：实现对感知层上传信息以及应用层下发信息的传输、路由和控制，包括接入网、承载网和核心网。可以基于公众电信网和互联网实现，也可以基于行业专用通信网络实现。

支撑层：整合城市基础数据库和感知层采集的城市动态感知数据，实现数据共享与融合，通过统一的云计算数据中心实现对各类智慧城市应用的数据处理及服务。此外，还具备对数据采集节点的管理与各类智慧城市应用的能力开放接口两类技术支撑功能。通过数据关联、数据挖掘、数据活化等技术解决各个独立的信息化系统之间数据割裂、无法共享等问题，为各类智慧城市业务和应用提供通用数据和能力支撑。

支撑层包括公共应用支撑平台、基础数据库和云计算中心。其中：

● 公共应用支撑平台是支撑层中最核心的组成部分，智慧城市公共应用支撑平台，基于数据资源服务支撑（包括数据存储和数据处理）、数据采集节点管理以及应用能力开放，为各类智慧城市的具体应用提供数据存储与处理等服务、数据采集节点及其数据管理、应用开发接口开放的信息系统共性支撑平台。

● 基础数据库包括地理基础信息数据库、人口基础信息数据库、法人基础信息数据库、宏观经济基础信息数据库、企业信用基础信息数据库等。

● 云计算中心为各类应用提供虚拟化的计算和存储资源，实现资源的集约化高效利用。

应用层：基于城市动态感知数据，结合城市基础数据信息，通过智能数据挖掘、智能决策以及应用之间的信息共享和协同，实现城市智慧化的运行管理和服务。应用层包括智慧城市运行和指挥中心，以及各种智慧城市融合应用系统。

三、智慧城市核心关键技术

1 物联网技术全面提升智慧城市感知能力

物联网技术和应用是智慧城市"智慧"能力的重要组成部分，没有前端的感知设施布设，智慧城市无法从城市运行的现场及时、准确、全面地获取各类数据和信息，上层的智慧应用将无法实现。

依托物联网技术，可以建立起智慧城市立体感知网，为上层的城市管理、公共安全、交通、环境保护等应用服务提供海量信息采集。包括：1）身份感知：通过 RFID 等电子标签对物体的地址、身份及静态特征进行标识；2）位置感知：利用 GPS 或 WSN 技术对物体的绝对位置和相对位置进行感知；3）图像感知：通过摄像头对物体的表征及运动状态进行感知；4）状态感知：利用各种传感器及传感网实现对物理世界状态进行动态感知。

通过身份、位置、图像和状态感知网络的全面建设，可以形成覆盖整个城区，或覆盖电网、交通、企业、医院等重点区域和设施的智能互联感知网络，为城市的安全与应急、交通运输、公共设施、医疗卫生等领域提供智能化物联网网络平台。将物联网与互联网有机互联，可以实现"人－人、人－物、物－物"的智能化融合，促进生产管理、城市管理和居民生活向精细、动态和全面感知的方向发展。

智慧城市建设广袤的市场空间，将成为物联网发展的强大驱动力。据国际数据公司预测，2014 年，全球智慧城市在物联网领域的消费将达到 2650 亿美元。但同时还需要认识到推进物联网在城市中的发展和运用还面临很多挑战：物联网产品和服务呈现碎片化，私有封闭方案占据产品主流，行业应用规模整体较小，开环应用涉及多个管理主体推进协调困难，无线传感器网络安全脆弱性及感知数据的平台化汇聚运营加重了物联网面临的安全隐私威胁。在智慧城市发展建设中，需要不断挖掘物联网的应用需求，在实际应用和部署中不断完善物联网技术产品和集成应用，实现物联网与城市经济社会发展深度融合。

2 多网协同为智慧城市提供高速泛在通路

高速泛在的通信网络将为智慧城市提供良好的信息应用环境，让各种应用系统、数据、语音、视频、图像等都能不受约束地在其上实现城市内外的有效配合。

我国各地已普遍把升级宽带网络基础设施作为智慧城市建设中的一项重要任务，如成都提出到 2015 年，要实现家庭宽带普及率超过 80%；城市用户达到 20 兆以上、农村用户达到 8 兆以上、商业楼宇用户基本达到 1000 兆的发展目标。

推进固定宽带接入、3G/4G 移动通信网络、WiFi 热点等宽带移动无线接入网络建设，需要考虑统筹多种接入资源和接入能力，推进多接入的自动选择、用户统一接入、多接入下服务提供。推进互联网、电信网、广电网等业务网融合发展，实现统筹规划、升级改造和共建共享，促进业务运营相互准入、对等开放、合理竞争。

3 云计算平台推进城市信息基础设施集约建设

云计算以资源动态聚合及虚拟化技术为基础、以按需付费为商业模式、具备弹性扩展、动态资源分配和资源共享等特点、并以按需供给和灵便使用的业务模式提供高性能、低成本、低功耗的计算与数据服务，支撑各类信息化应用。

近年来很多国家都制定了云计算发展战略，在电子政务中率先引入私有云或公共云服务。如美国通过《联邦政府云战略》，每年将联邦政府原有 IT 支出中的四分之一（约 200 亿美元）转为采购第三方公共云服务，从 2013 年的统计来看，美国联邦政府的 IT 支出较 2010 年减少了 57 亿美元，其中云计算贡献显著。我国各地政府也在积极探索采用云计算来满足电子政务和公共服务需求，如厦门市政府搭建以云计算为基础，承载公立医院信息系统、区域卫生信息系统、公共卫生信息系统和健康云等相关应用的数据中心，建成全市统一规范、集约安全、开放服务的厦门健康医疗云计算平台。

搭建城市级云计算中心，充分利用资源虚拟化和动态弹性部署等先进技术，引导将云计算中心作为智慧城市信息基础设施的统一承载平台，可以有效降低总建设维护成本和能源消耗，实现信息存储和处理基础设施建设集约化。充分利用云计算的技术特征和技术优势，采用效用计算模式按需提供计算和存储资源，推进应用系统在平台设施层面的共建共享，降低企业和公众获取高质量信息化服务的成本。

4 大数据提升城市决策和服务效率与智能

智慧城市将构成大数据的重要来源。据估算，对中国一个中等城市来说，50 年所积累的医疗数据量约为 10PB 级，而每年视频监控产生的数据就能达到 300PB 左右。

大数据已经成为重要的战略资源，对大数据资源的掌控与分析能力成为未来国家竞争力的基础。美国出台有大数据国家战略，使大数据技术不仅在美国互联网搜索、广告、电子商务、社交网络等得到广泛应用，七成以上传统行业企业也不同程度应用了大数据技术，特别是银行、保险、制造零售等领域已经有不少案例，欧盟委员会、澳大利亚、英国、日本等也都出台了推动大数据产业与应用的政策举措。

大数据是智慧城市各个领域实现智慧化的关键支撑技术，运用大数据技术可以实现对来自城市不同位置、不同空间、不同所有者的多源异构数据进行多维动态关联。虽然我国在数据资源储量已达到全球13%，但是由于各行业各部门之间数据缺乏流通，受限于体制机制、技术标准、商业模式等问题，不同系统之间不同行业之间数据整合难度大。为提升对城市已有数据及城市新采集数据的整合利用，有许多关键核心技术亟待突破，如城市异构数据的规范化描述、语义技术、数据关联分析与建模等等。推动大数据技术在智慧城市中的应用与发展，还应该重视通过应用牵引大数据技术研发创新，推动城市数据的开放及数据增值服务开发。

四、推进智慧城市健康发展重要环节

1 感知设施共建共享

作为智慧城市各种智慧应用运行的基础，物联网感知设施已和通信网络基础设施一样，成为智慧城市信息基础设施的重要组成部分。但由于城市发展和技术演进的历史原因，导致目前物联网感知设施的部署完全处于分散无序状态（见图3），各类感知设施通常由行业应用的主管部门在垂直领域独立部署。例如，环境保护部门负责部署空气质量监测、噪音监测、污染监测等传感器；公安部门、交通部门、城市管理部门、社区、企业等根据各自的使用目的分别部署自用的视频监控摄像头。

图3 无序的城市基础设施以及无序的感知设施

当前物联网感知设施部署的方式，呈现出重复建设和投资、浪费土地和电力等资源、影响城市景观以及存在安全隐患等问题。

智慧城市将部署百万级以上的感知终端设备，感知设施的集约共建具有重要意义。感知设施集约部署可分解为五个方面，即载体共享、传输共享、能源共享、存储共享以及平台共享：

载体共享主要是指不同应用、不同类型的感知设备可以共用一个载体，载体的类型一般为楼、塔、杆、树、架。传输共享是指不同应用、不同类型的感知设施共用一个网关和有线、无线网络通道，通常共用一个载体的情况下也会共用一个网关。能源共享是指配套的电源（市政供电、蓄电池供电、太阳能供电等）、抗震、防风等设施的共享，同样共享一个载体的情况也会共用配套设施。存储和平台共享，是指感知设备采集的数据在前端和后端实现数据集中存储，并且由物联网接入与汇聚平台统一进行管理、调度、信息处理、信息开发开放等操作。载体共享的前提下数据在前端的存储也易于实现，可见载体共享是感知设施共建共享的基础和核心。

为推进感知设施的集约部署还需要从技术标准、市政建设施工等方面提出新的需求。

2 系统协同

随着城市信息化的发展，城市按照需求建立了许多烟囱式的信息化系统，许多智慧城市的系统建设亦是条块式独立建设。随着城市管理的发展以及智慧城市的出现，越来越多的系统之间需要进行连接和数据交换及应用协同。比如市政部门发现某桥下积水超过一定程度会通知交通部门及时采取措施，道路维护部门要在一个特定的时间段维修道路需要与供热、供水、供电、交管等部门协调等。

通过构建智慧城市公共运营支撑平台，可以实现政府管理部门之间以及各个城市之间的智慧对接和共融，支持对城市运营的综合监控，为城市综合管理、协同应急处置、跨系统信息交互和协作提供支撑，消除城市中的"信息孤岛"。

IBM 在全球率先提出了智慧城市智能运营中心，可以实现各系统实时的信息交换和协作，为城市管理部门提供集中智能查看、预测事件和快速响应。韩国推出泛在城市的升级版泛在生态城市（U-ECO City），社会管理、交通管理、环境管理、犯罪和灾害预防、设施管理五类 32 向业务都基于集成操作中心平台。部分国内研究机构和企业，如金证科技、金蝶软件等，也开始着手跟进研究智慧城市系统汇聚方案。

智慧城市公共运营支撑平台系统框架模型如图 4 所示：

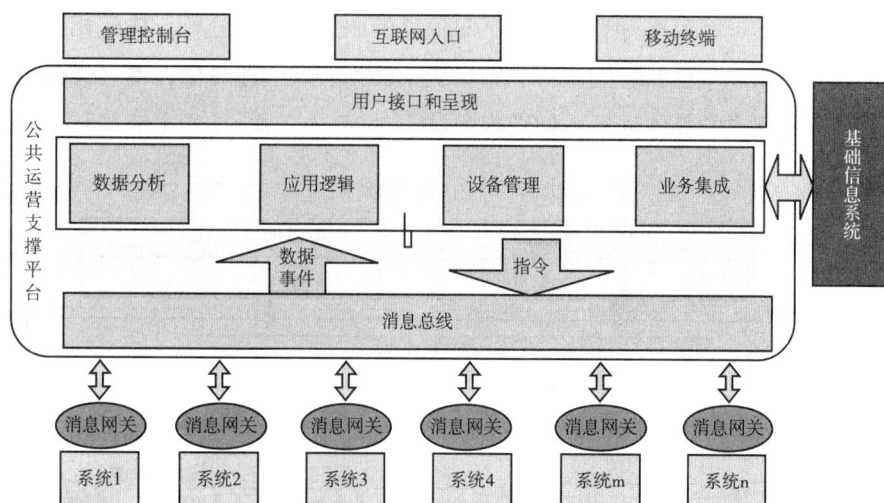

图 4　智慧城市公共运营支撑平台系统框架模型

城市各信息化系统通过消息网关将要交换的数据和事件转换成标准消息格式连接到智慧城市公共运营支撑平台。公共运营支撑平台通过消息总线进行数据和事件的上传和指令信息的下发。公共运营支撑平台主要功能包括数据分析、应用逻辑执行、设备管理、业务集成、用户接口和呈现等。通过业务集成能力，公共运营支撑平台与地理信息、人口、法人等基础信息系统交互，为管理者和市民提供更丰富的应用。公共运营支撑平台通过管理控制台、互联网入口、移动终端等多种渠道对外提供服务。

3　智慧城市信息开放共享

将分散在城市各部门、各行业、各领域信息资源的整合、共享与开放，深度挖掘信息的价值，是城市经济发展转型，提高城市管理和运行效率，实现城市智慧化的基础和关键所在。

目前从全球实施信息开放共享的国家来看，美国、英国、法国、奥地利、西班牙等发达国家以及印度、巴西、阿根廷、加纳、肯尼亚等发展中国家，都在积极推进和加速信息开放共享进程，智慧城市信息开放共享是世界性的发展目标。我国也提出要"切实加大信息资源开发共享力度"，北京、上海、广州等城市已经开始积极推进政务数据资源的开放。只有建立了完善的信息共享机制，才能扫除"信息孤岛"，使信息在智慧城市中自由流动，才能最大限度地发挥信息资源的战略性作用。

面向智慧城市的信息开放共享实现如下目标：首先是，打破条块分隔的信息壁垒，全面汇聚，充分利用和整合现有各部门、各行业/领域信息资源，打造智慧城市信息汇聚中心。其次是，在整合和全面汇聚信息的基础上，实现信息资源的面向社会开放共享。最后是，为城市智能运行管理打下良好基础，围绕如能源保障、交通运行、环境保护、经济奋战等重点城市运行管理主题，对信息资源进行挖掘分析，构建相关专题应用数据库，以支持相关主题的智能分析和辅助决策。为实现上述目标，本文尝试给出了智慧城市信息开放共享的总体框架，如图 5 所示。

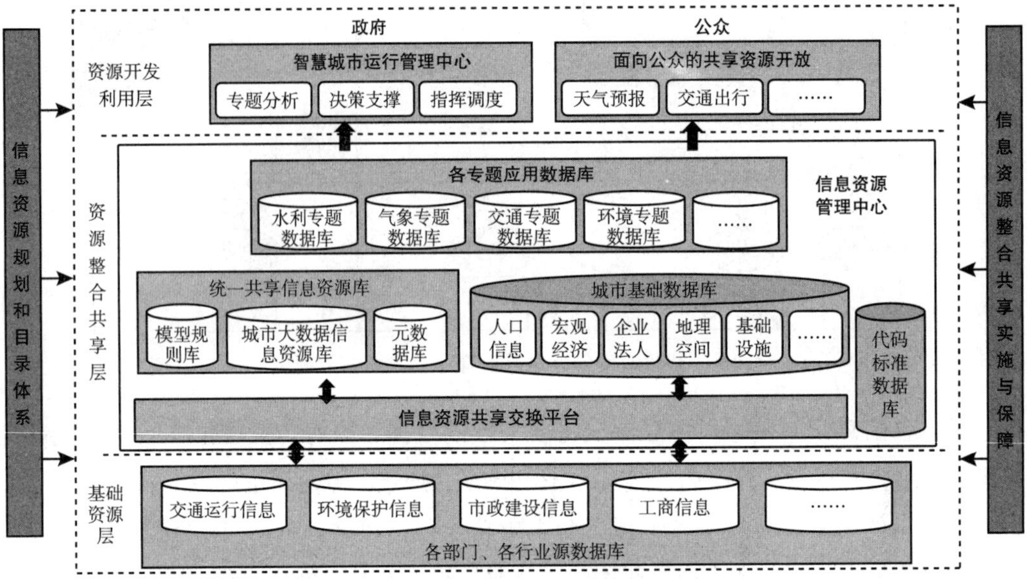

图 5　智慧城市信息开放共享总体框架

基础资源层主要是分布城市内各部门、各行业 / 领域的各种基础信息资源，如交通运行、环境保护、市政建设等。基础信息资源是信息资源整合和共享的基础和对象。

资源整合共享层是实现信息资源整合与共享的关键一层，由城市基础数据库、统一共享信息数据库、各专题应用数据库、代码标准数据库以及信息资源共享交换平台等五大部分组成。

信息资源开发利用层在汇聚、整合全市各种信息资源的基础上，一方面对这些信息资源进行挖掘和关联分析，面向城市热点问题专题分析、指挥调度、决策支撑等城市智能运行管理应用，对信息资源的价值进行开发利用。另一方面，将信息资源面向社会开放，鼓励社会企业基于这些信息资源开发创新性的应用，服务社会民生，促进经济发展。

此外为了更好地实现资源的整合和共享利用还需要建立信息资源规划和目录体系、信息资源整合与共享实施保障机制这两个辅助体系与机制来保证信息资源整合与共享能够顺利实施。

信息开发共享面临来自法律、法规、标准等多方面的挑战，数据产权归属问题需要研究和明确，特别是在多元主体参与下，多方主体的产权确定问题，信息资源归属、收集、管理、使用和费用预算缺乏相关的规范和法律机制，信息安全与隐私保护面临更加严峻的问题和挑战。

4 智慧城市安全保障和隐私保护

网络安全长效化是我国智慧城市建设的重要目标之一。我国智慧城市发展建设在一定程度上重发展轻风险问题，有些城市过度依赖国外厂商的解决方案，甚至打算直接依托国外厂商建设城市重要领域的信息系统，可能会导致交通、能源、金融、社会管理等重要信息为外所控，造成严重的信息安全隐患。

数据安全和隐私保护问题在智慧城市这种高度的多源密集型数据应用中尤为重要，是构建智慧城市所必须要面对和解决的技术问题。智慧城市中各种应用服务会涉及到政府决策、企业商务、用户隐私信息，网络与信息安全保障机制更加复杂。云计算中心的集约建设、数据开放共享为智慧城市带来新的安全和隐私挑战。

在推进系统互联、信息基础设施共建共享、数据融合与开放共享的同时，需要特别关注如何通过相关技术来保证数据在联网和使用过程中的内容安全性和隐私控制，如网络隔离和防护技术、去隐私化技术。同时健全智慧城市网络与信息安全监测技术手段与监测平台，建设安全应急预案管理体系，通过法律法规规范数据拥有主体的资质和数据使用，建立安全责任机制。同时加快研究探索物联网、云计算、移动互联网等新技术、新网络、新应用的相关安全评估制度和评测方法。

5 智慧城市评估

随着智慧城市在全球的开展，制定客观公正的智慧城市评价体系，以及对一个城市的智能化水平及其信息技术应用进行定量和定性分析，有利于明确智慧城市建设的目标和标准、把握建设中存在的问题和制定进一步的发展战略，是智慧城市建设的重要保障之一，对于推动整个智慧城市的建设具有不可或缺的重要意义。

国外已经建立的智慧城市发展指标体系，主要包括维也纳大学牵头制定的欧洲智慧城市发展指标和美国智慧社区论坛（ICF）制定的智慧社区（含城市）发展指标等。国内部分城市在智慧城市发展指标方面较早开展了探索。南京 2010 年开始智慧城市发展指标体系的研究。上海浦东新区 2011 年率先完成了《浦东新区智慧城市建设评价指标体系》，成为国内首个公开发布的智慧城市指标体系。宁波、北京等多地也正在制定智慧城市发展指标体系。住建部配合智慧城市行业试点，出台了《智慧城市（区、镇）试点指标体系（试行）》，国家发改委、工信部、科技部等也在开展相关研究。

为了对全国智慧城市发展建设提供指导，建议尽快建立全国统一的综合智慧城市评价指标体系。综合评价指标体系应根据八部门联合发布的《关于促进智慧城市健康发展的指导意见》中所提的我国智慧城市实践目标为导向进行建设。当前，我国大部分城市发展过程中面临包括人口、能源、环境、产业等诸多相似的问题和挑战。因此，各地智慧城市的发展需求存在较大程度的一致性，也就可以通过一套综合发展指标对城市进行引导。综合指标涉及政策法规、体制机制、各种智慧应用（公共安全、交通运输、金融服务、医疗卫生、文化教育、能源环境等等）以及电子政务、ICT 基础设施等智慧城市的各个方面。

但同时各个城市在不同的领域需求有所不同、基础有所不同，故发展的侧重点和特色也不尽相同，需要考虑将综合发展指标与领域专项发展指标相结合。专项指标体系与综合指标体系的不同主要在于，综合指标面向所有城市，指标要具有较高的通用性，指标相对较少，不如专项指标那么深入和广泛。而专项指标针对特定的领域，指标会更加深入、内容更加广泛。可以在公共安全、交通运输、社区生活、医疗卫生、文化教育、园林旅游、能源环境和电子政务等领域建立专项发展指标体系。

五、推进智慧城市中新一代信息技术运用和发展的考虑

新一代信息技术具有创新最活跃、带动力最强、渗透性最广的特征，正在向生产生活各领域的加快渗透与深入融合，信息技术正在深刻地改变城市的管理结构、产业结构、资源结构和空间结构，成为城市可持续发展的助推器。利用新一代信息技术来解决城市发展面临的问题，对于提升城市的信息化水平、促进产业转型升级、改善民生、支持城市长期可持续发展等均具有重要意义。

1 加强核心技术标准研究

智慧城市的核心技术是支撑我国智慧城市建设的技术基础。加大智慧城市相关技术的研发投入，突破智慧城市的核心与关键技术，构建我国自主知识产权的智慧城市技术体系，是决定我国智慧城市建设成败与否的关键因素。因此，我国政府应当着力加强对智慧城市核心关键技术的研究投入，打造结构完善、重点突出、特点鲜明的智慧城市核心技术研究体系与人才梯队。

政府需要充分调动全社会多方面、多渠道、不同类型的智力、技术、资金、产业等资源优势，统筹性地推进我国智慧城市核心关键技术的研究，在一些关键的核心技术领域实现重点突破，掌握智慧城市建设各核心环节的关键技术与知识产权，使我国能够在未来全球智慧城市建设的竞争当中占领先机。

在具体的核心技术研究内容上，要坚持有所为有所不为的原则，在基础技术与城市特征结合领域开展智慧城市共性关键技术研究，打造开放式支撑环境和平台，在关键领域的关键技术上集中发力，实现核心技术的重点突破。结合智慧城市的整体技术体系，

从中选择具有战略意义的关键技术要点，重点投入、重点突破。

目前，急需围绕智慧城市中各类应用系统汇聚与协同的挑战，突破各类城市运行、服务与管理系统汇聚互联解决方案，各类系统的数据融合与共享、实时高性能分析等共性关键技术。

当前智慧城市尚处在初期发展阶段，正是开展标准化的有利时机和关键时期，尽早建立智慧城市标准体系，以指导智慧城市研发设计和建设实施，提高相关技术和产品的互操作性，促进智慧城市的健康发展、持续发展和规模化发展非常必要。建议国家加强智慧城市标准体系框架、总体标准、基础标准、应用标准、安全标准和建设标准研制，争取转化和输入到国际标准。

同时以需求为导向推动围绕智慧城市的技术产业创新发展。智慧城市的建设需要以民生和经济需求为导向，通过政策扶持、智慧应用项目带动、大项目引进、示范基地认定、公共服务平台建设等途径，加快培育智慧产业基地，努力提高智慧城市相关新技术发展水平，培育经济新的增长点。

2 创新智慧城市应用开发模式

借鉴移动互联网思维模式和理念，推进智慧城市应用开发和创新，带动技术应用和产业发展。当前移动互联网的技术、模式和渠道正在向智慧城市发展建设全方位渗透，基于移动智能终端的智慧城市应用和解决方案正在不断涌现。例如，智慧城市信息化系统开放城市管理数据和能力，通过移动智能终端向用户提供公共缴费、气象预警、交通引导等便民服务。目前，应用程序商店中已出现众多智慧城市、智能医疗、环境监测、智能交通等物联网应用。

移动互联网与智慧城市融合两大运作模式：

（1）政府提供基础数据资源门户及运营平台，面向社会公众和企业开放，由企业来进行应用创新和产品运营。

可以考虑建设智慧城市公共应用程序仓库（见图6），促进应用和服务共享重用，提升应用快速响应能力。以建立智慧城市公用应用程序仓库的方式实现应用程序的收集、共享和推广，包括管理服务、实用服务和公共服务，可以使基础设施服务、组件服务，也可以是应用服务和业务解决方案。应用程序通过SaaS模式（软件即服务）来提供，建立闭环的反馈机制，在用户购买使用服务之后，作出评价，作为后来者的参考；只有在库中没有的应用，才允许按照相应标准进行开发专属服务。

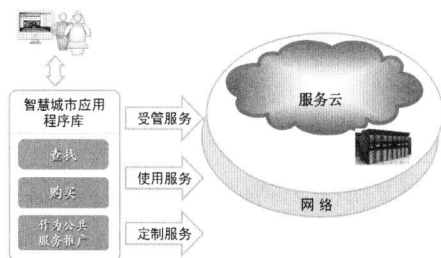

图6 公共应用仓库模式示意图

同时考虑推进"开放政府"模式。信息具有"非独占"特性，政府数据信息的开放共享将有利于信息的增值。国外在电子政务建设过程中，逐步开展了"开放政府"模式的探索，包括美国的"开放政府"行动、英国的"智慧政府"战略和澳大利亚的"Government 2.0"。

（2）政府直接面向公众提供服务，如"苏州气象"是苏州气象局针对苹果手机用户推出的一款气象类应用客户端，这款应用实现了苏州全区天气预报和实况定位，只要开启手机定位服务，就可以准确地知道自己所在位置的1—7天的天气预报，包括文字、图形和曲线的显示。

鼓励市民互动参与智慧城市各领域应用。如在新加坡建设"智慧国"的过程中，探索了eGov2015"民情联系组"模式。政府使用电子化手段，保持公众的知情权，并与热衷于与政府机构一起参与制定公共政策公众保持联系；"民情联系组"是新加坡的官方在线参与平台，是所有政府民意征询活动新闻发布和更新的官方渠道，该平台会不断更新功能，如在社交媒体和移动应用程序上发布征询活动通知等等。移动互联网和智慧城市融合，为智慧城市三大主体：政府、企业、市民提供丰富的资源和便捷的应用，也能充分发挥政府、企业和个人的创造力及参与热情，体现智慧城市以人为本的思想。

3 注重智慧城市建设与运营模式构建

探索智慧城市建设与运营模式，吸引各类社会资本参与智慧城市建设，对推动智慧城市发展，带动新一代信息技术的应用具有重要的意义。智慧城市建设运营的内容按照性质划分，包括信息基础设施和信息应用系统的建设。信息基础设施是指为实现信息的采集、传输、存储等物理空间的数字化处理而建设的公共硬件设施，包括感知基础设施、通信基础设施和应用平台基础设施和相应的物理支撑设施。信息应用系统是指为实现信息的分析、计算、显示等原始数据的加工应用而建设的公共或行业软件设施，包括应用平台、资源管理平台和各领域的应用信息化系统。

在智慧城市信息基础设施建设过程中，国外存在两种特色模式，一是以美国为例，国家推进构建统一的"云"设施，统一的应用服务基础设施，二是以瑞典斯德哥尔摩为例的局部网络建设运营模式创新，斯德哥尔摩成立 Stokab 公司，为所有的运营商提供一个公平的竞技平台。

信息应用系统是智慧城市建设的主体内容之一，强调对以部门为中心的单个、局部信息化项目"点"的突破，注重以互联互通为基础的城市系统整体布局。按照是否具备经营性质可以将信息应用系统建设运营模式划分为三类：

（1）可经营性类型

该类型的典型特征是具有收费机制，可市场化运作，通过市场机制引入竞争发展模式。

其典型的代表：能物流、电子商务、智慧金融等。

建设运营模式：市场机制为主，注重标准建设。

（2）该类型的典型特征是无收费机制，属于市场完全失灵的类型。

典型代表：内部办公系统、网上行政审批系统、政民互动系统、安全保障系统等。

建设运营模式：投资以政府为主，在建设和运营阶段进行局部创新，如：代建制、BOT、模块化开发等。

（3）该类型的典型特征是该类应用要具备较强公益性特性，通过创新可建立收费机制，具有潜在利润。

典型代表：智慧医疗、智能交通等。

建设运营模式：政府主导，采取模式的创新如：BOT、PPP、部分外包等。

鼓励智慧城市建设和运营模式创新，有利于激发市场活力，建立可持续发展机制。

参考文献

［1］IDC's Digital Universe Study, sponsored by EMC, December 2012, http：//www.cloud-finder.ch/fileadmin/Dateien/Media/Praesentationen/EMC_DU_2012_iView_graphics_12.5.12.pptx

［2］Dean Compher：The big deal about big data, http：//slideplayer.us/slide/269739/, January 19, 2014

［3］Francis deSouza, Digital Information Costs Businesses $1.1Trillion. Are We Getting Our Money's Worth? 25 Jun 2013, http：//www.symantec.com/connect/blogs/digital-information-costs-businesses-11trillion-are-we-getting-our-moneys-worth-0

［4］http：//www.cfc365.com/technology/new%20technology/2013-04-07/8981.shtml

［5］大数据：电信业的下一代生产力, 2014 年 7 月 28 日, http：//www.cctime.com/html/2014-7-28/20147281254361499_2.htm

［6］中国联通大数据服务与应用的建设与发展, 2013.12, http：//www.chinacloud.cn/upload/2014-09/14090314304190.pdf

［7］http：//search.atnf.csiro.au/arch.php

［8］Peter C. Evans and Marco Annunziata：Industrial Internet：Pushing the Boundaries of Minds and Machines, GE, November 26, 2012

［9］红领西装背后的大数据奥秘, 2014 年 06 月 03 日, http：//news.efu.com.cn/newsview-1066864-1.html

［10］Charles Duhigg, How Companies Learn Your Secrets, Feb 16, 2012, www.nytimes.com/2012/02/.../shopping-habits.html?

［11］http：//www.36dsj.com/archives/4716

［12］北大国际 EMBA11 级第九次专题分享会举行, 2013-03-22, http：//finance.sina.com.cn/emba/bimba/20130322/100614921400.shtml

［13］UPS rolls out self-learning system to speed shipping, http：//www.smartplanet.com/blog/bulletin/united-parcel-service-rolls-out-self-learning-system-to-speed-shipping/, November 11, 2013

［14］Pu Wang, et al, Understanding Road Usage Patterns in Urban Areas, SCIENTIFIC REPORTS, Dec,

2012，http：//www.nature.com/srep/2012/121220/srep01001/pdf/srep01001.pdf

［15］Google gets first self-driving car license in Nevada，MAY 8，2012，http：//www.androidauthority.com/google-self-driving-car-licence-nevada-83489/）

［16］高德发布 Q3 交通报告 拥堵指数北京居首，2014-12-03，http：//tech.163.com/14/1203/15/ACI4DS91000915BF.html

［17］IBM 利用风能和太阳能预报系统提供清洁能源，2013-08-26，http：//www.china-esi.com/Power/42024.html

［18］中移动孙少陵：电信运营商大数据应用和实践，2013-03-31，http：//www.clssn.com/html/Home/report/76229-1.htm

［19］黄文良：大数据在中国联通的十一个应用，2013-05-16，http：//www.douban.com/note/276853147/

［20］中国电信大数据价值挖掘：聚焦商业模式探索，2013/7/19，http：//www.c114.net/news/117/a781031.html

［21］JOSHUA BURKHOW，Big Data Analytics and Netflix's House of Cards，FEBRUARY 15，2014，http://www.dataenthusiast.com/2014/02/big-data-analytics-and-netflixs-house-of-cards/

［22］用大数据改变 NBA，2014-12-01，http：//sports.china.com.cn/live/2014/12/01/content_30115745.htm

［23］Jeremy Ginsberg，et al，Detecting influenza epidemics using search engine query data，Nature Vol 457，19 February 2009，http：//www.nature.com/nature/journal/v457/n7232/full/nature07634.html

［24］认识 GE 的智慧医疗，2013-07-06，http：//www.chinatimes.cc/pages/moreInfo1.htm?id=129504

［25］James Manyika，et al，Big data：The next frontier for innovation，competition，and productivity，Report of McKinsey Global Institute，May 2011，http：//www.mckinsey.com/insights/business_technology/big_data_the_next_frontier_for_innovation

［26］How President Obama's campaign used big data to rally individual voters，MIT Technology Review，December 16，2012，http：//www.technologyreview.com/featuredstory/508836/how-obama-used-big-data-to-rally-voters-part-1/，and part-2/part-3

［27］Microsoft Researcher Predicts Obama to Win，3 Oct 2012，http：//spectrum.ieee.org/podcast/at-work/innovation/microsoft-researcher-predicts-obama-to-win

［28］谷歌公布 2014 六都候选人 Google 指数排行榜，2014-10-20，http：//www.chinatimes.com/cn/realtimenews/20141020004160-260412

［29］司法走进大数据时代你知道浙江人最易犯的 8 宗罪吗？2013-11-09，http：//www.zj.xinhuanet.com/newscenter/focus/2013-11/09/c_118074642.htm

［30］范宇，智慧的城市，IBM，http：//wenku.it168.com/d_000011356.shtml

［31］http：//en.wikipedia.org/wiki/Smart_city

［32］Predicts 2013：Government IT Will Be Disrupted by the Nexus of Forces，15 November 2012，http://www.gartner.com/document/2240615?ref=QuickSearch&sthkw=G00246516&refval=145937924&qid=f6495e02b82f69e77f5efd1debb89d3c

［33］McKinsey Global Institute，Big data：The next frontier for innovation，competition，and productivity，May 2011，http：//www.mckinsey.com/insights/business_technology/big_data_the_next_frontier_for_innovation

［34］G8-open-data-charter-and-technical-annex，18 June 2013，https：//www.gov.uk/government/publications/open-data-charter/g8-open-data-charter-and-technical-annex

［35］http：//www.data.gov/impact/

［36］通往正义的数据，http：//sfg1hnzxx.nacao.org.cn/publish/main/1375/2013/201308161633530655530117/2013081616335530655530117_.html

［37］徘徊在大数据门前：5 大真实案例解析，http：//tieba.baidu.com/p/2573053881

［38］Can math and science help solve crimes? February 27，2010，http：//www.sciencedaily.com/releases/2010/02/100222094826.htm

［39］http：//cn.panjiva.com/

［40］跨国农业生物技术公司 Monsanto 斥资 9.3 亿美元收购意外天气保险公司 Climate Corporation，2013-10-02，http：//www.36kr.com/p/206673.html

［41］Report of the Interagency Working Group on Digital Data to the Committee on Science of the National Science and Technology Council：HARNESSING THE POWER OF DIGITAL DATA FOR SCIENCE AND SOCIETY，January 2009，https：//www.nitrd.gov/About/Harnessing_Power_Web.pdf

［42］James Manyika，et，al，Open data：Unlocking innovation and performance with liquid information，Report of McKinsey Global Institute，October 2013，http：//www.mckinsey.com/insights/business_technology/open_data_unlocking_innovation_and_performance_with_liquid_information

［43］Unsworth K，Townes A，Transparency，participation，cooperation：a case study-evaluating twitter as a social media interaction tool in the US open government initiative. Proceedings of the 14th Annual International Conference on Digital Government Research. New York，NY，USA，2013；90-96

［44］http：//www.bbc.com/news/technology-23253949

［45］The smart city model，http：//smart-cities.eu/model.html

［46］reCAPTCHA：通过网络安全措施进行基于人类的的字符识别，2012-06-23，http：//blog.csdn.net/xiaoxinjiang/article/details/7686687

［47］通用电气约瑟夫·萨尔沃：工业互联网欢迎你，2014-10-29，http：//it.gmw.cn/newspaper/ 2014-10/29/content_101708014.htm

李海花，中国信息通信研究院技术与标准所副总工程师。

曹淑敏，中国信息通信研究院院长。

武汉广义智慧城市的实践和探索

武汉市是湖北省省会，国家历史文化名城，我国中部地区的中心城市，全国重要的工业基地、科教基地和综合交通枢纽。2014年常住人口1033.80万人，户籍人口827.31万人，常住人口城镇化率80.03%，户籍人口城镇化率74.07%。

武汉市是我国863计划智慧城市建设首批试点城市，也是国家住建部首批智慧城市建设试点城市，是全球首家向国内外公开招标智慧城市顶层设计的城市。中国智慧城市论坛于2014年授予武汉市为首个广义智慧城市创新实践研究基地。

武汉市借助新一代信息技术，将人、商业、运输、通信、水和能源等城市运行核心系统整合起来，通过决策分析优化，使城市以一种更智慧的方式运行，进而创造更加美好的城市生活。武汉市对智慧城市的定位高瞻远瞩，在坚持以信息技术为先导的智慧城市建设的同时，融合了人、地、信息技术和资本等城市各类资源的合理优化理念，武汉市不只在建设智慧城市，更是在更高层次的广义智慧城市的探索上，率先迈出了步伐。

2010年武汉市发布《中共武汉市委关于制定武汉市国民经济和社会发展第十二个五年规划的建议》，2011年2月，《武汉市国民经济和社会发展第十二个五年规划纲要》公布，文件标志着武汉明确提出大力推进"智慧城市"建设，大力发展基于新一代信息技术的智慧产业。建设智慧城市已经成为武汉市"十二五"时期重点实现九大目标任务之一。

2011年8月，武汉在中国首次公开向全球招标智慧城市顶层设计，2012年9月，武汉市政府正式批复了《武汉智慧城市建设总体规划与设计》（即顶层设计）。在综合全球智慧城市建设先进理念和成功经验基础上，武汉市政府结合武汉经济社会发展的实际，凸显武汉特色，提出了"113"的总体架构。即：确立一个发展目标，建设一套信息基础设施，构建三大核心体系，全面提升武汉市的综合竞争力，实现武汉在中部地区率先崛起，建设国家中心城市。

武汉市高度重视智慧城市建设,成立"智慧武汉"建设工作领导小组,负责智慧城市建设的决策指导和协调,智慧武汉建设办公室设置在武汉市信息产业办公室。武汉市成立"智慧武汉"建设专家咨询委员会,加强对智慧城市建设的咨询指导,开展"智慧武汉"发展战略与规划、各应用体系建设方案、标准与法规研究制订等工作。

武汉市发挥武汉科教资源,推动"产学研"合作,突破关键技术,形成一批自主知识产权的核心技术和集成应用方案。加强与国内外知名 IT 企业和武汉物联网联盟、云计算产业联盟等深度合作,建立一批高起点、高水平的技术研发中心,聚集一批国内外知名的新一代信息技术人才,把武汉建设成为国内领先的智慧型技术和产品研发基地。

武汉加大对"智慧武汉"建设的投入,政府每年预算安排专门资金引导和扶持智慧城市建设,创新政府扶持资金的有效动态支持机制,重点对智慧技术和产品研发、智慧应用系统试点示范工程、智慧产业基地创建、人才引进和培养等方面给予政策支持。加快完善风险投资机制,建立健全政府与企业等多方参与的投资融资体系。

武汉创建人才支撑机制。坚持引进与培养并重,注重高技能创新型人才培养,以推进示范项目为载体,培育一批高水平的人才队伍。充分利用国家自主创新示范区的优惠政策,引进海内外物联网科技人才和管理人才来武汉市工作。

武汉市加强宣传推进机制。加大舆论宣传力度,积极宣传建设"智慧武汉"的重要意义和工作部署,在全社会广泛开展智慧城市建设相关知识的普及工作,提高市民科技素养和智慧技术应用能力,增强广大人民群众对建设"智慧武汉"的认知度和参与度。充分调动各方积极性,构建以政府为主导、企业和市民为主体、市场为导向、产学研相结合的推进机制,形成各方共同推进"智慧武汉"建设的强大合力。

本文就智慧武汉理念、关键技术、应用体系、产业体系、示范项目等,结合广义智慧城市的"善治政府、和谐社区、精明增长、绿色经济、智能交通、多彩文化、终身学习、全民保健"的具体领域探索,阐述武汉市在广义智慧城市的探索和实践。

一、武汉市概况及推进智慧城市建设的基础

武汉是湖北省省会,中国中部地区中心城市,国家重要的工业基地、科教基地和交通枢纽,号称"九省通衢"。全市现辖 13 个城区,3 个国家级开发区,世界第三大河长江及其最大支流汉水在市区内交汇,形成汉口、汉阳和武昌三镇。市域总面积 8494 平方公里,常住人口 1033.80 万人。

1 优越的地理位置和自然环境

武汉位居中国经济地理中心，距北京、上海、重庆、广州、香港等中国大城市均在1000公里左右。交通便利，航空、铁路、公路、水路四通八达，承东启西、接南转北。武汉被誉为"百湖之市"，拥有166个湖泊，水资源丰富。全市总水域面积2187平方公里，占城市总面积的26.1%。东湖是中国最大的城中湖，水域面积33平方公里。

2 坚实的产业基础

"武汉·中国光谷"拥有国内领先的信息技术和光电子技术产业集群，聚集了烽火通信、长飞光纤光缆、矽感科技、长光科技等一大批智慧产业相关企业，正在逐步形成一条从具有自主知识产权的核心器件、模块到系统解决方案的智慧产业链。

3 覆盖全市域的光纤宽带网络

武汉是中国宽带互联网全国八大中心节点之一、中国新一代高速环网唯一的五环交汇地，处于全国骨干通信网中心位置，同时也是中国首批三网融合、下一代广播电视网试点城市之一。现已基本形成了覆盖全市主城区范围的全光骨干网＋光纤到户＋无线宽带覆盖的基础宽带网络，达到高带宽、智能化、多平面的要求。

4 雄厚的人才基础和政策支持

武汉是中国重要的科教基地，拥有高等院校85所，在校大学生118万人，科学技术研究机构100所，国家级实验室25个，国家级工程技术研究中心22个，国家级企业技术中心18个，中国两院院士59人。

二、智慧武汉理念

近年来，随着信息技术的推进，"智慧城市"概念已由理论向实践的方向不断深化。我国著名经济学家、第九届、十届全国人大常委会副委员长、中国智慧城市论坛主席成思危认为，"智慧城市"它有两个定义，从狭义的定义来看，就是用信息技术来改进城市管理和促进城市的发展，从更广义的角度，更高的角度来看，就是我们怎么样运用人们的智慧来发展好城市。以前由于科技力量不足，城市中交通、能源、商业、通信、水资源等无法为城市发展提供整合的信息。而现在，先进的信息技术越来越广泛地影响城市，深刻地改变城市运行和管理方式，使之以一种更智慧的方式运行，进而创造美好的城市生活。

　　智慧武汉，主要是指利用包括新一代传感技术（物联网）、云计算和新一代宽带接入技术等新一代信息技术，提升城市公共管理效能、居民幸福程度和产业发展水平的一项综合性城市信息化建设工程。充分借助物联网、传感器、云计算和宽带通讯网络，涉及到智能物流、智能城管、智能楼宇、智能家居、路网监控、车联网、智能医院、食品药品管理、个人健康与数字生活等诸多领域，把握新一轮科技创新革命和信息产业浪潮的重大机遇，充分发挥信息产业、RFID 相关技术、电信业务及信息化基础设施的作用，通过建设信息通信产业基础设施、认证、安全等平台和示范工程，加快产业关键技术攻关，构建武汉发展的智慧环境，形成基于海量信息和智能过滤处理的新兴产业发展、社会管理和生活模式等，构建面向未来的全新城市形态。

　　武汉市委、市政府高度重视智慧城市建设。2010 年初，时任武汉市市长的阮成发亲启武汉移动"无线城市，活力武汉"项目按钮，打开了一扇 3G 时代智慧城市的大门。并在研究制定《武汉市信息化和信息产业十二五发展规划》时，提出将全市信息化建设目标由十一五时期的建设"数字城市"调整为建设"智慧城市"。2011 年，武汉被正式确定为全国"智慧城市"建设试点城市之一，建设"智慧城市"写入了全市"十二五"规划蓝图，成立了由时任市长阮成发担任组长的武汉市智慧城市建设工作领导小组。领导小组下设两个办公室，按照"整体设计、示范突破"的工作思路，一是由武汉市科技局牵头，瞄准世界一流水平，进行顶层设计，组织编制武汉智慧城市总体规划；二是由武汉市信息产业办公室负责，组织推进示范项目，实施应用落地。

　　2012 年，武汉迎来"十二五"规划承上启下、推进跨越式发展的重要一年。省委常委、市委书记阮成发在全市第 12 次党代会上指出：敢为人先、追求卓越，为建设国家中心城市，复兴大武汉而努力奋斗。实施智慧城市总体发展规划，推动物联网、车联网等示范项目建设。根据规划，武汉将全力创建智慧城市，运用新一代信息技术打造智慧产业，建设面向民生、环保、城市服务、能源、文化、公共安全、商业活动等领域的智慧应用体系，给城市装上聪明的"大脑"，实现城市智能化，并将带动千亿元以上相关产业的发展。

　　武汉的智慧城市建设，用各方面信息高度集成来解决整个城市管理问题，把超大容量的信息整合到超大规模的平台上，既服务城市管理，又服务市民生活。"出门前全城路况尽览，并规划最畅通的路线；病人还在路上，病历已经呈现在医生面前；市民手握一卡通，既可取钱、乘车，也能就医，中心城区无线网络覆盖，通过各种终端打造"10 分钟生活圈"，买菜、交费、缴税不再排队……一旦"智慧武汉"建成，这样的生活就将变为现实。

　　武汉实施的首批智慧城市示范项目，大部分与市民生活息息相关，有"智慧医疗"的市中心医院项目、"智慧农业"的汉南区畜牧兽医水产局项目、"智慧政务"的江夏区基于 GIS 平台的数字行政决策辅助系统、"智慧公安"的武汉城市视频监控系统、"智慧交通"的武汉路桥隧不停车收费系统和车联网公共服务平台试点项目、"智慧生活"的武汉肉品质量安全可追溯信息系统和"电子菜箱"等等，涵盖了市民生活和城市管理的方方面面。

智慧武汉，总体而言，是一个信息惠民工程。智慧，将让城市生活更美好！

三、智慧武汉建设的总体思路和目标

以邓小平理论和"三个代表"重要思想为指导，深入贯彻落实科学发展观，抢抓国家促进中部地区崛起战略、推进武汉城市圈两型社会建设综合配套改革试验区和东湖国家自主创新示范区建设的重大机遇，以全面进入信息化社会、建设国家中心城市"智慧武汉"为主线，把信息化发展放在转变发展方式和经济结构战略性调整的突出位置。着力超前谋划，稳步推进，加快国民经济和社会信息化步伐；着力自主创新，跨越发展，积极培育战略性新兴产业；着力基础共建，资源共享，大力提升信息基础设施；着力开放合作，安全高效，切实保障和维护网络信息安全；着力需求主导，市场运作，推进信息技术与城市发展深度融合，全面提高城市信息化水平，让信息技术成果惠及全民，促进社会和谐稳定。

力争经过 10 年的努力，进一步提升完善"三类基础设施"（网络基础设施、云平台和公共数据中心、信息安全设施），发展壮大"三大支撑体系"（应用、产业、运行），建设实施"五领域智慧应用体系"（基础设施服务、资源环境服务、社会民生服务、产业经济服务和城市管理服务），加快提升城市综合竞争力，保民生、保稳定、保增长。具体如下：

1 提升城市运行效率

智慧城市应进一步推进物联网等先进信息技术应用与全新城市运营理念的融合，以更快、更好地实现城市政府从管理到服务，从治理到运营，从零碎分割的局部应用到协同一体的平台服务的三大跨越，提供无处不在的公共服务，让城市更聪明、更快捷。

2 催生大规模新兴产业

智慧城市建设离不开物联网、云计算等技术的支持，而物联网涉及的技术是一个大集成，通过智慧城市建设，要带动包括物联网设备与终端制造业、基础设施服务业、网络服务业、软件开发与应用集成服务业，以及信息应用服务业等大规模产业链的形成。

3 推动新一轮科技创新

智慧城市建设在产生新兴产业聚集效应的同时，应加强人才要素、技术要素、资金要素聚集，推动新一轮科技创新浪潮，以智慧技术带动工业化发展的升级、改造信息产业的内部结构、提升服务业的效率和速度，为城市提供可持续发展的动力。

4 创造更美好的城市生活

智慧城市建设应改变人与物之间、物与物之间的联系方式，改善人民的生存环境，深刻地影响人们的生活、娱乐、工作、社交等几乎一切行为方式，通过一系列智慧工程，构建和谐稳定、经济良性发展，安全、环保、宜居的城市，营造更加美好的城市生活。

四、智慧武汉建设的切入点

1 智能化的基础设施

着力建设高效优质的信息化基础设施，支撑并带动各类智能化设施、智慧化项目的建设与应用。比如武汉市到 2013 年，实现电信网、互联网、广播电视网业务融合，全面推广三网融合应用。主城区公共信息管网覆盖率达到 75%，热点区域无线宽带接入带宽达到每秒 20 兆比特以上，城市用户入户能力超过每秒 100 兆比特。远城区实现自然村光纤覆盖率达到 95%，农村用户接入能力超过每秒 8 兆比特。数字电视和手机电视全面普及，高清互动家庭（含广电高清互动电视和电信 IPTV）用户突破 120 万。武汉市成为国内通信质量、网络带宽和综合服务最具竞争力的地区之一。

2 智能化的专项工程

比如"智慧政务"的市级信息交换平台和公共云数据中心、"智慧城管"的城市管理综合信息云平台、"智能交通"的一体化交通综合管理系统、智能医疗的市卫生信息化"139 工程"等专项工程，由于工程目标明确、技术攻关容易发力，便于"个个击破"，从而奠定智慧城市的基础项目。以智能电网为例，它是向低碳经济转型的一次自主选择。新能源、电动汽车是中国战略性新兴产业的两大战场，它们与智能电网是"铁三角"，需要协同发展。智能电网建设将更有利于提高输电效率、降低煤耗、减少排放、清洁环境，并且具有强大的自愈功能，将很好地解决武汉目前送电网损、峰谷矛盾等突出问题，可显著提高供电可靠性，带来减少停电损失、改善电能质量、节约供电成本、节约土地资源等社会效益。

3 工作生活的创新应用

比如，通过建设交通导航平台，可与道路显示屏、车载导航仪、手机等终端实现联网。

驾驶员在驾车途中只要在手机上输入目标地址，就能得到智能化的行进路线提示，对道路施工造成的封路、交通管制等临时信息，也能做出及时提示和处置建议，功能远比脱网导航仪强得多，甚至还可提供"P+R"乘车站点和停车场空位信息。又如，建设智能家居设施，使居民通过电信网、计算机网和有线电视网等三网融合，在家中搭建"智能化应用终端"，在智能化应用中枢的支持下，实现电脑可视、电视联网，实现电器远程控制，实现电子抄表，实现账单一键支付；可以根据需要，安装家庭可视、可感等监视设备，实现智能防盗、智能警报火、气、水等；还可与医疗监测设备联网，进行健康状态同步观测、远程诊疗等操作。

4 物联网和云计算的牵引效应

着力物联网和云计算的过程，也是助推经济社会发展转型的过程。智慧城市需要以物联网为基石，以云计算为利器，在优先发展物联网、推动云计算之际，不仅可以丰富应用，带动相关技术攻关和相关标准统一，还有助于形成物体数据采集、传输、汇总、分析、处置等规则；不仅有助于将各类资源从单元利用走向综合利用，还有助于消除行业壁垒和利益垄断，使整体经济社会加快消除信息、技术、利益的"孤岛"与"壁垒"，更加物尽其用、更加协调融合、更加和谐发展。由此可见，发挥物联网和云计算的牵引作用，有利于建成互联互通、充分整合、协同运作、创新发展的新型城市发展模式。

5 信息化与工业化融合带动转型升级

借助汽车、钢铁、石化等重点工业企业在物联网、云计算应用取得的经验和成果，重点推广面向生物医药、汽车仿真、装备制造、模具生产等领域的信息资源云计算服务示范应用，提升传统产业的信息化水平，促进产业转型升级，进一步推动信息技术、制造技术和物联网技术交叉融合。加大第三方信息化平台建设和应用，带动中小企业信息化效能整体提升。

五、智慧武汉建设的主要内容

《武汉市信息化和信息产业发展十二五规划》提出，在"十二五"期间，加快建设"智慧城市"，以信息系统的泛在化、可视化、智能化、智能感知为建设目标，信息普遍服务，信息化和工业化深度融合，信息资源整合和利用不断深入推进，信息技术自主创新能力显著提高，信息产业结构显著优化，市民信息素质和技能显著提升，信息安全保障能力显著增强，信息化和信息产业整体水平跻身全国先进城市行列。

（一）进一步实施"光城计划"，全面提升信息基础设施建设水平，初步形成宽带、泛在、融合、安全的下一代信息网络，继续保持国家中部信息通信枢纽、汇聚全国、服务全国的信息通信中心地位。建成武汉云计算公共服务平台和数据交换中心，基本建成无线城市、光通信城市，实现电信网、互联网和广播电视网"三网融合"。

（二）贯彻"整合、协同、互联、共享、重构"的建设方针，设计完成全市电子政务顶层框架。按照服务高效、方便市民、优化政府办事流程，基本实现按服务项目整合所有应用系统，深度整合信息资源。全面完成服务型政府、创新服务体系所需要的信息资源平台建设。电子政务对促进治国理政能力提高和服务型政府建设的作用更加显著，对核心政务业务支撑的广度和深度达到较高水平，实现在线办理行政许可项目和公共服务事项，形成良好的政府、市民网上互动机制。

（三）建成较为完备的社会信息化体系。促进信息技术广泛使用，使市民享受到信息社会带来的高生活质量。社会信息化总体水平保持全国领先地位，并进入国内先进信息化城市行列。扩大"武汉通"卡的应用范围，建设和完善智能交通、一体化的城市综合管理、城市应急联动、公共物流管理与服务等公共信息系统等，实现城市精细化管理。建立全市电子病历信息系统和居民电子健康档案系统；中小学教育资源共享；及时结算的社保卡和医保卡覆盖城乡居民；民政社会服务信息平台初步建成，社会服务在线和远程受理办理，形成个性化信息无障碍服务体系，建成一批数字化社区，数字化家庭。

（四）重点骨干企业信息技术综合集成应用达到国际先进水平。建成一批行业信息化服务平台和中小企业信息技术应用服务平台。在10大优势产业中，利用信息技术打造30家有行业竞争力的示范企业。物流信息化快速发展。农业信息化逐步深入。

（五）"十二五"期末，把武汉建成全国主要的电子信息产业基地、全球知名的光电子产品研发基地及全国重要的消费电子产品制造基地。

（六）初步形成网络与信息安全法律法规和制度体系，具有自主知识产权的国产软硬件在重点领域得到广泛应用。建立适应技术发展的基础网络和重要信息系统安全防护、应急、灾备体系、较为完善的网络信息安全内容管理体系。信息安全人才总量和素质大幅提高，全民信息安全意识普遍增强。

六、智慧武汉建设的实施步骤

武汉计划用十年时间推进智慧城市建设，分为三个阶段：

2010—2011年为建设第一阶段。武汉将着力于智慧城市相关的规划与方案制订、标准研究、关键技术，并确定典型应用示范。

2012—2015年为第二阶段。智慧武汉工作将进入标准制订、关键技术研究，力争体系基础成型。此阶段，将以光谷未来科技城为试验区，全面实践智慧城市各项建设。

2016—2020年为第三阶段。将是武汉建设智慧城市的推广应用期。智慧城市将从未来科技城，推广到东湖开发区、武汉城区。智慧城市雏形初显，使武汉成为中部"智慧之都"。

七、智慧武汉建设的特点

武汉市"十二五"规划确立建设智慧城市的战略目标，主要从"顶层设计、示范突破"两个层面推进工作。以加快产业经济发展和提升市民幸福指数为目标，以智慧应用为导向，以运行机制为保障，以智慧产业为支撑，通过智慧城市的建设，大力提高城市管理及服务的智慧化水平，全面提升武汉市的综合竞争力，实现武汉在中部地区率先崛起，建设国家中心城市，复兴大武汉。

1　顶层规划，统筹建设

采用先进适用的信息技术，高标准规划和统筹建设各领域的智慧项目，有计划、分层次地协调推进。

2　需求主导，市场运作

以需求为主导，充分发挥市场机制配置资源的基础性作用，探索低成本、实效好的信息化发展模式。

3　基础共建，资源共享

加快信息化基础网络和信息交换共享平台的建设，通过政府的引导作用，推动集约化建设，加快信息资源的有效整合与共享交换。

4　立足产业，拓展应用

把培育智慧产业作为建设智慧城市的立足点，以智慧应用带动产业发展，以产业发展促进智慧应用。

5　重点突破、示范带动

抓住国家赋予武汉市创新试点的机遇，找准突破口，先行先试，着力推进智慧产业和重点领域智慧应用建设，以示范和试点带动"智慧武汉"建设整体工作。

6　开放合作，安全高效

加强对外交流与合作，汇聚全球智慧和资源，更好地为"智慧武汉"建设服务。要高度重视信息安全，以安全保发展，在发展中求安全。

八、智慧武汉应用体系

智慧城市是新一代信息技术在城市主体范围内的创新应用。新一代信息技术在公共服务领域的新探索，引发了公共服务模式的变革，将深刻改变城市居民生活方式，提升生活品质。云计算、物联网等新一代信息技术将推动城市管理和运行领域的跨部门创新应用，对改善城市运行效率、提升城市承载能力具有关键作用。

智慧武汉应用体系与市民生活息息相关，体系建设的推进，将提高武汉城市运行效率，推动新一轮科技创新，催生大规模新兴产业，最终为市民创造更美好的城市生活。建设实施"智慧武汉"的应用体系，以提升城市运行和管理效率为目标，运用物联网、云计算等技术，在经济发展、社会管理、城市运营、公共服务等领域开展试点示范。通过试点示范项目，构建产品、技术与市场之间的桥梁，拓展物联网技术应用市场，壮大物联网产业、完善技术标准体系，打造物联网技术与城市发展有机融合的"智慧武汉"综合体（见图1）。

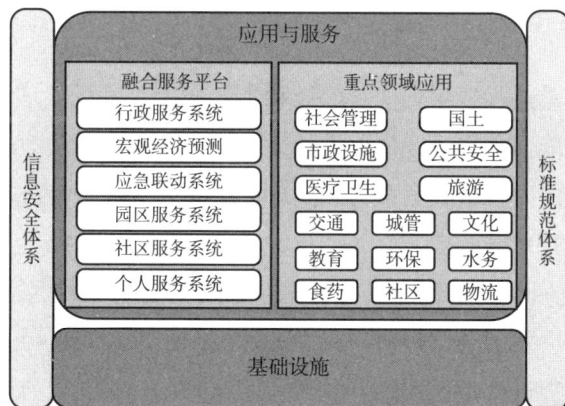

图1　智慧武汉应用体系

武汉智慧城市应用体系重点从智慧政府、智慧交通、智慧地理空间、武汉教育云、智慧医疗、智慧养老、智慧食品药品监管、智慧环保、智慧水务、智能电网、智慧社区、智慧物流、智慧旅游和智慧农业等方面开展。

九、智慧武汉产业

智慧产业是基于信息技术创新和应用培育发展起来的产业，它以重大技术突破和巨大市场需求为基础，是知识技术密集、物质能耗少、发展潜力大、综合效益好的产业。

智慧产业支撑并带动智慧城市建设，催生新的市场，并随着智慧城市建设不断壮大并创新发展。随着新一代信息技术的应用和发展，智慧产业将对城市加快产业结构转型升级、构建现代产业体系和经济社会全局产生重大的引领带动作用。可以说，智慧产业与智慧城市建设相辅相成，最终打造智慧城市产业链与生态圈，形成良性互动可持续发展。

1 总体思路

全面落实科学发展观，深入贯彻、落实《武汉市国民经济和社会发展十二五规划纲要》、《武汉市信息化和信息产业发展"十二五"规划》、《武汉市工业倍增计划》，《武汉市加快战略性新兴产业发展规划》、《武汉市加快高新技术产业发展五年行动计划》等政策文件精神，进一步解放思想，以加快发展智慧城市产业为总体要求，广聚产业要素资源，优化产业发展环境，创新产业发展模式，以千亿产业和百亿企业为重点，加快技术改造步伐，做大做强支柱产业，发展带动优势产业，形成完善的现代产业体系，努力将武汉市建设为全国重要的先进制造业中心、现代服务业中心和综合性高技术产业基地。

（1）巩固提升电子信息产业

按照自主创新示范区建设、"两型社会"建设、促进中部地区崛起等国家战略要求，加快推进信息化和工业化"两化融合"，把大力推动电子信息产业发展作为全市产业升级和结构调整的工作重点，以培育优势领域和主导产品为核心，完善配套体系，延伸产业链，培植具有创新能力和市场竞争能力的大型企业和集团，推动电子信息产业集群式发展，增强产业创新能力与核心竞争力，实现武汉电子信息产业跨越式发展。

（2）加快发展高技术服务业

以市场驱动、应用牵引、创新支撑、融合扩展为主线，以促进高技术服务业做大做强、提高对经济社会发展的支撑服务能力为目标，注重政府引导与市场机制结合，进一步优化发展环境，促进产学研用结合，大力培育龙头企业，着力增强产业自主创新能力，推进产业链协同发展，不断提高产业规模化、创新化、高端化和国际化发展水平。

（3）精心培育新一代信息技术产业

以自主创新为核心，以推动产业结构调整为主线，以抢占全球信息产业发展制高点为目标，立足现有产业基础和优势，通过完善产业链配套带动产业规模化发展，推进示范应用加快产业新型业态培育，逐步建立起发展模式新颖、产业链系发达、服务功能完善的新一代信息技术产业体系，将新一代信息技术产业培育成为带动武汉实现跨越式发展的主导力量。

（4）稳步壮大带动性产业

以国家中心城市建设、智慧城市建设为契机，充分发挥武汉科教人才、地理交通的优势，加强自主创新，推进"两化融合"，大力实施信息技术改造传统产业，促进高端装备制造、现代物流、现代商贸等领域稳步发展，快速壮大一批龙头企业，形成一批千亿元产业。

2 发展目标

到 2015 年，智慧武汉产业总体规模突破 11500 亿元以上，其中支撑性产业实现产值 5600 亿元，带动性产业实现产值 5900 亿元。企业竞争力得到明显增强，产业聚集度不断提高，基地、园区等配套设施日益完善，培养一批千亿元产业，百亿元企业和知名企业家，为建设国家中心城市、两型社会、东湖国家自主创新示范区提供有力支撑。

3 智慧武汉产业发展重点

（1）光电子

充分发挥武汉市光电子产业优势，积极促进产业链向上游关键技术、材料和核心器件延伸，扩大国际市场份额。继续巩固现有光纤光缆、光通信系统方面的优势。推动龙头企业的改制和企业之间的合作，通过资产重组、项目整合或以产业联盟的方式，重点培植一批光电子优势龙头企业，形成规模优势，提升产业整体竞争力，将武汉建设成为国内一流、国际知名的光电子研发和产业化基地。

重点支持超高速率、超大容量、超长距离光传送网（OTN）设备的研发及产业化。扩大以无源光网络（xPON）为重点的光接入设备的产业规模。大力发展光电器件、光模块、关键专用芯片等光通信专业元器件和组件，以及用于物联网的传感芯片、器件和模块。重点发展光通信器件基础材料的监测提纯技术、微结构光纤制造、低成本高效光模块、高速率光调制器件、光纤预制棒技术等核心技术。加快特种光纤的研发和产业化。积极发展互补金属氧化物半导体（CMOS）图像传感器件、光电测距仪、非制冷焦平面热成像系统、远距离红外线监控系统、激光陀螺、光电瞄准器、激光雷达等产品。

（2）计算机与视听

以全球产业格局调整为契机，着眼本地丰富的科技研发资源，抓好重点项目建设，突出消费电子产品和汽车电子产品特色，将武汉培育成为全国领先、华中地区最大的计算机与视听产品制造、研发基地。

推动重点项目加快投资和量产进程，逐年扩大武汉市电脑、数码相机、打印机等产品产量，推动武汉成为国内大型消费电子产品生产基地。大力扶持发展面向三网融合的终端数字产品、智能终端、高清数字投影机及关键件、网络电视（IPTV）等产品的研发及应用。支持新型数字化消费电子产品（电子书、手机电视、导航终端等）、数字家庭等产品的自主研发、产业化及应用。加快发展车辆行驶状况显示系统、电子导航系统、车载娱乐系统等车辆驾驶电子产品。

（3）新一代移动通信

把握新一轮产业转移的特点，紧抓移动通信产业裂变式增长的机遇，加强以 4G 技术为重点的核心技术开发，推动科研成果在本地的转化。促进产业链整合，积极推进新一代移动通信示范网的应用，争取在系统设备、终端、增值服务等领域形成核心优势，提升产业规模，将武汉建设成为国内重要的新一代移动通信产业研发与生产基地。

重点发展以 3G 接入网设备、LTE 接入网设备为依托的网络系统设备产业群，以基站天线、天馈系统、核心器件和模块、测量仪器设备为依托的网络配套设备产业群和以移动通信应用软件、增值业务应用系统为依托的网络应用服务产业群。大力推进无线技术在智能家居、移动安防以及智能交通等新兴应用领域的延伸。

鼓励和支持 LTE 核心光器件和模块生产线、检测中心和研发中心建设，大力引进设备、手机、配套元器件等领域国内外知名公司。着力扶持优势企业，打造产业龙头企业，以龙头企业为核心，通过供应链集聚、股权合作、产业联盟等多种方式，带动移动通信产业链各环节的整体发展。

（4）集成电路

加强集成电路制造、封装工艺等核心技术的消化吸收和再创新，提升企业竞争力。围绕集成电路产业的系统应用环节，加强开发具有自主知识产权的产品和系统解决方案，打造集成电路设计、制造、封装、测试和半导体化学材料为一体的完整产业链，将武汉培育成为我国重要的集成电路设计和生产基地。

重点发展通信、汽车电子、卫星导航、显示等领域的集成电路设计。加强下一代存储器 PCRAM（相变存储器）、计算型存储器 CDRAM（带高速缓存器的动态存储器）、12 英寸逻辑与混合信号芯片基础工艺、更小尺寸的存储器工艺、45nm 存储器工艺、43nm ORNAND2 及 65nm 1p9m 工艺等技术研发。大力推进新芯 12 英寸集成电路生产线建设，推动新芯公司规模扩产和技术升级，提高处理器、存储器和逻辑与混合信号电路等产品产能。积极引进国际知名 IC 设计公司，吸引知名集成器件制造商（IDM）在武汉设立研发中心。在逻辑与混合信号 IC、电源 IC 与功率器件等领域，着力培育本土 IC 设计企业，鼓励本地大型电子整机企业成立独立的 IC 设计公司。在做大芯片制造与 IC 设计业的前提下，引进大型国内外半导体封装测试企业以及相关配套企业，形成相对完整的集成电路产业集群。

（5）新型显示

加强国际合作，吸引国内外新型显示产业向武汉市加速转移。加大技术创新力度，加快新型显示产品的自主研发和产业链构建，将武汉建成技术领先、配套齐全、国际知名、国内一流的新型显示产品研发和生产制造基地。完善新型显产业体系，以液晶面板生产为重点，在扩大现有 4.5 代薄膜晶体管液晶显示（TFT-LCD）生产线的基础上，引进国内外液晶模组（LCM）和 TFT-LCD6 代以上生产线。加强 TFT-LCD 彩色滤光片、玻璃基板、驱动 IC、偏光片、LED 背光源等关键配套件及材料的研发和引进。突破硅基液晶（LCOS）光源新技术，加快研制激光光源、高亮度 LED 光源等产品。大力研发有机发光二极管（OLED）显示技术，争取在具有自主知识产权的有机发光材料、全彩显示面板及驱动电路等核心技术上取得突破。吸引国内外 OLED 龙头企业入驻，承接国内外 OLED 产品生产线。加快推进大型光电多点触摸屏的研发，积极推广人机互动技术的广泛应用。

（6）应用电子

以应用需求为导向，以传统制造商和服务业改造和技术升级为突破口，以龙头骨干企业为核心，以培育具有自主知识产权的关键技术和产品为方向，大力发展智能家电、节能电子、数控系统、金融电子产业。

围绕电机节能、照明节能等领域，重点发展在变频器和节能灯中应用的绝缘栅双极型晶体管（IGBT）、超快恢复外延二极管（FRED）等新型电力电子器件，大力支持电动机软启动、调速节能、电能质量优化等节能技术的开发和设备制造。加大数控系统研发力度，重点发展高速化、网络化、高精度化数控系统，基于 PC 的开放式数控系统，多轴联动数控加工技术等。加快发展二维条码应用系统及光电读写设备，加快引进和培育发展税控机、自动柜员机（ATM）、销售点终端（POS）、自动票据清分机等终端类金融电子产品。

（7）软件产业

把创建中国软件名城、全面提升软件和信息服务业发展能力作为迎接新机遇和新挑战的战略任务，重点提升自主创新能力、高端发展能力和对国际资源的调动能力，努力创造环境更优、规模更大、创新水平更高、成长更快的良好发展局面，推动武汉市软件和信息服务业又好又快发展并实现新的突破。推动武汉市软件企业由产品型向服务型和创新型的战略转变，促进服务型经济为主的产业结构的形成，着力抢占软件服务业新兴业态发展的制高点。完善光谷软件园各项服务设施，吸引更多国际和国内一流软件服务外包企业落户；加快推动武汉花山软件新城建设步伐，尽快吸引武汉市各类软件企业入驻，力争"十二五"时期在花山打造出武汉市完整的软件和信息服务产业链。巩固和扩大地球空间信息技术、嵌入式软件、信息安全、软件外包等领域。进一步完善武汉软件与信息服务公共技术支撑平台、重点产业协作配套平台、软件测试平台，加强对武汉软件和信息服务产业发展的支撑。

地理信息系统。以产业技术创新战略联盟建设为抓手，优化和提升现有地理信息系统技术与软件平台效能，形成可支撑重大行业与产业纵深发展的成套技术与系统平台，实现关键技术与产品的跨越式发展。面向城市运行管理、建设规划、应急指挥和公众信息服务等应用需求，研究城市精细化动态管理和个性化服务的技术体系，建立更透彻感知、更广泛互联、更智能决策、更灵性服务和更安全快捷的智慧城市信息网格服务平台，形成地球空间信息及应用服务产业在"智慧城市"建设中的创新应用模式。

高可信软件与信息安全产品。高度重视信息安全在社会各领域的发展和应用。加强自主密码技术、可信计算、可信软件开发环境、平台及工具、软件可信性分析与度量工具、生物特征识别技术研究，鼓励研发生产自主知识产权的高可信软件和安全产品。加快发展入侵检测、主动防御、网络安全管理、安全评估与管理、专用安全产品，以及互联网信息安全在线服务等。

嵌入式软件。把发展嵌入式软件作为寻求快速发展，实现软件产业后来居上的突破点。重点发展通信领域的移动通信终端、光通信设备的嵌入式软件；机械与汽车电子领域的车身电子控制系统、车载通信智能信息系统、工业过程控制与自动化设备、激光加工设备、数控机床等产品的嵌入式软件；消费电子领域的终端产品嵌入式软件，形成规模化生产能力。

物联网。以物联网应用示范为牵引，突破一批物联网关键技术，提升通信网、互联网、广播网等网络基础设施功能，带动物联网产业集聚和产业链延伸，将武汉建设成为全国重要的物联网技术创新和产业化基地。充分整合产学研资源，加强研发低功耗、小型化、高性能的新型传感器，大力推动物联网核心芯片研发和产业化，突破无线传感网组核心技术，大力发展网络集成、系统软件、中间件、应用软件、网络管理软件等技术和产品，形成不同应用领域的解决方案。

云计算。加大统筹规划力度，推动技术创新，突破一批云计算关键技术。加强云计算技术应用，培育和发展新的商业模式。依托国家自主创新示范区积极引进云计算重点项目，建设和完善武汉云计算产业链，打造国内高水平的云计算产业基地。支持虚拟化技术、云存储以及海量数据处理等关键技术研发。积极研究云计算平台资源管理、服务部署、动态调度等核心功能中间件，大力开发云终端、面向服务的网络架构体系。研究制定云平台用户数据访问控制和安全保障措施以及面向云计算服务的网络防御机制。促进信息基础设施即服务（IaaS）、平台即服务（PaaS）、软件即服务（SaaS）上下游产业联动发展。

集成电路设计。大力扶植集成电路设计业，依托集成电路制造大项目带动，积极推进集成电路（IC）设计的开发与产业化，推进武汉新芯国际新项目的投产健全集成电路设计产业化基地。以院校为依托，加强集成电路设计人才培养，建立集成电路人才培训体系和机构，培养一批在产品研发、企业管理、市场营销等方面的创新人才团队。

软件服务外包。扩大信息技术外包、业务流程外包和研发服务外包的产业规模；大力推动金融后台服务、物流外包和多语信息服务外包业务的开展，快速发展离岸外包市场。以专业化、特色化为目标，提升离岸软件技术服务的技术水平和产业层次；同时为国内各行业提供优质的信息技术服务，扩大在岸市场份额。鼓励有资质的计算机信息系统集成企业、信息工程监理企业积极承接各行业信息化项目建设和工程监理。

（8）信息技术服务

充分发挥现有信息网络基础设施的作用，依托宽带光纤、新一代移动通信网、下一代互联网、数字电视网等信息基础设施建设，着力推进网络技术和业务创新，培育基于移动互联网、云计算、物联网等新技术、新模式、新业态的信息服务。加强软件工具开发和知识库建设，提高信息系统咨询设计、集成实施、运营维护、测试评估和信息安全服务水平，面向行业应用提供系统解决方案。提升武汉信息技术服务的整体水平，将武汉培育成为国内信息技术服务战略高地。鼓励互联网企业开展应用创新，开发新的商业模式和业态，带动实体经济创新发展。推进武汉通、手机支付在公共交通、水电气、银行保险以及广大中小商户小额支付等领域的应用。大力开展以便捷购物、家政信息、交通旅游、娱乐、健康咨询等为主的网络增值服务。

（9）数字内容服务

加强数字文化教育产品开发和公共信息资源深化利用，构建便捷、安全、低成本的数字内容服务体系。促进数字内容和信息网络技术融合创新，拓展数字影音、数字动漫、健康游戏、网络文学、数字学习等服务，大力推动数字虚拟等技术在生产经营领域的应用。进一步推进人口、地理、医疗、社保等信息资源深度开发和社会化服务。运用数字技术对影视作品进行制作处理，重点围绕交互媒体设计、数字影像艺术、虚拟现实设计、新媒体艺术等方面，推进数字艺术向电影、电视剧、广告、动画等视听表现领域的全面渗透。重点发展数字影像艺术制作、数字影像软件、平台及创作器械开发、虚拟现实应用。促进数字艺术在智能手机、数码相机、平板电脑等领域的应用。大力推进数字艺术公共技术平台建设。

（10）电子商务服务

重点完善面向中小企业的电子商务服务体系，鼓励相关机构建立可信交易服务平台。加快促进集交易、电子认证、在线支付、物流、信用评估等服务于一体的第三方电子商务综合服务平台建设，培育一批骨干电子商务服务企业。深化武钢、武烟、神龙等大型工业企业电子商务应用，促进实体购销渠道和网络购销渠道互动发展，提高供应链和商务协同水平。推动大型商贸流通企业通过电子商务提高流通效率，扩展流通渠道和市场空间。鼓励有条件的大型企业电子商务平台向行业电子商务平台转化。鼓励中小企业应用第三方电子商务平台，开展在线销售、采购等活动，提高生产经营和流通效率。引导中小企业积极融入龙头企业的电子商务购销体系，发挥中小企业在产业链中的专业化生产、协作配套作用。深化商贸流通领域电子商务应用，促进传统商贸流通业转型升级。鼓励综合性和行业性信息服务平台深度挖掘产业信息资源，拓展服务功能，创新服务产品，提高信息服务水平。拓展基于新一代移动通信、物联网等新技术的移动电子商务应用。推动移动电子商务应用从生活服务和公共服务领域向工农业生产和生产性服务业领域延伸。

（11）研发设计服务

大力支持高新技术企业建立国家级、省级重点实验室和企业技术中心，与重点大学、院所以及跨国公司共同成立联合研发机构，开展协同创新。鼓励在集成电路、特色行业应用软件、中间件、工程勘察、工程咨询、工业设计、商业设计等领域成立第三方研发企业或设计公司，支持部分企业研发机构或技术中心衍生发展成为专业研发公司。依托科技资源优势和龙头企业，大力吸引国内外研发机构、设计机构入驻武汉市创业园区，逐步形成面向信息系统建设、软件产品开发、信息化系统监理、工程咨询、创意设计等为主的产业集群。

（12）科技中介服务

包括知识产权服务、检验检测服务、科技成果转化服务以及生物技术服务。聚集科技服务资源，通过适当支持和引导，形成全方位、多层次、宽领域的科技服务网络体系。推动大学和科研院所等科技服务机构引入市场化机制，提升服务质量。加快科技服务业对外开放步伐，大力引进国内外著名咨询服务企业入驻。打破行政和区域垄断，努力培育投资多元化的科技中介服务市场主体，大力发展民营科技中介服务机构。加强专业研究院、开放实验室、科技企业孵化器、科技企业加速器等科技服务平台建设和市场化运营；大力发展包括知识产权、法律、专利、财务、信用、管理、人力资源等专业咨询服务；发展技术交易、知识产权交易、版权交易等科技贸易；发展创业投资、科技信贷、科技担保、科技保险和知识产权抵押等科技金融业务。加强政策引导，积极推动大学、科研机构科技资源对外开放，引进培育3—5个具有全国影响力的大型科技中介服务机构，形成开放式的科技服务体系。

（13）大数据产业

2014年4月28日，武汉市政府常务会议出台了《武汉市大数据产业发展行动计划（2014—2018年）》（以下简称《计划》），首次明确提出了武汉市政府开放数据发展计划。该计划是参照《国家新型城镇化规划（2014—2020年）》、《2006—2020年国家信息化发展战略》、《武汉市国民经济和社会发展"十二五"规划》、《武汉市信息产业和信息化发展"十二五"规划》和《武汉市智慧城市建设总体规划和设计》等制订的。

运用云计算、物联网和宽带接入等新一代信息技术，深度整合挖掘武汉市现有的信息技术优势和数据资源价值，从基地、技术、企业以及应用平台等环节入手，构建既有全国领先水平，又有我市特色的大数据产业体系。重点建设"光谷云村"、左岭大数据产业园等大数据产业基地和市政务云数据中心、地理空间信息云数据中心、长江流域云数据中心、数控工程系统云数据中心、国家教育云数据中心、音视频多媒体服务云数据中心、质量服务云数据中心、车联网云数据中心等8个云数据中心，并选择若干条件成熟、具有大数据市场前景的领域，建立多个大数据应用和交易平台，形成"2+8+N"的大数据产业发展格局。到2018年，创造一批具有自主知识产权和国内领先水平的大数据新技术、新产品、新标准；建成一批能够集聚全国乃至世界数据资源的大数据产业平台和示范项目；开发一批发展模式领先、服务体系完善、集聚效应明显、支柱地位显著的大数据应用领域；聚集一批国际知名的大数据研发、产品制造、服务运营公司总部和龙头企业，形成丰富的大数据资源聚集地和完善的产业链，培育年营业额超过100亿元的大数据企业5家，50—100亿元的大数据企业10家，10—50亿元的大数据企业20家以上，新上市公司10家，全市大数据产业实现产值达2000亿元，带动相关产业新增销售收入过万亿元，支撑创建中国软件名城、武汉智慧城市和国家中心城市。

4　智慧武汉带动性产业

（1）高端装备制造业

抓住国家大力振兴装备制造业的战略机遇，加快武汉高端装备制造业向信息化、成套化、聚集化的产业格局转变。到2015年，先进装备制造产业产值突破1500亿元。以市场为导向，以信息技术应用为主线，大力推进武汉市装备制造业的结构优化和产业升级。重点发展推广应用CAD/CAM/CAE/CAPP以及并行工程、虚拟设计制造等先进技术，数控（CNC）、可编程序控制（PLC）、分布式控制（DCS）、现场总线控制（FCS）、先进控制（APC）、柔性制造单元和柔性制造系统FMC、FMS等先进加工控制技术，推广精益生产、敏捷制造、虚拟制造、网络化制造，实现生产过程自动化和优质、高产、低耗、高效、多品种、变批量的要求，满足客户日益强烈的个性化、多样化需求。通过提高重大技术装备研制水平和成套设备集成创新能力，满足工业装备更新换代的需要。同时进行产品融合鼓励数控企业或装备制造企业通过数控系统把传统机床升级为数控机床，提高机床的加工精度和加工能力。主要布局在武汉经济技术开发区（武汉出口加工区）——蔡甸装备制造业集聚区，青山——阳逻装备制造业集聚区，建立武汉市数控产业园区，优先扶持数控系统研制企业。鼓励第三方建立装备制造业行业交易平台，为广大装备制造企业提供优质服务。

（2）节能环保产业

结合武汉智慧城市环保、水务领域建设规划，以产业研发为主要发展方式，大力推进生物质能、风电和核电设备、氢能及高效节能装备等新技术新设备的研发制造。到2015年，节能环保产业实现年产值700亿元以上。

重点发展生物质锅炉发电机组、烟气处理和关键部件的研发与制造，重视产品的应用推广，尽快培育生物质能产业；加快垃圾焚烧发电、秸秆发电、生物沼气等相关生物质能项目的应用推广，选择有条件的区域建设示范工程，并逐步形成产业化。继续强化武汉国测诺德公司风电总装的核心地位，加大对中科凌云以"全永磁悬浮技术"为基础的高效小型风机研发生产的支持力度，使武汉市的风电产业配套能力和风电装备整体制造水平位于全国的前列；大力引进国内外新能源领域的大型知名企业，大力发展核动力支持技术开发、支持服务和人才培养，重点支持武船／东方电气（武汉）核设备、471厂、武重等企业形成核电装备配套能力，建成中国核动力运行技术研究和服务基地；加快建设江夏区核电装备产业园，使其逐步形成规模化，形成一定的品牌效应。重点推进燃料电池的产业化，扩大氢能的产业化规模。重点支持武汉理工大学新能源电动车用燃料项目，鼓励的扶持有实力的本地企业参与国家示范工程项目的建设；以银泰科技为核心，加快发展3G移动通信基站备用电源的氢燃料电池项目。重点发展热电联产机组、环保热电主要技术及装备、复合纤维导线和复合绝缘杆塔、节能变频器、智能开关、特种变压器等输变电设备，各种节能电力电子装备；大力支持风机、水泵、阀门、电站自动化控制等辅机设备制造企业开拓国内外市场；大力支持本地企业参与地热空调的研发与制造。

（3）现代物流产业

积极扩大物流市场需求，建设高效物流运输网络，加强物流基础设施建设，提高物流信息化水平，重点推进武汉市六大综合性物流园区（空港智慧物流园、东西湖综合物流园、阳逻港综合物流园、汉口北综合物流园、郑店综合物流园、花山港智慧物流园）和八大专业物流中心（医药物流中心、保税物流中心、危化物流中心、冷链物流中心、汽车物流中心、钢铁物流中心、电商物流中心、生资物流中心）的建设，形成服务体系完善、服务功能健全的现代物流发展格局，打造全国重要的物流中心。到2015年，由武汉智慧城市建设带动的现代物流产业总收入规模达到1200亿元。

加强物流新技术研发应用，不断研究完善物编码体系，扩大电子标签应用范围。加大对射频识别、货物跟踪和快速分拣技术的研发力度，促进移动物流信息服务技术的推广使用，加强物流装备产品的研发应用，推动物流新技术的产品化，同时，鼓励物流重点项目使用建模软件优化物流方案，提高物流运作效率。充分发挥武汉众多高校设有物流专业的教育优势和研究院所的物流技术研发强势，进一步提升武汉市物流技术的研发能力，提高物流标准化水平。建立运输、仓储、报关、货代和第三方物流信息公共服务平台，促进相关物流信息系统的广泛应用。推动中小企业应用物流信息软件，实现物流交易信息化和业务流程规范。扶持一批物流信息专业服务企业，推动物流信息服务外包，加强相关管理部门的信息沟通和协调，建立部门间的物流信息采集、处理和服务的交流共享机制。建立以围绕武汉经济技术开发区继续布局汽车物流集聚区，围绕东湖新技术开发区布局高科技产品物流集聚区，围绕阳逻钢结构产业基地布局钢材物流中心等。

（4）文化创意产业

围绕着满足群众基本文化生活需要，推动公共文化服务体系的全面繁荣，启动智慧图书馆、智慧博物馆、智慧档案馆 X-程建设；坚持弘扬主旋律，提倡多样化，不断推进报业、影视、传媒、娱乐等领域文化创新，促进智慧文化产业快速发展；力争用三年左右时间基本建成智慧型公共文化服务体系，形成丰富多彩的文化产品与服务供应。到2015年，由武汉智慧城市建设带动的文化创意产业总收入规模达到1200亿元。到2020年，文化创意产业产值达到2500亿元。

重点建设文化创意产业信息共享平台，通过信息技术运用和文化创意资源的信息采集、信息传输和信息共享，整合武汉文化创意产业资源，提高政府的公共服务能力。文化创意产业信息共享平台通过文化创意产业信息的共享为政府、企业和社会公众提供全方位的文化信息需求服务，按照政府牵头招标的项目管理模式开发和建设文化创意产业信息共享平台，实现对文化创意产业资源的整合和提高政府公共服务能力，进而促进区域经济的整体提升，重点布局在光谷数字产业园、汉阳造文化创意产业园。

（5）现代商贸服务业

信息化条件下商贸流通业呈现出与传统商贸流通业不同的发展特征，这些特征是信息技术被应用于商贸流通的结果，其核心是电子商务化、离岸化、连锁模式、国际化、混沌化。

近年来，武汉市商品交易市场按照"与时俱进，力争上游，抢抓机遇，跨越发展"的基本要求，紧紧围绕武汉城市定位，以建设中部商贸中心和实现商贸流通现代化为目标，加快建设大市场，搞活大流通，实现批发市场发展规模化、建设专业化、交易方式现代化、投资主体多元化，努力提升中心城市的集散辐射功能。商品交易市场特别是大型商品交易市场发展迅速，已成为日用消费品和生产资料的重要集散地，对发展武汉商业流通、加快武汉经济发展，增强武汉的经济中心功能做出了积极贡献。在商贸流通业发展过程中，民营企业崛起，成长为市场中的主力军，而国有和集体企业的占比大幅度下降；企业的规模不断扩大，涌现出了一大批本地优秀商贸企业；新的市场业态异军突起，大型连锁商场、超市、饭店遍地开花。

针对武汉市商贸流通业"拓功能、提品质"的内在需求，加快推进现代信息技术在商贸流通业中的广泛应用，优化商贸业态结构，健全商贸流通网络，不断加大对重点企业和骨干人才的培育力度，大力提升武汉在中部地区金融商贸中心、物流中心、信息中心和集散中心的功能，全面提高商贸流通业的综合竞争实力，推进武汉成为我国在内陆腹地具有重要影响并与国际市场对接的现代商贸流通业中心。

充分利用信息技术，增强商贸流通功能。加快推进信息化建设，逐步建立起社会化的信息服务中心和公共信息处理平台。大力发展电子商务，要注重有形市场和虚拟市场相结合、传统贸易和电子商务相结合，实现上下游企业之间的信息共享和流程优化、整合供应、制造、物流和销售等各项活动。

一是稳步推进电子商务。积极引导零售业、餐饮服务业名店，以及批发业和大型商品交易市场率先建设商业门户网站，以电子商务整合供应链和经营业务，探索有形市场与电子商务相结合的模式，实行网上洽谈、网上交易、网上结算，最大限度地节省时间和费用。加快制定武汉市电子商务发展的专项规划，着力营造有利于电子商务发展的良好环境，重点推动优势行业、支柱产业和产业集群的国内外贸易的电子商务应用，加快培育以第三方电子商务服务为主流的新型现代服务业，推进完善全市电子商务功能。

二是构建网络商务平台。推进网上流通信息和商务平台建设，完善社会流通环境的信息化建设，利用网络技术将商贸企业散布在不同区域的服务网点联结起来，形成商贸服务平台。开发一批对武汉商贸流通现代化建设影响较大的数据库，实现信息资源的全方位开发与共享，通过提高信息技术引进、消化、创新水平，推进信息服务业对外开放、信息技术标准与国际接轨，全面推进武汉的信息商业步入成熟。

三是加强企业信息化建设。鼓励企业采用先进的信息技术和商贸技术，加强条形码（BC）、全面质量管理（TQM）、电子数据交换（EDI）、管理信息系统（MIS）、射频技术（RF）、地理信息系统（GIS）、企业资源计划（ERP）以及供应链管理等信息化商贸理论和技术在商贸企业管理中的应用。

现代商贸服务业布局应该围绕武汉中心城区现有的各大商圈展开：三个武汉城市副中心，四新、鲁巷、杨春湖等三个地区应加大现代商贸业的布局；对于远城区的核心地区也应该加大商贸业的布局，如金银湖区、吴家山、盘龙新城、汤逊湖南岸的大学新城等。到 2015 年，由武汉智慧城市建设带动的现代商贸业总收入规模达到 1300 亿元。

智慧武汉的数据总结和后期计划：

经过近几年来的国家智慧城市试点建设、三网融合试点城市、下一代广播电视网试点城市和电子商务示范城市建设，武汉具备了较好的网络基础设施、感知基础设施、云计算基础和地理空间信息基础设施。目前，全市光纤到户覆盖规模达到 300 余万户，城区已具备 8M—20M 独享宽带提速能力，正在进行百兆宽带升级。农村地区实现了宽带覆盖和光缆行政村通达率两个 100%。3G 高速无线网络完全覆盖中心城区和新城区中心城镇，4G 网络迅速发展，WLAN 网络深度覆盖中心城区核心区和旅游景区，各种三网融合业务套餐进入家庭，培育了一批新的信息消费热点。已免费向市民开放了"市民之家"等 25 个公共区域和 3 条公交线路的公益免费无线上网服务，2015 年还将完成 1000

个公共场所的 WiFi 热点建设，实现主要公共区域公益免费 wifi 全覆盖，接入带宽不低于 20M。

通过实施 ETC（电子不停车收费系统），对全市 200 多万辆车全部安装了电子标签。在国内首开 B2C 生鲜蔬菜、鱼、肉、蛋、豆制品和半成品菜肴等即时电子配送先河。

武汉实施的智慧城市示范项目中涉及民生的达 20 余项，占比近 70%。

通过建设智慧城市，武汉市实现以应用促产业，带动本地电子信息产业发展壮大，电子信息产业规模从 2010 年的 1337 亿元发展到 2014 年的 2900 亿元，总产值翻一番，年均增长超过 16.75%。软件及信息服务业呈现出跨越式发展的势头，2012 年软件服务收入仅为 360 亿元，2014 年达到 844.5 亿元，两年翻了一番多。

云端武汉·公开数据库（即武汉市政府公开数据服务网 www.wuhandata.gov.cn）已于 2015 年 4 月 30 日正式上线运行，集成了全市 48 个市直政府部门共计 700 余项公开数据或服务，其中有 642 项数据可提供下载，7 项数据可提供地图服务，是目前全国覆盖部门、种类、形式、服务最全，提供数据单位最多的政府公开数据服务网。

2015 年，武汉市制定了《关于推进"互联网+"产业创新工程的意见》，全面推进智慧制造、互联网金融等 11 项"互联网+"产业创新工程，大力开展技术创新和硬件突破等 7 项跨界创新行动，着力完成 2015 年的 11 个重点项目（简称"11711 行动计划"）。到 2018 年，实现互联网与其他产业深度融合发展，形成可复制、可推广的模式和经验，不断发现和培育一批新的经济增长点，创造大量高质量就业岗位，带动全市产业整体向高端化、服务化、集聚化、融合化、低碳化发展，实现工业化、信息化、城镇化、农业现代化同步发展。

十、武汉广义智慧城市建设进展

广义智慧城市，不仅仅充分利用云计算、物联网和大数据等信息技术，更是强调对城市中的人、土地、信息技术和资本等重要要素的资源优化，广义智慧城市重点方向为"善治政府、和谐社区、精明增长、绿色经济、智能交通、多彩文化、终身教育、全民保健"。下面就武汉在以上领域的进展进行介绍。

1 武汉善治政府建设

善治政府，就是依法行政、公开透明、公众参与。

近年来，围绕习总书记在党的十八大中提出的关于全面依法治国的重要论述精神，武汉市推进法治政府建设工作明显提速。从"大部制改革"到"规范自由裁量权"、从"治庸问责"到"三单联动"，从"清理地方性法规"到"立法后评估"……不论是立良法，还是行善治，武汉市政府大力推行一系列工作，目的都只有一个——促进行政权力规范透明运行，以法治政府为复兴"大武汉"提供坚实的法治保障。

简政与放权：四年消减 500 项

据统计，武汉市目前市级行政审批事项是 240 项，而四年前，这个数字是 748 项。在"减项目、减程序、减时限、减费用、下放审批权"的改革精神下，近年来，武汉市审批时限整体压缩 50% 以上，不收费项目占 97%。武汉市民之家是全国建筑面积最大的市级政务服务中心，实行"一站式审批、一条龙服务"，而这样的政务服务中心早已覆盖全市 13 个辖区。

简政放权意味着政府拍板的事情少了，那随之而来的问题是，还需要那么多拍板的行政职能部门吗？对此，武汉市政府给出的答案是推进大部门制改革。根据行政职能科学设定机构，市政府整合组建了城市管理委员会、卫生和计划生育委员会、文化局、农业委员会、园林和林业局，调整了国土规划局、环保局等部门的职责分工，同时大力推进市直部门审批职能和机构归并改革，在各部门建立行政审批处，实现了审批职能、机构、人员的"三集中"。蔡甸区夯山街、黄陂区武湖街、江夏区金口街等试点街行政事业资源整合基本完成，权限下放有序推进。

2014 年，武汉市公布了权力清单、程序清单、责任清单，在全国率先建立"三单联动"制度。2015 年，为推进行政权力依法规范运行，建立权责清晰、程序严密、运行公开、制约有效的机制，按照《关于推行地方各级政府工作部门权力清单制度的指导意见》精神，武汉市又及时出台了《关于清理调整市级权力清单的通知》，启动新一轮精简优化权力清单工作，目前，已进入集中审核阶段，审核结果年底将在网上公布，并接受社会公众监督。

立法与决策：坚持科学与民主结合

2012 年以来，武汉市共组织起草并提请市人大常委会审议地方性法规草案 17 件，制定市政府规章 43 件。《武汉东湖国家自主创新示范区条例》、《武汉市城市综合管理条例》、《武汉市湖泊保护条例》等一批法规起草质量较高，出台后在全国反响较好。

要立一部良法，首先需要立法工作者坚持科学民主的态度。近年来，武汉市通过广泛征求意见、专家论证等方式，丰富公众参与行政立法的形式，提高立法透明度和知晓率。通过开展立法后评估工作，跟踪调查和分析评价实施时间满 5 年的规章立法质量、实施绩效、存在问题，提出修改或者废止的处理意见。

市政府自 2012 年以来，采取全面清理与专项清理相结合的方式，开展了 5 次大规模法规规章和规范性文件清理活动，涉及行政审批制度改革、落实行政强制法、促进全民创业、民营经济发展以及"两型"社会建设等主题，清理规范性文件 3196 件，修订规范性文件 27 件。目前，正在开展全市地方性法规、规章中规定的备案、登记、年检、认定等权力事项的专项清理。

在提高立法水平的同时，市政府在提高行政决策水平上也是不遗余力。先后出台了《武汉市人民政府重大行政决策程序规定》，明确了市政府重大行政决策事项范围，把公众参与、专家论证、风险评估、合法性审查、集体讨论决定确定为法定程序。

为充分发挥专家、学者、律师在法治政府建设中的作用，市政府于2014年9月，聘请了21位知名专家和法律实务工作者作为法律顾问，组建了政府法律顾问团，并于当年出台了《市人民政府法律顾问工作规则》，建立起了法律顾问制度长效机制。

执法与问责：规范和监督并行

自1998年武汉市实施《执法责任制工作条例》以来，执法与问责就是不可分割的一个整体，既相辅相成，又相互制约。经过多年的锤炼，武汉市行政执法体制机制也在重心下移、案卷评查、清理主体和人员、规范自由裁量权等一系列自选动作中日益成熟。

2013年，市政府开始大力推进综合执法和执法重心下移，在农业、交通运输、卫生计生等领域组织开展了行政执法体制改革专题调研，建立起了综合执法监督体系。先后出台《市人民政府关于进一步加强农产品质量安全监管工作的意见》，推动市级农业行政执法、检验检测和涉农服务体制改革。出台《关于优化整合武汉市妇幼保健、计划生育技术服务及卫生计生综合监督执法资源的指导意见》，成立了武汉市卫生计生执法督察总队，推动卫生计生执法督察重心下移。

针对行政执法实践中存在的处罚畸轻畸重，执法随意等问题，市政府要求市直各执法部门修改完善原行政处罚自由裁量权细化标准，并结合行政执法案卷评查加强监督检查。当年以来，已初步梳理市直执法部门行政强制自由裁量权93项。

在执法体制机制越来越完善和规范的同时，行政监督问责也在同一轨道并行，不仅如此，责任追究也更加严格。2012—2014年期间，市政府共办理人大议案、代表建议1257件。完善了群众举报违法行为制度，启用全市行政投诉管理系统平台，认真调查处理人民群众检举、新闻媒体反映的问题。

此外，市政府还连续多年开展"十个突出问题"承诺整改，通过暗访督查、民评民议、电视问政等措施确保整改到位。出台《行政过错责任追究办法》，为追究行政过错责任提供更为全面的制度依据。自2012年以来，全市共问责4501人。

智慧城市涉及到城市建设的各个领域，其最终目标是以人为本，实现便民服务。用智慧化的途径引导公众积极参与到各项工作中，实现武汉的众治。

一是鼓励公众参与规划项目。武汉市国土资源和规划局打造全国首个"众规平台"，在城市规划建设领域，让公众从一开始就参与到项目规划中来，规划项目最终方案也将充分考虑民意。武汉市面向社会征集东湖绿道系统实施规划方案，评选出的优秀成果将获得现金奖励。规划涉及的相关基础资料、地图、街景图片等，均可通过"众规武汉"

网上查阅，公众规划成果也通过该平台直接上传。

二是开展全民城管建设。武汉市在数字城管系统建设中引入了"人人都是城管员"的全民城管理念，建设了数字公共服务平台，形成专业网格监督员为基础、市民为辅助的城市管理问题发现模式。智能手机用户可以方便地通过公共服务平台网站下载智能手机客户端软件，查询城市管理日常问题处理方法，并可通过软件随时发现问题、拍照投诉，发送到数字化城管平台进行处理。建立了热心市民排行榜激励机制，充分发动市民积极发现城市管理问题，监督城市管理工作。建立市民群众城管网站服务系统，实时更新经过核实的市民投诉信息，市民可在网站上查看自己投诉问题的解决情况，便于二次监督。建立后台确认及跟踪督办系统，与现有数字化城管系统对接，核实市民发现的各类城市管理问题，跟踪督办，将数字化城管系统打造成真正的"全民城管系统"。该系统加强了政府与市民的良性互动，提升了市民对城市管理的满意度。

2 武汉和谐社区建设

社区是城市的重要组成，社区的和谐，将决定城市的和谐。和谐社区就是为居民提供便捷的、平等的、安全的、舒适的的服务。

武汉市 2014 年获"全国和谐社区建设示范市"称号，2012 年，武汉建设"幸福社区"，累计投入 20 亿元，共建成 149 个街道社区服务中心，1294 个社区服务站。每年提档升级 100 个老旧社区，解决路不平、水不通、灯不亮、天上电线蜘蛛网等百姓急需解决的问题，对每个社区投入不少于 120 万元。累计新建、维修社区道路 167 公里，维修、疏通、改造排水管网 215 公里，增加社区绿化面积 25 万平方米，新增社区文化、教育、体育项目建设 4726 个，社区生活环境得到明显改善，受到居民普遍欢迎。

2014 年起，武汉街道社区服务中心、社区服务站开始建立文体活动室、图书阅览室等文体活动场所。全市组建腰鼓队、太极拳队、舞蹈队等健身活动队伍和绘画、书法、戏曲等兴趣小组 6400 多个。2013 年，武汉市首届社区文化节，共举办社区文化活动 8000 余场次，近 200 万人次参与，增强了社区活力。2016 年武汉将继续推进 100 个老旧社区的幸福社区创建，同时通过政府购买服务、项目支助等方式为社区减负，社区协助的 165 个事项减少为 16 项。

2015 年 3 月，腾讯公司旗下的微信产品正式对外发布武汉市"城市服务"端口，武汉市成为华中地区首个微信"智慧城市"。居民可通过手机微信 APP 享受医院挂号、违章办理、车管所微服务、交通限行查询、武汉通余额查询、PM2.5 查询、水费缴纳、快速理赔、旅游联卡年票售卖、12315 投诉、考分查询、车辆年审查询、发票查询、天气查询等 14 项线上服务，极大地方便了市民。

武汉建立农产品线上线下流通交易平台。武汉市作为全国"菜篮子"工程批发市场体系建设首批试点城市，该工程一直得到市政府的高度关注。武汉家事易公司首创"电子菜箱"无人交付式农产品流通模式，将居民在网上订购的蔬菜投放到设立在小区内的菜箱，居民同时收到短信通知、前去领取新鲜蔬菜，这样有效地解决了生鲜农产品的"最后一公里"难题，既丰富了农产品流通渠道，又为城市居民提供便捷的"净菜配送"服务。目前该项服务已覆盖武汉市 1200 多个小区，共铺设 1649 组电子菜箱，平台上农产品商户超过五百家，每天为 5000 多户家庭、63 个高校及企事业单位食堂实现了蔬菜及其他农副产品的配送，完成日销售额 20 余万元，是国内目前最大的同城生鲜农产品网上交易平台。

武汉通过网格化管理提升社区服务。武汉市江汉区社会管理与服务信息系统暨调度指挥系统，建立全面覆盖、动态跟踪、联通共享、功能齐全的社会管理与服务信息"云平台"，提供城市各类信息的浏览、查询、分析、统计等功能，支撑各类事件的采集、上报、核实、办理、回复的工作流程和机制，为城市日常管理与服务提供信息化支撑。监督指挥中心为各类案件的指挥和调度提供视频监控、应急指挥、视频会议等支持；同时，通过联接街道、社区的网络，能够对辖区范围内的案件"看得见、听得清、呼得出、信息准、反应快"，确保"指令下得去，信息上得来"。

3 武汉精明增长

精明增长，是一种在提高土地利用效率的基础上，控制城市扩张，保护生态环境，服务经济发展，促进城乡协调发展和人们生活水平提高的发展模式。

自 1999 年国土资源部将城市土地集约利用调查与评价列为国土资源大调查的一项重要内容开始，有关土地节约集约利用评价的工作开展已达 13 年之久，2012 年初国土资源部选取了 16 个重点城市拉开了新一轮城市建设用地节约集约利用评价工作的序幕。作为 16 个重点城市之一的武汉是我国重要的工业基地和中部经济中心，正处于城市化、工业化的快速推进期，建设用地供需矛盾日益突出，武汉市政府充分认识到在这样严峻的用地形势下，如不能在土地节约集约利用上形成新的突破，就难以适应武汉市建设国家中心城市的需要。

2012 年 3 月，武汉市国土资源和规划局在市政府的领导下，高度重视，严密组织，积极推进武汉市建设用地节约集约利用评价工作，国家土地督察武汉局也充分运用"引导、指导、疏导、督导"的工作模式，主动地支持、指导、跟进该项工作。工作共动员全市 130 多个部门收集到 47 万多条评价资料，以武汉市土地利用和城市空间规划研究中心为主，联合武汉市土地交易中心、武汉市土地登记发证中心成立的工作团队，积极组织市测绘院、信息中心、北京大学、浙江大学、湖北省知名评估机构等 200 余人参与调查评价研究工作。评价工作历时 8 个月，全面摸清了武汉市土地利用规模、用途、结构、分布和土地利用强度、经济社会效益、潜力等信息，形成了节约集约利用评价应用规划的"武汉模式"。这套模式在江汉区试点之后，许多区级政府意识到节约集约利用评价的重要性，纷纷要求开展区级评价工作。武汉市土地利用和城市空间规划研究中心计划在全市各区逐步开展该项工作，将建设用地节约集约利用评价作为一个可持续的常规业务，成为武汉市国土资源工作"规土融合"（指将城市规划与国土资源管理相结合）的一个新的亮点。

创新

为建立工作的支撑点，使评价工作更具有实用性，工作对关键性问题开展专题研究，对武汉市建设用地节约集约利用和城市发展进行不同视角的思考，为突出成果实际应用奠定了坚实的基础。为深化评价工作，探索评价成果应用的方式方法，评价工作选取武汉市土地面积最小、迫切需要通过土地集约利用、挖掘每一宗土地潜力来支撑区级经济发展的江汉区作为评价试点。在土地集约利用评价中，以规程为基础，在国内首次将土地集约利用评价与发展规划相结合，建立了反映江汉区现代服务业发展特色的评价指标体系，完善了从宏观评价到宗地全覆盖评价的评价体系，确定了多元目标下的最佳容积率，完成了可改造地块的经济潜力测算。以评价结论为基础，制定了更加科学的目标定位与人口转移、产业提升、地下空间开发利用、旧城改造等发展策略；制定了具体可改造地块的开发方案，使得规划的空间落地更具可操作性，并将成果集成为信息系统，供区政府作为决策依据，强化了成果的应用性。为提高工作效率，提升评价工作信息化水平，建立长效的集约利用评价工作手段，研发了武汉市建设用地节约集约利用评价信息系统，利用武汉电子地图实现调查数据空间匹配，实现数据采集、储存、加工、处理、浏览、查询定位、计算、汇总分析、图表输出等多种功能，使评价工作现代化、自动化、智能化。

潜力

据武汉市土地利用和城市空间规划研究中心负责人介绍，评价工作为了更科学、更准确、更实用，划分的功能区和样本片区均细至宗地，按照居住、商业、工业、教育、特别（主要指产业结构调整区域用地、空闲地以及规划予以关注的新增建设用地区域）功能区分别进行评价。武汉市近年来土地利用效益得到明显提高，从1996年到2011年，武汉市地均GDP、地均社会消费品零售总额、地均工业总产值分别提高了8.65倍、8.36倍和8.1倍，年均增长幅度均超过了15%，中心城区土地节约集约利用水平明显高于新城区，其中江汉区以占武汉市中心城区5.49%的建设用地，供养了中心城区11.28%的人口，贡献了13.73%的经济总量，其集约利用水平位居武汉市第一，在中部省会主要城区中也名列前茅；三大国家级开发区（武汉东湖国家自主创新示范区、武汉沌口经济技术开发区、武汉吴家山经济技术开发区）的加速发展，也极大推动着新城区江夏区、蔡甸区和东西湖区的发展，2005—2011年，东西湖区、蔡甸区、江夏区建设用地占全市比重均有下降，而GDP总量占全市比重都有大大提升，土地利用效益都得到了明显的提高。

武汉市主城区土地利用较为集约，无潜力区面积占比超过1/5，短期挖潜以武汉中央商务区、四新城市副中心、杨春湖城市副中心、后湖组团、南湖组团、白沙组团等区域为重点改造对象；近期挖潜集中于黄浦、十升、武钢、青山、杨园、关山等组团。居住用地中多功能混合使用的居住区（如武汉天地御江苑）土地集约利用水平明显高于单一居住功能的居住区，但旧城区由于建筑密度较大，承载人口较多，人居环境有待改善；商业综合体（如武汉广场商业组群）、商务办公用地（如武汉民生银行大厦）土地利用集约度较高，而批发零售、专业市场和其他类商业用地水平普遍较低；工业用地基础设施建设有待加强，建设强度有待提高，产业结构亟待优化；教育用地承担学生负荷较大，配套基础设施有待加强，且高等院校占据中心城区核心地段，拓展空间有限。

对策

通过开展评价工作，武汉市土地利用和城市空间规划研究中心专家建议，武汉市应抓紧制定土地节约集约利用专项规划，以规划促进城市集中紧凑布局和转型发展；制定节约集约用地标准，加强用地控制；建立节约集约利用评价考核机制，将节约集约用地纳入区级政府年度综合目标考核和领导干部绩效考核内容，努力促进土地利用方式转变；建立节约集约用地监管信息系统，建立宗地利用的全过程监管信息平台，建立土地集约利用监管的长效机制。

专家认为，武汉市应基于建设国家中心城市目标，强化国家战略地位，重点要发展门户空港，发挥水运作用，全面实施"工业倍增"计划，推进工业化进程；加快主城轨道交通、新城公共服务等基础设施建设，加快城镇化进程，有序构建"1+6"（主城＋新城组群）城市空间格局；创新存量土地二次开发机制，加快"三旧"改造，积极盘活城市存量建设用地；加快农村产权制度改革，加快城乡建设一体化进程；整合武汉高校资源，与新城发展相结合，促进高校向新城转移，为中心城区腾退教育用地创造条件。

对于现有成果，武汉市国土资源和规划局负责人表示，国家中部崛起战略、"两型社会"综合配套改革试验区、东湖国家自主创新示范区等三大国家战略叠加武汉，武汉在国家发展格局中的战略地位日益凸显，要实现更高水平的社会经济发展目标，就必须更加促进土地节约集约利用。武汉市建设用地节约集约利用评价为科学确定城市建设用地发展规模、布局，优化土地资源配置提供了重要决策依据；为拓展建设用地空间、保障经济社会发展用地指明了方向；同时也为促进规划决策与宏观调控的科学性提供重要参考。

技术支撑

"智慧武汉时空信息云平台建设"是武汉智慧城市建设的重要基础设施，项目整体于 2014 年纳入国家局试点，要求用 3 年时间建立全市权威、统一的时空地理信息数据库和软件平台，为政府管理、企业运营和社会公众提供实时、泛在的地理信息服务，促进地理信息的节约集约利用。其中 2015 年工作任务被列为全市绩效管理重点目标任务。检查会上，信息中心汇报了国家测绘地理信息局对"智慧城市时空信息云平台建设"的最新要求、2015 年项目建设进展、目标任务落实情况及下一步工作打算，并进行了地名地址引擎和服务门户阶段性成果的演示。赵中元副处长对近期项目建设进展给予肯定，他指出，云平台作为智慧武汉建设的基础平台，要站在全市的高度，明确各部门分工，要充分运用"互联网+"的思想，推动政务应用、公众应用并重，打造服务国土规划和城市运行的两个时空信息云服务。

田燕总工对项目建设进展予以肯定。她指出，智慧武汉时空信息云平台是国家局试点，项目组要进一步提高认识，加强荣誉感和责任感，通过努力探索实践，将项目建成全国典范。云平台是全市地理信息资源的汇聚中心，是全市的基础平台，与交通、城管等专项应用相比，其与智慧城市的联系更加紧密。自上次召开项目专题会议后，项目建设取得了较好的进展，既有对整个项目建设任务的细化和分解，也在平台研发上取得了阶段性成果。关于下步工作，她强调，云平台的工作很重要，项目的建设既要满足国家局要求，又要体现武汉特色，在政务服务方面，要加强与各委办局的沟通，形成需求指引；要促进项目建设成果在我局的应用落地，针对我局行政职能，形成系统性的、常态化的技术支撑；要进一步扩大公众应用，继续做好"天地图·武汉"的优化完善和推广应用工作。

4 武汉绿色经济

绿色经济是以市场为导向、以传统产业经济为基础、以经济与环境的和谐为目的而发展起来的一种新的经济形式，是产业经济为适应人类环保与健康需要而产生并表现出来的一种发展状态。包括低碳经济、循环经济和生态经济在内的高技术产业。

（1）武汉市绿色经济发展目标：

2014—2016 年的目标，以创建环保模范城市为载体，发展循环经济，实行节能减排，提升城市功能，加强环境保护整治、创新体制机制，发展绿色消费，以环境基础设施建设和生态文明理念宣传为抓手，加快两型示范创建。于 2015 年通过湖北省环境保护模范城市验收、2016 年通过国家环境保护模范城市验收，全面推进武汉市两型社会建设。

从 2017—2020 年，以落实长效管理为重点，发展壮大生态经济，持续改善生态环境，大力弘扬生态文化，不断优化国土空间开发格局，基本建立生态产业体系，缓解资源环境约束，统筹城乡生态环境保护，进一步改善生态环境质量，使得城乡人居环境更加宜居，加强生态文明制度建设，使得生态市初现雏形。

从 2021—2030 年，以国家级生态文明城市创建为载体，总结生态市建设经验，提升生态文明建设成果，达到国家级生态市建设标准，成为名副其实的全国生态文明建设示范市。

（2）武汉市两型社会的主要任务

① 大力发展绿色经济、循环经济及低碳经济，加快构建覆盖全社会的资源循环利用体系

制定绿色发展中长期行动规划，就节能减排、污染治理、生态建设、结构调整等作出明确规划。按照"因地制宜、分类发展、分类开发、分类考核、分类政策"的原则，科学制定分地区的差异化的绿色经济发展战略。下大力气推进绿色科技创新体系建设。大力培育和发展现代循环农业、生物质产业、节能环保产业、新兴信息产业、新能源产业等绿色新兴战略产业，逐步构建绿色产业体系，为绿色经济发展奠定坚实的基础。

用循环经济理念指导企业、园区发展以及产业转型和老工业基地改造，促进产业布局合理调整，重点推进农业、采掘业、制造业、房地产、再生资源回收利用等领域循环经济的发展。

深化武汉市的循环经济试点，形成国家和地方的梯级试点体系。探索武汉地区园区集约用地、集中供热和废物集中处理方式。

积极支持循环经济技术研发、示范推广和能力建设。推进工业产品再制造、工业废物回收利用、余热余压发电和生活垃圾资源化利用。推进"全国再生资源回收体系建设试点城市"建设。

大力推行武汉低碳城市试点建设工作。结合武汉市情，探索中部地区特大城市低碳发展路径，建成我国绿色低碳的示范区。

② 加强节能减排、资源节约利用，打造低碳城市

围绕工业生产源头、过程和产品三个重点，实施工业能效提升计划，推动重点节能技术、设备和产品的推广和应用，提高企业能源利用效率，鼓励工业企业建立能源管理体系。

加强水资源开发利用控制红线管理，严格实行用水总量控制，包括严格规划管理和水资源论证，严格控制取用水总量，严格实施取水许可，严格水资源有偿使用，严格地下水管理和保护。

实行最严格的耕地保护制度和节约用地制度，严格用途管制，提高土地节约集约利用水平。

③ 着力提升武汉市城市功能、促进资源的合理流动和有效配置

增大机场旅客吞吐能力。实现武汉与主要中心城市之间客运专线直接相连，武汉城

市圈形成较为完善的城际铁路客运网络，增加港口货物吞吐能力，增加公路网总里程和公路网密度。

初步建立"30-60-120"分钟的道路交通运行系统。增加主城区公共出行比例和轨道交通承担公共交通出行比例。逐渐增加"500米见绿、1000米见园"的覆盖率，提高全市森林覆盖率、建成区绿地率、绿化覆盖率以及人均公园绿地面积。成为全国具有影响力的"工程设计之都"，实现建筑产业综合实力全国副省级城市五强。增加绿色建筑占新建建筑比例。

④ 加强武汉市环境保护治理，切实提高生态环境质量水平

a. 深入推进雾霾治理

认真实施《武汉市改善空气质量行动计划》，全面落实治企、减煤、控车、降尘等措施，全力实现到2017年PM2.5、PM10年均浓度分别比2013年下降20%和38%的目标。加大工业污染治理力度，到2017年全市重点行业大气污染物排放强度下降30%以上。强化机动车环保管理，扩大黄标车限行区域至三环线范围，加快供应国V标准车用柴油和汽油。强化建筑工地、城市道路、裸露堆场等环境管理，切实减少扬尘污染扰民。

b. 大力治理水污染

强力推进水源地环境整治和恢复，不断改善饮用水水质。根据《水污染防治法》相关规定，整治水源地环境。积极修复地下水，合理开采地下水，划定地下水保护区，开辟新的水源地。大力治理地表水，进一步提高生活污水的处理能力和工业污水的排放标准。

c. 加紧治理土壤污染

着力控制污染源，严格执行高毒、高残留农药使用的管理规定。抓好现有重污染企业达标排放，全面推进重点工业企业污染防治工作，督促工业企业加大污染治理力度，强化污染防治设施运行管理。确定土壤环境保护优先区域，实行更加严格的环境准入标准。将耕地和集中式饮用水水源地作为土壤环境保护的优先区域。在土壤环境质量评估和污染源排查的基础上，划分土壤环境质量等级，建立相关数据库。禁止在优先区域内新建有色金属、皮革制品、石油煤炭、化工医药、铅蓄电池制造等项目。

d. 综合整治农村环境

对于武汉市地区的农村环境综合整治，要做到以农村环保"四个两"示范工程为主线，"抓点、带线、促面"，推动重点区域集中开展农村环境连片整治，不断完善农村环境基础设施，逐渐改善农民生产生活条件。

⑤ 加强武汉市两型社会建设体制机制创新

a. 创新节能减排机制

建立节能减排工作问责制和激励机制，将节能减排工作纳入经济社会发展综合评价体系，实行严格的问责制，层层落实，形成有力的工作格局。

严格实施新建项目准入机制和落后产能退出机制，严格执行环境影响评价制度和节能评估审查，提高节能环保市场准入门槛，大力淘汰落后产能。

建立节能减排项目实施的助推机制。综合运用经济、法律和行政手段，助推节能减排项目的实施。加大对节能减排的投入，采取"政府引导、企业为主"的方式引导社会资金投资节能减排项目。

b. 创新循环经济发展机制

完善资源型产品价格形成机制。合理调整电价、水价、气价和地价等，制定并发布重点行业清洁生产标准和评价指标体系。出台鼓励循环经济发展的产业政策和产品目录，加快武汉市生态产业体系的形成。

加快推动循环经济法规体系的建立，并对其执行情况予以监督。依据国家相关标准，结合武汉市实际，组织制定一批地方技术标准和技术规范，逐步建立健全我市资源节约标准体系。

进一步推动企业、企业间或园区、废物回收及社会四个层面的循环经济发展，探索实践新的发展模式，形成创新成果及示范。

c. 创新环保监管体制机制

加大对环境保护的统筹协调力度。环境保护部门发挥统一监管作用，做好重大环境问题的统筹协调和监督管理，强化环境执法监督，统一发布环境信息。增强环境监管的协调性、整体性。同时推进环保行政体制改革，进一步理顺职能，探索实行职能有机统一的环保监管体制，加强农村环保监管力量，推动环境监管体制向乡镇延伸。

建立源头严防和过程严管的制度体系。健全自然资源资产产权制度；实行资源有偿使用制度及生态补偿制度。完善污染物排放许可制，实行企事业单位污染物排放总量控制制度。

建立后果严惩的制度体系。建立生态环境损害责任终身追究制；实行损害赔偿制度，对造成生态环境损害的责任者实行严格的赔偿制度，加大违法违规成本。

⑥ 发展绿色消费，推行健康文明生活方式

政府规范引导绿色消费，政府加强绿色消费制度的建设，积极推进公共消费和集中消费，大力推行政府绿色采购。

社会普及推广绿色消费，加强绿色消费教育，逐步推广绿色消费科技，建设绿色消费社区。

推动企业促进绿色消费，引导企业树立"资源有限、节能无限"的观念，要求企业坚持走中国特色的新型工业化道路，在企业内部形成资源少投入、高产出、低污染的小循环经济圈。

倡导公众践行绿色消费，倡导公众节约消费，积极参与构建推广节能型、节水型的低度消耗资源的适度消费生活体系，减少高能耗、高原材料、高用水的消费。

⑦ 加强武汉市"两型示范"创建

推进两型社会建设重点工程。深入推进循环经济、节能减排、环境保护、智慧城市、生态农村等重大工程。

加快东湖生态旅游风景区、汉口江滩、武昌江滩、汉正街、四新生态新城、青阳鄂大循环经济示范区等两型社会重点示范区建设，发挥典型示范带动效应。

深入推进两型学校、两型机关、两型医院、两型饭店、两型社区、两型家庭、两型工地等系列创建活动。

（3）武汉市生态文明建设的主要任务

① 发展生态经济，建设生态经济中心城市

制定差异化产业政策。综合考虑资源环境承载能力，探索"正面引导"与"负面清单"相结合的管理模式，出台产业发展指导目录，制定结构调整负面清单，培育"绿色"产业，限制"灰色"产业，淘汰"黑色"产业。

实施产业生态化改造。大力发展生态农业，推行清洁种植和清洁养殖。针对钢铁、化工等传统产业，推进技术革新，强化清洁生产，实现废水、废气、废渣低排放甚至"零排放"。实施"腾笼换鸟"战略，支持新兴产业加快发展。对所有开发区、工业园实施生态化改造，构建循环型工业体系。

加快发展现代服务业。重点扶持研发设计、现代物流、信息服务、电子商务等产业发展，推动产业由生产制造型向生产服务型转变。利用大江大湖大城的生态资源，加强环湖临江公园建设，积极发展生态旅游产业。加快节能环保产业发展步伐，建设一批节能环保技术创新、装备制造、产品应用的基地，力争到 2021 年产业生产总值翻一番。

② 严格执行武汉市基本生态控制线的规定，加快优化空间开发格局

a. 坚定不移实施主体功能区战略，完善配套的法规和政策

按照"三镇三城"、"1+6"空间格局，持续构建大光谷、大车都、大临空、大临港四大产业板块，着力打造集约高效的生产空间、宜居适度的生活空间、山青水秀的生态空间，以支撑武汉未来发展。

b. 大力提高城镇集约化绿色低碳水平，全过程融入生态文明理念

以规划为龙头，科学规划城市规模和布局，使城乡建设规划、土地利用规划、产业发展规划、环境保护规划有机衔接，注重公共服务建设，因地制宜，彰显特色，实现产业特色、文化特色、景观特色有机融合。

c. 集中优势打造核心功能区，推进国家自主创新示范区建设

发挥东湖新技术开发区、武汉经济技术开发区、武汉化学工业区、东湖生态风景旅游区、武汉临空开发区、武汉新港等第一梯队优势，充分体现集聚高新技术产业、高端

制造业和高端服务业功能。

③ 保护生态系统，打造良好宜居的生态环境

继续实施天然林保护和水土流失综合治理等工程，逐步恢复生态系统。推进林业重点工程建设，抓好天然林、重要生态公益林保护和退耕还林、沿江防护林建设。坚持因地制宜原则，科学护林造林，不断调整林种结构，提高生态林比重。加强湿地保护区建设。

加强防灾减灾体系建设，最大限度减轻自然灾害造成的损失。加大重点区域洪涝灾害治理力度，建立与经济社会发展相互协调、相互促进的防洪减灾体系，科学防范和应对极端天气与气候灾害及其衍生灾害。

④ 健全法律法规，加快生态文明制度建设

加快"立改废"进程，尽快完善生态功能区保护、土壤、地下水等方面保护和管理的法律制度，全面清理修订现有法律法规中与生态文明建设要求不一致的内容。

落实生态文明建设考核制度，定期对各区各部门推进生态文明建设情况进行考核评价。建立生态环境损害问责制。

建立部门联动机制，加强各部门信息共享。充分发挥生态环保专家库的作用，建立群众评议、监督机制，提高广大群众的公众参与度。建立区域联防联控机制，定期召开跨区域、跨界、跨流域联席会议。

积极推进绿色信贷、绿色保险等有利于环境保护的绿色金融政策。开展我市排污权交易的调查研究，推进排污权交易试点工作。实行排污许可证制度，开展生态补偿试点。

⑤ 以生态文化为引领，加快形成推进生态文明城市建设

以生态文化为引领，加快形成推进生态文明建设的良好社会氛围，发扬优秀文化传统，创新和培育现代生态文化。

出台《武汉市全民生态文明教育实施意见》，把生态文明有关知识和课程纳入国民教育体系。大力培育环保志愿组织，建立公众参与环境保护事业的体制和机制。加大对农村干部群众实施环境教育的力度。

强化政府绿色消费的示范作用，引导居民绿色消费行为，形成生态文明建设人人有责、生态文明规定人人遵守的良好风尚。

主动及时公开环境信息，更好落实广大人民群众的知情权、监督权，积极发挥新闻媒体和民间组织作用，自觉接受舆论和社会监督。

5 武汉智能交通

武汉正处于建设国家中心城市、复兴大武汉的进程中，城市交通是市民关心的热点。目前全市有上万个在建工地，城市建设处于大发展时期，道路、地铁的建设在改善市民未来出行交通的同时，给当下交通造成困扰；同时，机动车保有量的快速增长，预

计明年将突破 200 万辆，这也为城市道路拥堵带来影响。目前，武汉市正处于交通发展的转型期，轨道交通出行占公共交通份额逐年增加，今后仍需大力推进轨道交通建设，完善轨道交通线网，同时合理优化常规公交，提高公共交通的服务水平和吸引力，奠定公共交通在市民出行中的优势地位。

以民生为导向，改进和提升交通运输服务质量。公交"突出问题"8 项整改承诺全面完成。规划"快、干、支、微"公交线网体系，开展"公交进社区、进学校、进企业"活动，规范公交行车、停车秩序，提升公交文明服务水平，新辟公交线路 35 条（含微循环 17 条），优化调整公交线路 114 条，安装 1000 条公交便民长凳，公交投诉同比下降 41%，市民满意度同比上升 10%。东西湖区开行 8 条惠民公交线路，成为公交全覆盖的首个新城区。轨道交通开通 10 周年，累计安全运送乘客 6.6 亿人次。出租汽车行业开展"改陋习、树形象"活动，车容车貌及服务水平得到提升。建立完善农村公路建管养保障机制，出台《关于进一步加强全市农村公路建设养护管理工作的意见》；落实节假日公路免费通行政策，全年免费通行车辆 178 万台次，免费金额 2636 万元。统筹推进全市排堵保畅工作，《武汉市人民政府关于治理交通拥堵的意见》出台。

大力推动落实创新驱动战略，不断增强科技支撑能力。加快智慧交通建设，《武汉市城市公共交通智能化应用示范工程建设方案》获交通运输部批复，《既有桥梁检测评估及加固成套技术研究》等科技项目通过验收，智能公交电子站牌及智能公交 APP 推广运用，极大地方便了市民出行；公交、"两客一危"、驾培等实现运输、培训过程实时监控；完成汉江 75 公里航道视频监控、船舶交通量自动监测、乡镇渡口视频监控系统三大"数字港航工程"建设。《武汉市综合交通运输体系发展规划》、《武汉市四大板块对外交通和城市公共交通规划》等一批课题取得成果。推动绿色交通发展，淘汰更新公交"黄标车"1026 辆，三年淘汰更新任务全部完成；启动 12 个绿色低碳交通试点项目，获得国家专项资金支持 3516 万元。

针对武汉城区日益拥堵的现状，阿里巴巴团体计划将高德地图、蚂蚁金服、芝麻信用、阿里云聚集成一个整体办理规划输出给武汉交管局。该平台将汇集交警、交委、城投、公交等疏散的各部门交通数据，整合高德地图、付出宝等来自互联网的交通出行数据，建设一个基于云盘算大数据平台的武汉市"智慧交通"大脑。2015 年 10 月 30 日前，武汉市智能交通诱导系统将完成平台建设并上线试运行，有望缓解城市拥堵状况。目前，武汉市交管部门与高德地图在数据共享、渠道共享、应用定制、服务创新等合作已经率先进行。高德地图软件已可实时显示武汉交通路况、道路管制信息、道路施工情况，为车辆出行规划合理路线，避堵绕行。与蚂蚁金服全面深度合作后，缴纳交通违法罚款、换领驾驶证等窗口业务的在线办理也将陆续推出。通过与阿里巴巴集团合作，将推动武汉交管在规划、管理、服务等方面以数据为基础、以应用为导向，建设智慧城市交通体系。对武汉市民来说，城市拥堵状况或有望得到缓解。

目前武汉已有车站动态显示、手机 APP 智能公交。在自驾出行方面，也能提供线路、路况、拥堵导流等服务，便利出行疏导交通。汪凡介绍，目前武汉市正在积极推进"智能停车"，在不久的将来或能提供全市停车场动态信息，为车主推送最便捷合适的停车位置。

推动民生交通建设大提速。加快构建以轨道交通为骨干、常规公交为主体，轮渡、出租汽车方式为补充，慢行交通相衔接的一体化公共交通体系，提高公共交通运营管理水平和服务质量，进一步方便市民出行。轨道交通 3 号线一期开通试运营，实现中心城区地铁初步成网。开通公交微循环线路 30 条，增加公交车辆 400 台，建设 30 条、120 公里公交专用道，建成金银湖、全力一路、光谷七路公交首末站和国博中心轮渡码头。坚持底线管理、违禁则废的原则，加大出租汽车运营秩序整治，适度增加中心城区出租汽车，有序发展新城区区域性出租汽车，进一步规范出租汽车服务行为，提升服务质量。开展新一轮"万名干部进万村惠万户"活动，实现村村通客车。

推动交通综合治理大进步。贯彻市委、市政府"绿道年"、"路网年"、"停车场年"建设要求，坚持"公交优先"的治堵思路，统筹做好全市排堵保畅工作。建立完善"联席会制度"、"通报督办制度"，分阶段、分层次推进治堵工作；学习借鉴国内外治堵工作先进经验，高起点、高水准开展我市治堵课题研究，力争取得阶段性成果。推动 9 个治堵专项方案的出台落实。加强多种交通运输方式内外衔接组织，促进外向型人流、物流快速疏散。积极申报国家综合运输服务示范城市。推进武汉市综合交通运行协调指挥中心平台建设，开展综合交通运行指数体系研究及发布工作。健全城乡公共交通衔接机制，促进城乡公共交通协调发展。

6 武汉多彩文化

2014 年，武汉市委市政府出台《武汉市实体书店扶持暂行办法》（武政规〔2014〕22 号）、《武汉市文化艺术奖励办法》（武宣文〔2014〕24 号）、《关于支持转企改制市直文艺院团可持续发展的若干意见》（武政〔2014〕71 号）等一系列重大文化政策。全市共举办汉口江滩大舞台"天天演"、"人文武汉·艺术生活"、专业艺术院团"周周演"、农村电影放映等各类文化惠民活动 2 万多场次。全年实现舞台演出观众 800 万人次，服务读者 900 万人次，走进博物馆观众 900 万人次，农村电影放映观众 400 多万人次。区级文化绩效目标全面完成，江岸、江汉、硚口、青山、洪山区被评为全国文化先进单位。

（1）以创建"文化五城"为引领，文化事业持续繁荣

①"艺术之城"建设亮点纷呈

一批汉派精品节会实现提档升级。成功举办第十一届中国武汉国际杂技艺术节和第三届琴台音乐节,进一步提升了两大品牌文化活动的艺术性、国际性和惠民性,扩大了武汉的城市影响。成功举办第二届中华戏曲文化艺术节。该活动共推出《长生殿》、《西厢记》、《玉簪记》、《牡丹亭》等四大经典昆曲剧目,《红灯记》、《沙家浜》、《智取威虎山》等三大经典现代京剧,以及楚腔汉调浓郁的楚剧、汉剧、黄梅戏经典剧目,为广大江城市民带来了丰富的戏曲艺术大餐。

一批精品力作荣获国家级奖项:汉剧《宇宙锋》获中宣部第十三届精神文明建设"五个一工程"奖(2012—2014);歌剧《高山流水》获第二届中国歌剧节最高奖——优秀剧目奖;杂技《飞轮炫技》获第38届蒙特卡洛国际马戏节"银小丑"奖;话剧《海底捞月》获第21届中国戏剧奖·曹禺剧本奖;童话音乐剧《尼尔斯骑鹅历险记》获第九届中国话剧金狮奖;歌剧《高山流水》、京剧《美丽人生》等5件作品入选首批国家艺术基金资助项目。

一批新剧(节目)获得良好的社会效益和市场效益:2014年,我市创作并上演话剧《犟妈》、系列微话剧《好人好梦》、曲艺晚会《我是武汉人》等新剧目,圆满完成"我的中国梦·我的价值观"创建全国文明城市文艺巡演,社会反响良好;由青年演员王荔主演的汉剧《红色娘子军》经典选段亮相2015年国家新年戏曲晚会(国家大剧院演出);贺岁剧《快活里往事》、《恭喜发财》等新剧取得了良好的票房成绩,《信不信由你》演出超80场,"汉派百老汇"逐步形成品牌。

② "博物馆之城"建设再上新台阶

全年新增15家博物馆,全市博物馆总量达到93家。一批重点文博项目顺利推进。5月18日,"智慧武博·数字武汉博物馆"正式上线,开启了武汉数字博物馆新时代。江汉关博物馆将于近期对外开放。武汉中共中央机关旧址本体维修工程已经动工,陈展招标已完成。武昌农讲所《探索与奠基》、《毛泽东在武汉》基本陈列提档升级,正式对外开放。八七会址纪念馆制作的微电影《八七87》在全国微电影大赛上获奖。中山舰博物馆被国务院公布为全国首批国家级抗战遗址和纪念设施。辛亥革命博物馆"双十捐赠"活动产生广泛影响。"走进博物馆"系列活动丰富多彩,高校博物馆进校园活动别开生面,博物馆免费开放水平显著提升。2014年,全市博物馆(纪念馆)共举办常规展览147个,新推出各类临展(巡展)53个。

③ "读书之城"建设成效显著

50个街头24小时自助图书馆,34个地铁24小时自助图书馆遍布江城,便捷高效的数字阅读服务平台年点击量超600万人次。市区公共图书馆实现通借通还,并在江汉、硚口、武昌等区试点向街道图书室延伸,实现"一馆办证、多馆通借;一馆借书、多馆通还"。广泛开展"名家论坛"、"童窗讲坛"等品牌读书活动和汽车图书馆流动服务活动,服务质量不断提升。通过实施政府"十件实事",落实市级以上财政专项资金

747 万元，为全市 2122 个农家书屋平均更新图书 150 册。成功协办第二届中国（武汉）期刊交易博览会，现场展出各类出版物 40 多万种，吸引近 40 万人次参加。武汉图书馆沌口分馆全面完成硬件、软件建设，于春节前实现开馆。汉阳中心书城正式挂牌，并推出 24 小时书吧"悦读空间"，面积 10000 平米的中心书城旗舰店物外书店于 2015 年 1 月 31 日正式对外开放。

④ 文化遗产保护扎实推进

国有可移动文物普查工作全面展开，稳步推进。盘龙城国家考古遗址公园已经国家文物局批准立项，盘龙城遗址核心区本体保护展示工程顺利推进。举办"盘龙城与长江文明国际学术研讨会"和"中俄万里茶道城市市长高峰论坛"，签署《中俄万里茶道申请世界文化遗产武汉共识》。配合开展汉口老租界、武昌昙华林等历史风貌街区整体保护工作，完成全市首批 20 处优秀历史建筑保护图则的编制工作，完成东正教堂的修缮及环境整治。

武汉杂技、伯牙子期传说、卓刀泉传说等 3 个项目入选第四批国家级非物质文化遗产名录。武汉高龙城被文化部命名为国家级非物质文化遗产生产性保护示范基地。汉绣《文武双桌帷》等 21 件非遗作品分获中国工艺美术百花奖、百花杯。《武汉市非物质文化遗产保护条例》讨论稿数易其稿，已完成文本草案。"文化遗产周"活动盛况空前，成功举办 2014 年武汉市第三届非遗艺术节暨长江流域非遗展等系列宣传展示活动，公布了 70 名第二批市级非遗传承人名单。汉阳区（龙舞高龙）和黄陂区（楚剧、黄陂泥塑）被文化部命名为 2014—2016 年度"中国民间文化艺术之乡"。

⑤ 版权保护实现新突破

在巩固全市政府机关软件正版化工作成果的基础上，稳步推进企业软件正版化工作。出台《武汉市著作权登记资助申报办法》和《武汉市著作权登记资助资金使用管理办法》，填补了全省空白，在全国居于前列。2014 年，仅第四季度就投入专项资金 85.3 万元，对全市 1946 件作品进行登记资助，我市社会公众的版权保护意识显著增强。举办武汉地区"大学生版权知识辩论赛"。武汉大学、华中师范大学、湖北大学等高校的数千名师生参与活动，推动了大学与城市的融合互动，营造了浓厚的知识产权保护氛围。

（2）以文化惠民为根本，群众基本文化福利得到保障

2014 年，我局始终坚持文化惠民，积极推进全市公共文化服务体系建设，广泛开展各类文化惠民活动，不断提升全市公共文化服务水平。

① 全市公共文化服务网络日趋完善

按照全覆盖、普惠型和便捷高效的原则，我市基本形成了政府主导、多元融合、覆盖城乡的全市公共文化服务网络格局。全市 14 个文化（群艺）馆、16 个公共图书馆、25 个国有博物馆（纪念馆）、84 个 24 小时自助图书馆、163 个街（乡镇场）文化站、

1249 个社区文化活动室、2122 个农家书屋全部免费对外开放。

② 文化惠民活动广泛开展

一是打造汉口江滩大舞台"天天演"文化惠民活动品牌，组织市直专业院团进江滩、市直博物馆（纪念馆）展览进江滩和露天电影放映进江滩活动，进一步丰富了江滩文化活动的内容，提升了江滩文化活动的成色和品位。2014 年，汉口江滩共开展舞台演出、展览展示和露天电影放映等示范性文化惠民活动 300 余场，惠及百万江城市民和中外游客，成为市民心中新的"民众乐园"。

二是开展送戏下乡、慰问农民工、城市剧场"周周演"、"人文武汉·艺术生活"等惠民演出活动。市直八大专业院团全年坚持开展送戏下乡、送戏进社区和慰问农民工演出活动 1000 余场，把文化活动送到农民、社区居民和农民工群体身边；继续实施城市剧场 20 元、30 元低票价惠民工程（每张票平均成本 95 元），开展城市剧场"周周演"文化惠民活动 1000 余场。天一戏院、楚乐戏苑、美成戏院、人民剧院每周上演京汉楚等传统戏曲节目，服务广大中老年戏曲爱好者；中南剧场、D5 空间、亲子剧场上演的试验小话剧和儿童剧；武汉杂技厅的杂技演出，武汉说唱团"都市茶座"的传统曲艺节目，武汉爱乐乐团在琴台音乐厅举办的周末音乐会，武汉歌舞剧院"实验小剧场"的歌舞节目演出等文化活动均受到市民的欢迎。每到周末，不同消费层次和爱好性趣的市民可以有选择的观赏自己喜爱的文艺演出。

三是继续实施农村电影放映工程，全年放映农村电影 2.5 万多场，全面完成"一村一月一场"目标任务。在汉南区率先启动农村电影室内放映点建设工作，积极探索定时定点的室内放映模式，提升了农村电影放映的环境和质量，观影人数明显增加，受到广大农民朋友的欢迎。

四是通过落实政府十件实事，重点扶持社会骨干艺术团队发展，鼓励它们参与公共文化服务。2014 年，市级财政投入 332 万元，按每队 8000 元的标准，为全市 415 支乡镇骨干艺术团队配置文艺活动器材。目前，我市广大城乡活跃着近 4000 支腰鼓队、威风锣鼓队、舞蹈队、合唱队等社会文艺团队。其中，涌现出了武汉邮政艺术团、武汉电信艺术团、武钢文工团、星海合唱团、市老干艺术团、常青花园社区艺术团、百步亭花园社区艺术团等一批队伍稳定、艺术素养较高的骨干团队。它们常年坚持深入企业、学校、农村和社区开展各类文化惠民活动，成为我市公共文化服务的重要力量。2014 年，武汉市老干部合唱团获第 16 届中国老年合唱节"齐风杯"。

（3）以保障繁荣有序为目标，宏观管理全面加强

① 文化市场呈现繁荣有序新面貌

启动全市文化市场技术监管与服务平台建设，进一步创新文化市场执法手段，提升文化市场综合执法水平，加大大案要案查处力度。按照抓基层促效率、抓基础促规范、抓机制促发展的工作思路，采取市区联合、属地管理，部门联动、各负其责，社会联防、包保到位等措施，扎实组织开展文化市场雷霆行动、"扫黄打非"专项行动。全年，市、区共出动执法人员44393人次，检查各类文化经营单位58232家次，受理各类举报612件，现场责令改正773家次，立案调查231家次，移交案件18件，办结案件221件，警告181家次，责令停业整顿281家次，吊销文化经营许可证14家，罚款63.95万元，有力打击和震慑了违法分子，确保全市文化市场的繁荣有序。

②报刊出版、广播影视播出规范有序

进一步规范对新闻出版、印刷、广播影视行业管理，完成全市47家市属报刊、933家印刷单位和60家电影放映单位的年度核验和统计工作。按照国家新闻出版广电总局的要求，经我局审核申报，武汉广播电视总台更名为"武汉广播电视台"，部分频道、频率获准更名。进一步完善审读审看工作机制，加强对市属报刊和广播电视节目的监管，全年编发《武汉审读》15期、《武汉收听收看》12期，其中《武汉审读》被《湖北新闻出版审读》采用两期。进一步加强新闻采编专业人才队伍建设，组织全市31家新闻单位采编人员进行业务培训和岗位考试，对全市1400名新闻采编人员统一换发了新记者证。按照《省新闻出版广电局关于重新核实（公社）老放映员身份的通知》要求，对全市乡镇（公社）老放映员身份进行了重新摸底核实，确认739名乡镇（公社）老放映员身份。进一步加大对违法违规广告的整治力度，指导市属报刊和广播电视播出机构积极制作、刊登、播出公益广告，充分发挥公益广告传递正能量，弘扬社会主义核心价值观的积极作用。全年共查处违规广告51条，有效遏制了"五类广告"的蔓延，净化了报刊版面和声频荧屏。

（4）以质量和效益为核心，文化产业取得突破性进展

全市已建成并运营文化产业园区（基地）21家，集聚文化企业1600余家。2014年，武昌长江文化创意设计产业园入选国家文化产业试验园区，汉阳造文化产业园和湖北视纪印象有限科技股份公司入选国家文化产业示范基地，武汉高龙城非物质文化遗产传承园、江城壹号文化创意产业园、中国光谷创意产业园等6家单位入选首批省级文化产业示范园区，东湖高新、武昌、江汉、汉阳、洪山、东西湖17家企业获批第四批省级文化产业示范基地，为全市文化产业发展树立了典型，将更大程度凝聚资源，实现文化产业整合与提升。总投资70亿元的万达汉秀剧场和万达电影主题乐园开业迎宾，成为武汉市新的文化地标。积极推动文化金融融合，为小微文化企业解决融资难题。举行版权质押贷款签约仪式，浦发银行等金融机构为银都传媒等8家文化创意企业提供1.5亿元贷款。2014年，全市新闻出版业实现总收入130亿元。武汉电影产业做大做强，全市电影院线13家，影城58家，票房突破8亿元，位居全国前列。动漫产业全年实现总产值54亿元，《木奇灵之绿影战灵》等5部作品登录央视，整体实力位居全国前十。超级玩家、博润通两家动漫创意企业登陆"新三板"。全市各区均策划或建设了1—2个投资额超1000万元的文化产业项目，圆满完成绩效目标。

7 终身学习

终身学习是指社会每个成员为适应社会发展和实现个体发展的需要，贯穿于人的一生的，持续的学习过程。即我们所常说的"活到老学到老"或者"学无止境"。

武汉市学习型城市建设以创建文明城市为契机，以推进学习型组织建设和社区教育发展为抓手，以提高市民素质为目的，打造"终身学习活动品牌"，树立"百姓学习之星"，完善全民学习培训体系，发展社会教育实验项目，开发数字化网络学习资源，学习氛围日益浓厚。武汉市积极倡导终身学习的理念，开展学习型组织建设，完善终身学习服务体系，引导市民把终身学习作为一种精神追求和生活方式，进一步推进人人皆学、时时能学、处处可学的学习型社会建设。

（1）推进学习型组织建设

① 建设学习型党组织。重点抓好思想理论建设，深化对中国特色社会主义理论体系的学习教育，加强党委（党组）中心组学习，组织各种形式的主题学习教育活动，不断深化学习型领导班子建设。充分发挥党校、行政学院、干部学院在教育培训中的阵地作用，优化知识结构、提高综合素质、增强创新能力。

② 建设学习型机关。把学习型机关建设与服务型机关建设紧密结合起来，围绕转作风提效能，结合工作岗位要求，制定学习型机关建设规划，强化业务培训，更新知识结构，健全学习制度，提高学习能力。

③ 建设学习型学校。学校要培养教师自主学习和团体学习的能力，充分调动教师自身能动性，转变观念，提高教师的综合能力、集体协作能力和创新力，为实现学校的发展开展创新性工作。建立学生自主学习的环境，为学生提供充分成长的环境，把学习变成学生自主研究、调查、检验、提出质疑的过程，让学生在开放性的学习环境中主动探索研究，并在学习过程中培养勤于动手、乐于实践的良好学习习惯。

④ 建设学习型企业。以增强组织创新能力和持续发展能力为核心，结合企业技术革新、效能提高等要求，引导员工制定职业生涯规划，不断学习新知识、新技术，积极开展团队学习、岗位培训、技能竞赛和继续教育等学习活动，不断开发人力资源，鼓励人人成才。

⑤ 建设学习型社区。充分利用社区文化教育资源，形成以社区教育学院为龙头，各区、街道（乡镇）社区学校为骨干的社区教育网络。建设和完善社区阅览室、科普画廊等社区教育学习阵地，开展文化教育、技能培训、休闲娱乐等文化生活教育活动。组建志愿者队伍，为居民提供学习和文化服务。

⑥ 建设学习型家庭。大力加强家庭美德教育，结合文明城市建设活动，组织各种寓教于乐的文体活动、社会公益活动和学习交流活动。丰富学习型家庭创建的载体，开展各类优秀学习型家庭创建与评选活动，努力形成家庭全员学习、父母带头学习、互动创新学习的良好学习氛围。

（2）搭建学习服务平台

① 构建社会教育服务平台。进一步明确社区教育学院的功能定位，制定印发区级社区教育学院建设标准，加快区级社区教育学院规范化建设。加强对青少年开展校外教育服务的功能，搭建青少年了解社会、服务社会的实践平台。继续编写、开发市民读本。鼓励街道（乡镇）社区学校开展农村劳动力转移培训、农村实用技术培训以及进城务工人员文化技能培训，培育新市民。进一步完善老年人教育网络，积极为老年人创造学习条件。

② 打造学习品牌树立学习典型。各区、各部门、各行业要积极打造具有品牌影响力的学习主题活动，激发市民学习的热情、营造全民学习的氛围。依托"文化五城"建设，不断提升市民素质和城市品位。树立事迹感染力强、群众认可度高、社会影响面广具有平民性、草根性的百姓学习典型。办好第十一届全民终身学习活动周。

③ 推进实验项目和课题的研究。鼓励相关单位结合职能开展专题研究，以项目和课题为抓手，大力推进社区教育。深入开展社区（街道）实验项目工作和课题研究。有序做好专职人员培训、项目课题的中期管理、结题验收、成果推广等四个实施环节。

④ 加快数字化学习服务平台建设。按照《武汉市数字化学习资源建设方案》要求，为"国家数字化学习资源中心武汉中心"和"武汉终身学习网"的建设提供智力、资源和资金支持，打造学习信息资源发布平台，及时发布全市各类学习讲座信息和经典阅读书目推荐信息，打造一批深受群众欢迎的品牌性读书学习类栏目，为市民学习提供信息服务。

⑤ 发挥公共文化设施学习服务功能。加强公共文化基础设施的建设与管理，拓展文化馆、科技馆、图书馆、博物馆等各类科技和文化设施的学习服务功能。健全公共图书服务网络，推动图书馆延伸服务，重点加强对边远老区、农民工子女、残障儿童等弱势、特殊群体的服务。

（3）丰富学习活动载体

① 开展理论学习宣讲活动。全面学习贯彻党的十八届四中全会精神，深入学习贯彻习近平总书记系列重要讲话。以各类专题研讨班、主题培训班、座谈交流会、门户网站专栏为主要载体，深入宣传阐释中国特色社会主义理论和民族复兴"中国梦"，广泛开展社会主义核心价值观、武汉精神的宣传教育。深入开展形势政策教育，统一思想，引导党员干部群众凝心聚力建设现代文明城市。

②建设社区居民学习共同体。探索建设以学习型家庭创建为背景,以社区居民社团的学习化培育为途径,以各社区(街道)下属的社区居民自行组织的面向全体居民的各种书画研究性、文化娱乐性、体育技能性、特色传统性的团体为主要对象,依托区、街道社区工作委员会和社区各种社团组织与社团居民一起,开展富有活力、参与性高、具有持久发展能力的社区居民学习共同体。

③提升市民科学文化素质。深入实施公民道德建设工程,深化群众性精神文明创建活动,努力提升市民文明素养。开展科学素质提升行动,组织开展科普宣传、科技创新竞赛等活动,传播科学思想、弘扬科学精神,提高全民科学文化素质。

④开展好全民阅读活动。深入持久开展好全民阅读活动,推进"书香江城—全民读书月",将"读书之城"、"名家论坛"等读书学习品牌做大做强。开展捐书、惠民书展、爱心助读等读书学习活动,推动阅读服务便捷化。顺应信息化发展趋势,通过数字资源体验、新媒体与数字阅读推广等活动,推动阅读方式多元化。

确定的总体目标:到2020年,全市初步建成灵活开放的终身教育体系;市民综合素质进一步提升;城市的文明程度和综合竞争力明显增强;基本形成学习型社会,进入教育强市和人力资源强市前列。

8　全民保健

2014年,在市委、市政府的领导下,全市卫生计生系统以深化医改和计划生育工作为主线,大力提升公共卫生、医疗服务和计划生育等各项能力,全市卫生计生工作取得了显著成绩,国家医疗卫生服务中心建设取得新进展,群众"看病难、看病贵"问题得到一定程度缓解,整体健康水平得到明显提升。全市人均期望寿命达79.85岁、孕产妇死亡率为9.28/10万、婴儿死亡率为2.89‰,主要健康指标再创历史最好水平,均位于全国前列。全市出生人口10.98万人,出生政策符合率93.59%,人口数量增长态势保持平稳。

(1)创卫工作取得突破,居民生活环境显著改善

2014年实现创建国家卫生城市全面达标是市委、市政府提出的奋斗目标。作为创卫的主要责任部门,各级卫生计生部门在市委、市政府的坚强领导下,在相关各方的大力支持下,全力以赴推进创卫达标。全市重点实施了"五项工程"(净化工程、绿化工程、美化工程、亮化工程、畅通工程),开展了"六项行动"(食品安全、疾病防控、病媒生物防制、二次供水、门前三包、垃圾转运),完成了"八大战役"(集贸市场、城中村和城乡结合部、城市立面、建筑工地、五小行业、背街小巷和老旧社区、铁路沿线和进城公路、交通秩序整治)。全市市容环境卫生显著改善,居民健康素养明显提高。我市创卫工作先后通过了国家层面的暗访和技术评估。当年1月又通过了国家综合评审,目前已公示完毕。全市人民坚持了 24 年的"创卫梦"有望实现。

（2）深化医改扎实推进，群众普遍享受改革成果

公立医院改革积极推进。委托第三方实施的公立医院布局规划调研论证基本完成。修订施行《武汉市市属公立医院绩效评价办法》，开展了 15 家市属公立医院绩效评价。积极推进国企医院改制工作，累计完成企业医院改制 20 余家，国务院医改办已初步确定我市为国有企业医院改制试点地区。新农合制度更加健全。全市参合农民达 282.98 万人，参合率 99.9%，人均筹资标准达 430 元以上，比上年提高 13%；政策范围内住院补偿比达 75.3%。大病保险赔付 1.1 万笔，支付赔款 5087 万元。直接受益农民达 672 万人次。基本药物制度更趋完备。基层医疗卫生机构基本药物品种规格增至 800 种，并允许配备不超过基药数量 20% 的非基本药物。全市二、三级医院配备使用基本药物比例平均达 47.3%、30.8%，分别高出规定比例 7.3 和 5.8 个百分点。率先在全省非政府办基层医疗卫生机构实施基本药物制度，51 家非政府办社区卫生服务中心已配备使用基本药物，为患者减轻药费支出 3000 余万元。医用耗材招采工作全面启动。基层运行新机制不断完善。在 28 个医联体中推行"双向转诊"，全年上转 4 万人次、下转 7600 余人次。在 144 家基层医疗卫生机构探索开展"医养融合"，基本形成 4 种服务模式（巡回服务、日间服务、看护服务、上门服务）。国家卫生计生委副主任王培安视察了我市医养融合工作并给予了充分肯定。社区医生、乡村医生签约服务不断拓展，签约居民达 191 万人。村医保障政策逐步健全，村医执业保险全覆盖，为 1703 家村卫生室购买了医疗事故责任险，为 3303 个村医购买了执业意外伤害险。村医补偿政策全面落实，村医人均年收入达 2.6 万元。基本公共卫生服务均等化扎实推进。修订完善了《武汉市基本公共卫生服务项目绩效考核办法（2014 年版）》，服务项目增加到 12 大类 44 小项，补助标准提高到年人均 45 元，领先中西部地区。累计建立居民电子健康档案 749 万份，为 36 万老年人提供了免费体检，将 45 万高血压患者、13 万糖尿病患者、3.7 万重性精神病患者纳入规范化健康管理。健康服务业加快发展。积极支持社会办医，批准设置社会资本举办医院 21 家，新增床位 3750 张。大力推进健康管理试点工作，黄陂区探索开展的"12345"健康管理模式，得到国家卫生计生委领导充分肯定并在全省推广。

（3）计生政策平稳实施，计划生育服务管理不断优化

"单独两孩"政策平稳落地。根据全省统一部署，认真宣传"单独两孩"政策，摸清单独家庭底数，开展出生人口监测，评估可能出现的"出生堆积"问题。全市共受理"单独两孩"申请 7821 份，已批准 7395 份，已生育 2682 人，出生人数少于预测人数。在全省计生年度考核中，我市获卫生计生部门线一等奖。出生人口性别比综合治理扎实推进。强化孕情监测跟踪包保责任，重拳打击"两非"，查处"两非"案件 270 例，其中典型案件 127 例，同比分别增加 14% 和 32%，我市出生人口性别比为 113.41，呈持续下降趋势，被评为全省出生人口性别比综合治理先进市。新洲区在全国打击"两非"工作会议上作了经验交流。流动人口计生服务不断强化。作为全国流动人口均等化服务试点城市和全国流动人口社会融合示范试点城市，全面推进流动人口基本公共卫生计生服务均等化，覆盖率达 95.89%，新建流动人口健康档案 50 余万份，流动孕产妇健康管理服务率达 93.5%，计划生育免费技术服务到位率达 94.86%，婚育证明电子化改革稳步推进，"暖在江城"系列服务有序开展。计划生育奖扶政策全面落实。发放农村计划生育家庭奖扶金 1565.42 万元、特扶金 4423.26 万元、农村村民及城镇无业居民独生子女保健费 1551.42 万元，农村独生女、二女户中考因加分被录取 607 人，农村独生女高考因加分被录取 378 人，企业退休职工计划生育奖励全面落实。东西湖、黄陂区启动城镇独生子女年老父母计划生育一次性奖励政策试点，硚口区、武昌区等 5 家单位在全省计划生育特殊困难家庭扶助关怀工作会议上作了交流发言。计划生育基层基础不断夯实。"基层基础建设年"活动广泛开展，全市 3379 个村（社区）居委会均设专人开展计划生育服务管理，186 个街乡均被纳入计划生育第三方电话调查考核。基层基础工作示范单位"三级联创"有序实施，汉阳区晴川街等 20 个街（乡）、蔡甸区蔡甸街国利村等 169 个村（社区）获评全市示范单位。全国计划生育基层基础工作会议在汉召开，我市作了经验交流。

（4）公共卫生服务能力持续增强，居民健康水平不断提升

疾病防控体系不断健全。13 个区新一轮疾病防控"强基工程"深入推进，50 家二级以上医院公共卫生科提档升级全面达标，119 家社区卫生服务中心公共卫生服务能力持续提升，疾病防控"三位一体"管理模式得到加强。卫生应急工作得到加强。制订了埃博拉出血热、长江隧道恐怖袭击等应急预案，加强了卫生应急物资储备，开展了应急队伍培训和演练。有效处置了蔡甸区 1 例人感染布鲁氏菌病疫情，全面开展了埃博拉防控，累计监测疫区回汉人员 216 人。黄陂区顺利通过国家卫生应急综合示范区验收，洪山等 2 个区被评为全省卫生应急"五个一"工程优秀区。重大疾病防控有效开展。国家免疫规划接种率达 99.5% 以上，作为全国城市代表接受世界卫生组织疫苗使用安全监测评估并受到好评。启动全国艾滋病综合防控示范城市建设，免费治疗艾滋病患者 459 人，武汉市作为特邀代表参加世界艾滋病大会并作经验交流。免费治疗结核病患者 5740 人、晚血患者 192 人，全年未发生重大暴发性疫情。慢性病综合防控不断加强，高血压、糖尿病、重性精神病规范化管理率分别达 77%、78%、96%，江汉等 4 个区创建为国家慢性病综合防控示范区，青山等 4 个区创建为全省慢性病综合防控示范区。雾霾人群健康影响监测点增加到 5 个，开展重点企业职业病危害调查 163 家、重点行业职业健康监护 2760 人次。妇幼健康优质服务不断拓展。开展妇幼健康服务年活动，孕产妇和儿童健康管理率分别达 98.7%、97.2%。实施出生缺陷干预工程，免费开展婚前医学检查 9.6 万人、孕前优生健康检查 4.7 万例、"两癌"检查 5 万余人次，农村怀孕妇女叶酸服用率、住院分娩补助率目标均超额完成。实施降低剖宫产率综合干预措施，全市剖宫产率同比下降 3.1%。儿童健康服务有序开展，为 6.9 万名新生儿免费开展耳聋基因筛查，为 5.7 万名儿童开展先心病筛查，协助为患白血病、脑瘫的贫困家庭儿童提供医疗救助，治疗患儿 120 名。汉阳、东西湖等区妇幼健康服务工作成效突出。

（5）医疗服务体系不断完善，服务质量进一步提高

医疗资源进一步优化。全年完成基本建设投资 41.59 亿元，重点安排了 10 个重大项目。市三医院等 7 家机构建设项目竣工，总建筑面积达 32 万平方米，增加床位 3314 张。全市每千人口床位数达 7.12 张，每千人口执业（助理）医师数达 2.87 人，每千人口注册护士数达 3.54 人，均高于全国平均水平。同济医院、协和医院、武大人民医院、武大口腔医院 4 家单位入评医院综合实力"全国百佳"，其中同济医院、协和医院连续 5 年上榜，并进入全国 20 强。市武昌医院、市武东医院等 6 家医院升格为三级医院，全市三级医院总数达 45 家。重点专学科建设不断加强。新增国家临床重点专科 31 个，总数达 121 个。新增省、市级重点专科 43 个，总数达 221 个；新增区级重点专科 16 个，总数达 30 个，国家、省、市、区四级临床重点专科建设体系基本形成。同济医院病理科等 15 个专科进入复旦大学医院管理研究所发布的"全国 30 个最佳专科"前十名；市中西医结合医院皮肤科、市妇儿中心小儿内科、亚心医院心外科获最佳专科排行榜提名。专科诊疗中心建设扎实推进，出台《武汉地区专科诊疗中心建设管理办法》，确定同济医院妇科等 15 个专科进行培育建设。基层服务能力明显增强。认真续办市人大 3 号议案，完成 30 家基层医疗卫生机构提档升级，开展 100 家社区卫生服务站规范化建设和 50 家中心村卫生室建设，全市"四化"乡镇卫生院达到 47.8%，"五化"村卫生室达标率超过 70%。3 号议案续办工作在市人大议案办理测评中获得满意票数最高。医疗质量管理更加规范。质控体系不断健全，新设质控中心 5 个，总数达到 17 个。制发《规范诊疗 30 条》，开展违规诊疗行为专项整治。推行精细化诊疗服务，137 项温情服务普遍实施。全年未发生重大医疗安全事件，医疗事故发生率同比下降 33%。医疗纠纷第三方调解机制逐步完善，调解成功率达 83%。武昌区在全省医疗纠纷调解工作会议上作了经验交流。输血和急救工作取得新进展。扎实开展无偿献血"六进"活动，全年采集血液 62.4 吨，同比增长 14.5%，连续两年实施"南血北调"，成功举办全国第七届输血大会。急救体系进一步完善，中心城区急救站增加到 37 个，汉南等 6 个新城区急救中心建设初步完成，在全国率先开展专科急救站建设，已建专科急救站 5 个，积极推动区域急救合作，长江中游城市群急救协作机制初步建立。

（6）人才科技工作协同发展，"智慧医疗"改善群众就医感受

落实"人才强医"举措。认真实施卫生人才队伍建设"1+6"规划，1 人获评国医大师，33 人获评湖北中医大（名）师，13 人获得国务院、省、市政府津贴和有突出贡献的中青年专家。遴选了 20 名"黄鹤英才（医学）"，选拔了 132 名中青年医学骨干人才。筛选了 300 名临床执业医师进入全科医师转岗培训，订单式培养了 60 名全科医生，建立了住院医师规范化培训基地医院 23 家，已招录住院医师培训人员 2113 名。实施"科技兴医"战略。积极开展重大危险疾病防控研究。获得国家、省、市科研立项 97 项，其中：国家自然科学基金项目 24 项，资助金额达 683 万元。完成科研课题鉴定 55 项，其中：达到国际先进水平 13 项。获得知识产权专利 38 项，省、市科技进步奖 54 项。发表医学论文 2800 余篇，其中被 SCI 收录 117 篇。市中心医院、市结防所等 3 家机构获批国家药物临床试验机构资格。推进"智慧医疗"建设。市级信息平台一期项目基本建成，江岸等 11 个区已完成数据中心建设，市普爱医院等 6 家委属医院建立了远程医疗系统。"一卡通"在 18 家市、区联网医院实施，现已发卡 71.5 万张，持卡首次跨院就诊 6.3 万人次。国家居民健康卡在江夏区和市中心医院进行试点。电子病历数据库建设在二、三级综合医院全面展开。居民电子健康档案数据库在市级平台联网医院实现连通共用。

与此智慧武汉向广义智慧城市探索实践迈进相对应，值得一提的一件事是 2015 年 4 月下旬，国务院批复同意《长江中游城市群发展规划》（以下简称《规划》）。这是继《国家新型城镇化规划（2014—2020 年）》出台后国家批复的第一个跨区域城市群规划。

长江中游城市群是以武汉城市圈、环长株潭城市群、环鄱阳湖城市群为主体形成的特大型城市群，国土面积约 31.7 万平方公里，承东启西、连南接北，是长江经济带三大跨区域城市群支撑之一，也是实施促进中部地区崛起战略、全方位深化改革开放和推进新型城镇化的重点区域，在我国区域发展格局中占有重要地位。这是继珠三角、长三角、京津冀三大经济区极后的第四大极，亦往往简称为中三角。

《规划》立足长江中游城市群发展实际，积极融入国家重大发展战略，紧扣协同发展主线，突出重点合作领域，注重体制机制创新，坚持开放合作发展，明确了推进长江中游城市群发展的指导思想和基本原则，提出了打造中国经济发展新增长极、中西部新型城镇化先行区、内陆开放合作示范区、"两型"社会建设引领区的战略定位，以及到 2020 年和 2030 年两个阶段的发展目标。《规划》明确了六个方面的重点任务，城乡统筹发展。坚持走新型城镇化道路，强化武汉、长沙、南昌的中心城市地位，依托沿江、沪昆和京广、京九、二广等重点轴线，形成多中心、网络化发展格局，促进省际毗邻城市合作发展，推动城乡发展一体化；基础设施互联互通。围绕提高综合保障和支撑能力，统筹推进城市群综合交通运输网络和水利、能源、信息等重大基础设施建设，提升互联互通和现代化水平；产业协调发展。依托产业基础和比较优势，建立城市群产业协调发展机制，联手打造优势产业集群，建设现代服务业集聚区，发展壮大现代农业基地，有序推进跨区域产业转移与承接，加快产业转型升级，构建具有区域特色的现代产业体系；共建生态文明。着眼推动生态文明建设和提升可持续发展能力，建立健全跨区域生态环境保护联动机制，共同构筑生态屏障，促进城市群绿色发展，形成人与自然和谐发展格局；公共服务共享。以推进基本公共服务均等化为重点，全面加强教育科技、医疗卫生等交流合作，共同推动文化繁荣，联合开发人力资源，创新社会治理体制，提升公共服务共建共享水平；深化对外开放。把握全球化趋势和我国对外开放新格局，大力实施开放带动战略，共建开放通道和平台，推进国内外区域合作，提高开放型经济水平，为加快发展提供强大动力。为确保规划目标和任务如期完成，《规划》强调要切实加强对规划实施的组织领导和督促检查，完善规划实施评估和督促检查机制，并要求各有关方面提高认识、紧密合作、扎实工作，共同推动《规划》的落实。

应该指出，此第四极中三角智慧城市群的崛起，智慧武汉向广义智慧城市理念有效探索迈进有十分重要的战略意义，采用广义智慧城市顶层设计的有效统筹协同理念规划、设计、建设第四极智慧城市群，乃至对整个长江流域智慧经济区发展均是十分有益的。

黄长清，武汉市互联网信息办公室（武汉市网络安全和信息化领导小组办公室）主任，兼中共武汉市委宣传部副部长。

广义智慧城市顶层设计的创新实践之路

随着信息社会的快速发展及互联网思维的全面影响，时代演进步伐不断加快，社会生产生活方式也正在发生着根本性改变。为了顺应信息社会发展潮流，抢抓信息社会发展机遇，国外很多发达国家纷纷制定了宽带网络、物联网与云计算、大数据，以及工业化升级与智慧城市建设等相关战略，如美国联邦政府云战略、宽带计划及再工业化策略，德国云计算行动计划及工业4.0战略等。

近年来我国高度重视信息社会发展战略，积极促进新一代信息技术的创新应用，不断加强智慧城市的试点示范建设，推动"宽带中国"、信息消费、物联网与云计算产业等各项计划的全面落实。据统计，我国现有400多个城市提出或正在建设智慧城市，加强信息基础设施与智能化公共管理服务体系建设及新兴产业创新发展，提升经济发展质量及区域竞争力。为了全面顺应信息社会发展潮流、紧跟时代发展步伐，占据新一轮城市发展制高点，加快智慧城市建设势在必行。

目前，我国"智慧城市"的建设已经步入快速发展阶段，大规模的城市信息化升级正在拉开帷幕。智慧城市建设是一项复杂的工程，要完成这一项复杂工程，需要以理念一致、功能协调、结构统一、资源共享、部件标准化等系统论的方法，从全局视角出发，对项目的各个层次、各个要素进行统筹考虑。

智慧城市的顶层设计，是一个城市战略层面的蓝图设计，是从全方位的视角，进行智慧城市总体架构的设计，对整个架构的各个方面、各种参与力量、各种正面的促进因素和负面的限制因素进行统筹规划和设计，力争达到网络、技术、产业与应用发展之间的统筹、协调，以便顺利地将智慧城市向前推进。

中兴网信作为中国智慧城市论坛CSCF（China Smarter City Forum）的合作单位，牵头负责广义智慧城市顶层设计的研究工作。中兴网信运用广义智慧城市理论在国内30多个城市完成了顶层设计工作，参与了80多个城市的智慧城市建设工作，在过去几年中积累了丰富的智慧城市顶层设计及项目建设经验。在论坛智库专家指导下，中兴网信将智慧城市顶层设计规划经验编制成文，供业界同仁共同学习参考。

一、中兴网信的广义智慧城市之路

1 广义智慧城市的定义

中国智慧城市论坛CSCF（China Smarter City Forum）主席、全国人大原副委员长、国内外著名经济学家成思危先生，从城市发展论及知识、智能、智慧经济学观点出发，提出了广义智慧城市顶层设计思想，广义智慧城市的建设要"以人为基础，土地为载体，信息技术为先导，资本为后盾"，同时遵从"量力而行，尽力而为，突出重点，讲求实效"等指导思想。

立足城市的实际情况，坚持以科技创新和深化应用为核心，将先进技术广泛运用于经济发展、公共服务及社会生活等各个领域，以信息资源开发利用为主线，依托新技术、新业态和新的服务方式，更准确快捷地配置资源、更大程度地降低能耗，创造城市廉洁高效的政务环境、创新活跃的市场环境、和谐低碳的居住环境，推进城市产业结构的高端化，倡导信息时代的品质生活，全面提升城市综合竞争力。

"广义智慧城市"以宽带、融合、泛在的城市信息基础设施为基础，通过统一的信息支撑技术平台，把人、土地、信息技术、资本统筹考虑，建立完善相关保障机制、技术标准和指标指数测评体系，与新型城镇化"智慧化运营管理"、"综合决策"、"安防指挥调度"的核心业务需求进行有机的对应与衔接，实现集约、高效、绿色、宜居一体化综合城市的总体要求（见图1）。

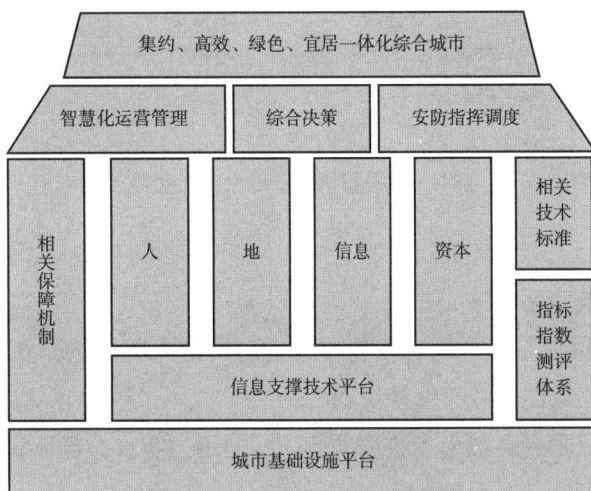

图1　广义智慧城市框架

2 中兴网信智慧城市创新模式

中兴通讯拥有全球一流的信息技术产品开发和服务配套技术研发能力，是国内首屈一指、产品一流、服务一流、创新一流的智慧城市解决方案提供商。中兴网信是中兴通讯股份有限公司全资高科技企业、中兴通讯智慧城市研发产品线、中兴通讯负责智慧城市项目的主体，负责智慧城市的整体方案、顶层设计、产品研发、项目实施、运营维护。

中兴在智慧城市领域拥有四大优势（见图2）：中兴是国家标准及行业标准的制定者，参与了云计算、物联网、智慧业务等众多标准规范的制定；中兴拥有强大的产品自研能力，积累了自主知识产权的众多核心产品，遍及网络设备、物联芯片、平台组件、行业应用等；中兴作为民族企业，能够为政府提供全面的智慧城市安全方案，提供从设备到服务、从检测到治理、从咨询到制度的安全闭环服务；中兴在全球积累了一百多个的智慧城市成功案例，与国内众多科研院所、上千家行业合作伙伴形成产学研同盟，为政府提供智慧城市的整体解决方案及长期的实施运维保障。

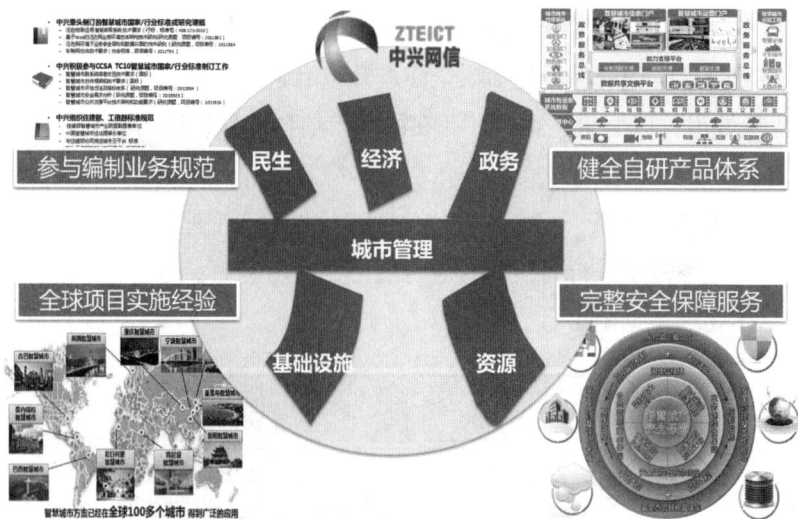

图2 中兴智慧城市建设四大优势

根据国内众多智慧城市的建设经验，中兴网信形成了自己的创新建设模式：

（1）构建智慧城市运营中心

利用统一的运营中心聚合现有智慧业务，对城市大数据进行统一管理，从安全机制、接口规范、数据效能等方面统筹规划。

利用运营中心云平台对城市大数据进行挖掘使用，实现数据汇集、清洗整理、服务梳理、服务开放，提升城市大数据融合的价值。

利用城市运营中心将城市实时物联网数据、业务数据分析报表、城市运行状态情况、未来业务趋势分析等进行统一呈现，通过运营中心高清大屏、门户网站、移动终端等多种方式进行运营管理，为城市管理人员提供协同指挥、辅助决策等服务。

（2）建设智慧城市公共服务

针对城市急迫的民生需求，建设公共服务平台。借助移动互联网、大数据挖掘、业务融合体验，将现有的智慧业务移动化，将市民卡、市民应用APP作为融合业务服务渠道，整合现有的服务统一呈现给市民。

将城市已有的交通、医疗、教育、旅游等业务融合到公共服务平台，实现全市公共信息的接入、按需进行服务目录开放、城市大数据挖掘应用，在市民卡、市民APP统一终端架构上，持续的发布惠民服务，包括全市预约挂号、双向转诊、社康诊疗等医疗服务、远程教育、互动课堂等教育服务，交通路况、环保指数、景区人数等融合业务服务。

（3）开展"云管端"智慧城市运营

利用城市运营中心的云数据中心，开展面向政府局委办、社会企业的数据服务运营，提供设施租赁、运维托管等服务。

在公共服务区域提供免费无线宽带的同时，在工业园区、场馆宿舍等区域开展宽带运营，面向用户提供宽带及增值服务。

利用移动终端、自助终端展开政务服务、增值业务、互联网业务的运营，面向市民提供免费服务的同时，利用广告、流量、增值业务等方式开展运营服务。通过市民一卡通、市民移动应用、自助服务终端等多种服务渠道，将服务延伸到市民身边。

中兴与政府按照PPP模式成立的智慧城市运营公司，共同负责智慧城市项目的规划、融资、建设、运营工作。运营公司整合当地产业链，集聚终端设备、软件开发、内容提供、平台应用等服务商，依托中兴市场渠道及模式示范效应，面向周边城市提供智慧城市云服务。

4 中兴网信智慧城市规划案例

中兴网信按照广义智慧城市理论指引、在中国智慧城市论坛专家委员会指导下，已经完成辽宁沈阳、河南洛阳、河北秦皇岛、山西运城、广东中山、重庆合川、湖南衡阳、湖北黄冈、天津武清、山东济宁、江苏南通、上海川沙、广西梧州等30多个城市的智慧城市规划设计。为当地政府进行广义智慧城市建设提供了建设指引。

（1）河北秦皇岛智慧城市

秦皇岛智慧城市顶层设计是以新型城镇化建设理念为指导，以民生幸福为核心诉求，加强信息化技术与先进的城镇管理服务理念有效融合，建设城市运行管理及公众服务信息支撑体系，扩展全市信息资源整合能力，全面提升城市建设及管理运行水平，加快服务型政府建设，建立区域智慧城市建设发展综合投融资体系，探索面向城镇化建设的新型市场化投融资模式，积极培育高新技术产业，催生战略性新兴产业集群，建立符合国家新型城镇化建设方向的城市建设与发展评价考核指标体系，以"集约、低碳、绿色、智能"的建设理念，推动秦皇岛的传统优势产业和现代服务业持续发展（见图3）。

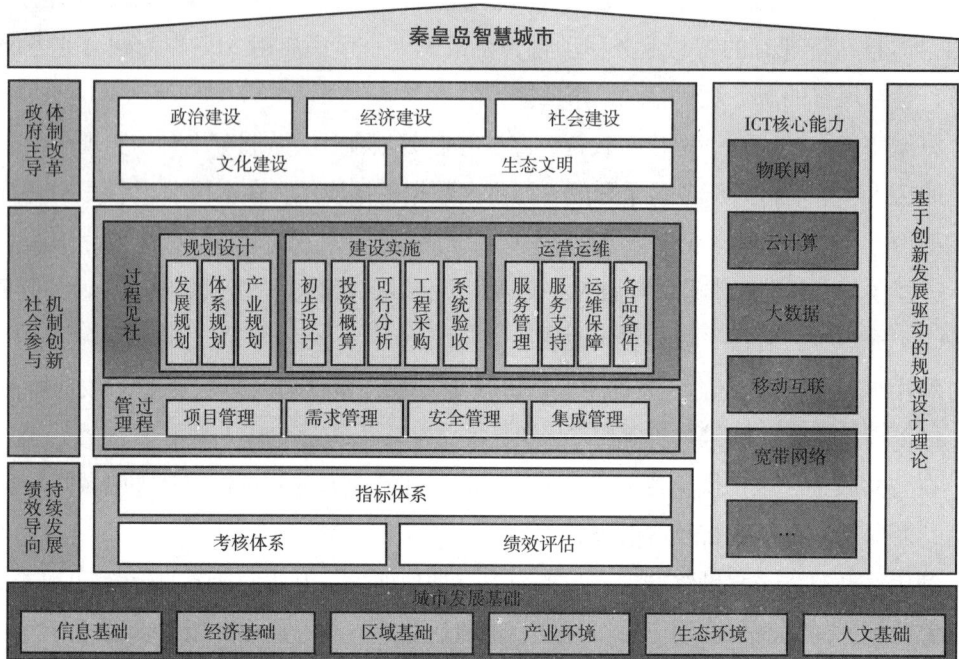

图3　秦皇岛智慧城市顶层设计

全面推动民生智慧化、市政智慧化与产业智慧化建设，有力促进秦皇岛在民生服务、城市建设和产业发展方面的工作，将智慧城市建设与秦皇岛的发展紧紧联系在一起，打造智慧之城新品牌，使秦皇岛的城市建设与经济发展符合时代发展要求，建设成为领先全国的智慧示范城市。

考虑到智慧秦皇岛建设任务是一个复杂的系统工程，需要分清任务的轻重缓急，并采用先易后难、分步实施的方式，将建设分为两个阶段，分别为试点期（2013—2015年）和提升期（2015—2018年）。其中部分重点项目在2013年启动试点建设、在2014年开始运行，包括云计算中心、公共信息平台、城市运营中心、智慧医疗、智慧旅游等内容。

（2）重庆合川智慧城市

重庆合川智慧城市的建设围绕"以智慧产业加速经济转型升级为特征的创新合川、以高效城市运行为特征的魅力合川、具有高水平城市公共服务的幸福合川"的目标，采用"以保障机制为基础、投融资和运营模式为支撑、信息化技术体系为引擎、评价与考核指标体系为标准"的模式，以"发展、集约、融合、创新"为内涵，共涉及四大任务、包含七大体系（见图4）。

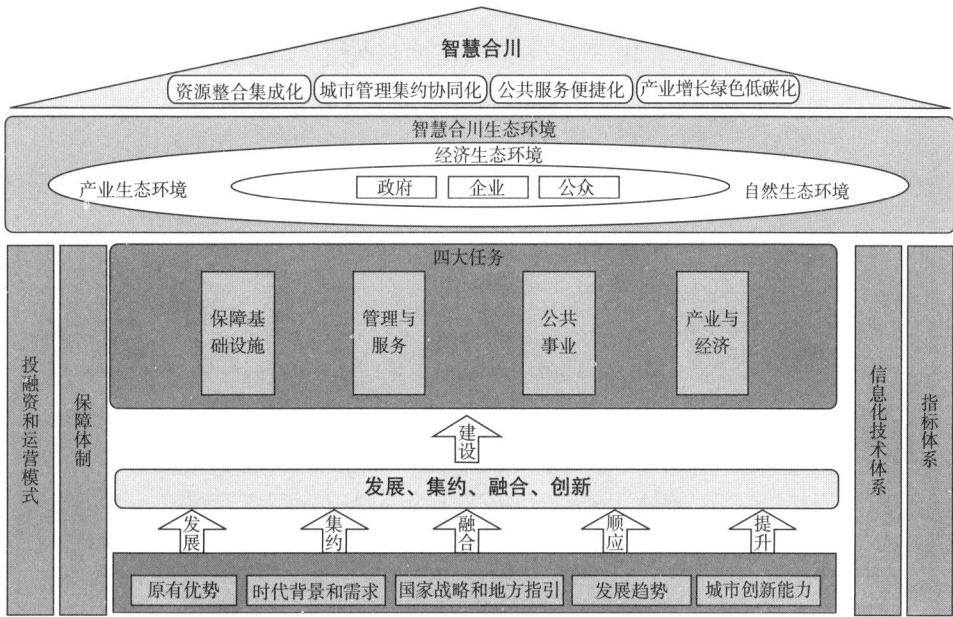

图4 合川智慧城市规划框架

四大任务包括：保障基础设施、管理与服务、公共事业、产业与经济。其中保障基础设施任务涵盖智慧城市云计算中心、公共服务信息平台、信息安全保障系统、信息资产管理系统、智慧城市运营中心等；管理与服务任务涵盖移动市民中心、统一市民服务热线、智能交通等；公共事业任务涵盖智慧医疗、智慧教育、智慧社区等；产业与经济任务涵盖传统支柱产业支撑、发展新兴产业、中小企业金融服务等；

七大体系包括：产业发展技术支撑体系、公共信息服务体系、智慧民生服务体系、智慧教育服务体系、智慧医疗服务体系、智能交通服务体系、城建技术支撑体系。打造"信息资源整合智能化、城市管理集约协同化、公共服务便捷高效化、产业增长绿色低碳化"的特色合川智慧城市。以全新的视角，体系化的建设思路全面规划在建设运营模式，公共事业，产业发展等方面与国内先进理念的嫁接，走可持续发展之路。

（3）山东济宁智慧城市

济宁智慧城市总体规划结合济宁自身优势与需求，以"集约、融合、创新、发展"为内涵，以提升城市创新能力、推进变革为目标。结合国家智慧城市建设的总体指导意见以及济宁的实际发展诉求，将济宁智慧城市建设的核心目标确立为信息基础设施完善、社会管理加强、产业转型发展、公共服务提升四个方面。规划建设云服务基础设施、公共信息平台、大数据服务、信息安全、平安城市、智慧政务、智慧城管、智慧教育、智慧医疗、智慧旅游、智慧交通、智慧环保、智慧食药监管、食品溯源、智慧安监、智慧社区等十八大智慧支撑体系（见图5）。

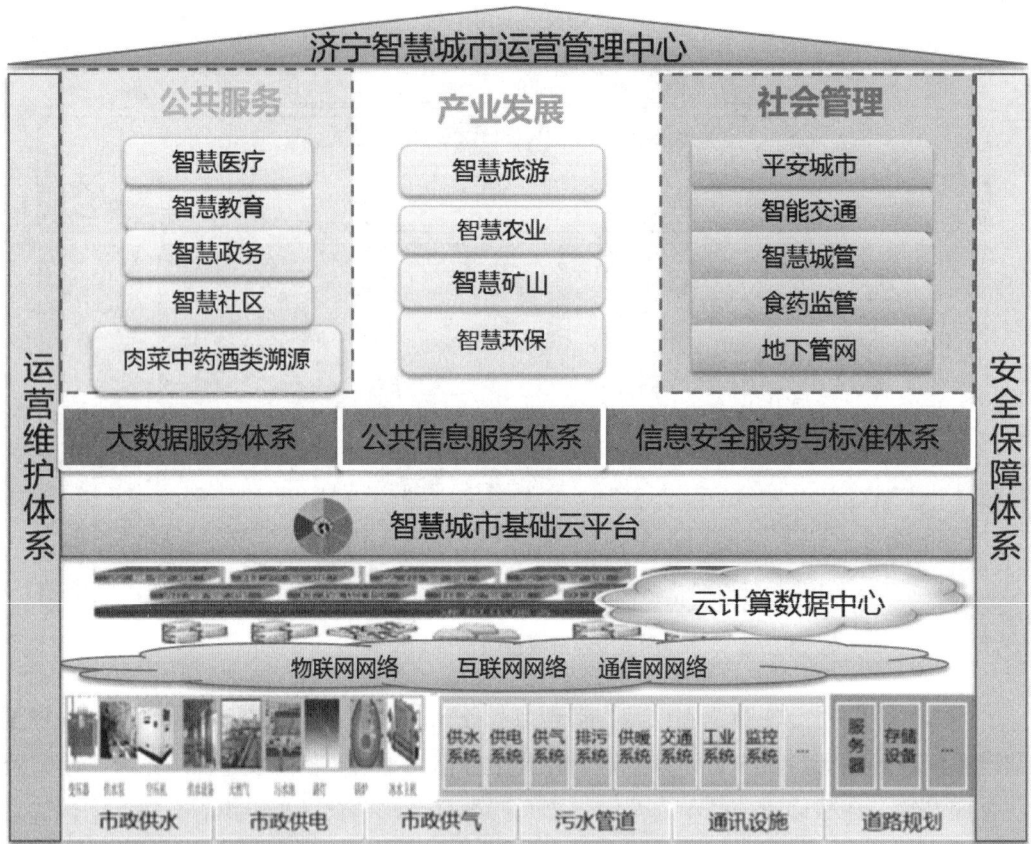

图 5　济宁智慧城市规划

重点实施"1418 计划",即"一个公共服务平台、四大任务、五十八大工程"建设,创新城市管理模式,提高城市运行效率,改善城市公共服务水平,全面推进信息化与新型工业化、城镇化、农业现代化同步发展,提升城市综合竞争力,加快实现"孔孟之乡、运河之都、文化济宁"现代化城市的战略目标。

二、广义智慧城市顶层设计的编制导则

1　编制导则概述

为了规范智慧城市顶层设计规划编制工作,同时为了指导各团队成员更好地完成顶层设计规划工作,特制定《广义智慧城市顶层设计规划编制导则》。

本《导则》明确了智慧城市顶层设计规划的定位及作用,规定了编制的基本要求、主要编制内容、规划成果组成,以及编制管理与审查制度。并提出了规划编制的方法、步骤及文档参考模板,有助于方案人员高效率、高质量的完成规划工作。

本《导则》的指引方法，在具体规划编制项目中起到标准参考作用，可根据具体项目的实际情况进行裁剪、增加、修改。

2　工作阶段与要求

智慧城市顶层设计的工作过程，一般可划分为以下四个阶段（见图6）：

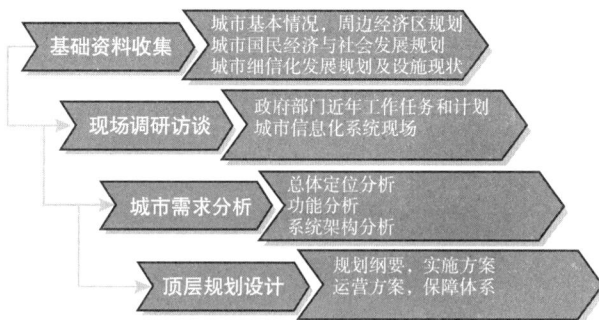

图6　智慧城市顶层设计四大阶段

（1）基础资料收集

通过多种方式进行目标城市的基础资料收集，收集的资料类型包括城市地图、城市近期规划、城市周边区域规划、城市国民经济与社会发展规划、政府工作报告、城市信息化发展规划、信息化现状等；

资料收集的方式包括向对应的用户部门索取，例如政府工作报告向政府办公部门索取，也可通过互联网了解部分信息，例如政府信息门户、搜索引擎等。

（2）现场调研访谈

现场调研的前提条件是目标城市已经成立智慧城市顶层设计工作小组，对应的组织结构建议由市（区）政府办公室或者城市信息化主管单位牵头，由城市主管信息化的市长或区长担任工作小组组长，成员包括项目覆盖的城市各业务委办局及企业。

调研对象包括工信局、电子政务办、经信委、信息中心、公安局、卫生局、交通局、环保局、旅游局、规划局、工商局、城管局、教育局、质检局、财政局、农业局、人社局、商务局、开发区管委、电信运营商（移动、电信、联通）、网监、自来水公司、燃气公司等。

调研方式包括问卷调查、现场考察、对象访谈等，要求访谈对象为信息化主管领导和业务主管领导。

（3）城市需求分析

针对城市的现阶段需求及远景规划需求进行分析，基于城市基础资料以及调研结果，利用 SWOT 分析法、平衡计分法、差距分析法等多种方法论，从 EA 架构模型的体制架构、业务架构、绩效架构、信息架构和技术架构等多种维度进行分析。

针对不同的主题进行针对性分析，包括投融资、运营、具体业务方向。

（4）顶层规划设计

顶层规划设计编制工作主要围绕目标城市的发展战略，从全球化、国内外形势对城市发展的影响因素出发，依据广义智慧城市对技术架构、应用架构、资源架构、设施架构及标准体系的定义，完成城市发展战略、信息化现状评估、智慧城市总体规划、重点专项业务规划、实施规划及保障措施，还需要针对目标城市的情况，规划相应的运营方案、投融资建议等。顶层规划设计的成果需要提交政府，由政府组织相关专家进行论证（见图7）。

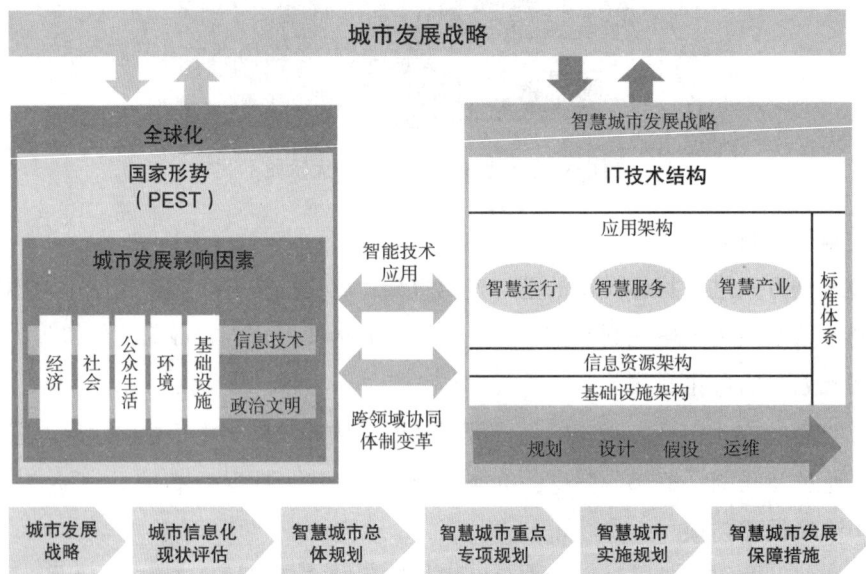

图7　智慧城市顶层规划设计

针对以上四个步骤的工作要求如下：

① 基础资料收集：按照顶层设计的资料收集导引进行收集，可以根据具体情况进行补充。收集到的材料按照文档目录方式加以管理。

② 现状调研阶段：通过多种方式收集城市经济社会发展的现状和信息化规划资料，听取相关部门规划设想和建议；分析城市发展中存在的主要需求及问题；根据规划需要开展相应的调查。

③ 项目需求分析：在现状调研基础上，对影响城市发展的重大需求组织开展专题研究，重点评价和分析城市现状存在的主要问题；论证城市发展趋势和需求、发展战略和资源配置策略，提出城市综合体系框架；确定城市总体发展目标和各子系统规划目标；提出城市综合体系的布局原则。

④ 顶层规划设计：确定城市发展战略、政策和保障措施；确定城市布局方案、控制性规划指标和强制性内容；提出智慧城市子系统规划的指导性技术要求；提出近期规划的策略与方案。

3 过程技术要点

针对顶层设计过程中的技术要点如下：

① 收集的基础资料应包括统计数据、政府文件、调查成果、相关规划文本与图纸等。反映现状的数据资料宜采用规划起始年的前一年资料，特殊情况下可采用前两年的资料。反映发展历程的数据资料不宜少于5年，且最近的年份不宜早于规划起始年的前两年。相关规划资料应收集最新批复的规划成果和在编的各项规划草案。

② 现状分析以调查数据和相关资料为基础，切实反映城市综合体的现状特征和存在问题，提出发展思路。现状分析应包括城市区位、自然地理、历史文化、城市功能定位、现状城市人口与用地规模等基本状况。城市经济发展规模、水平与增长态势、城市产业结构、城市财政能力、基础设施投资规模与结构比例、存在问题等。现状城市空间结构特征、城市功能布局、城市发展与信息系统的关系等；信息化建设、信息共享需求等基本状况，以及存在的主要问题等。

③ 需求分析应综合运用调查数据、统计数据、相关规划定量指标，建立分析模型，形成科学地需求分析方法。

包括智慧城市的总体定位。理清规划的城市所承担的国家责任、城市建设、资源与环境、地域特点、政府意向、产业能力及城市信息化现状等要素，提出智慧城市规划的总体定位。

智慧城市的功能分析，根据政府部门的各种规划，结合概念方案与访谈所获的最新动向信息，对智慧城市进行功能设计。功能设计的成果要针对现实基础与发展方向，完整地提出智慧城市应具备的信息化应用功能与实现水平。

智慧城市的系统架构分析。通过智慧城市的功能总体定位和功能分析所形成的城市信息化与智能化的规划内容，梳理出各类信息基础设施与信息应用系统所隶属的条线关系、各系统的相互关系、应遵从的规则以及已有和待建的法规与标准。

④ 规划方案应以发展需求预测为基础，结合城市需求、面临挑战及愿景目标等进行编制，应体现所在城市的总体目标和相关要求。方案形成过程中，应采取多种方式征求相关部门的意见。主要包括以下几个方面：

城市战略：对城市经济、社会、环境的发展所作的全局性、长期性、决定全局的连续性谋划和规划。城市战略研究要在科学发展观的指导下，不以短期利益或阶段性利益为目的，科学统筹人与城市的关系，改变以人为主体，征服城市的思想，提倡人与城市和谐相处。

城市土地规划：重点是城市土地的经济规划和城市的空间规划。长期以来，城市最主要的资源就是土地，土地资源的合理规划，空间的合理布局，决定着城市的发展。城市土地的经济管理是指政府用经济手段管理城市土地。城市政府通过经济手段管理城市土地，能把投入城市土地的大量资金通过城市土地的有偿使用予以回收，并在投入城市土地的整治和开发，从而实现城市建设资金的良性循环。同时，经济手段是城市政府指导城市用地的重要杠杆，能充分发挥城市土地的使用效益。城市空间规划，则重点把具体的地块进行详细的功能确定，明确各相关区域的关系。

城市生态设计：① 高质量的环保系统。对不同的废弃物按照各自的特点及时处理和处置，同时加强对噪声和烟尘排放的管理，使城市生态环境洁净、舒适。② 高效能的运转系统。包括畅通的交通系统，充足的能流、物流和客流系统，快速有序的信息传递系统，相应配套有保障的物质供应系统和城郊生态支持圈，完善的专业服务系统等。③ 高水平的管理系统。包括人口控制、资源利用、社会服务、医疗保险、劳动就业、治安防火、城市建设、环境整治等。保证水、土等资源的合理开发利用和适度的人口规模，促进人与自然，人与环境的和谐。④ 完善的绿地生态系统。不仅应有较高的绿地覆盖率指标，而且还应布局合理，点、线、面有机结合，有较高的生物多样性，组成完善的复层绿地系统。⑤ 高度的社会文明和生态环境意识。应具有较高的人口素质、优良的社会风气、井然有序的社会秩序、丰富多彩的精神生活和高度的生态环境意识，这是城市生态建设非常重要的基础条件。

城市产业规划：就是对产业发展布局，产业结构调整进行整体布置和规划。根据当地实际，充分利用广义智慧城市平台，加速支柱产业升级、培育新产业、发展低碳产业，达到绿色低碳竞争力强的发展目标。① 加大优势传统支柱产业信息化改造力度，实施传统工业数字化改造示范工程，促进信息化与工业化深度融合，提高软件和信息服务业服务优势，加速传统产业转型升级能力；② 大力发展科技服务业，进一步促进创新服务的细致化和专业化，提升面向产业的创新服务水平。依托当地优势产品、产业集群聚合创新产业集群；③ 大力发展循环经济，全面推行清洁生产，打造一批循环经济工业园和循环经济产业基地。鼓励优势传统产业应用资源节约和替代技术、能量梯级利用技术、环保与资源再利用等共性技术，积极开展废水、废气、固体废弃物等资源综合利用。

城市信息化规划：城市的基础地理、基础设施和基础功能的全部数字化、网络化、智能化和可视化的全部过程。其中，数字化是基础。因此，城市信息化又称城市数字化。它依靠以计算机网络为基础的，包括采用各种信息技术为主的现代高科技对城市的各类信息资源进行开发管理、和应用的计算机技术系统进行开发。"以信息化带动工业化，以信息化推动现代化。""以信息化带动工业化，以工业化促进信息化。"要"全面认识工业化、信息化、城镇化、市场化、国际化深入发展的新形势、新任务"、"大力推进信息化与工业化融合。"有人概括为"两化融合、五化并举"。

城市公共服务规划：城市公共服务就是指城市公共部门面向城市公众提供的公共产品和服务，包括城市基础设施的投资和维护，提供和加强就业岗位，社会保障服务，兴办和支持教育、科技、文化、医疗卫生、体育等公共事业，及时发布有关社会信息，为社会公众生活质量的提高和参与公共事务提供有力的保障和创造相关的条件。

城市可持续发展规划：城市可持续发展是一个城市不断追求其内在的自然潜力得以实现的过程，其目的是建立一个以生存容量为基础的绿色花园城市。城市要想可持续发展，必须合理地利用其本身的资源，寻求一个友好的使用过程，并注重其中的使用效率，不仅为当代人着想，同时也为后代人着想。

⑤ 规划方案评价应采用定量与定性相结合的方法，评价内容需包括经济、社会、环境、运行效果等方面，通过建立的评价指标进行方案评估。

指标体系主要是基于城市"智慧化"发展理念，统筹考虑城市信息化水平、综合竞争力和可持续发展等方面的因素综合而成，目的是为了较为准确地衡量和反映智慧城市建设的主要进度和发展水平，促进智慧城市的建设。

指标的确定主要本着以下原则：一是指标具有可采集性，历史和当前数据采集是可靠、方便和科学的；二是指标具有代表性，可较全面反映某个方面的总体发展水平；三是具有可比性，不同城市间、城市不同历史阶段可根据指标进行科学比较；四是指标具有可扩展性，可根据实际发展情况对指标体系内容进行增减和修改。

4　规划成果要求

顶层设计规划成果由规划文本、规划说明书、规划图纸、基础资料汇编组成。成果形式为纸质文档和电子文档，纸质文档采用 A4 幅面竖开本装订，其中规划图集宜采用 A3 幅面印制并折页装订。电子文档采用通用的文件存储格式。其中文本可采用 WPS、DOC、PDF 等文本格式或图形格式，图纸文件应采用 CAD、GIS 等矢量文件格式存储。电子文档应包括调查原始数据、模型数据等数据文件。

（1）规划文本应当以条文方式表述规划结论，内容明确简练，具有指导性和可操作性。强制性规划内容采用与其他规划内容有明显区别的字体或格式进行表述。成果文本编写大纲包括：总则、规划目标、发展战略、综合体系组织、近期项目规划、规划实施保障措施等；

（2）规划说明书由正文和附录两部分组成。正文应当与规划文本的条文相对应，对规划文本条文做出详细说明。附录主要包括现状分析评价报告、调查分析报告、数据模型报告、其它专题研究报告、相关部门建议等。

（3）基础资料汇编应当包括规划涉及的相关基础资料、参考资料及文件。基础资料汇编按文件、基础资料、参考资料顺序进行编排。

三、广义智慧城市顶层设计的框架草案

1 框架草案概述

广义智慧城市的顶层设计，是一个城市战略层面的总体蓝图设计，是从全方位的视角对城市各种核心资源进行有效统筹协同联合优化的总体约束设计，使城市规划设计与建设推进均遵从这一顶层理念上的约束设计要求，以保证这些核心资源能统筹协同联合优化地有效发挥好作用。进行广义智慧城市顶层架构的设计，对整个架构的各个方面、各种参与力量、各种正面的促进因素和负面的限制因素进行统筹规划和设计，力争达到人、地、信息、资本、环境与信息应用发展之间的统筹、协调，以便顺利地将广义智慧城市向前推进。

顶层设计对广义智慧城市建设的成效至关重要。目前全世界的广义智慧城市建设还处在摸索过程中，亟需全面整体的技术模型来规范软件、接口、体系标准等关键要素，尤其在中国条块分割的行政体系下，广义智慧城市推进如果没有一个整体性的顶层设计指导，在实施过程中必然会遭遇各自为政、信息孤岛、部门利益驱动下的不很好协同运作等城市信息化建设的老问题，从而增加广义智慧城市建设不有效乃至失败的风险。

为了规范广义智慧城市顶层设计规划编制工作，同时为了指导设计人员更好地完成顶层设计规划与建设规划设计工作，特制定《广义智慧城市顶层设计与建设规划框架草案》（简称《草案》）。本《草案》明确了广义智慧城市的基本理念，广义智慧城市顶层设计规划的定位及作用，规定了编制的基本要求、主要编制内容、规划成果组成，以及编制管理与审查制度。并提出了规划编制的方法、步骤及文档参考模板，有助于设计人员高效率、高质量的完成规划工作。

本《草案》的指引方法，在具体规划编制项目中起到标准参考作用，可根据具体项目的实际情况进行裁剪、增加或修订与创新扩展。

2 广义智慧城市的发展现状与趋势

自 2008 年提出伊始，智慧城市及广义智慧城市就成为近年来中国最热门的话题之一，人们从各种角度和视角来认识、理解、建设广义智慧城市。智慧城市及广义智慧城市的初衷，如上所述是在"智慧地球"的背景下，提出城市发展的目标与愿景，以新一代信息技术为先导的广泛应用来推进城市建设与发展及惠民应用。随着 2009 年我国 4

万亿元投资刺激计划的出台，以及社会各界对其理念的广泛关注，广义智慧城市迅速被众多城市的决策者普遍认同，中国进入了如火如荼的智慧城市及广义智慧城市规划与建设推进阶段。

广义智慧城市，被普遍认为是信息化进程的高级阶段，具有城市核心资源较好优化配置的统筹能力与可扩性，是城市发展的前沿理念和探索实践，是城市现代化发展到一定阶段的必然要求和必然趋势，是支撑经济社会发展、提升城市竞争力的有效途径。对广义智慧城市认识角度的不同，以及各城市发展基础与目标的差异，形成了现阶段各城市建设智慧城市及广义智慧城市不同的重点与建设模式。例如，无锡形成了以物联网产业发展为驱动的模式，武汉形成了以信息基础设施建设为先导的广义智慧城市建设模式，北京则形成了以社会服务与管理应用为突破口的广义智慧城市建设模式。

十八大关于建设中国特色社会主义的部署，使广义智慧城市建设历程跨入了新的发展阶段。"四化"同步发展，特别是新型城镇化和"美丽中国"的提出，对广义智慧城市建设提出了新的要求。目前由政府主导的智慧城市及广义智慧城市实践，已逐步从概念和模型阶段全面进入规划和建设阶段，部分领先城市已进入运行阶段，智慧城市及广义智慧城市建设取得成绩的同时也面临着不少问题。在新的背景下，广义智慧城市建设必然要与国家发展战略更紧密结合，现有智慧城市及广义智慧城市建设的思路、方向与措施需要作必要调整，智慧城市建设进入了亟需打造升级版的阶段。

20世纪90年代以来，随着信息应用持续发展、通信网络广泛普及、互联网技术变革、以及物联网技术兴起，信息与通信化成为全球经济社会发展的强大助推器，信息通信技术赋予我们这个时代巨大的活力。特别是目前，下一代网络、云计算、物联网、大数据等新一代信息技术正在发生重大变革，信息资源日益成为重要的生产要素，信息化和通信化对人类的生产生活将产生更为深刻的影响，并正在引发一场全方位的社会变革，也就是从工业社会向信息社会发展。

在此背景下，一些国家、地区和城市已先后提出了建设"智慧国家"、"广义智慧城市"的发展战略。美国、欧盟主要从支持ICT产业和物联网产业发展方面，提出了相关的发展规划，韩国、日本先后推出U-Korea、U-Japan的国家战略规划，新加坡提出了2015年建成"智慧国"的计划，台湾提出了建设"智慧台湾"的发展战略。

国内多个城市也已迈开大步，充分利用新一轮信息技术发展的浪潮，推动城市化发展。北京提出了"感知北京"，从物联网产业发展角度，提出相关的战略构想和目标；上海、江苏、无锡和洛阳等提出了近三年物联网的发展战略规划，从应用、产业和技术三方面明确了战略定位，并结合自身优势，明确了相关的发展目标；南京则从四大领域 – 基础设施建设、产业建设、政府建设和人文建设启动"智慧南京"的实践落实。

3 广义智慧城市的指导思想与发展目标

深入贯彻落实科学发展观，参照国家《国家新型城镇化规划（2014—2020年）》，统筹城市发展的物质资源、信息资源和智力资源利用，以加快转变城市经济发展方式为主线，以增强和提升区域辐射能力为核心，强化信息资源社会化开发利用，推广智慧化信息应用和新型信息服务。

按照发改委、工信部、科技部、公安部、财政部、国土部、住建部、交通部等八部委联合印发《关于促进智慧城市健康发展的指导意见》，走集约、智能、绿色、低碳的新型城镇化道路的总体要求，发挥市场在资源配置中的决定性作用，加强和完善政府引导，统筹物质、信息和智力资源，推动新一代信息技术创新应用，加强城市管理和服务体系智能化建设，积极发展民生服务智慧应用，强化网络安全保障，有效提高城市综合承载能力和居民幸福感受，促进城镇化发展质量和水平全面提升。

中国智慧城市论坛CSCF（China Smarter City Forum）主席、全国人大原副委员长、国内外著名经济学家成思危先生，从城市发展论及知识、智能、智慧经济学观点出发，对"广义智慧城市"给出了上述狭义与广义的两种相互包容、较全面的定义（见图8）。

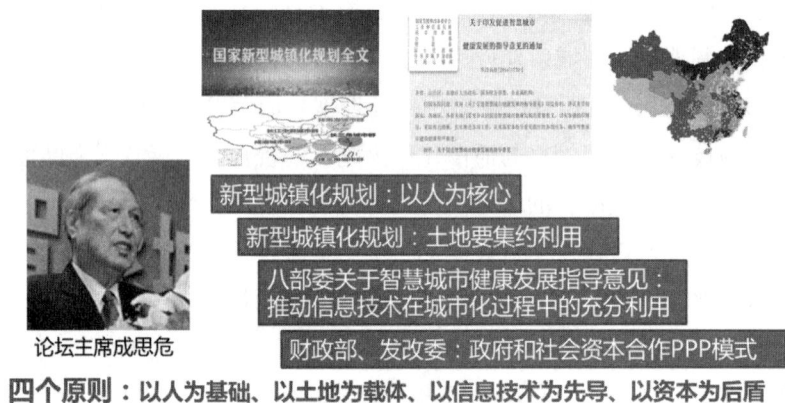

四个原则：以人为基础、以土地为载体、以信息技术为先导、以资本为后盾

图8 广义智慧城市四个原则

按照成思危先生提出的广义智慧城市顶层设计思想作为指导，广义智慧城市的建设要"以人为基础，土地为载体，信息技术为先导，资本为后盾"，同时遵从"量力而行，尽力而为，突出重点，讲求实效"等指导思想。

立足城市的实际情况，坚持以科技创新和深化应用为核心，将先进技术广泛运用于经济发展、公共服务及社会生活等各个领域，以信息资源开发利用为主线，依托新技术、新业态和新的服务方式，更准确快捷地配置资源、更大程度地降低能耗，创造城市廉洁高效的政务环境、创新活跃的市场环境、和谐低碳的居住环境，推进城市产业结构的高端化，倡导信息时代的品质生活，全面提升城市综合竞争力。

广义智慧城市顶层设计的基本原则总结为："统一领导，分级实施；统一建设，资源共享；统一管理，保障安全；统一服务，注重成效；政府引导，社会共建；整合资源，共享协同；夯实基础，循序渐进；深化应用，惠及民生"。通过以下三个阶段的建设能够达成智慧目标。

三年打基础，"广义智慧城市"建设取得初步成效。初步完成城市基础设施领域的智慧化建设，实现城市信息基础设施和交通管理智慧化，实现智慧化城市规划和建设管理；初步完成社会民生领域的智慧化建设，建成治安立体防控体系和综合应急体系的同时，完善分层医疗卫生体系，并进一步实现初步的教育、文体和娱乐的智慧化；初步实现市政治理的智慧化，完成政府信息基础设施建设；初步完成经济产业智慧化，基本形成对经济发展和产业发展的监测和支撑。三年整体完成城市的基本智能化、智慧化。

五年大发展，"广义智慧城市"初步形成。城市基础设施领域完全实现智慧化，社会民生领域在原有基础上进一步实现文化、体育管理综合智慧化，全面实现资源环境领域智慧化，做到能源有效供给使用和水务全面有效管理，并实现绿色可持续发展；完成城市级数据集成交换，实现市政治理深层次的智慧化；全面实现经济产业领域的智慧化发展，用深层次的智慧化手段促进市区经济产业飞速发展。智能化、智慧化技术普遍应用，信息资源合理利用，覆盖整个社会经济领域的智慧化体系较为完备；数字化、感知化、互联化、智能化、智慧化成为市民生活工作的主要方式。节能减排和低碳发展成为城市市区社会经济发展的主要模式。"广义智慧城市"成为提高城市综合竞争力，实现经济社会可持续发展的重要主导力量，智慧化顶层水平达到全国先进行列。

十年成格局，"广义智慧城市"基本建成。通过信息的数字化、感知化、互联互通化、智能化、智慧化逐步深化信息的应用程度，建立一个由新技术支持的涵盖市民、企业和政府的新城市生态系统，将城市打造成为环境优美和谐、资源可持续利用、大众生活幸福、先进产业发达、社会管理睿智、国际化程度较高的广义智慧城市。

4 广义智慧城市规划设计原则及依据

广义智慧城市顶层设计遵循以下原则：

统筹规划，科学发展。遵循规律，明确思路，坚持规划先行，做好顶层设计。统筹资源和项目，推动城乡、区域、行业协调发展，打破条块分割，推动集约建设，促进共建、共享、共用。加强分类指导，强化目标考核和绩效评估。

融合创新，加快发展。推进信息技术和信息资源的有机融合，推进信息化与产业、应用的深度融合，推进信息化与旅游国际化、新型工业化、农业现代化和新型城镇化的同步发展，促进技术创新、业务创新、体制体系创新、管理创新和商业模式创新。

民生为先，全面发展。以人民群众的迫切需求为导向，推动教育、医疗卫生、劳动就业与社会保障等民生相关领域信息化优先发展，带动全社会各领域信息化全面发展，推动城乡基本公共服务均等化，加强社会管理创新，提高公共服务能力。

政府引导，市场驱动。加大政策扶持和财政投入力度，抓好规划实施和项目建设。坚持应用和需求导向，规范市场行为，建立政府投资和市场融资相结合的多元投融资体系，引导全社会力量参与建设。

开放合作，安全可控。加大开放合作力度，加强与国有企业、民营企业等信息产业企业和高等院校、科研院所等信息技术研发机构的合作，加大资金、人才与技术的引进力度。强化信息安全责任制度，健全网络与信息安全保障体系，切实维护网络空间的安全和利益。

同时在顶层设计过程中，遵从国家部委、省市相关主管单位、本地城市的有关规划，包括《中共中央、国务院关于印发〈国家新型城镇化规划（2014—2020年）〉的通知》（中发〔2014〕4号）、《国务院关于促进信息消费扩大内需的若干意见》（国发〔2013〕32号）、《×××省国民经济和社会信息化发展"十二五"规划》、《×××市国民经济和社会发展第十二个五年规划纲要》、《×××市十二五信息化规划纲要》、《住建部国家智慧城市试点暂行管理办法》、《政务信息资源交换体系标准》（GB/T 21062-2007）、《信息安全等级保护管理办法》等。

5 广义智慧城市概念规划设计

广义智慧城市创建目标是建设完善的广义智慧城市基础设施和覆盖各领域的智慧应用，优化城市可用资源利用及协同，实现政务管理的可控能力与权威性、智慧化、提高政府工作效率；以服务为导向，为市民提供透明的、公正的、公平的服务，使得人民的生活更加便捷，生活品质更好；以广义智慧城市建设为依托，发展新兴产业和新兴服务业，形成产城融合、生态宜居的"广义智慧城市"，为实现消除城乡二元结构、促进城区边缘农民真正入户城镇，为解决"三个一个亿"问题积极贡献力量。

广义智慧城市创建的主要任务是依托城市发展现状和规划，编制完成"广义智慧城市"顶层设计方案；明确具体建设项目及考核指标，落实组织资金保障，建立协调体系，确保按期实现创建目标；完善广义智慧城市基础设施建设，统筹建设城市公共数据库和公共信息服务平台；整合资源，构建智能、协同、高效、安全的城市运行管理体系和惠民利民的公共服务体系，为城市管理者和企业市民提供优质服务；通过实施智慧科技特色园区等示范创新项目聚集资源，带动整个城市的广义智慧城市建设，形成跨越式发展；建立一套创新可行的城市发展运营模式，充分发挥政府和市场的优势力量，推动广义智慧城市的领域拓展和规模化发展。创建特色是结合广义智慧城市发展趋势和城市特色，以物联网、移动互联网、云计算、大数据等新兴信息技术应用为依托，以城市公共信息平台、基础数据库为基础，通过文化、人口、资源、科技的聚集，打造重点特色建设项目，提升城市整体形象与惠民实效。

广义智慧城市的核心内涵是：首先确立以人为核心与基础的基本指导思想，包括人的需求、电脑与人脑的有机融合性智慧创新等实施目标及愿景，利用信息通信技术，使得城市的基础设施（譬如公路、桥梁、园区等）、有限的资源（土地、矿藏、人才等）能够得到更加有效合理的利用，使得城市管理能够上升到一个跨区域、跨行业的整体城市视角的高度，从而提高城市的民生水平，创造更健康的经济产业结构，以及可持续发展。

另一方面，广义智慧城市包含四个层次的系统：

位于最底层是感知层，就如同人体的五官与四肢，它的主要组成是遍布城市各个角落的终端设备，包括传感器、摄像头、信号灯等，收集城市的各类信息。"泛感知"是城市向智慧化升级的重要特征，感知设备在种类、数量、精度上的提升，以及采集数据的格式多样化，将极大程度上城市运营所需信息的及时性和准确性。

感知层之上是网络层，如同人体的神经系统，主要由城市的基础网络互联网、物联网、通信网组成，它的作用是城市信息传递和储存。基于 GoTa 集群、LTE 等等技术的大带宽、高容量、异构、一体化融合、具备自组能力的网络层可以支撑广义智慧城市的高效运行。未来的网络将是全 IP 架构，全 IP 能无缝集成各种接入方式，将宽带、移动因特网和现有的无线数据流都汇聚到 IP 层中，通过一种网络基础设施提供所有通信服务。

再上一层是平台层，就如同人体的大脑，它负责对收集起来的与城市运营相关的海量信息，进行分析与处理。广义智慧城市中的平台层部署在云计算中心，基于 SOA 理念设计的政务服务总线能够打通各类业务系统的信息通道；无论是现有业务的对接、迁移，还是新建业务的快速实现，数据共享交换平台及能力支撑平台都能提供有效的支撑。

最顶层的是决策层，它是广义智慧城市所必须实现的城市功能保障，主要是维护城市安定、保障人民民生、促进经济增长，相当于人体的行为能力。依托平台层的海量数据信息，实现各核心应用系统的联动，实时监测城市的运行状况，运用数据挖掘分析等技术，不断开发创新各类应用，提升政府的执政水平，增强政府的服务能力。

针对各个城市的具体情况，针对各个领域进行业务规划设计（见图 9）：

图 9　智慧城市相关领域

（1）电子政务基础网络：依托党政机关光纤传输骨干网，建设和完善统一的党政机关内、外网网络平台，提高网络带宽和动态感知适应能力，满足政务服务应用的可靠性要求；统筹城、乡网络平台的建设，进一步扩大网络覆盖范围，大力支持公共政务、医疗等服务延伸到社区；统一市、乡各机关 IDC 和互联网出口建设；加强移动接入网络环境建设，有效支撑移动办公及其他无线宽带网络应用，满足党政机关各部门和基层社区内部办公、公共服务、社会管理需要。

（2）广义智慧城市感知网络：感知网是广义智慧城市的神经，构成了广义智慧城市运行的基础。通过遍布城市各处的智能设备，将身份感知、状态感知、位置感知等窄带 / 宽带全面感测数据收集起来，使所有涉及城市运行和城市生活的各个重要方面都能够被有效感知和监测。通过更透彻的感知、更全面的互联互通和更深入的智能化，达到集约建设效果和整合共享的最大化，从而实现城市运行和城市生活的智慧化。

（3）城市公共基础数据库：主要是指建设城市基础空间数据库、人口基础数据库、法人基础数据库、宏观经济数据库、建筑物基础数据库等公共基础数据库。这些数据库将为广义智慧城市中的各个应用提供统一的基础数据，例如通过基础空间数据库的共享，各个应用实现使用全市一张图，极大地降低了数据采集的成本。

（4）城市公共信息共享：搭建广义智慧城市管理公共信息共享平台，实现信息中心各个部门之间、各个业务系统之间高效的数据和信息共享和集成，利用技术设施与手段，发挥城市统一标准，沟通便利、管理方便的优势，提供先进技术手段，满足政府由"管理型"向"服务型"转变的平台支撑需求。

（5）城市信息安全保障：城市信息安全系统是从顶层上建立与广义智慧城市管理发展趋势相适应的信息安全保障体系，保障信息安全，提高信息安全防范意识，为广义智慧城市管理的顺利开展提供保障，形成完善的城市管理信息安全体系。

（6）智慧政务：全面整合政府门户及下属单位子网站的信息资源，从全局考虑，实现有序互联、有效共享，政府各部门通过重置流程及资源，以提供市民及公司便捷、优质、低成本的服务。

（7）智慧决策：智慧决策主要指智能化提取政务业务数据，并且指导业务决策和政策推行，提高城市 / 区域的综合治理管控能力，需要为城市管理者以及专业领域管理者提供对政府财政和预算情况、政府运营绩效、城市整体运营情况的完整全视图，从而基于及时和丰富的讯息做出及时、准确的决策和行动，大大提高城市管理者的管理能力和效率。

（8）智慧应急：根据政府的紧急事件的处置体系，建设一套辅助政府应急指挥决策的信息系统，系统遵照危机管理理论，平战结合，平时进行应急决策资源信息的采集及更新、预案的制定及完善；在突发事件发生时，充分利用广义智慧城市理念的统筹协同优势，辅助决策者进行应急指挥决策；在突发事件处置完成后及时进行善后处理及对事件进行评估并对预案进行修正，从而不断完善和提升政府应对公共事件处理的能力，为政府应对突发事件提供重要信息保障措施。

（9）智慧水网：是基于地理信息系统平台，对供水管网进行计算机管理与辅助决策的大型软件系统。它利用先进的计算机网络技术、GIS技术，在提供管网图形显示、查询、编辑、统计、分析以及打印等通用功能的基础上，实现爆管分析以及管网建模、水利计算，为自来水公司的运营管理提供帮助。

（10）智慧电网：市政电力管网信息系统着眼于输电配电变电业务信息管理一体化的构架模式，以桌面系统、WEB和手持PDA相结合为平台，把电力运营工作中所有的电力设备、图纸资料、业务流程全部纳入管理范畴。本系统充分发挥GIS的优势，清晰地反映了电力运营工作和地理环境之间的联系，提供以线路为单位的树形管理功能、多元查询统计、缺陷工作流管理、电网分析、自动架设线路、手持PDA巡线以及电力WEBGIS等实用功能。

（11）智慧燃气：市政燃气管网信息系统是基于地理信息系统平台，对燃气管网进行计算机管理与辅助决策的大型软件系统。系统利用计算机网络技术、GIS技术，在建立管网基础信息库的基础上，紧密结合燃气公司管理的业务流程，实现了供气管理的科学化和自动化。

（12）智慧环保：数字环保是指将现代信息技术运用到传统环境保护的技术与管理手段中，结合环保日常业务管理特点，综合应用3S技术等高新技术手段，对环保的数据要求、业务要求以及宏观控制要求进行科学的挖掘与整理，实现对环保业务和管理决策的严密整合和深度仿真支持，从而最大限度地提高我国各级环保管理部门的公众服务水平、环保业务处理水平、管理执法水平以及宏观决策水平。

（13）智慧农业：智慧农业建设主要包括环境、动植物信息检测，温室、农业大棚信息检测和标准化生产监控，精农业中的节水灌溉等应用模式，例如农作物生长情况、病虫害情况、土地灌溉情况、土壤空气变更、畜禽的环境状况以及大面积的地表检测，收集温度、湿度、风力、大气、降雨量，有关土地的湿度、氮浓缩量和土壤pH值等信息的监测。

（14）食品安全：利用电子监管、电子追溯这种创新的监管方式，建设食品流通追溯系统，通过信息化改造，改善流通基础设施，提高流通现代化水平，带动农业生产的标准化、规范化，最终实现"来源可追溯、去向可查证、责任可追究"的食品安全体系。

（15）智慧城管：提高城市管理效率，优化城市管理流程，树立城市的全新形象。建设无线数据采集子系统，实现对现场信息的快速采集与传送。建设监督受理子系统，记录和登记城市管理中发生的问题，监督受理子系统与城市管理地理信息系统紧密结合，实现对报告事件与部件的准确空间定位描述。建设协同工作子系统，实现图、文、

表一体化的数字化城市管理，实现基于工作流的监督中心、指挥中心、各专业部门、各级领导之间的协同工作。

（16）智慧交通：以城市道路交通有序、畅通、安全、低公害、规范管理、快速反应和高效决策指挥为目标，以合理规划组织交通流、完善道路交通管理设施、提高交通参与者的现代交通意识为基础，综合采用现代信息通信技术、智能控制技术等，按照系统工程原理，将各分系统、各相关设施与部门有机地整合为一个整体，建立系统完善且具有交通信息采集处理能力、决策支持能力和智能化数据分析能力的智能交通系统，建立健全交通指挥运行体系与管理体系，建立交通信息综合服务与共享体系。

（17）平安城市：依托广义智慧城市架构，秉承安全、便捷、健康、高效的理念，采用应用集成、中间件、智能高清图像分析、云计算等技术，提出面向公安的城市公共安全整体解决方案。将公安业务系统和监控系统进行系统集成、信息集成、通信集成和功能集成，实现了网络融合、信息交互、数据共享、业务协同，满足了公安业务全面覆盖、资源高度共享、决策智慧化等需求。

（18）智慧管线：通过建立管线管理信息系统，对管线全方位感知与监控，实施动态快捷地下管线维护管理。实现对管线数据的动态管理，不但可以提高管线管理的效率，而且可以通过数据共享，满足不同部门对管线数据的需要，为"广义智慧城市"的打造贡献一份力量，从而产生积极的社会效益和经济效益。

（19）智慧教育：通过智慧化手段和方法，加强教育资源的管理、信息整合和共享应用，强化学校运营管理，全面管理学生学习和日常生活，保障校园和学生安全，拓宽教育渠道，建设教育服务云平台，整合各种类型教育和培训，全面扩容优质教育资源。一是倡导各公办和民办学校建设基础校园局域网，安全管理系统，加强学校电脑终端、通信光纤等的配置。二是利用区域公共 PaaS 平台搭建教育资源共享 SaaS 服务。网络教育资源平台将包括教务管理系统、教学管理系统、电子书包、信息门户等功能。

（20）智慧医疗：以加强各级医疗机构自身信息化建设为基础，以实现"共享医疗、放心医疗、便捷医疗"为目标，逐步建设全市电子健康档案平台、区域医疗共享平台、药品追溯及管理平台和卫生电子政务平台，最终建立智慧医疗综合管理平台，实现医疗体系的所有数据互通共享。实现全市医保"全覆盖"，基本公共卫生服务均等化，打造城乡"15 分钟健康服务圈"，方便群众看病；确保公立医院"公益性"，解决市民看病难、看病贵和药品安全的难题。

（21）智慧社区：利用现代传感技术、数字信息处理技术、数字通信技术、计算机技术、多媒体技术和网络技术，实现社区内各种信息的采集、处理、传输、显示和高度集成共享，实现社区和家庭各种机电设备和安防设备的自动化、智能化监控，实现社区生活与工作安全、舒适、高效。智慧社区是广义智慧城市的单元节点，智慧社区的建设是广义智慧城市建设的基础。

（22）智慧旅游：将物联网、云计算、下一代通信网络、高性能信息处理、智能数据挖掘等现代信息技术应用于游客感知、行业管理、产业发展等方面，使旅游物理资源和信息资源得到高度系统化整合和深度开发，是服务于游客、旅游企业和政府管理部门、面向未来的全新旅游形态。

（23）智慧家居：在现有的城域网的基础上，进一步覆盖城区的无线宽带网、数据语音网、有线电视网，为智慧家居建立所需的数据传输和信息共享提供信息通道，普及光纤宽带入户，并实现三网融合，实现高带宽广覆盖、可以承接海量数据的应用，并且跨网络可以协同工作的网络。未来智慧家居还将构造泛在网，让居民和服务能在任何地点、任何时间、采取任何的方式都可以实现信息的通讯，或者信息的应用。

（24）智慧园区：产业园建设是在信息共享、网络融合、功能协同的数字化应用的基础上，实现园区信息的采集和综合，信息的分析和处理，以及信息的交换和共享。

（25）市民卡：通过广义智慧城市建设实现数字民生，通过整合公共信息资源，发展面向公众的公益性信息服务，形成长效发展体系，使公众切实享受到信息化带来的便利。

6 广义智慧城市实施路径

根据广义智慧城市所涉及的重点工程的业务重要性和技术依赖性，制定顶层实施策略和各智慧体系实施计划，依次分为启动阶段、推进建设阶段和深化完善阶段（见图10）。

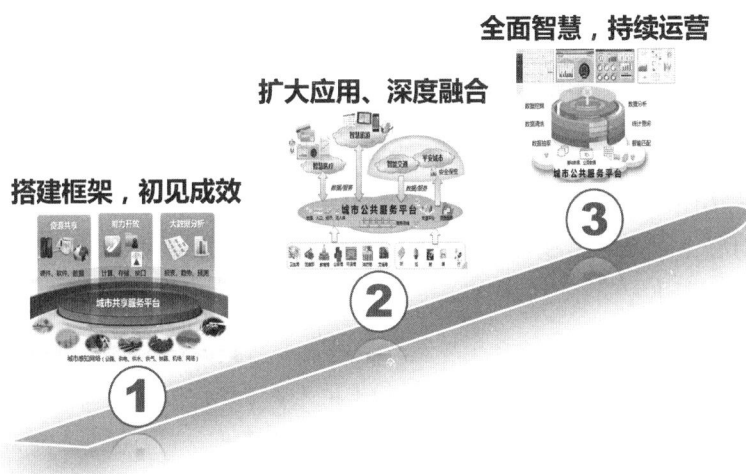

图10 广义智慧城市实施计划

（1）实施启动阶段

在该阶段主要达到智慧化启动，感知化统筹，互联化启动和智能化启动。

在智慧化启动方面主要完成城市管理领域和综合应急领域的建设。建成数字化城管视频监控系统，建成数字化城管和综合执法系统，完成全区范围内城市管理部件普查；建成综合应急智慧系统，实现对突发事件的全生命周期管理。

在感知化统筹方面主要完成统筹复用各部门及驻区单位的视频监控感知网络，基本实现城市范围内的视频感知，提升安全监控和视频信息获取与共享。

在互联化启动方面主要建设集成平台、数据平台等启动应用互联互通、统一人员信息库 / 统一企业信息库，实现各单位和部门基本信息共享，提高管理效率。在智能化启动方面完成经济发展环境监测、经济发展绩效监测，强化对城市经济发展监测和环境监测的有利支撑，促进经济发展绩效管理和环境保护。

（2）推进建设阶段：

该阶段完成智慧化推进，感知化建设，互联化和智能化推进。

在感知化建设方面主要进行统筹规划、建设视频感知网络，全面实现视频感知和信息实时获取。

在互联化推进方面进一步推进内部和外部应用的互联互通、统一人员信息库 / 统一企业信息库建设。

在智慧化推进方面主要完成公共建筑运营管理、文化场馆端到端服务，实现公共建筑的高效智慧运营，建设相应的文化场馆信息系统，提升文化场馆的运营服务效率。

在智能化推进方面建设政府绩效监测和分析系统和知识管理相关信息系统，实现对政府行政绩效提升的有效支撑和全方位的知识管理和知识共享。

（3）深化完善阶段：

该阶段主要进行智慧化完善、感知化深化、互联化深化和智能化深化。

在智慧化完善方面主要实现文化娱乐管理、体育项目管理的相应完善的管理信息系统建设，全面实现文化娱乐项目和体育项目的高层次智慧化运营和管理。

在感知化深化方面主要进一步统筹规划、建设身份感知网络，实现整个城市人员身份感知和信息全面获取，为全方位的人口管理、公共安全管理等实现智慧化支撑。

在互联化深化方面完成城市级数据集成交换，建成以政府数据集成中心为核心的数据集成交换体系平台，为全区各个层面各个领域的管理运营提供城市级的数据支撑。

在智能化深化方面主要完成各应用的决策支撑、分析仿真，实现全区范围内各应用平台的集成和统一决策支撑，全面实现深层次的智慧化。

7 广义智慧城市风险分析及应对措施

（1）资金风险

广义智慧城市建设需要持续稳定的建设资金投入，需要长期的管理和运营，而财政收入有限，完全依靠财政资金的单一模式难以支撑整体智慧城市建设。在智慧城市建设初期，将以城市管理、民生应用为主，突出公益便民功能，商业价值有限，因此投资额度大、见效慢、经营回报率低，投资主体存在较大的投资风险，对社会资金的吸引力亦有限。如何建立有效的投融资机制、发挥政府资金的杠杆效应、确保建设资金的可持续投入、防范资金链断裂风险，是"广义智慧城市建设"能够顺利实施的关键问题。

资金风险应对策略：在应对资金风险方面，本方案以"政府引导，市场主导"作为投资运营模式设计的基本思路，即在政府能够把控资源和保证安全的前提下最大化引导企业进行市场运作，以减轻政府投资压力，同时发挥市场活力、激发市场潜力。值得注意的是，在撬动社会资金的过程中，政府要牢牢把握信息资源，防范市场化运作所带来的信息安全问题。

（2）土地风险

在复杂多变的城市环境中，土地作为资源和资产既要符合市场运行的规律，又要受到各类机构的政策、规划、指令性计划和行政命令的束缚，其利用效率低下，经济、社会、生态效益不协调统一的局面也就在所难免。城市土地资源的相对短缺也成为了困扰城市化乃至整个国民经济发展的重大问题。借助信息支撑技术平台中大数据分析及辅助决策工具，编制科学合理的城市土地利用规划，把握城市经济建设、社会发展、环境保护综合协调，运用规划、经济和法律的手段规范城市土地利用和开发建设活动。同时充分发挥市场配置土地资源的基础性作用，建立适应市场环境的城市用地管理决策系统。

（3）技术风险

主要体现在应用系统的多样性，可能会造成接口复杂，缺乏较好协同；另外由于广义智慧城市网络服务中心平台的负载估计不准，可能造成数据中心的性能设计瓶颈。

针对接口的复杂性和多样性采取两个主要措施进行规避。一是按照既定的标准和规范统一建设数据中心接口系统。二是降低系统间的耦合度，明确采用数据级整合方式。

针对负载估计不准造成性能瓶颈，采用云计算技术灵活扩展。

（4）安全风险

数据集中到平台后，安全问题很关键，如果安全管理跟不上，就可能造成数据滥用，个人隐私泄露等。

针对安全隐患，从法规制度和技术两方面进行保障。首先在法规制度上，要制定数据管理办法，在数据共享的情况下，保证数据的安全管理和合法使用，其次在技术上构建安全保障体系，从物理层、网络层、系统层、应用层、数据层等各个方面进行安全防护。

（5）实施风险

广义智慧城市的建设依赖于各用户部门和有关单位的配合，是否配合和配合的力度直接影响到项目的成败。项目承建方是否具有云平台的建设经验，也是一个关键因素。

针对项目实施风险，一方面要加强与各部门的沟通和协调，提供各部门对广义智慧城市的认识，从根本上来说，广义智慧城市的建设还是共享共赢的。同时，对于不愿意共享信息的部门，需要由牵头部门、法制办和监察局等联合对不予以共享的法律依据进行审核。另外，对应该共享的信息提供不及时的问题，需要牵头部门对数量和质量进行绩效考核。只有建立起有效的监管考核体系，才能保证部门间资源共享的工作长期有效。

另一方面对公共基础数据库的建设目标也可以由低到高，以减少实施难度。比如先建立人口基础信息库，再建法人单位基础信息库，最后建地理空间基础信息库等。

（6）管理风险

建设期内主要体现在关联项目多，项目管理难度大。建设期后主要体现在管理部门不明确，造成运行管理困难。

针对管理风险，广义智慧城市的运作关键在于体系，需要尽快制定和颁布相关制度和标准规范，明确主管部门的管理职责分工。

强烈建议政府组织一支高素质的专业人才队伍，培养一批懂管理、精技术、熟业务的专业人才，为信息资源共享及业务协同的深度推进提供人才及技术支撑，避免简单的外包。

（7）需求变更风险

由于广义智慧城市涉及的部门众多，且实施周期较长，各部门对信息共享的需求随着部门调整、技术进步、新系统上线以及业务的变化而变化，在一定程度上存在需求变更和需求扩大的风险。另一方面，由于实施周期较长，也存在合同设备停产和设备更新换代，软件升级产生的变更风险。

针对需求变更和扩大风险，一是尽可能的反复调研分析，挖掘真正的需求。二是采用云计算技术和负载均衡技术等对硬件进行按需扩充。三是软件设计采用可扩展、模块化的软件平台。

针对实施周期长合同设备停产和设备更新换代等产生的风险，应在合同中予以明确允许变更的范围。

8 广义智慧城市建设保障措施

广义智慧城市建设是一项复杂的巨系统工程，为了切实有效地推进广义智慧城市建设，保障资源配置到位，"广义智慧城市"规划设计中还必须考虑相关配套推进保障体系建设。

（1）组织领导体系：由主要领导挂帅、各相关部门主要负责领导参加的领导小组顶层协调，负责确定广义智慧城市建设发展战略、规划和政策，统筹协调发展中的重大问题，实时有效决策处理，形成统一、高效、畅通的协调推进体系。各县市区和重点企业，特别是智慧产业基地、智慧应用具体项目的有关责任单位也要成立相应的工作推进小组，明确分工，确定责任。充实加强市领导小组办公室，充实编制、经费和领导力量，具体负责广义智慧城市建设的项目推进。制订广义智慧城市建设顶层规划和年度实施方案，通过扶持和实施一批重点项目，推动广义智慧城市重点工程项目的建设。

（2）政策支持体系：鼓励引导社会资金对广义智慧城市重点工程项目的投资，加大支持力度，制定优惠政策，鼓励企业参与建设，鼓励国内外高科技龙头企业落户城市，争取市财政每年安排地方财政专项资金，用于若干重点工程推广示范、相关标准建立和政府购买服务，重点企业培育、人才引进和培养等。

（3）咨询决策体系：建立市政府有关部门会同包括本地有关高校、科研院所以及国内外企业联合组建专门的广义智慧城市研究机构，对广义智慧城市内涵、实质、愿景和建设等各方面进行理论研究和探索，以便为广义智慧城市的建设提供更好的支持和服务。

（4）标准法规体系：根据信息资源目录体系国家标准，围绕信息资源采集、组织、分类、保存、发布与使用等信息生命周期各环节，加快建立符合电子政务发展要求的信息资源规范和标准，包括信息资源分类标准、信息资源标识符编码规范、核心元数据编码规范、目录体系指南等，及时发布并指导各部门严格按标准规范进行信息资源采集、加工与交换活动。

（5）信息安全体系：要进一步完善信息安全保障体系，认真落实信息安全管理责任制，以政务内网和关系全市经济发展、社会稳定和国家安全的重要信息系统为重点，全面推行信息安全等级保护和风险评估制度，加强网络安全防护体系建设，定期开展信息系统安全检查。进一步加强信息安全测评认证体系、网络信任体系、信息安全监控体系及容灾备份体系建设，建立网络和信息安全监控预警、应急响应联动体系。按照《国家网络与信息安全事件应急预案》的要求，建立重点信息系统的应急安全体系，组织应急预案编制和演练，提高信息安全事件应急处置能力，增强信息基础设施和重要信息系统的抗灾能力。加快完善密码管理基础设施和电子政务统一认证服务平台，全面推广电子证书在电子政务、电子商务等系统中应用。加强信息安全技术攻关，加快建设信息安全评测中心，扶持发展信息安全产业，建立应急专家咨询和救援队伍。

（6）人才保障体系：认真贯彻落实人才强市战略，落实各项人才政策，大胆创新人才成长、引进、使用和激励的政策环境，充分发挥物质和荣誉的双重激励作用，创建培养人才、吸引人才、用好人才、留住人才的良好环境。大力培养、引进和高水平使用复合型高层次信息专业技术人才、高技能人才和网络设施与商业应用经营管理人才。加快高等教育和职业技术教育改革和发展，推动专业和学科调整，着力培养广义智慧城市建设人才。充分利用各种信息传播平台和各类教育培训机构，开展信息产业从业人员多渠道、多形式、分层次、分类型的再培训、再教育。促进校企联合，依托高校院所、园区、企业和社会办学机构，联合建立各类智慧人才教育培训基地，加强企业与大专院校适用人才的联合培养，提供教育、培训和执业资格考试等服务。进一步强化海外人才的引进工作，促进国际间的人才交流与合作，为广义智慧城市建设提供坚实的智力支持和人才保障。

（7）评估考核体系：研究建立广义智慧城市建设评估考核的指标与指数测评体系，定期对广义智慧城市建设按责任分解要求进行评估，测评其实效及发展状况，发布评估信息和白皮书，为决策和指导广义智慧城市建设提供科学依据；加大广义智慧城市建设考核力度，检查和督导广义智慧城市建设规划、方案和年度计划的落实情况。

9 广义智慧城市投融资及运营模式

广义智慧城市建设投融资概算必须以项目的运营模式为前提，最终保障资金来源及效益产出。因此，一套行之有效的广义智慧城市投融资体系和运营体系是广义智慧城市建设项目成功运营的重要保障。

广义智慧城市的运营模式与投融资模式应当统一，应当根据不同项目投融资运营模式进行选择：政府投资政府运营类、政府融资政府运营类、政府融资企业运营类。

1. 政府投资政府运营类

政府投资政府运营，指政府自己投资建设的项目，建成后政府自己管理运营。政府投资政府运营模式可以采用代建制管理方式，即政府通过招标，选择专业化的项目管理单位（代建单位），由其负责项目的投资管理和建设组织实施工作，项目建成后交付使用单位（政府）。代建制管理即代理建设管理，是通过委托——代理关系的确立，由代理方对建设项目进行全程管理的一种方式。

该类项目投资运营模式完全由政府主导，项目的投资和运营都是由政府单独进行，可以进行全程管理，具有保密性强、监管方便、运营灵活等特点。

2. 政府融资政府运营类

该类项目运营模式是政府融资建设，并且项目建成后也是由政府来运营，包括 BT（建设—转让）、BLT（建设—租赁—转让）模式、国内发行债券。

目前采用 BT、BLT 模式筹集建设资金成了项目融资的一种新模式。该模式可以实现投资多元化、利益共享、风险共担，不但有效地减缓政府财政压力，而且由于其体系新、管理活、权责明确，比传统的政府单独投资建设模式更为高效。

3.政府融资企业运营类

该类项目运营模式是政府融资建设，并且项目建成后由企业来运营，包括 BL（建设—租赁）、BOT（建设—经营—转让）、BOO（建设—拥有—经营）、BOOT（建设—拥有—经营—转让）模式。

在融资模式上也需要政府、企业和公众共同发挥创造力，灵活运用 BL、BT、BLT、BOT、BTO、BOO、BOOT、ROT、POT、BOOST、TOT、PFI 等方式组织实施。政府方面可成立广义智慧城市建设投资公司（政府独资、政府控股等），融资用于广义智慧城市建设和运营。企业可以通过独资、合资、合作、项目融资等直接方式，投资广义智慧城市的建设运营。

在投资主体选择方面，可根据项目的实际情况，采用不同的投融资与运营模式建设。（1）对于一些具有市场价值的项目，例如智慧产业园区工程项目，政府可以通过政策引导与资金扶持，建立广义智慧城市投融资平台，创新投资体制体系，健全财税金融支持体系，引导企业、公众主动投资广义智慧城市建设。（2）对于涉及国家安全、公共安全等具有重大意义的项目，例如智慧电子政务工程，领域狭窄，不具备市场化价值一些公益性项目，政府可以作为投资主体，采用财政拨款或者采取资本金注入、投资补助和贷款贴息等间接方式投资广义智慧城市建设。（3）在信息基础设施、平台类等规模较大、市民关注、具备市场价值的项目方面，例如云计算中心和公共服务平台建设工程，投资主体可以三大运营商或央企为主，建立起企业"合作建设、利益共享"体系，充分调动每家参建商的积极性。

而且应该指出，广义智慧城市建设，特别是对一些特大城市及中心大城市，是一个复杂巨系统工程，工程浩大，分步有序推进，需智慧规划设计与建设推进，所需资本支持巨大，应该考虑金融资本在其建设中逐步起到主导作用才行，应该由产业资本出发，转向商业资本，进一步转向金融资本，才能真正为建设大型广义智慧城市建设提供坚强的资本后盾。

广义智慧城市运营过程也伴随项目的建设过程，然后在项目的运营过程中，根据当前的智慧化现状，进行相应的优化，所以，在运营过程中还需要保证以下原则：

（1）紧靠国家相关部门颁发的指标体系原则

根据现阶段广义智慧城市建设的主要内容，广义智慧城市运行"指标体系"可考虑靠紧国家住房和城乡建设部印发的《国家广义智慧城市试点暂行管理办法》和《国家广义智慧城市（区、镇）试点指标体系（试行）》，或结合新型城镇化规划要求修订出台的类似文件；"指数体系"可遵循国家统计局相关机构出台的与智慧城市及广义智慧城市相关的文件。

（2）建设保质保量原则

实现基础设施建设、信息整合、流程整合、服务整合、人员整合，保证广义智慧城市建设顺利有序、保质保量进行。

（3）运维周到全面原则

为市民、企业、政府提供更加丰富人性的服务，对城市进行更加精细和集约的管理，使广义智慧城市"发展更科学，设施更先进，管理更高效，执行更务实，环境更绿色，城市更安全，社会更和谐，生活更美好"。

史立功，深圳中兴网信科技有限公司总裁。
薛宏建，深圳中兴网信科技有限公司副总裁。
张　涛，深圳中兴网信科技有限公司部长。

广义智慧城市的系统解决方案和实践

我国著名的建筑学家梁思成先生将"让老百姓安居乐业"作为城市建设的根本目标，指出了城市建设的最高境界是"家园化"。面对我国迅速膨胀和城市病层出不穷的城市，我们需要扪心自问：如今的城市是我们向往的幸福家园吗？要达到城市"家园化"这种境界，需要我们回归到城市的原始本意去思考，综合应用人、土地、信息、资本四大资源，更要聚集人类当今的智慧，从更高的角度来认识城市、建设城市、营运城市。

一 对城市的认知

1 各学科对城市认知的侧重

我国高度专业化分工的科学技术体系，形成了各学科对城市的认知的各自侧重的现象：经济学侧重的是产业，地理学着眼的是区域，政治学看到的是博弈，社会学研究的是人群，建筑学注重的是地标，规划师作出的是色块……。采用"盲人摸象"式的方法去认识城市，必然会得出片面的结果。

城市的显性系统和隐性系统同时存在、共同作用；城市空间布局、城市基础设施、国土资源规划、城市发展规划、城市人口、城市产业、……是城市的显性系统，容易认知；城市公共服务体系、城市灵魂、城市精神、城市地下设施、国家政策……是城市的隐性系统，不容易认知；城市显性系统、隐性系统的各要素共同作用的机理就更加复杂。我们需要"回归母体，回归城市本身"从不同的角度多维度的认识城市，并系统化地解构城市。

2 城市是人类创造的最复杂系统

城市是容纳人口最多、产业分布最密集、能源消耗量最大、体系结构最复杂、公共管理能力要求最高的系统和载体。

因为城市的复杂性，我们正在面临着很多问题：爆炸式的城市人口增长、达到扩张极限的城市空间以及层出不穷的城市病，我们发现这是一个非线性的、复杂多变的综合性问题，期待在全面统筹下从多维度、多领域求解。

3 城市的结构

人类创造了两个最复杂的系统，一个是人自己，一个是城市。城市的高度发展，形成了类似人体功能系统的复杂系统，由城市规划、基础设施、公共服务、城市产业四个系统组成。参照人体结构和城市结构示意图（见图1），对城市复杂的系统会有一个形象的认识。

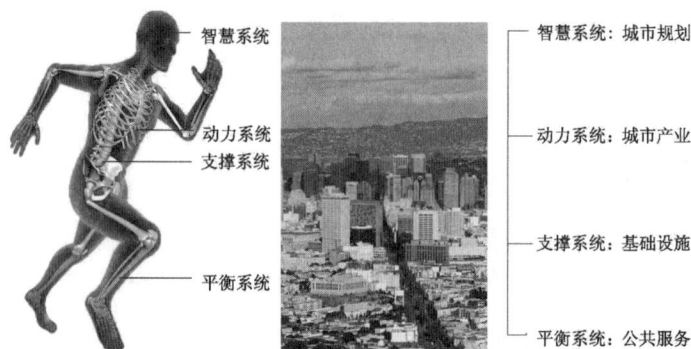

图1 人体结构和城市结构示意图

（1）智慧系统：城市规划

城市的智慧系统解决的是城市整体目标问题，规划系统就是把当今人类最先进的知识理念聚集起来的智慧系统。城市规划应该围绕人类社会当前和长远的发展需要，对城市发展的土地、人口、资源、产业、基础设施、公共服务、文化、环境的各方面进行系统谋划和设计，统筹协调其它系统及各类资源，解决城市发展最根本的问题——安全和利益平衡。

（2）支撑系统：基础设施

城市的支撑系统是城市应该具备的基本硬件结构，宛如城市的骨骼与肌肉。城市的基础设施对其它系统起着承载和支持作用，应该有超前性，具备有足够的支撑力和弹性。当下，许多城市无限扩展，基础设施变得滞后而失去弹性，由此直接或者间接地产生了诸多城市病。基于人类当前智慧和能力下的城市基础设施建设，不仅要注重安全性、稳定性、兼容性和适度弹性，而且要注重人文性。

（3）平衡系统：公共服务

城市的公共服务系统是向全体市民提供最基本的服务，其核心特征是公平性，是当前民众最基本的人权，是社会维稳的基本保证。公共服务是城市的神经系统，该系统直接针对城市相关主体——人，最能感应到城市各种信号。公共服务是城市的平衡系统，该系统给予生活在城市中的每个个体慷慨赠与和人文关怀。当然，智慧城市建设中需要重视公共服务和城市的资源承载力的匹配。

（4）动力系统：城市产业

城市产业是城市的动力系统。产业为城市的发展提供了持久的动力，是城市生存与发展的恒久主题。产业的发展和财富的增长不等同于城市发展。在城市规划中，对于满足生产生活需求的必要性产业，要在空间分配、基础设施配套方面给予充分的保障；对于满足欲望和贪婪的非必要性产业要加以限制。智慧城市建设是一个整体的进程，并对中国现代城市伦理过程提出了新的要求。城市发展需要在道德观的支持下，实现人和自然更加和谐相处，城市中各元素发挥最大潜力，才能得以可持续的发展。

（5）城市各系统的相互作用

规划系统、产业系统、基础设施系统、公共服务系统是城市的有机组成部分，城市各系统的相互支撑、共同作用。基础设施系统对产业系统、公共服务系统提供功能服务称为支撑系统；产业系统满足人们对发展和利益的追求，成为主要的动力系统；公共服务系统是人类城市生存的最基本保证，是城市的平衡系统；规划是对人类追求在城市中最美好生活进行集思广益的人为机制，并最终落实到产业系统、基础设施系统、公共服务系统上（见图2）。

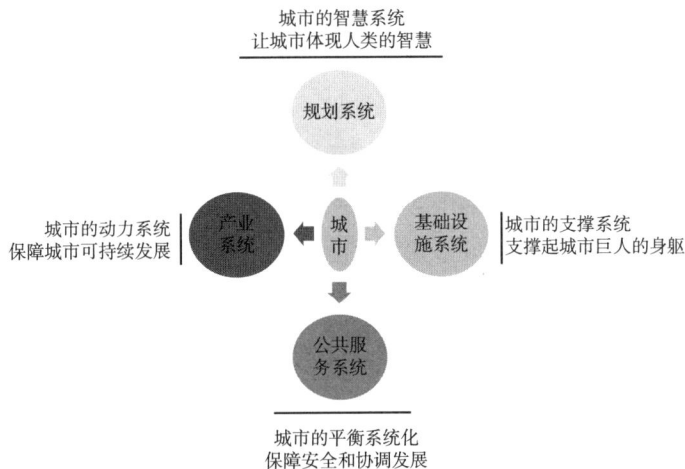

图 2　城市结构图

二 智慧城市的认识

智慧城市是城市化与信息化高度融合的产物，城市智慧化是城市经济转型、产业升级、提升综合实力的必然趋势。智慧城市的目标就是要更好地服务于人类的生产与生活，实现城市的可持续发展。研究智慧城市历史、现状和发展方向，对智慧城市理论体系的建立、科学的解决方案提出都有现实意义。

1 智慧城市的沿革

早在 2006 年欧盟就发起了"欧洲智慧城市网络"；2008 年 11 月 IBM 提出了"智慧的地球"这一理念，进而引发了智慧城市建设的热潮；2010 年，IBM 正式提出了"智慧的城市"愿景，希望为世界和中国的城市发展贡献自己的力量。我国相继提出了数字城市、智能城市、智慧城市等不同城市的概念，所谓数字城市，就是把城市所有的信息数字化，便于进行数据处理，这是最低的一个层次；智能城市，就是把计算机的智能人工智能运用到城市的建设和管理上；智慧城市，实际上把计算机的人工智能和人的智慧结合起来。2011 年，成思危主席在中国智能城市论坛上提出了"广义智慧城市"这一全新理念，把智慧城市引向更广义的角度和更高的高度。

图 3　智慧城市沿革示意图

2 国内外智慧城市的发展趋势

自智慧城市的理念提出以来，全球智慧城市的发展已从概念阶段全面进入规划和建设阶段，总体呈现出不同的发展取向和建设路径。

第一，在发展思路上提出"广义智慧城市"和"狭义智慧城市"两种思路。 广义智慧城市思路主要是强调将智慧增长理念贯穿于整个城市的诸方面，追求最终形成一个长期的智慧增长道路，在发达国家城市尤其是欧洲城市得到比较普遍的接受。狭义智慧城市思路强调技术导向的具体应用，强调技术解决方案的现实应用，能够在短期内形成产业拉动力，其在新兴经济体城市比较通行。

第二，在推动主体上出现"政府主导战略"和"社会主导战略"两种模式。 政府主导战略主要是由政府机关等资助和管理，为城市公共部门和开发机构建设更有效率的基础设施和服务提供全新的方法和思路。社会主导战略是一种由私人机构、社区组织、大学及其他创始者发动的模式，突出社会资本参与建设和推进公共服务。目前的智慧城市实践中，政府主导战略占据主流，但社会主导战略对于城市的未来发展也将扮演更加重要的角色。

第三，在智慧城市目标上分为"有效益导向"和"社会服务导向"两种方向。作为一种城市发展模式，智慧城市追求经济利益的目标显而易见。但还有一类目标可以总结为社会服务导向型，具体就是政府不推进具体的智慧应用，而是致力于解决在信息化发展中市场失灵方面的问题，即抓信息化普及、消除数字鸿沟等。采取了社会服务导向的智慧城市建设路径的城市，其主要目标是使全民能够共享免费和低成本的互联网和计算机以及相应的便利，通过普及基础信息和数字技术，促进社会不同群体的融合。

第四，在智慧城市类型上可分为"城市改造型"与"新城开发型"两种类型。"城市改造型"多位于发达国家，主要是利用现有基础设施，通过信息技术改造，提高城市效率，同时在城市扩大的基础上将老工业区转型成为新的知识经济中心。"新城开发型"多为新兴市场国家，在城市周边重新建设建筑、交通及电力等基础设施为开端，辅以先进的电子信息、网络及节能环保技术进行智慧城市的全新整体建设。

第五，开发建设模式和智慧应用更加多元化。在智慧城市建设上的一个共同特点是强调公私合作、政企联盟。在具体建设上出现：公私合资建设和管理；政府带头，私人企业参与；政府投资管理，研究机构和非营利组织参与等多种模式。智慧应用可分为智慧经济、智慧服务和智慧资源三大领域。"智慧经济"强调城市产业的优化升级，侧重信息技术在生产领域的应用，转变经济增长方式和结构。"智慧服务"关注智慧型、人性化城市服务，通过智能化改造提高公共服务和居民生活便利性，推动城市就业、医疗卫生、交通运输、社会安全监管等问题。"智慧资源"侧重优化智慧城市的生存环境，通过当代信息技术的应用，实现资源节约型、环境友好型社会和可持续发展的目标。

3 中国智慧城市取得的成果

通过多年的探讨和实践，中国智慧城市建设取得了长足的发展。取得的成果可在如下方面体现：

（1）智慧城市建设纳入国家新型城镇化战略

2014 年 3 月，中共中央、国务院印发《国家新型城镇化规划（2014—2020 年）》，是今后一个时期指导全国城镇化健康发展的宏观性、战略性、基础性规划，为智慧城市的建设提供了纲要依据，也为智慧城市建设指明了方向。

（2）八部委印发智慧城市《指导意见》指明目标和方向

2014 年 8 月，发改委等八部委印发《关于促进智慧城市健康发展的指导意见》，是推进国家智慧城市建设所做出的一项重要举措，为我国智慧城市建设指明了目标和方向。

（3）智慧城市部际协调机制建立

2014 年 10 月，国家发改委等 26 个部委成立智慧城市部际协调工作组，是我国从全局、系统、长远的高度推进智慧城市建设所迈出的具有实质性意义的第一步，是我国智慧城市建设史上的一个里程碑。

（4）智慧城市试点工作稳步推进

为探索不同地域，不同规模和不同发展阶段城市进行智慧城市建设创新模式，国家各部委、地方政府积极推进智慧城市建设试点工作，标志着智慧城市建设即将进入试点探索与全国推广共同开展的新阶段。

（5）鼓励社会资本参与智慧城市建设

为了鼓励和引导社会投资，发改委印发《关于开展政府和社会资本合作的指导意见》，政府和社会资本合作（PPP）是创新投融资机制的重要举措，是成为智慧城市建设的重要支撑。

（6）智慧城市标准评价指标体系启动编制

智慧城市涉及众多领域，是一项复杂的系统工程，标准化工作的统筹规划和协调管理需要有效利用并整合各领域的标准化基础。当前，智慧城市标准的框架已初步完成，评价指标体系与评价方法正在抓紧编制。

（7）信息安全列入智慧城市建设重点

智慧城市领域物联网、移动互联网等新的应用和技术趋势也对信息安全带来了新的挑战，必须把信息安全提升到国家战略层面，构建智慧城市信息安全保障新体系成为智慧城市建设的重要内容。

（8）智慧城市理论研究更加深入和系统

近年来，广大学者和研究机构对智慧城市理论的发展背景、理论科学、建设方向、支撑体系、工程推进以及创建实践等方面的探讨和研究陡然升温，从各领域角度对智慧城市进行梳理和论述的著作和理论不断涌现。

近年来，中国的智慧城市概念、建设思路上取得了一定程度上的共识，建设模式的探索、核心技术的开发与应用取得初步成果，但业界提出的研究与讨论多于实际解决之术。

4　各部委对智慧城市解读和政策方向

我国各部门对智慧城市的解读各有侧重、政策方向必然不同：

（1）国家发改委：强调运用新一代信息技术，实现城市化与信息化的高度融合；联合 25 个部门成立了促进智慧城市健康发展部际协调工作组。

（2）中央网信办：信息化是国家治理体系和治理能力的重要组成部分，突出中央网络安全和信息化领导小组的统一领导。

（3）国家测绘地理信息局：将时空信息固化到智慧城市全过程，社会地理信息必须先行，必须是基础。

（4）国家标准委：标准化是基本保障和必要条件，搭建跨领域、跨部门的标准化协作平台。

（5）工信部：智慧城市的本质是服务，加强信息资源共享，强化信息产业发展和保障信息安全。

（6）公安部：城市平安是一切衡量标准的基础，重点推动视频监控的系统覆盖，推进与其他部门的信息共享。

（7）住建部：智慧城市必须在新型城镇化的整个背景下展开，注重规划、建设、管理、运行四个环节，分阶段推进智慧城市建设工作。

（8）教育部：智慧城市的人才是教育系统培养的，教育也是公共服务，着重公共服务平台、教育资源公共平台建设。

（9）农业部：智慧农业是智慧城市的基础支撑，要统筹推进新型城镇化，率先实现"三农"协调发展、"四化"同步发展。

（10）国家卫生计生委：智慧医疗记录公民终生医学足迹，真正转变成以健康为中心的社会；将构建居民的电子健康信息库，成为所有的医疗服务的应用平台。

（11）中科院：智慧城市是汇聚人类智慧人把物治理起来，需要从七个纬度来理解：城市布局与规划、信息基础设施、绿色低碳经济、公共管理和服务、市民民生与福祉、城市人文科学素养、环境管理与生态保护。

不同部门对智慧城市建设的解读、政策各有侧重方：城市建设部门侧重于新一代信息技术应用于城市建设的应用；信息化主管部门注重于工业化、信息化相互融合；地方政府更关心国民经济和社会发展的信息化。

5 中国智慧城市存在的问题

近年，中国的智慧城市建设取得非常多的成果，也存在着非常突出的问题。主要问题如下：

（1）建设目标不明和发展理念陈旧

目前，我国许多人把智慧城市的重心放在信息技术的建设上，目的局限于用信息技术来改进城市管理和促进城市的发展；而通过智慧城市建设实现新城镇化，其根本目标是实现城市可持续发展、人民幸福生活。

智慧城市建设是一项复杂的系统工程，必须把新的理念与思维模式应用到智慧城市建设，否则智慧城市将失去生命力。目前我国智慧城市在发展理念与应用创新方面还存在严重不足，直接影响了我国智慧城市建设发展的质量和速度。

（2）体制机制的束缚和政策措施发散

如上可见，我国各部门对智慧城市的解读各有侧重、政策方向必然难以统一和聚集。智慧城市系统化、智能化、一体化、最优化的城市建设发展理念，需要城市管理服务模式做出适应性的改变，而智慧城市建设面临的挑战主要来自于体制机制的束缚。智慧城市建设涉及到经济、政治、社会的很多方面，相互交织、相互影响，急切需要政府各部门形成合力。

（3）建设运营模式单一和对策措施缺乏

当前，由于智慧城市建设运营模式的不成熟，无法吸引更多的社会力量参与智慧城市建设运营，投资主体仍是政府，显然这不是长久之计。这将直接影响我国智慧城市的建设发展。智慧城市产业链的研究与实践，业界还没有统一的看法，往往是传统业态冠以智慧也即智慧，没有实质的创新模式。同时还缺乏处理好政府与企业、企业与公众，以及安全与开放、盈利与公益等各方面关系的措施，都将直接影响我国智慧城市的可持续建设运营。

（4）信息资源开发不力与应用创新不足

由于理念、模式、技术等因素影响，我国智慧城市在信息资源共享、开发利用方面存在严重问题，没有正确的信息资源的支撑，智慧城市就成了无源之水，这极大降低了我国智慧城市建设发展的水平。缺乏以大数据系统为基础的信息资源开发创新能力，严重影响智慧城市建设运营质量。

（5）人才缺乏及管理架构不尽合理

当前，由于受到原有城市建设模式的影响及人才体系的不完善，致使我国智慧城市设计、建设、运营及金融的人才严重缺乏；智慧城市建设刚起步，智慧城市的管理经验不足，管理架构不尽合理，也制约了我国智慧城市。

（6）标准体系不健全及信息安全存在隐患

智慧城市建设涉及到资源、产业、基础设施、社会服务等多个方面，并涵盖政府各个部门，需要拥有一套完善的标准规范，实现资源共享、互联互通、协同发展。当前，智慧城市建设缺乏完善的标准规范，影响了智慧城市的建设发展。同时，我国的信息系统的网络、操作系统、服务器等都依赖于外国技术，直接影响到了智慧城市的信息安全。所以，我国智慧城市标准规划的不健全及信息安全保障体系的不完善，使整个智慧城市建设受到了巨大挑战。

从上可见，我国智慧城市尚处于初级阶段，涉及智慧城市的建设目标、体制机制、建设运营模式、技术创新、人才与管理、安全及标准等各个方面都有待探索和实践。

6 广义智慧城市的理念和特点

面对我国智慧城市起步较晚、基础较弱、目标各异、令出多门、模式单一的现状，急需一个从更高层次、从广角度、更包容的理论来引领智慧城市的健康发展。

中国智慧城市论坛主席成思危提出了广义智慧城市的概念——以人为基础、土地为载体、信息技术为先导、资本为后盾，真正是把人的因素和利用信息技术结合起来，把城市建设好、管理好。

广义智慧城市的四个特点：

第一，明确了智慧城市的建设目标：城市建设本身是为人服务；

第二，确立了智慧城市的顶端设计：土地的合理集约使用、建筑的科学规划；

第三，强调了智慧城市的技术保证：必须是以信息技术作为重要内容；

第四，开创了智慧城市的创新模式：建设采用"政府引导，市场为主"的方式实施。

综上所述，智慧城市的本质在于信息化与城市化的高度融合，是城市信息化向更高阶段发展的表现。广义智慧城市将成为一个城市的整体发展战略，作为经济转型、产业升级、城市提升的新引擎，达到提高民众生活幸福感、企业经济竞争力、城市可持续发展的目的，体现了更高的城市发展理念和创新精神。

三　广义智慧城市系统解决方案

我们的理想与城市的发展相辅而行，人民对美好生活的向往，就是我们的奋斗目标。我们提出"广义智慧城市系统解决方案"，旨在推动业界共同关注智慧城市相关软科学的研究，建立健全智慧城市理论，指导我国智慧城市科学有序发展，为建设美丽中国做出贡献。

1　广义智慧城市系统解决方案的工作体系

在深入研究国内产业环境的基础上，提出基于城市系统学及全产业链协调发展的智慧城市系统解决方案。"方案"以城市需求为核心，采用"战略定位研究为先导，规划体系设计为基础，战略资源导入为保障，系统整合为手段"的工作体系，通过系统性地构筑城市综合规划系统、产业发展系统、公共服务系统、基础设施系统，促进城市绿色发展、循环发展、低碳发展，提升核心竞争力，实现可持续发展的目标（见图4）。

2　广义智慧城市系统解决方案的实施步骤

我们把城市作为一个有机的巨系统进行研究，提出以城市系统学为理论指导、以文化与科技创新为核心、以物联网技术和绿色建筑技术为手段，基于智慧城市规划设计、建设实施、运营管理全过程的系统解决方案（见图5）。

我们从广义智慧城市理念和实践着手，整合城市的物质资源、信息资源和智力资源，

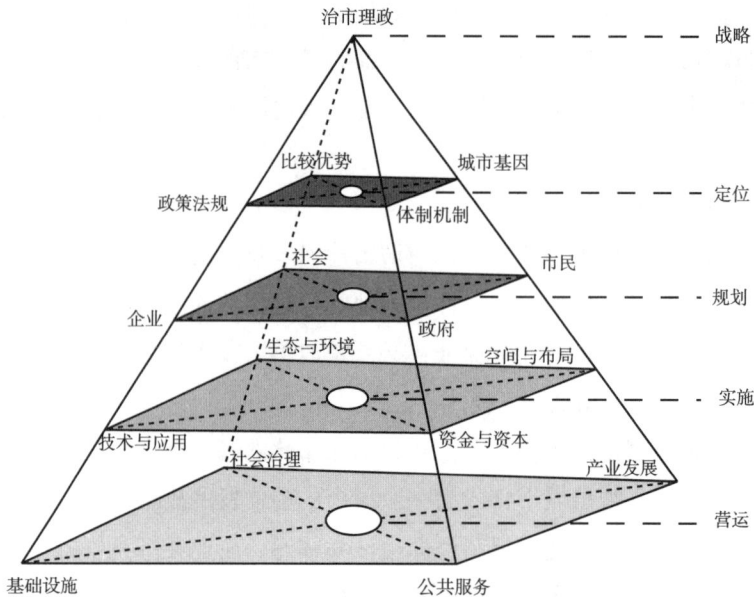

图4　广义智慧城市工作体系示意图

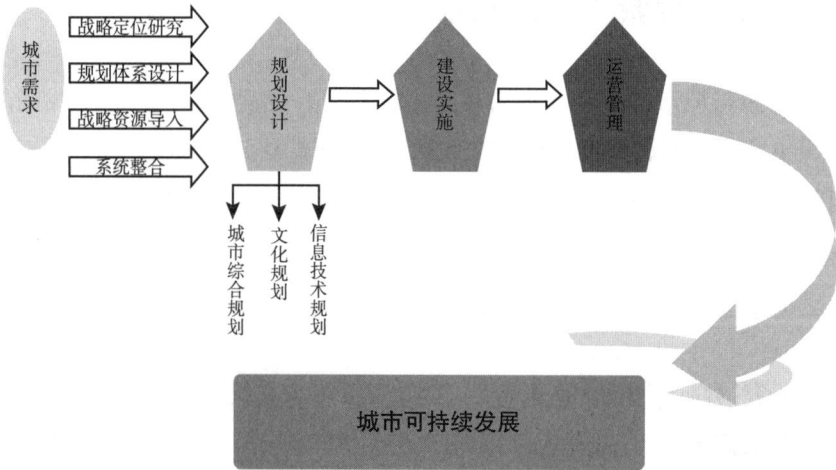

图5　广义智慧城市实施步骤示意图

推动以北斗系统为核心的物联网、云计算、大数据等新一代信息技术创新应用，将北斗与物联网技术真正融入智慧城市建设之中，实现与城市经济社会发展深度融合；以科技引领个人生活和企业生产，探索我国智慧城市建设之道，实现信息网络宽带化、规划管理信息化、基础设施智能化、公共服务便捷化、产业发展现代化以及社会治理精细化。

3　广义智慧城市的建设目标

智慧城市是实现工业化、信息化、城镇化和农业现代化同步发展战略的重要手段，其基本目的是改进民生服务、提高政府效能、促进经济转型、改善生态环境，最终目标是让人民群众生活得幸福、安全。

我们可将城市从下往上分为环境资源层、城市设施层、公共服务层、社会生产层和社会生活层等五个层面（见图6）。我们一方面通过智慧环境、智慧基础设施、和智慧政务的建设，提升城市生存载体的品质；另一方面通过智慧产业、智慧民生建设，提升城市的生机发展能力；实现政务、民生、教育、卫生、交通、旅游、城市建设管理、公共安全、节能环保等领域的智慧化。届时，政府行政效率大幅提高，社会管理更加精细，公共服务优质高效，产业发展充满活力，生态环境不断改善，城乡居民幸福感明显增强，形成具有鲜明特色的智慧城市。

图6　广义智慧城市建设目标示意图

4　广义智慧城市的顶端设计

（1）广义智慧城市的顶端设计的原则

① 找准定位。把智慧城市作为一个城市的发展战略，必须要找准定位，全面理解和把握智慧城市的内涵，才能营造出能给一个城市的幸福感和吸引力的软环境。

② 突出特色。有智慧特色的城市才是美的。智慧城市是以知识经济为中心的城市，特色是城市的魅力所在，也是知识经济竞争力的生长点。每个智慧城市项目都具有独特的创意和活泼的个性，才会与众不同，富有生命力。

③ 把握重点。智慧城市的关键在于信息的共享、资源的有效利用以及城市管理的精细化，因此，在智慧城市建设中更应突出基础建设这个重点。

④ 集聚智慧。智慧城市是一个复杂的系统工程，需要广集当代科技和智慧。特别应该注重如下方面：

① 发扬城市精神。城市精神是城市经济社会发展的内在动力和重要支撑，是社会

主义先进文化的重要组成，也是成就"智慧城市"的人文基础。

② 打造文化品牌。文化的竞争已成为竞争的目标，成为一种世界范围的现象和新的经济增长点。打造城市文化品牌，让"文化改变城市"，是智慧城市的基本目的。

③ 精细城市管理。政府部门间的分工合作、市民民主参与、社会的监督管理都需要丰富、细致的智慧。

（2）广义智慧城市顶端设计

智慧城市顶端设计以《国家新型城镇化规划（2014—2020年）》和《中欧城镇化伙伴关系概念书》中对于我国城镇化建设的要求为指导原则，按照"城市规划管理信息化、基础设施智能化、公共服务便捷化、产业发展现代化、社会治理精细化"的要求，以创新的思维制定具有前瞻性、开拓性的顶层规划，形成科学、合理、完整的体系；以联合、合作、集聚的理念，打造城市建设提供一种全新的模式。

针对我国新型城镇化建设初期的现状、智慧城市建设中存在的问题、信息技术发展的趋势，我们创造性地提出：在城市规划实行"多规合一"的基础上，同时进行文化规划、信息技术规划，从城建、文化、信息三个维度有机地构筑广义智慧城市的设计体系（见图7）。

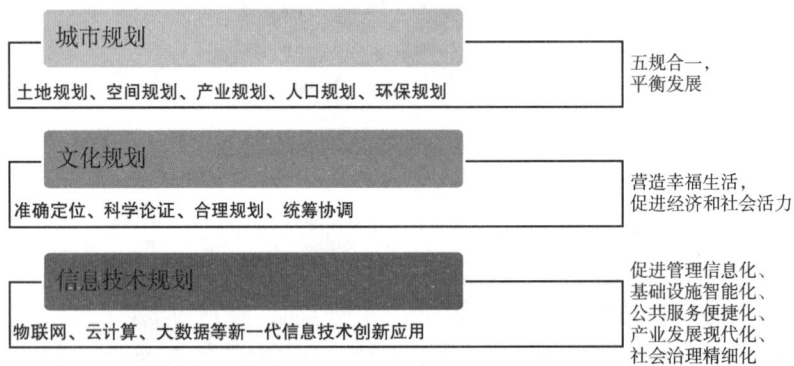

图7 广义智慧城市设计体系示意图

① 城市综合规划系统

20世纪欧洲城市化的多样性无疑是非常丰富的经验源泉，值得我们借鉴。新城镇化不应该只当作基础设施、住房和街区的产物，而应当把智慧城市视作一个整体进程，综合考虑政治、人口、经济、行政、理念、社会和文化等等因素。

为全面推动智慧城市发展，必须在总体规划阶段就避免政府各部门各自为战的局面，坚持以人为本、优化布局、生态文明、传承文化的原则，按照城乡一体、全域管控、部门协作的要求，编制智慧城市综合规划，实现城乡经济社会发展规划、土地利用规划、空间规划、产业规划、人口规划、环保规划的"多规合一"，形成统一衔接、功能互补的城市综合规划体系，全面落实新型城镇化的战略要求，保障智慧城市可持续发展。

② 文化规划系统

城市形态是社会多系统作用于城市所表现出的物质和精神形态，而且包含了更广的文化内涵。人类最大、最高的精神层次是智慧与情感，通过传承和弘扬文化构筑智慧城市的人文基础，通过打造城市文化品牌赋予智慧城市之城市精神。城市文化同时也是城市产业的重要组成部分，而且是营造城市的幸福感和吸引力的主要因素。

城市规划核心工作是保持和塑造文化特色，重点是提升对城市文化特色的关注度。文化是城市经济社会发展的内在动力和重要支撑，是广义智慧城市突出其广义和深度的重要标志。

③ 信息技术规划系统

充分运用感知技术、信息技术和通信技术手段，获取城市发展建设中的海量数据信息进行智能处理和分析，对公众服务、社会管理、产业发展等活动的各种需求做出智能化响应和智能化决策支持，从而构建起城市发展的智能环境和全新城市形态。

主要由基础数据层、网络层、平台层、公共交换层、应用决策分析层、感知层等六个层面组成。

a. 智慧城市基础数据层建设：主要依托人口基础数据库、法人单位数据库、GIS 空间地理信息库、宏观经济数据库四大核心数据库，进行集中部署，统一集成到云计算中心，以便为基础数据共享交换奠定基础。

b. 智慧城市基础网络层建设：主要依托政府电子政务内网、电子政务外网及各网络运行商承建的互联网，进行网络资源有效的整合，实现网络互通、有线网无线网并行的网络架构，为进一步实现智慧感知提供有力保障。

c. 智慧城市平台层建设：主要依据于政府相关部门的信息化应用平台为集成单元，整和各部门基础数据信息、业务数据信息、可视化视频信息、基础网络架构，协同各部门业务工作的一体化。

d. 智慧城市公共信息交换平台层建设：主要将政府相关部门的各类基础数据资源、业务信息资源、视频信息资源、监管流程资源进行标准统一的资源整合，建成公共信息交换共享母平台，避免基础数据重复采集，减轻基层负担，提高信息利用率、正确率。

e. 智慧城市应用决策分析层建设：基于人口、法人、GIS 空间地理、宏观经济四大核心数据库，整合各部门相关信息资源，充分发挥信息化建设成果

通过智慧城市信息化建设，实现政务、民生、教育、卫生、交通、旅游、城市建设管理、公共安全、节能环保等领域的智慧化，助力城市各系统高效协同运行，大幅提高政府行政效率，社会管理更加精细，公共服务优质高效，企业充满活力，生态环境不断改善，城乡居民幸福感明显增强，形成具有鲜明特色的智慧城市。

5 广义智慧城市发展的创新模式—PPP 模式

智慧城市建设是一项复杂的系统工程，所需资金巨大，涉及政府、企事业单位和市民家庭等多元主体，涵盖规划设计、投融资、建设、运营、监管等过程。传统的政府自建自营模式已经远不能满足投资需求，更多的资金需要由企业和融资机构去筹措，将市场机制引入智慧城市建设已经成为必然选择。

20 世纪 90 年代后，一种崭新的融资模式——PPP 模式（Public-Private-Partnership，即"公共部门 - 私人企业 - 合作"的模式）在西方特别是欧洲流行起来，在公共基础设施领域，尤其是在大型、一次性的项目，如公路、铁路、地铁等的建设中扮演着重要角色。看似生疏，但实际上，PPP 模式早已在我国应用，它是高速公路建设等项目经常使用的一种模式。经过一系列项目的应用和规范，2014 年 9 月财政部发布了《关于推广运用政府和社会资本合作模式有关问题的通知》，把 PPP 模式（政府与社会资本合作）作为我国基本建设的一种常用模式。当然，PPP 模式也是广义智慧城市建设过程中需要的主要模式，而且是一种创新模式。

（1）智慧城市 PPP 模式的结构

PPP 模式是一种优化的项目融资与实施模式，以各参与方的"双赢"或"多赢"作为合作的基本理念，其典型的结构为：智慧城市项目由项目发起人发起，政府部门或地方政府通过政府采购或者招标的形式选择中标单位，政府与中标单位组建的项目公司签订特许合同（项目公司一般是由中标的建筑公司、服务经营公司或对项目进行投资的第三方组成的股份有限公司），由项目公司负责筹资、建设及经营。融资来源包括项目资本金和贷款，政府通常与提供贷款的金融机构达成一个直接协议，这个协议不是对项目进行担保的协议，而是一个向借贷机构承诺将按与项目公司签订的合同支付有关费用的协定，这个协议使项目公司能比较顺利地获得金融机构的贷款。采用这种融资形式的实质是：政府通过给予私营公司长期的特许经营权和收益权来加快基础设施建设及有效运营。项目建成后，由政府特许企业进行项目的开发和运营，而贷款人除了可以获得项目经营的直接收益外，还可获得通过政府扶持所转化的效益。

（2）智慧城市 PPP 模式的优势

PPP 模式的优势主要包括以下 4 个方面：

第一，PPP 是一种新型的项目融资模式。PPP 融资是以项目为主体的融资活动，是项目融资的一种实现形式，主要根据项目的预期收益、资产以及政府扶持的力度而不是项目投资人或发起人的资信来安排融资。项目经营的直接收益和通过政府扶持所转化的效益是偿还贷款的资金来源，项目公司的资产和政府给予的有限承诺是贷款的安全保障。这样使项目公司能比较顺利地获得金融机构的贷款。

第二，PPP 融资模式可鼓励民企参与，以提高效率，降低风险。政府的公共部门与民营企业以特许权协议为基础进行全程合作，双方共同对项目运行的整个周期负责。这必将极大鼓励民营企业参与项目投融资、建设和营运。PPP 融资模式的操作规则使民营企业能够参与到智慧城市项目的确认、设计和可行性研究等前期工作中来，这不仅降低了民营企业的投资风险，而且能将民营企业市场化的经营理念和管理方式引入项目中来，还能有效地实现对项目建设与运行的控制，提高建设的效率和质量，从而有利于降低项目建设投资的风险，更好地保障国家与民营企业各方的利益。这对缩短项目建设周期，降低项目运作成本甚至资产负债率都有值得肯定的现实意义。

第三，PPP 模式可以转变政府职能，降低政府风险。PPP 模式在智慧城市项目的引入，转变了政府在这个领域的角色，从微观管理的繁重事务中脱身走出来，从过去的公共基础设施的提供者变成监管者，有利于转变政府部门职能，促使政府部门更新观念，提高管理水平。

第四，PPP 模式可以提高项目的经济强度和智慧城市营运质量。在 PPP 模式下，公共部门和民营企业共同参与智慧城市的建设和运营，参与的政府是通过特许权协议以项目自身的经营收益和适当的政府扶持措施来组织融资，再加上民营企业的直接投融资，有可能增加项目的资本金数量，提高项目的经济强度。项目风险民营企业和政府公担，同时双方可以形成互利的长期目标，以保证智慧城市营运质量，更好地为社会和公众提供服务。

（3）智慧城市 PPP 模式的运作机制

智慧城市 PPP 模式的组织形式非常复杂，既可能包括私人营利性企业、私人非营利性组织，同时还可能包括公共非营利性组织（如政府）。合作各方之间不可避免地会产生不同层次、类型的利益和责任上的分歧。只有政府与私人企业形成相互合作的机制，才能使得合作各方的分歧模糊化，在求同存异的前提下完成项目的目标。

PPP 模式的机构层次就像金字塔一样，金字塔顶部是政府，是引入私人部门参与智慧城市建设项目的有关政策的制定者。政府对智慧城市建设项目有一个完整的政策框架、目标和实施策略，对项目的建设和运营过程的各参与方进行指导和约束。金字塔中部是政府有关机构，负责对政府政策指导方针进行解释和运用，形成具体的项目目标。金字塔的底部是项目私人参与者，通过与政府的有关部门签署一个长期的协议或合同，协调本机构的目标、政策目标和政府有关机构的具体目标之间的关系，尽可能使参与各方在项目进行中达到预定的目标。这种模式的一个最显著的特点就是政府或者所属机构与项目的投资者和经营者之间的相互协调及其在智慧城市项目建设中发挥的作用。PPP 模式是一个完整的项目融资概念，但并不是对项目融资的彻底更改，而是对项目生命周期过程中的组织机构设置提出了一个新的模型。它是政府、营利性企业和非营利性企业基于智慧城市项目而形成以"双赢"或"多赢"为理念的相互合作形式，参与各方可以达到与预期单独行动相比更为有利的结果，其运作思路如图8：PPP模式结构图所示。参与各方虽然没有达到自身理想的最大利益，但总收益即社会效益却是最大的，这显然更符合智慧城市建设的宗旨。

PPP模式结构图

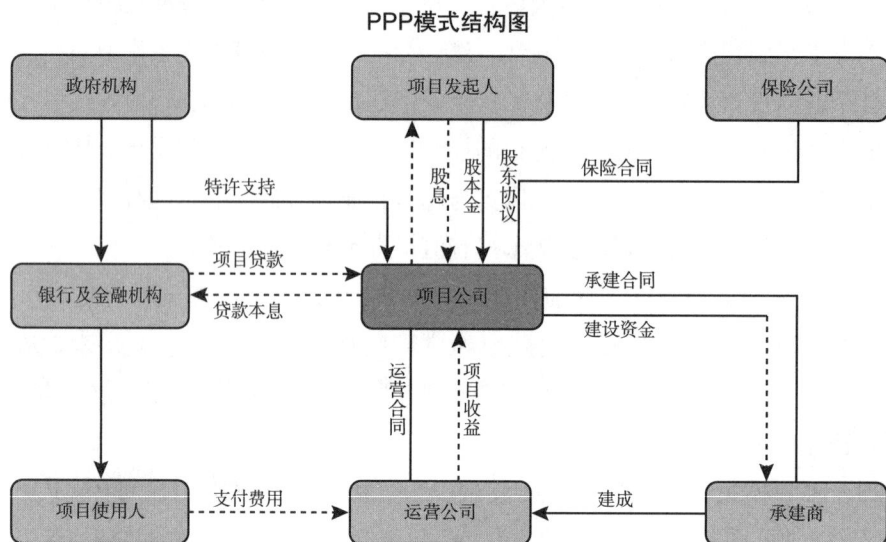

图8　PPP模式结构图

（4）智慧城市PPP模式的运作保证

为使PPP模式在中国智慧城市的融资中发挥更大的作用，需要解决以下主要几个制度框架和监管问题：

第一，形成一套有效的监管体系。

PPP模式能否成功运作的关键的是监管体系的建立。由于PPP是政府和私营机构的合作，那么在PPP模式监管框架形成的过程中，要充分征求利益的相关方，包括政府、投资者、运营者、消费者的意见，使监管法规既能保证基础设施服务的质量，又能保护有关利益方的合法权益。此外，所有基础设施项目涉及的当事人都是监管框架的参加者，比如地方协会、商会、相关人员、相关行业代表、潜在运营合作伙伴、纳税人等都是参与方。在国外PPP的监管中，着重要强调的一点就是利益相关方一定要进入监管过程才能形成监管模式。

第二，培育和完善投资市场。

采用PPP模式，需要长时间评估，进行复杂的合同谈判，实现合理的风险分担，并实行有效监管来防微杜渐。因此，智慧城市推进PPP模式非常需要专业机构的支持。一方面要求政策制定参与方制定规范化、标准化的PPP交易流程，对项目的运作提供技术和相关政策支持，另一方面需要专业化的中介机构提供具体专业化的服务。

第三，确定合理的风险分担机制。

PPP项目融资是否能够成功最主要的因素是项目的风险分担是否合理。通常可根据各方获利多少的原则考虑相应承担的风险，使项目参与的各方包括政府部门、私营公司、贷款银行及其它投资人都能够接受。PPP项目的风险原则为：由对风险最有控制力的一方承担相应的风险。一方对某一风险最有控制力意味着他处在最有利的位置，能减少风险发生的概率和风险发生时的损失，从而保证了控制风险的一方用于控制风险所花费的成本是最小的，同时由于风险在某一方面的控制之内，使其有动力为管理风险而努力。

第四，放宽政府扶持政策。

政府应出台优惠的特殊政策，让投资者确实感到有利可图，这样才能真正吸引外资。由于中国某些政策对私营经济还存在限制，在智慧城市领域应用PPP模式很难使用条件优惠的国家政策性银行贷款和外国政府贷款。因此，政府应放宽此方面的政策，并允许保险基金、社保基金、住房基金等大型基金在智慧城市领域投资PPP项目，以改善智慧城市投资不足的局面，而且能够大大缓解城市经营压力。此外，还要增强服务意识，建立各相关部门之间并联式的项目管理模式，超前做好项目选址、投融资方案、规划设计条件、土地供应等方面的工作，对智慧城市项目起导向作用。

6 广义智慧城市呼唤产业运营商

（1）正确认识城镇化"城乡结构"和"产业结构"的转变

1978年改革开放至今，中国城镇化的过程是"城乡结构"和"产业结构"两个结构的转变过程。

第一阶段，"城乡结构"的转变。

根据国家统计局发布：2014年末，中国的人均GDP约为7485美元（约合人民币46531元），城镇化率达到54.77%。我国"两横三纵"的城市群体系已基本建立，并且现有开发区的面积超过了上千年积累的城区面积，只在一些边缘地区还需把城乡结构改变成为重点。

过去十余年，"城市运营商"是城乡结构调整主要推动力。他们以土地和资金为核心，一手资源一手资金，通过打通政府土地资源和二级开发商的资金，把资源变资产，资产变资金，把价值不太高的农业用地变成工业用地、商业用地、住宅用地，对推动中国的城镇化进程和改变城乡结构方面立下了汗马功劳。

第二阶段，"产业结构"的转变。

参照国际城市化发展进程，当人均GDP达到3000美元以后、城市化水平达到50%以上时，将推动金融、保险、物流等生产型服务业，教育、医疗、社保等公共服务业，商贸、餐饮、旅游等消费型服务业的发展，服务业和第三产业的发展对城市化的推动作用将会起到主导作用，成为城市化深入发展的后续动力。

广义智慧城市建设应该充分认识"中国城镇化空间结构已基本成型"之现状和"产

业结构调整空间巨大"之趋势,大力培育"产业运营商",作为推动中国未来经济和城镇化发展的重要力量。

（2）智慧城市建设需要新型的"城市运营模式"

相对于原来的城乡建设,广义智慧城市的内涵就是产业结构的转变。从城市需求来看,经济发达和土地价值较高的沿海政府不缺钱,产业是城市发展的核心力量,城市的竞争更多的是产业的竞争。从人的需求来看,人的需求决定城市的载体。产业结构必须通过工业化的调整开始向公共服务业、消费服务业、生产服务业转型。城市运营模式必须实现从快的"土地运营模式"到慢的"产业运营模式"的转变,而推动这个转变的力量,非"产业运营商"莫属。

（3）智慧城市建设需要新型的"运营商"

广义智慧城市建设需要政府转变新职能和提供新保障,从新职能上来说,要从生产为中心走向服务为中心、消费为中心、宜居为中心;从保障体系来说,公共服务的均等化为发展目标。"产业运营商"是提供新产业和新载体的核心的推动力量。

"产业运营商"与"城市运营商"的区别是什么?第一,产业运营商以产业运营为核心,做的是长线;城市运营商以土地运营为核心,做的是短线。第二,产业运营商以打造产业集群为重点,城市运营商以房地产开发为重点;第三,产业运营商用产业资源做竞争力,城市运营商更多靠的是政府资源。

"产业运营商"应该具备五大核心能力:第一,产业定位。产业定位的精准性决定了产业未来发展的可持续性,这是最核心的问题。第二,运营保障。运营能力是运营商赚钱的核心能力。第三,招商渠道。立体的招商渠道,才能形成产业链招商库。第四,金融通道。解决筹融资的问题,形成股权产业基金。第五,管理输出。运营商从重资产模式转变成轻资产模式,形成品牌价值优势,要轻资产运营,真正的资本是经验资本。

7 广义智慧城市的总体框架

（1）广义智慧城市的建设原则

广义智慧城市的建设应突出和谐性、高效性、持续性、整体性、区域性和协调性六项原则。

第一,和谐性 通过广义智慧城市的建设,一方面实现人与自然共生共荣,人回归自然,贴近自然,自然融于城市;另一方面是营造满足人类自身进化需求的环境,充满人情味和文化气息,拥有强有力的互帮互助的群体,人们充满幸福与活力。文化是智慧城市重要的功能,文化个性和文化魅力是城市的灵魂。这种和谐乃是广义智慧城市的核心内容。

第二,高效性 通过当今最新科学技术和信息技术在智慧城市中的广泛应用,提高一切资源的利用率,物尽其用,地尽其利,人尽其才,各施其能,各得其所,优化配置，实现城市各系统之间协调和高效发展。

第三，持续性 智慧城市以可持续发展思想为指导，兼顾不同时期、空间、合理配置资源，公平地满足现代人及后代人在发展和环境方面的需要，保证城市社会经济健康、持续、协调发展。

第四，整体性 广义智慧城市建设需兼顾社会、经济和环境三者的效益，重视经济发展与生态环境协调，更重视对人类质量的提高，是在整体协调的新秩序下寻求发展。同时，必须加强全国、全球合作，共享技术与资源，形成互惠的网络系统，建立全局的平衡。全局概念就是广义的要领。

第五，合理性 一个理想的智慧城市应该是结构合理。合理的土地利用，良好的生态环境，完整的基础设施，完善的公共服务。

第六，协调性 关系协调是指人和自然协调，城乡协调，资源利用和资源更新协调，环境容量和环境承载能力协调。

（2）广义智慧城市的总体框架

① 城市规划系统

a. 国民经济和社会发展规划系统

b. 土地规划系统

c. 城市空间规划系统

d. 主体功能区规划系统

② 城市基础设施系统

a. 城市给排水系统

b. 交通运输系统

c. 城市防灾系统

d. 能源保障系统

e. 邮电通信系统

f. 环境卫生系统

③ 公共服务系统

a. 基本医疗

b. 基础教育

c. 就业保障

d. 养老保障

e. 公共管理

④ 产业系统

a. 必要产业

b. 附加产业

在智慧城市建设过程中，通过精细的城市建设管理，提升城市综合功能，智慧建设与宜居体系应展现当今人们在人文、科技、经济发展等方面的最高水准；通过新一代网络和基础设施建设，组成完善的公共平台和数据库，智能保障体系和基础设施体系应能确保城市保证体系稳定运行；通过合理的产业规划，促进传统产业的升级和新兴产业的崛起，智慧产业与经济体系可持续提供城市发展的强大动力；通过人性化的政务服务，个性化的专项服务，智慧管理与服务体系可充分提升基础公共服务能力。城市各系统相互支撑，协调发展，共同推进广义智慧城市走向辉煌（见图9）。

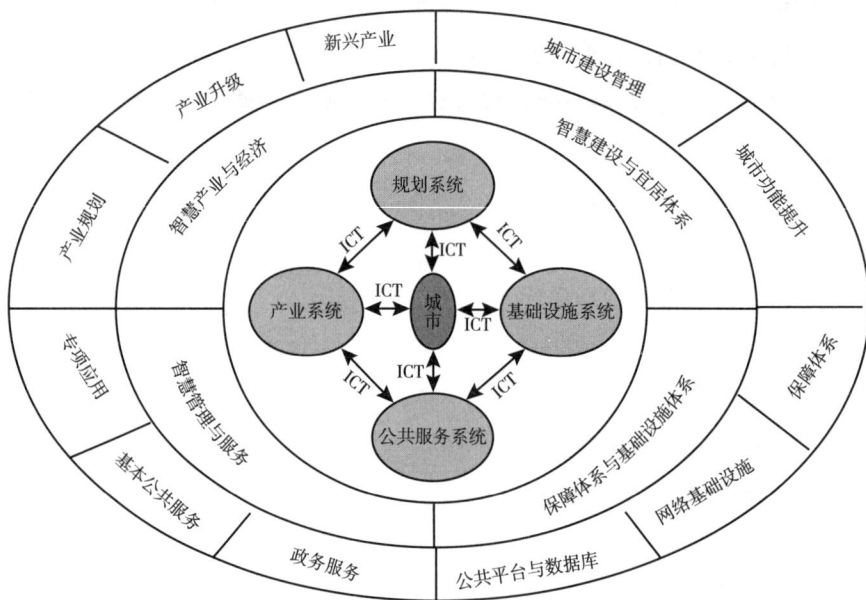

图9　广义智慧城市总体框架示意图

8　广义智慧城市的实践

中国古代哲人讲求"知行合一"，广义智慧城市的理论必须指导于智慧城市的建设实施，通过设计、建设、营运等步骤完成智慧城市的全过程，并验证、充实和提升理论，其中的一个重要环节是进行广义智慧城市示范区建设。

（1）建设广义智慧城市示范区的目的

其目的是为探索不同地域、不同规模和不同发展阶段城市进行智慧城市建设创新模式，为更多城市进行智慧城市建设提供借鉴。

中国智慧城市论坛通过广泛调研，联合相关地方政府和涉及智慧城市发展所需的理论研究、规划设计、产业和投融资、建设实施、运营管理等各环节的一流单位，在我国东、南、西、北、中各区域选择一个点作为示范区。

（2）广义智慧城市示范区选择标准

① 中心城市，便于资源聚集——有很好的示范作用；

② 独立的行政区域，面积 30—60 平方公里——便于管理；

③ 城乡结合部，有大面积的建设用地——利于智慧城市各系统的植入；

④ 拥有良好的区位和战略机遇——便于示范区迅速成型。

拟定的示范区资源禀赋和城市需求各异，智慧城市的建设重点和资源配置不尽相同，北京示范园侧重智慧城市、物联网研发和服务，佛山示范园侧重智能产业，武汉示范园侧重智能物流和车联网，上海示范园侧重智慧城市、物联网金融，西部示范园侧重智能养老和通用航空。把示范区建设成为各具特色、成效显著、具有示范效应的智慧城市，为我国广义智慧城市建设提供示范，为我国城市转型发展提供新模式。

（3）广义智慧城市示范区建设模式

广义智慧城市示范区建设采用一种崭新的、优化的项目融资与实施模式——PPP 模式（Public-Private-Partnership，即"公共部门 - 私人企业 - 合作"的模式）。

其典型的结构为：中国智慧城市论坛作为示范区项目发起人，由智慧城市研究院作为顶端设计，专业公司通过投标取得资格，与政府组建的项目公司并签订特许合同，由项目公司负责筹资、建设及经营；融资来源包括项目资本金和贷款。项目建成后，由政府特许企业进行项目的开发和运营。

示范区建设有广义智慧城市理论的直接指导，集聚丰富的金融资源和产业资源，采用城市规划、文化规划、信息技术规划综合为一的顶端设计，运用现代科学技术、整合信息资源，用城市系统论方式统筹智慧城市规划、建设、运行、管理、服务和发展的各环节，必将能探讨出一套智慧城市发展的新模式。

（4）广义智慧城市（北京）示范区简介

① 示范区地理位置

示范区位于北京市丰台区，含南苑乡 56.74 km²、南苑街道办事处 65.77 km²、丽泽商务区 8.09 km²、丰台科技园 4.01 km² 及花乡局部 16 km²，总面积 150.6 km²，是丰台区三四环都市产业发展带以及南中轴高端商务中心区两大重点规划版块的核心区（见图 10）。

② 区位优势

a. 丰台区在北京加快中国特色世界城市

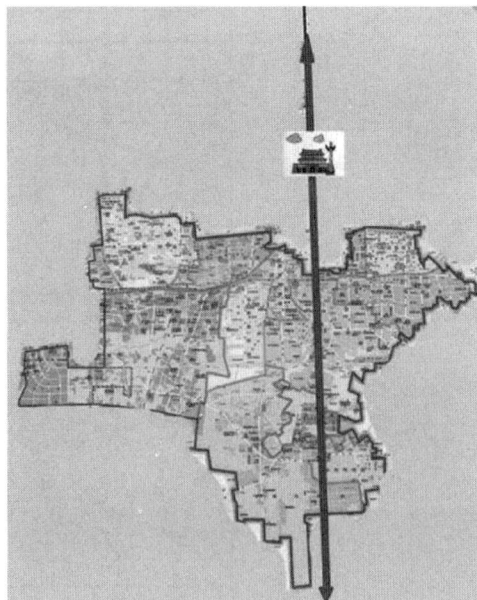

图 10　北京示范区范围图

建设、促进城市南部地区发展行动计划中，处在承接城市核心功能拓展、现代经济要素转移、新兴产业聚集的前沿（见图11）。

b.伴随北京城南行动计划的实施和丰台"一轴两带四区"宏图的绘就，丰台已进入快速发展的黄金时期，将挈领城南地区崛起，成为北京建设世界城市的新空间。

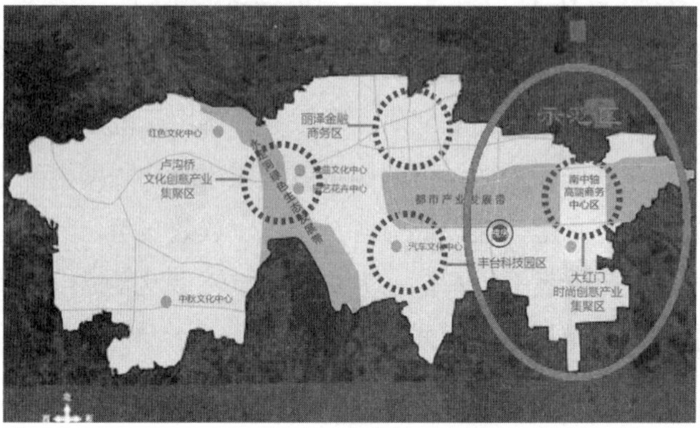

图11 丰台区产业布局图

③交通优势

a.项目横跨南二环、南三环、南四环等多条城市环路，有多条公交车经过，通往各高速公路极为便利；

b.地铁4号线、10号线以及规划地铁新机场线从项目地通过；

c.临近新机场市内航站楼，可由此值机直通新机场；

d.北京南站在规划区内，到北京火车站及火车西站交通便利（见图12）。

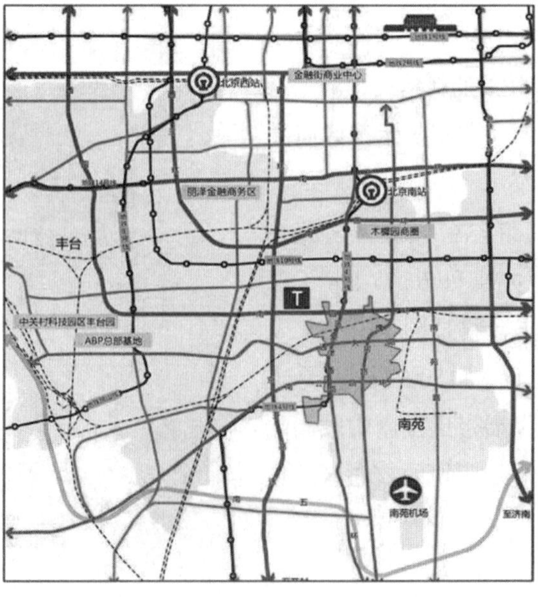

图12 北京示范区交通示意图

④ 重大机遇

a. 南城战略

北京市进一步对城南地区的政策支持力度。在规划、土地和投资对城南地区的倾斜力度，不断完善城南发展政策环境。2009 年《促进城市南部地区加快发展行动计划》，投资 2900 亿元。2012 年北京市政府发布第二阶段城南行动计划（2013—2015 年），该计划含重大建设项目 232 项，总投资约 3960 亿元，比第一阶段增加 1000 亿元（见图 13）。

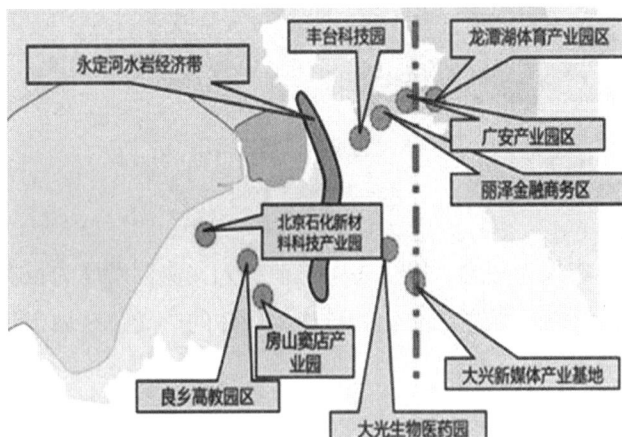

图 13　北京南城产业规划示意图

b. 北京新机场建设

从战略上看，新机场的建设，是国家"十二五"规划确定的国家级重大基础设施项目，是国家战略行为（见图 14）。

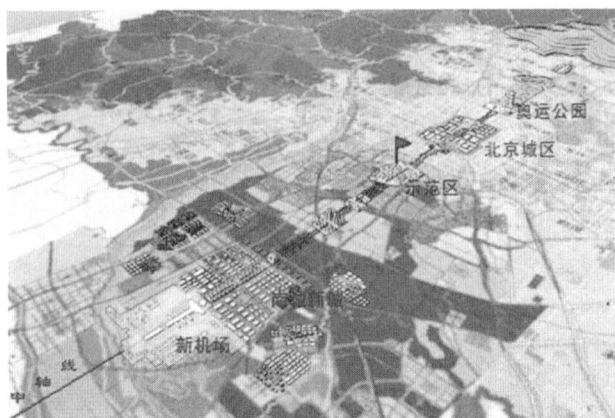

图 14　北京示范区和新机场位置图

首都新机场将成为世界重要交通枢纽，必将强力拉动区域经济的发展。项目地必将吸引具有重大影响力的组织、企业入驻，成为世界政治、金融、科技、人才、信息的南城中心。项目规划区属的后发展地区，适合以全新的理念开发建设，实现价值洼地的跨越式发展（见图 15）。

总投资：约5000亿人民币

到**2025**年，新机场总投资约为**840**亿元；按照通常机场内外投资比为**1：1～2**计算，新机场外部配套投资约 **800～1600**亿元，加上10多个村的拆迁和社会资金的吸引，新机场投资共计最少在**5000**亿元。

图 15　北京新机场方案图

⑤ 战略定位

以联合、合作、集聚为理念，以生态、产业、人文协调发展为目标，旨在延续历史文脉，整合科技资源，塑造以高端文化和科技为载体的广义智慧城市示范区，使其成为北京南中轴线的新节点。

⑥ 建设目标

a. 探索以北斗系统为核心的物联网产业与智慧城市建设融合发展的新模式；

b. 培育智能互联网时代的体验经济雏形，以"生态为核、文创为形、科技为术"来营造以体验为特色的未来生活方式；

c. 以原创发展理念、PPP 建设模式，建成世界水平的广义智慧城市示范园区。

⑦ 产业定位

a. 中国首个广义智慧城市示范园区

b. 中国物联硅谷——北斗、物联网企业总部聚集区

c. 国内最大的智慧城市和绿色节能企业总部聚集区

d. 北京首家儿童教育健康产业基地

e. 国际影视文化交流区

f. 国际时尚产业创意区

⑧总体规划

示范区功能分区（见图 16）：

A. 物联网产业中心区

B. 文化和儿童产业区

C. 时尚创意区

D. 现代服务商务区

E. 科技创新区

F. 智能家居区

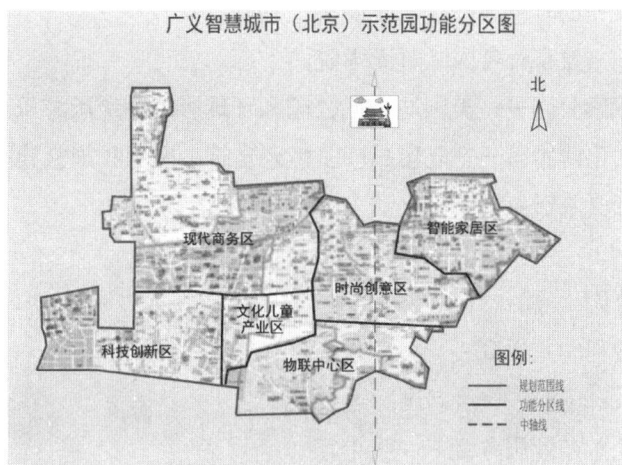

图 16　北京示范园功能分区图

中国智慧城市论坛是中国唯一的跨部委、跨行业和跨地区的智慧城市的交流和研究平台，该区作为中国智慧城市论坛常驻会址、中国智慧城市论坛智慧城市规划研究院驻址，成为中国智慧城市理论高地；加上该区域的区位优势和良好的建设时机，必将吸引大批国际、国内具有核心竞争力的一流企业入驻，把该区打造成为名副其实的中国智慧城市产业和物联网产业集聚地。

已聚集的产业资源如下：

智慧城市产业

A. 中国智慧城市论坛——常驻会址

B. 中国智慧城市论坛智慧城市规划研究院

C. 中国智慧城市产业联盟——数百家企业

D. 中国智慧城市投融资联盟——百余家企业

E. 美国地球探索研究所（有 60 多所国际一流大学加盟，研究方向为：绿色节能、环保技术和可持续发展，拥有 180 多项世界领先技术。）

物联网产业

A. 神州天鸿总部——北斗卫星民用中心

B. 物联网研发基地——数百家高端企业、数十家上市公司

C. 物联网孵化中心——硅谷 2000 号

D. 物联网产品展示中心——体验馆

E. 物联网产业金融中心

文化产业

A. 北京国际电影周

B. 新媒体科技和创作基地——百家高科技企业

C. 时尚学院——数家著名国际时尚学院

D. 美国地球探索公园——美国迪斯尼公园和环球影院升级版游乐公园

E. 中国家族文化博物馆——复建 300 多幢老建筑，展示我国家族文化

F. 中国公务机俱乐部和特斯拉电动车中国形象店

儿童产业

A. 欧洲彩虹公园

B. 英国蒙特梭利幼儿教育

C. 中美文化教育中心——著名国际学校

D. 世界著名儿童产业服务商——数十家

E. 世界著名儿童研究机构——数家

⑨ 槐房组团简介

规划范围

北起南四环公益西桥，南至向阳北路，东起槐房路，西至槐新公园，规划面积约 612.9 公顷。

规划期限

本规划期限为 2013—2018 年。

人口规模

根据城市生态环境承载力，综合其它方面因素考虑，规划至 2018 年辐射人口 50 万人。

建设用地规模和建筑面积

独立建设用地（区域交通设施用地＋其他独立建设用地）用地控制在 88.05 公顷，城市建设用地 476.88 公顷，占规划总用地 83.23%，建筑面积 275 万平方米。

产业布局

智慧城市总部、物联网产业总部、儿童产业、影视文化、时尚文化、绿色智慧社区。

规划布局

（1）欧洲彩虹公园，（2）儿童时尚体验馆，（3）儿童活动区，（4）儿童艺园，（5）小龙河文化公园，（6）金鸡百花影视城，（7）普拉克文化创意园，（8）国际时尚学校，（9）留学培训中心，（10）快乐星球儿童主题公园，（11）社区公共配套，（12）现代 SOHO 公寓，（13）回迁社区，（14）商业金融大厦，（15）时尚乐购中心，（16）回迁社区，（17）智慧城市大厦，（18）物联网总部大厦，（19）体育场，（20）低碳社区，（21）智慧社区，★智慧城市体验馆（见图 17，图 18）。

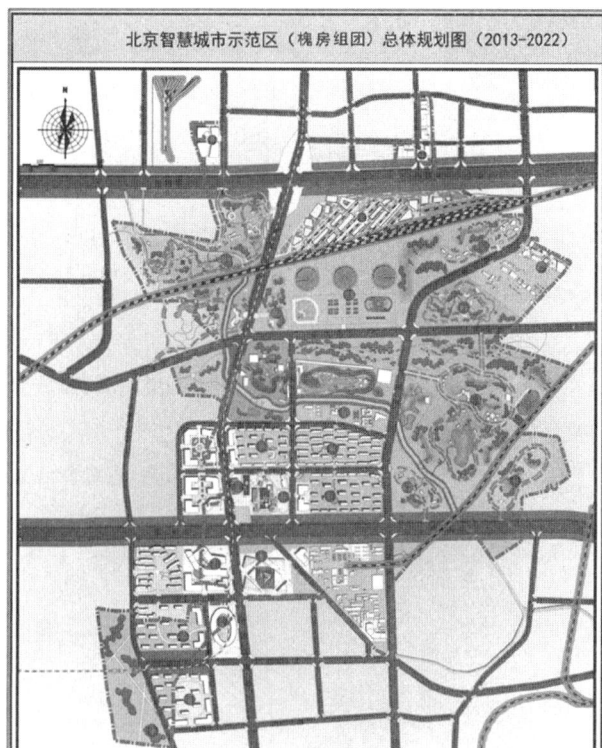

图17 北京智慧城市示范区总体规划图

图18 指南针智慧城市示范区效果图

参考文献

[1]《城市的崛起——城市系统学与中国城市化》刘春城、候汉坡著

[2]《城市规划核心工作是保持和塑造文化特色》为之

[3]《城市规划理论发展》百度文库

[4]《创新智慧城市发展模式PPP有何值得学习》中国安防展览网

[5]《二十世纪城市发展的思考》皮埃尔·卡兰默

［6］《国土规城乡建设划纲将多规合一》胡健

［7］《十大关键词读懂国家新型城镇化规划》贾兴鹏

［8］《新型城镇化需重塑现代城市伦理》沈体雁

［9］《以文旅融合拓展旅游业发展空间》中国旅游报

［10］《智慧城市的核心是人》曹菁

［11］《国务院八部委关于促进智慧城市健康发展的指导意见》国务院八部委

［12］《政府和社会资本合作项目通用合同指南》国家发改委

张　键，中国智慧城市论坛智慧城市规划研究院执行院长。

张　杰，中国智慧城市论坛智慧城市规划研究院理事长。

宋忠良，中国智慧城市论坛智慧城市规划研究院顾问。

GPU 加速智慧城市智能分析应用

一、引 言

什么是 GPU 加速的计算？

GPU 加速的计算是利用一颗图形处理器（GPU）以及一颗 CPU 来加速科学、工程以及企业级应用程序。NVIDIA® 于 2007 年在这方面率先迈出了第一步，GPU 现已成就了世界各地政府实验室、大学、企业以及中小企业内的节能数据中心。

应用程序如何利用 GPU 实现加速？

理解 CPU 与 GPU 之间区别的一种简单方式就是对比它们如何处理任务。CPU 由专为顺序串行处理而优化的几个核心组成。另一方面，GPU 则由数以千计的更小、更高效的核心组成，这些核心专为同时处理多任务而设计。

CPU 对阵 GPU

理解 CPU 与 GPU 之间区别的一种简单方式就是对比它们如何处理任务。CPU 由专为顺序串行处理而优化的几个核心组成。另一方面，GPU 则由数以千计的更小、更高

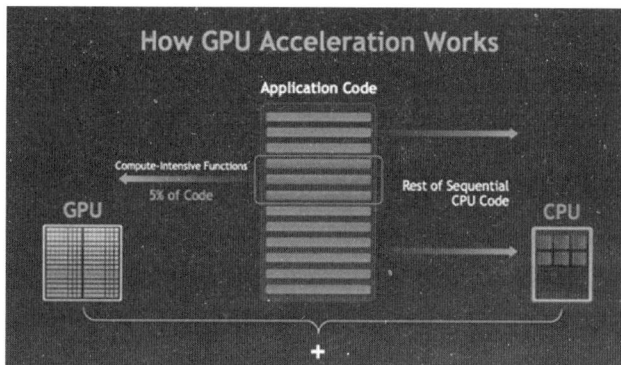

图 1 GPU 对阵 CPU

效的核心组成，这些核心专为同时处理多任务而设计（见图1）。

GPU 拥有数以千计的核心，可高效地处理并行任务

数以百计的行业领先应用程序现在已经实现了 GPU 加速（见图2）。虽然 GPU 用于智慧城市应用加速只是刚刚起步，但是 GPU 强大的加速应用的能力已经让智慧城市的应用开发者们领略到了，并正在以很快的发展速度在这个领域里得到广泛认可。

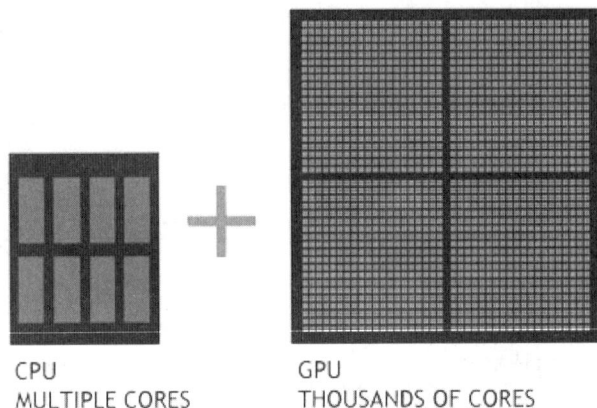

CPU
MULTIPLE CORES

GPU
THOUSANDS OF CORES

图2　CPU+GPU 混合计算

二、NVIDIA 助力智慧城市发展的进展情况

在 2014 年 1 月 8 日至 9 日在北京召开的第四届中国智慧城市大会上，NVIDIA®（英伟达™）作为全球视觉计算技术的行业领袖首次在此类会议上亮相，并在此会议上开展了多场主题演讲，为与会者分享了 NVIDIA 为建立智慧城市所提供的多种成熟解决方案以及携手众多产业合作伙伴为完善智慧城市所作出的巨大贡献。

与会期间，作为重要合作伙伴的曙光及泰安在 NVIDIA 展台展示了基于 NVIDIA Tesla® 智慧城市解决方案展示机。同时，多家 ISV 解决方案应用开发企业也展示了其相关应用，他们分别为浙江捷尚视觉科技有限公司、公安部第三研究所、华浩博达（北京）技术有限公司以及 Map-D。此外，IBM 发布了与 NVIDIA 合作推出的 4 套相关解决方案包，它们涵盖了大数据、云计算、高性能计算以及虚拟计算四个方面。

NVIDIA Tesla GPU 助力智慧城市建设

相比于传统的大数据来说，智慧城市数据具备了容量大、难搜索、非架构化等特点，这也是当今大数据处理中的难点，NVIDIA 公司所推出的 Tesla GPU 加速方案正是针对这一问题而设计。NVIDIA 公司凭借强大的 Tesla GPU 加速器，在不同应用中可获得 10—100 倍的加速效果，将原有的数据处理效率提升近百倍，大大降低了系统等待时间。

之前业内都是采用 CPU 计算的模式，这种方式需要大量的服务器作为基础运算，从资金和空间的角度来说都造成了大量的浪费。而 NVIDIA Tesla GPU 加速方案具备了广阔的升级空间和性价比优势，如今几乎所有服务器都支持 GPU 加速器解决方案，大大增加了服务器的单位密度计算能力。更重要的是，GPU 加速器实现了并行化的计算方式，相比串行计算来说最大可以获得百倍以上的性能提升。

NVIDIA 携手众多合作伙伴让智慧城市更加完善

目前 Tesla GPU 加速方案已经成为业内最简单与最快速的加速方案。凭借着与众多 ISV 长期稳定的优良合作关系，NVIDIA 公司已经提供了众多面向"智慧城市"的解决方案。同时 NVIDIA 公司也提供独一无二的优化团队，这个团队已经帮助众多的国内一些开发商开发和移植应用，对并行处理的算法优化非常有经验，可以帮助应用伙伴和客户优化算法，大大提升系统计算性能。

凭借着众多用户的支持，适合 Tesla GPU 加速方案的函数库也在迅速的扩大。函数库的好处是为开发者提供瞬间加速，英伟达和第三方已经预先对这些函数作了优化，开发者只需调用函数即可。除此之外，英伟达所推广的 OpenACC、CUDA、C++ AMP 等编程语言也可以帮助客户获得最大的性能和最大的 GPU 的灵活性，开发者可以灵活选用 C、FORTRAN、C++ 编写程序。

大家可能都知道，英伟达是做显卡出身。目前在整个市场的显卡，包括 PC 和笔记本的，英伟达拥有绝对的市场份额。经过这么多年的发展，英伟达产品不光停留在显卡上面：显卡也叫 GPU，图形处理器，它的特点是有很多独立的核，有非常多的核，显示其实只是它其中的一个典型应用。近几年，我们有一个更大的应用，即把 GPU 放在服务器上，做高性能的计算，做 CPU 的加速。目前在服务器上的产品叫 Tesla，已经到了第二代，是 Kepler 的架构。这个产品对于整个业界的计算处理，有了革命性的推动。

这里主要给大家介绍包括平安城市、智慧城市等方面大量的智能分析应用。英伟达的产品是一个硬件，比较抽象，主要给大家介绍一些具体的案例和实际产生的一些应用影响。

GPU 加速 10—100 倍

这里介绍在国防、公共安全等领域的一些典型的案例，包括计算机视觉、视频增强、卫星成像，智能分析，信号处理，流体动力的设计，空气动力学，隐形与天线，这些应用天生就是一种并行的算法，我们知道，目前的计算机是一种串形处理，而世界上自然的事物，更多是一种并行的方式。这些东西天生跟 GPU 多核的并行的处理方式有很大的关系。我们看到不同应用获得了 10—100 倍的加速。

GPU 高性能计算（用于服务器）产品 –Tesla

目前，我们的 GPU 高性能计算产品用在服务器上，叫 Tesla。如 K10 这款产品，上面有 3000 多个核，可以支持成千上万的线程并行跑到 GPU 上，这样可以几十倍，几百倍把我们的应用加速。对于大数据来说，我们又有了直接提高计算性能的一种很有效的方法。

用在服务器上的 Tesla 不同于 PC 上的普通显卡。Tesla 要重点考虑服务器的安全性、可靠性、稳定性的特点，要考虑 7x24 持续运行，要考虑散热，要考虑 ECC，等等。Tesla 由 NVIDIA 原厂生产，并提供原厂 3 年保修，原厂技术支持。

GPU 已被广泛应用于公共安全与国防领域

我们已经到了 GPU 计算被广泛采用的拐点。可以看到，公共安全和国防行业内的许多知名机构已采用和部署了 GPU。而且名单还在继续增长。目前这个领域已成为 GPU 出货量的第一位。

GPU 所带来的好处

GPU 是并行处理器，擅长处理大量数据。这是因为 GPU 有几千个单独的核，从设计上就是用来解决大规模并行问题。当信息运行在 GPU 时，它分为成千上万个线程来并行计算。

随着公共安全和国防领域对计算能力需求不断增长，GPU 以商业化货架方式加速应用。

（1）首先，将数据转化为信息非常耗时。CPU+GPU 混合计算加快你的应用程序。GPU 可以很方便的集成在服务器上，即在 PCIe 上插 Tesla 卡，可以插多块，目前有的服务器可以插八块 Tesla 卡；同时也可以用许多服务器并行计算，HPC。

（2）不是每个人都追求最高性能；在追求改善性能同时考虑能耗。一个混合的解决方案，就是提供最佳的每瓦特性能。

（3）性能提高 10x—100x 等于可以减少很多很多的计算机，大大减少计算机所占用的空间。平安城市有很多摄象头，采集的视频都会实时放在派出所的服务器上，派出所的空间非常有限，经常有派出所说，我这里只有 4U、6U 的空间可以让你来帮我做智能分析。这样的话，我要堆一大堆的服务器，也没那么多的地方。

（4）当然，大大降低了 TCO，让您的预算花得最值。

GPU 计算的影响

以 4 个 GPU 加速的案例说明 GPU 所产生的影响。

（1）MotionDSP 视频取证中的应用 7x 加速。有了 GPU，视频增强和分析能做到实时。

（2）国内像浙江捷尚做的平安城市智能分析，可以做多路高清。目前大家做智能分析时处理的视频路数比较少，特别是高清，计算量的挑战非常艰巨。视频分析 12x 以上加速，与只用 CPU 相比，GPU 能以更高的帧率分析更多的实况视频。

（3）遥感 /RS、GIS、GPS 技术，国内华浩博达他们做的超算平台，GPU 加速 60—200 倍。

（4）还有和"安全"相关的公安领域暴力破解密码，GPU 加速 40 倍。

这些案例都表明，GPU 使我们能更好、更快地获得所需的情报。

GPU 加速在公安和国防领域的应用

英伟达 GPU 加速应用数量每年以指数方式增长。地理空间成像、视频分析和仿真的公司都意识到未来是并行计算世界。最常用的商业化应用都开始采用 GPU 加速。 这里列举几个 GPU 加速的应用，nvidia.com 上有更多的列表。

如何开始使用 GPU

今天有很多方法可以充分利用 GPU。

（1）最简单和直接的就是使用已经 GPU 加速的应用程序。现在许多应用程序已经为 GPU 优化了。我们的网站也列出了很多知名软件都已经转到 GPU 了，应用起来也比较方便。在国内，特别是在平安城市包括公共安全这个领域，我们也在帮助很多的国内一些开发商开发和移植应用。我们有一个团队，对并行处理的算法优化非常有经验，他们能够帮助应用伙伴和客户，优化算法，常常能提高很多倍。

（2）使用已经预先优化好了的函数库。函数库为开发者提供瞬间加速，英伟达和第三方已经预先对这些函数作了优化，开发者只需调用函数即可。

（3）另一个容易的方法是使用指令，如 OpenACC。指令是非常简单和容易。事实上，所有你需要做的就是在你的代码中添加一些编译器提示，已使得自动并行化。一些客户在短短的几个小时内使用这种方法，还获得 5 倍提升。

（4）加速 GPU 应用程序的最后一种方法是使用像 CUDA、C++ AMP 等编程语言。这可获得最大的性能和最大的 GPU 的灵活性。开发者可以用 C，FORTRAN，C++ 编写他们的程序。这些代码通常是经过手工调整挤出每个时钟周期。

GPU 的应用开发生态已经很成熟了。

三、NVIDIA GPU 加速具体案例

1. MotionDSP 实时视频增强与分析

背景

硅谷的 MotionDSP 公司致力于开发用于视频的高级实时图像处理与分析软件，让平民和军事分析师能够更好地了解状况和拯救生命。该公司的客户包括美国空军、海军、

情报部门以及平民机构。

MotionDSP 的主要解决方案是 Ikena ISR（Ee-Kehn-Ah），它是一款针对 FMV 和广域运动影像（WAMI）的实时图像处理应用程序，可提供复杂的视频画质「单击修复」以及先进的实时分析功能。全动态视频（FMV）分析师利用 Ikena ISR 来改善和分析实时的视频源，这样他们就能够为地面的士兵提供更好的情报。

挑战

国防部有个「大数据」的巨大难题。国防部每个月在阿富汗和其它地方收集的空中监测视频时长超过 10，000 个小时，其中许多视频由美国空军每天超过 56 次的战斗空中巡逻（CAP）所产生，战斗空中巡逻使用的是 Predator UAS 无人机。

从这些全动态视频源中提取情报需要更多的劳动力，当前可用劳动力无法满足这一要求。事实上，RAND 公司最近的一项研究结果预计，截至 2015 年，美国空军会需要多达 117，000 名人员专门处理全动态视频。

为这一挑战增加难度的是较差的环境条件（低光照、烟尘以及大气雾霾）以及全动态视频远距离传输所导致的伪影，这些情况造成了糟糕的视频画质。

CPU 计算系统的局限性限制了那些计算量繁重的算法，例如 MotionDSP 的实时视频处理。结果，军事人员经常被迫使用不完整、过时或不准确的数据，这会增加任务的风险。

解决方案

通过在配有 NVIDIA® Tesla® GPU 的现成的 Windows 工作站和服务器上运行，Ikena ISR 可实时改善任何现有 FMV 或 WAMI 视频源的画质。

Ikena ISR 采用一套复杂的算法来为有人机和无人机所拍的视频自动而动态地提升画质。例如，MotionDSP 专利的「超级分辨率」算法可从数十幅前面的视频帧和图像中利用最佳信息来重建视频和广域影像，从而提升分辨率并大幅减少噪点。

它可以提升视频画质达 1—2 个 Video NIIRS（用于评价图像质量的标准尺度），让分析师能够看清某人手中握着的是枪还是铁锨。

Ikena ISR 通过在多颗 GPU 上扩展，将其先进的视频分析技术应用到基于云的大规模数据集上，从而还解决了「大数据」难题，让分析师能够在处理工作上花费更少的时间，把更多的精力放在开采利用和传播上来。

Tesla GPU 让 Ikena ISR 能够实时处理标清和高清的视频源，还能够扩展为多通道处理。Tesla GPU 让用户能够以极低的延迟实时处理任何实况视频源，为 FMV 系统提供更好的画质。而且 FMV 的多个通道均可在单一 GPU 上处理，从而让 Ikena ISR 能够扩展为多通道 FMV 系统，无需巨大的 CPU 服务器集群。

影响

FMV 分析师需要实时 FMV 增强以及工具来为士兵提供及时的情报支持。NVIDIA

GPU 让 MotionDSP 能够实现最前沿的视频画质提升和分析功能，可快速部署到现有 FMV 系统当中并为面临数小时片段的分析师立即提升生产率。

2. SRIS 提供实时地理空间处理结果

——基于 GPU 的创新架构比 CPU 快 72 倍、便宜 12 倍

背景

SRIS 服务于国防与情报领域，是一家领先的技术供应商和系统集成商，主要专注于 GPU 技术。

挑战

地理信息系统（GIS）是我们了解世界所必不可少的工具。直到最近，实时存取地理空间信息的想法都是难以想象的。我们创建海量数据的能力增长得很快，而我们利用这些数据所含大量信息的能力却增长得没那么快。例如，为追踪远程地形中的野生动物而处理发射器与传感器数据就是一项重大挑战，需要数十亿次运算。数据是持续流动的，传感器与发射器不断运动，更不用说地形和天气的变化了。地形和天气都可以影响数据的收集。

对地理空间数据进行实时处理，让用户能够根据及时而可付诸行动的信息作出明智的决策。打造一个可管理 GPU 集群的系统，以实现最大限度的输出。

解决方案

SRIS 打造了一种由 NVIDIA Tesla® GPU 加速的创新架构，以便实时处理海量数据。SRIS 首席技术官 Srinivas Reddy 表示："我们发现，GPU 不断增长的处理能力让人们能够获得想要的结果。我们还发现，随着数据规模迅猛增长，一个新问题开始浮现，那就是在分布式 GPU 集群环境中管理海量数据。"为此，SRIS 设计了一种定制系统来管理和处理传递给 GPU 集群的数据。

GPU 加速与 CPU 相比，成本降低幅度与时间的缩短幅度

SRIS 组建了一个用于实时处理地理空间数据的集群。他们正在接收来自多个来源的数据，执行所需的分析，将数据发送至 ESRI 服务器以便进行可视化。Reddy 指出："我们的首个版本是一个 CPU 配置。该 CPU 系统的成本为 120 万美元，性能为 3.6 分钟，因此我们无法取得真正的实时结果。在实施了 GPU 加速之后，我们将成本降低了 12 倍，降至 10 万美元，而且令性能提升了 72 倍，提升至 9 秒钟，达到了近乎实时的水平。"

SRIS 继续突破这一极限。最近，SRIS 改进了其 GIS CUDA 算法及其数据载入技术。利用 NVIDIA K20 GPU，他们现在能够在 0.0017 秒内处理同样多的地理空间数据。这是人们可以实现的最接近实时的速度了。

为了给实时数据流提供方便，SRIS 选择了 Storm 环境并在 GPU 集群上运行了地理

空间处理与计算，该集群采用 Tesla K10 GPU 和 Tesla K20 GPU。Reddy 继续道："这些算法是使用 CUDA 编写的，可有效利用 GPU 集群所提供的大规模并行处理。我们将一个 HyperDex 集群用于存储和检索参考数据，因为它具备超快的搜索能力。"

SRIS 开发了一个叫做 MonsterWave 的平台来管理和处理发送至 GPU 集群的数据。Reddy 继续道："MonsterWave 让我们能够最大限度提升 GPU 集群的速度和处理能力。它根据 GPU 的感知来调度和管理工作，根据 GPU 状态来对工作进行排序，以便实现最高效的输出。" SRIS 认为这是首个高效的方法，可加速动态实体与事件实时地理空间运算。"利用这一系统，我们现在可以接收来自诸多来源的海量数据，将其与额外的参考数据集合并，利用 18 种复杂算法处理这些经过充实的数据，提取相关信息，在短短数秒钟内将其再呈现给用户。能够如此快速地处理数据，这种能力让用户可以在极短的时间内作出决策，实现翻天覆地的变化。"

影响

SRIS 团队在这些能力上看到了巨大的发展潜力。Reddy 表示："我们目前正在为 GPU 开发地理空间算法，为 GPU 提供紧密结合数据库的能力。这将让数据仓库设备应用与数据库系统能够在地理空间领域利用 GPU 的处理能力。我们坚信，我们在 GPU 上分析特定的地理空间信息时，可以取得毫秒级的响应速度。"

3. 浙江捷尚——GPU 加速公安视频侦查应用

背景

浙江捷尚视觉科技有限公司是致力于视频分析技术研究与产品开发的高新技术企业。公司成立于 2007 年，注册资金 2775 万元，拥有业内领先的自主核心技术，提供优质的视频分析产品、解决方案和专业化服务。

视频侦查技术已成为新的破案增长点，它已成为了继刑事技术、行动技术、网侦技术之后的侦查破案的第四大技术支撑。随着视频监控系统规模的不断扩大，产生的海量视频数据给视频数据的有效管理和使用带来了新的挑战。如何从海量视频数据中快速检索目标，进行目标特征自动比对，对模糊图像进行清晰化已成为亟需解决的问题

挑战

视频查看是视频侦查中耗时耗力的工作，一个案件从踩点到逃逸往往涉及数百个小时、上百路的视频数据，人员的消耗是巨大的，而由于人工易疲劳，注意力集中时间有限的特点，风险是巨大的，更重要的是，时间的每一点流失都会逐渐加大破案的难度。

目标对象的自动比对检测，对视频中的所有目标进行计算处理，并可依据用户提

供的资料在视频中搜索相似目标，作为人工比对查找的辅助与替代；随着视频监控的发展，视频监控也在不断完善，高清视频已经普及化。高清视频带来了丰富的信息，同时也带来了巨大的数据量，高清视频的编解码也就成了智能化系统的一个瓶颈。

由于 CPU 的流水线工作方式天生不适合并行化和视频数据的处理，如何从海量的高清视频中快速检索目标，自动比对检测对象，快速找出嫌疑目标信息成为一个亟需解决的问题。

另外，对于大的视频监控系统中需要并发智能分析处理的视频路数很多，若服务器数量太多布置是个大问题，所以如何提供服务器处理能力尽可能少服务器也是关键问题。

解决方案

通过使用配置了 NVIDIA® Tesla® GPU 的 Windows 服务器，视频侦查系统可以有效地提高视频的解码能力以及视频检索的计算能力。

视频侦查系统采用了视频图像处理技术和计算机图形识别技术，运用了运动目标检测、视频浓缩、视频增强、图像清晰化等特定的应用算法。它通过对监控录像的视频图像，进行数字化处理，依据分析检测区域的图像变化，确实视频中的运动目标；同时对视频进行浓缩和增强。

运动目标检测、视频浓缩、视频增强和图像清晰化等算法通过对 GPU 进行优化，通过将并行类的算法模块移植到 GPU 上，可以有效提高整个算法的运行效率。在相同的场景下比较可以达到 10—12 倍的速度提升。

由于 GPU 更擅长于视频解码的工作，视频侦查系统通过将视频的解码工作完全交给 GPU 来处理，从而将 CPU 从繁杂的工作中解放出来，更有效地协调各个模块的工作，有效地提高了单服务器的并发处理能力，每台服务器的处理能力提高了数十倍，解决了大量服务器的成本、布置问题，也节省了项目费用。

同时，随着负载的增加也可以通过增加 GPU 来实现，可以实现系统的无缝扩展，减少服务器的堆叠，降低资源的浪费。

影响

视频侦查系统通过使用 NVIDIA® Tesla® GPU 实现了大并发量视频的处理，并可以随着系统负载的增加无缝扩展。可快速方便地部署到现有的公安视频监控系统中，快速检索视频中嫌疑目标，提高案件的侦破效率。

总结

视频的智能分析处理目前还是以后台服务器集中处理为主，解决服务器处理能力是推广应用的关键。通过 GPU 来提升目前 X86 服务器的性能将在智能视频领域具有广泛的应用前景。

4. 从数字城市到智慧城市—基于 GPU 的超算平台

背景

作为众多并行加速技术的集成成果，华浩超算平台（见图3）成功的将高性能处理和大数据运算应用到了空间地理信息行业，并从该行业的源头 – 遥感和数字摄影测量到最后的三维呈现以及共享发布集成为了一个全平台。特别是基于 NVIDIA 的 CUDA 加速技术的引入让我们远远将行业内的对手甩在身后，让行业生产技术进入一个全新的时代，并深深的影响了整个行业的传统模式。

挑战

（1）国家测绘行业的需要，从国家测绘局的地理国情监测到应急测绘，都需要超算平台带动整个测绘生产的效率。

（2）计算数据量正在大幅提升，国产卫星的大量升空，分辨率的不断提高，航空测量的频度的不断加大，让需求越来越迫切。

（3）一体化平台的需求，从数据生产处理到管理以及发布共享等等，非常需要一个完整的一体化集成的技术平台。

（4）行业应用从资源采集到处理分析应用，分析处理更加统一化流畅化。

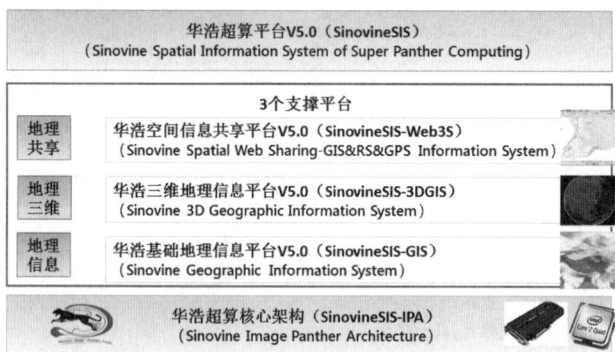

图3　华浩超算平台

解决方案

华浩超算平台是国内首个全面采用 GPU 加速技术的空间信息行业基础平台（见图4），她具备了测绘级遥感处理能力、通用级地理信息处理能力、仿真级三维展示能力、网站级信息发布能力的平台产品，可以为用户提供全流程化的平台应用解决方案，彻底解放用户的资源采集处理难，效率低下的问题。特别在遥感、航飞等影像、矢量数据信息的后处理加工环节，在利用了深度并行资源调度架构（IPA 架构）下的 GPU 加速，较原有常规系统速度有了30倍以上的提升。这将为数字城市的测量测绘、以及物联网传感等方面提供了更加高效的解决方案。

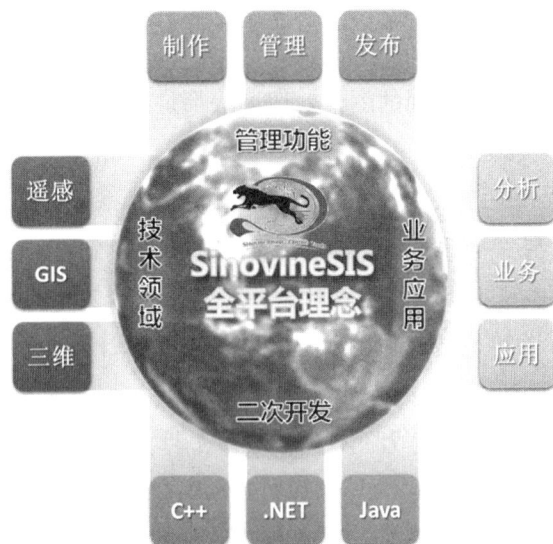

图 4　华浩超算全平台理念

影响

华浩超算平台直接加速由数字城市建设带来的大量空间信息数据的处理，为智慧城市建设中的数据分析和辅助决策提供关键技术的解决方案。作为第一个真正使用 GPU 服务器实现新一代空间地理信息服务的解决方案，华浩超算平台能够为智慧城市的应用提供各类基础、应用的解决方案（Tesla 系列）。

5. 公安部第三研究所的基于 GPU 的 ImageNet 大规模图像分类

背景

对于中等规模的城市，其每天都会产生百万级的视频图像数据。如何有效及时地处理这些数据对公安应用有很大的意义。ImageNet 图像库作为目前最大的公开数据库，为我们验证算法能否应用在公安大数据中，提供了一个合理而又有公信力的评测标准。

目前，在 ImageNet 图像库上进行的图像处理算法竞赛已经持续 4 年。对于验证 2015 年来的研究热点，如深度学习和词袋模型等都起到了举足轻重的作用。

我所提供了两套算法来解决 ImageNet 的图像分类问题。方案一提取不同类别图像的特征，如 SIFT，GIST 等。之后通过高斯混合模型来表征不同图像的聚类中心。然后将图像表示为聚类中心的直方图。并将此直方图映射到高维来提高分类效率。最后，使用映射后的高维特征来训练得到不同类别的分类器。此算法得到了很好的分类效果。方案二使用深度学习方法，通过深层神经网络来学习得到能够有效表征不同类别的图像特征。实验发现通过深层网络学习得到的特征泛化能力很强。在图像处理领域有很大的应用潜力。

挑战

ImageNet 图像库以数据量大为其主要特点。以 2013 年为例，其包括 120 万的训练图像集，5 万的验证图像集和 10 万的测试图像集。ImageNet 图像库共有 1000 类图像，每类约 1300 幅图像。其对于常规的图像处理算法都是巨大的挑战。以训练词袋模型为例，其主要表现为以下几个方面：

（1）图像集大，加载后需要的内存大。由于采用稠密采样方式，每幅图像需要计算约 10K 个 SIFT 特征，整个训练集需要计算约 $1.2 \times [10]10$ 个 SIFT 特征，约需要 5.7TB。同时，每幅图像需要用 52 万维的特征表示，训练集约产生 2TB 的数据。

（2）图像集大，计算时间长。不采用任何加速方式，计算 $1.2 \times [10]^{10}$ 约需要 20 天。同时，使用上述所有 SIFT 特征计算高斯混合模型也无法在有效的时间内完成。在计算图像的高维图像表征时，120 万图像约需要 5 个月完成。

（3）由于算法的计算时间过长，导致算法开发周期加长。在模型研发过程中，每次调试试验计算周期很长，动辄要数周，对工程开发人员造成巨大的困难。

从算法层面来讲，如何从海量的图像数据中提取能够有效表征不同图像类别的信息而不被噪声淹没是算法的关键。从工程角度来讲，如何在合理的时间和成本上解决上述分类问题是其关键。

同时，在公安应用中，每天获得的数据都是以 TB 来计量。如果以上述时间来衡量，现有的图像处理算法基本无法在实际中应用。

解决方案与意义

通过在配有 NVIDIA® Tesla® GPU 的服务器集群，把任务分发到各个计算节点上，通过并行的方式来提高整体计算速度。Telsa K10 系列显卡强于单精度浮点运算，而这非常适合图像处理的需求。通过将整个算法的核心模块改写为 GPU 程序，ImageNet 训练集处理的时间可以由原来的数月缩减到数天内完成。

以高斯混合模型为例，用完整训练集进行训练（$1.2 \times [10]^{10}$SIFT 点），迭代一次约要 4 个小时，采用 GPU 加速后，迭代一次仅需要约 10 分钟，算法提升约 20 倍。这大大的缩短了算法的运算时间。这为解决公安应用中大数据的处理提供了一条合理的解决方案。

中等规模的城市每天都会产生百万级的视频图像。这些数据的存储都是以 TB 为单位进行计量的。在公安应用中，这些数据都必须在产生的同时进行处理。否则，会对存储造成巨大的压力。

通过使用 GPU 集群，将数据进行在线处理，只存储"大数据"中的有效信息。不仅可以有效地缓解存储的压力，同时为进行深层次的数据挖掘提供了可能。

此外，还有很多智慧城市相关的应用也正在利用 GPU 来加速。

非合作的人脸识别

澳洲昆士兰大学先进监控研究室研究的算法：通过实时人脸识别来检测可疑人物。实时捕捉大量的人脸，跟目标对象库进去匹配，实时处理。如果发现可疑的人，就触发报警。GPU 加速 7x，实现实时处理，目前，能在产生危害前检测出可疑的人和事件。

视频和影像搜索和分析

国内也有很多车牌识别的应用，但车型的还是比较少，上海已经有一家公司在做车型识别，在 GPU 上面做。这里有美国的一家公司，Nervve，允许自动搜索目标，这些目标以多种视频 / 图像格式和类型，包括 EO，红外和激光雷达。GPU 加速 20x，寻找视频对象的速度超过 20，000 FPS。有了 Nervve，分析人员能够取证搜索或实时搜索、获取排名结果、实时报警。做车型的处理，几小时的视频数据，几秒钟就把它搜出来。真正有案件出现时，我要查车型，我把奥迪车，什么颜色的输进去，立马就查出来。

无人机图像处理 – 地面车辆检测

无人机的远距离视频，比平安城市的近端的要求还要高。对清晰度要求更高。GPU 加速 10x，分析人员现在可以实时地分析视频，而不需要人工审查成堆的视频数据。

图像处理救灾

这是全球最有名的做遥感地理信息成像处理的公司，DigitalGlobe，它全球有很多卫星，全世界 60% 以上的地理遥感数据都是它提供的，谷歌也用它的。高分辨率地球成像卫星每天收集超过 200 万平方公里的图像，由于地表变化造成明显的图像失真，几乎不可能做图像分析，要用正射校正和笔锐化算法处理才能较校和恢复图像。使用 GPU 正射校正，加速 12 倍。救援人员可以立即评估情况，并快速部署资源。

仿真 – 快速分析飞机航母着陆

实战演习的仿真，往常做一个仿真半天一天。EMPhotonics 用 GPU 加速，半个小时几十分钟就能够模拟出来，这样一天多次模拟，优化模拟的方式。

智能交通：交通系统微观仿真和交通运输系统的优化

北京市人口 2 千多万、机动车辆已到 500 万辆。随着计算科学技术的发展，在智能交通系统领域内，微观交通仿真变得越来越重要，因为它可以提供更多的系统细节描述。然而，对于智能交通系统中一个真实的交通系统仿真，计算负担是非常巨大的。在对北京市二环路网（包含 185 个道路交叉口）进行微观交通仿真的过程中，在使用 GPU 的情况下我们获得了 10 倍的加速比。

在不改变交通基础设施的前提下，城市交通信号控制系统（UTSCS）可通过采用信息、通信和控制等技术来缓解交通拥堵。基于仿真的优化可以视作智能化地运行多次微观仿真，由于使用了多次仿真，计算负担无疑非常巨大。中科院自动化所在中关村路网（18 个道路交叉口）上测试非支配排序遗传算法（NSGA–II）时，在使用 GPU 的情况下，获得了 27 倍的加速比。与 CPU 方法相比，在使用 GPU 的情况下，能够解决更大规模的交通优化问题。

加密解密

采用 GPU 破译密码，能够提高几十倍，有些算法上得到上百倍的提升。如：MD5 破译，GPU 性能远高于 CPU – 加速 40x（GPU：2000 Mhash/s，CPU：50 Mhash/s）。以前采用 PC 上的显卡 / 游戏卡，单纯利用高浮点性能追求破译速度；目前大部分客户采用我们服务器上的 Tesla，包括 M2090 和 K10，既追求破译速度，又追求安全性和可靠性，能 7x24 持续稳定运行，解决散热问题等等。

指纹识别

国内解决方案合作伙伴在指纹识别上采用 GPU 可以加速达到 100 倍（CPU：每秒 4,000 个指纹，GPU：每秒 400,000 个指纹）。

四、结束语

据最新的中国《社会稳定风险评估指标体系研究报告》显示——中国城市从整体上已经进入了一个典型的危机频发期，构建智慧城市也已成为政府建设共识。但在实际操作中，如何从众多的数据中获取所需信息成为了行业发展的难点，Tesla GPU 加速方案正是凭借着良好的软件开发环境和众多用户的亲身体验提供了完善的解决方案，引领了行业应用的趋势，而强大的性能优化加速比也成为了 NVIDIA Tesla GPU 加速方案取胜的重要因素。

实践已经证明 Tesla GPU 加速计算平台是加速大数据分析与科学计算的领先平台。该平台把全球最快的 GPU 加速器与广泛使用的 CUDA 并行计算模型结合在一起，它是一个由软件开发者、软件供应商以及数据中心系统 OEM 厂商组成的综合生态系统，旨在加速探索与深入了解。凭借先进的系统管理特性、加速的通信技术以及流行基础架构管理软件的支持，Tesla 平台可为高性能计算专业人士提供所需的工具，使其能够在数据中心轻松地打造、测试和部署加速的应用。

英伟达公司最新发布的 Tesla® K80 GPU 在单款 GPU 设备中运用了双处理器，它是用于高性能数据分析和科学计算应用的最新、最快的加速器。Tesla K80 拥有 24 GB 内存、极高的内存带宽以及 NVIDIA GPU Boost™ 等强大的特性。无疑这款新的图形处理器将会为大数据的处理带来福音，并为各行业的应用大幅度地提速，更能有效助力中国智慧城市的建设。

何　涛，英伟达公司研究员。

从平安城市到智慧城市

一、平安城市建设的理论基础与技术实践

1　综合安全理念与大安防理论架构

（1）综合安全理念——以人为本的安全观

① 三种安全风险

对人类安全威胁的初步分析，可大致分为三种安全风险

- 自然属性（或准自然属性）的安全威胁（Safety）
  ——主要来自自然界或主要是自然因素引发的安全风险；
- 社会人文属性（或社会属性）的安全威胁（Security）
  ——主要来自社会人文环境或主要是人为因素引发的安全风险；
- 综合性安全威胁（Safety/Security）
  ——上述两种因素相互影响、综合作用所产生的安全风险。

② 四类公共安全事件

对上述三种属性的安全风险所引发的公共安全事件，我国政府将其归纳为四类公共安全事件：自然灾害；事故灾难；公共卫生安全事件；社会安全事件。

③ 公共安全的三大永恒主题

安全是目的，防范是手段。防灾减灾、损失预防与犯罪预防、突发性安全事件的应急响应与处置——公共安全与安全防范的永恒主题

综合安全（大安全）的理念：人类生存环境（生活环境、工作环境）的安全；生命、财产的安全；健康的保障；对突发性事件的应对能力等。简言之，所谓综合安全就是"人人安全、事事安全、时时安全、处处安全（真实空间／虚拟空间）。"

综合安全的理念是以人为本的安全观，是当代人类对安全需求的一种综合表述，是安全防范所有工作的出发点和归宿。

（2）大安防的理论架构——与综合安全理念相适应的安防架构

① 安全防范的三种基本手段：

a. 人力防范（Personnel Protection）

b. 物理防范（Physical Protection）

c. 技术防范（Technical Protection）

② 安全防范的三个基本要素与安全防范不等式

a. 探测（Detection）

b. 延迟（Delay）

c. 反应（Response）

安全防范的三个基本要素，在满足安防不等式的情况下，才能达到安全的目的，即：（T探测 +T反应）<T延迟

③ 技术防范的三大技术领域

a. 实体防护技术（Physical Protection）

b. 电子防护技术（Electric-electronic Protection）

c. 生物统计学（特征识别）防护技术（Biometric Protection）

④各种高新技术的相互渗透、快速融合与广泛应用，是安全防范技术发展的不竭动力。

所谓大安防的理论架构就是综合应用现代科学技术与现代管理理论，人防、物防、技防三种防范手段相结合，探测、反应、延迟三种防范要素相协调，政府、社会、行业企业和民众共同参与，构建一个在时间域和空间域上多层次、多维度的安全"屏障"或全方位的综合安全防控体系。

2　城市社会安全综合防控体系建设

（1）城市社会安全综合防控体系建设的指导思想与基本原则

① 安全与风险对立统一的思想 / 安全与风险的相对性原则

安全与风险是对立的统一，是一个事物的两个方面。风险的发生意味着安全的被破坏，而安全的实现则标志着风险的被战胜或被克服。

安全因子 ρ_S+ 风险因子 ρ_R=1

恒有：$\rho_S<1$，$\rho_R<1$

没有绝对的、百分之百的安全

也没有绝对的、百分之百的风险

②安全是目的、防范是手段的思想／安全防护等级与安全风险级别相适应的原则

安全是目的，防范是手段。要保障安全，就要防范风险。通过防范的手段达到或实现安全的目的，就是安全防范工作的全部内容。

③综合防控的思想／人防、物防、技防相结合，探测、延迟、反应相协调的原则

防范的三种基本手段（技防、物防、人防）必须相结合，任何单一的防范手段都不可能实现真正的安全。

防范的三个基本要素（探测、延迟、反应）必须相协调，在满足防范不等式（T 探测 +T 反应 <T 延迟）的条件下，才能战胜风险。

④有效防控的思想／防护的纵深性、均衡性、抗易损性原则

纵深防护、均衡防护、抗易损防护是提高防控系统防范功能和系统安全性、可靠性、维护保障性的有效措施。

⑤平战结合的思想／预警与应急相兼容的原则

必须建立"平战结合、专群结合、系统的日常运行与突发性事件的应急响应相兼容"的体制机制，才能保证城市安全综合防控体系的正常、有效运行。

（2）城市社会安全综合防控体系建设的基本内容

——构建六大支撑体系、实施综合防控工程、培养专业化技术服务队伍

①构建六大支撑体系

a. 法律法规与体制机制支撑体系

b. 产业经济与物资保障支撑体系

c. 质量技术标准与合格评定支撑体系

d. 科学研究与教育培训支撑体系

e. 平战结合／专群结合的管理支撑体系

f. 全民参与的现代安防文化支撑体系

②实施综合防控工程（平安城市建设工程）／构建综合防控技术系统

构建城市安全综合防控技术系统（网络）（城市监控报警联网系统、城市应急通信指挥调度系统等）的基本要求：

a. 搭建城市监控报警联网平台、应急指挥调度平台

b. 整合城市安全综合防控信息资源（110、119、122、120、999……）

c. 实现城市、乡镇范围内各区域、各行业安全监控网络的互联互通、系统集成、信息集成与资源共享（消除信息"孤岛"）

d. 实施平战结合／预警与应急相兼容的运行体制／机制

平时：各子系统各司其职、独立运行

战时：迅速联动，互联互通（互控），以应对突发性安全事件

③培养和建立一支专业化的技术服务队伍 / 大力发展安全防范服务业

a. 安全防范技术（技防）服务队伍

b. 安全防范保安（人防）服务队伍

c. 安全防范应急服务队伍

3 城市监控报警联网系统是城市社会安全防控体系建设的基础平台

（1）城市监控报警联网系统建设的指导思想与设计原则

①指导思想

a. 以人为本，以民为本，保一方平安

b. 专群结合，技防、人防、物防结合

c. 统筹协调，总体规划，分步实施、逐步完善

d. 遵守标准，规范设计

e. 重在集成，资源共享

f. 系统稳定，安全可靠

g. 强化管理，注重实效

②设计原则

a. 互通性（各种异构网络的互联互通、各种主流设备的兼容与互操作）

b. 实用性（"技防物防人防相结合"，"探测、延迟、反应相协调"，"满足公安业务和公共安全管理的需求"）

c. 规范性（视音频编解码、控制协议、传输协议、接口协议，文件格式等均应符合相应的标准）

d. 可扩展性（采用模块化设计，便于系统规模扩展、功能扩充、配套软件升级）

e. 安全性（供电安全，物理安全、运行安全、网络安全，信息安全）

f. 可靠性（成熟的技术，可靠的设备，关键设备的备份或冗余，系统软件的备份，系统容错能力与恢复能力）

g. 可维护性（系统自检，故障诊断与显示，故障快速排除，维护保障能力）

h. 易操作性（清晰、简洁、友好的人机接口，简单、灵活、易学易用的、易管理的系统软件）

i. 可管理性（系统内的设备、网络、用户，系统功能、性能与安全应便于管理和灵活配置）

j. 经济性（高性能 / 价格比；达到系统一次性投资与长期运行维护成本的最优化；在满足使用要求的前提下，系统应尽量简化，以降低运行维护成本）

（2）城市监控报警联网系统的功能要求

①六项基本功能

a. 实现异构网络、主流设备的互联、互通、互控

b. 实现视音频及报警信息的高质量采集、可靠传输／交换／控制

c. 实现监控与报警的实时联动

d. 实现视音频信息的高质量显示／存储／播放

e. 实现可靠的用户（设备）身份认证／权限管理，保障信息的安全

f. 根据需要，可提供与其它业务系统的数据接口

② 十四项具体功能

a. 实时图像点播（应能对指定设备、指定信道进行图像的实时点播，支持多用户对同一图像的同时点播，点播图像的显示、缩放、抓拍等）

b. 远程控制（通过手动或自动操作，可对前端设备的各种动作进行遥控，并能设定控制的优先级别等）

c. 存储与备份（采用前端存储和监控中心储存相结合的分布式存储策略，信息保存的时间应符合公安业务和社会公共安全管理的要求，数据库应能同时记录和存储与数据相关的检索信息，如设备、信道、时间、报警信息等）

d. 历史图像的检索与回放（应能按照指定设备、信道、时间、报警信息等要素检索历史图像数据并回放和下载；回放应支持正常播放、快速播放、慢速播放、逐帧进退、画面暂停、图像缩放、图像抓拍等）

e. 报警管理（报警信息的接收与分发，报警联动，报警记录等）

f. 与其它系统的数据接口（"三合一"接处警系统、应急指挥系统、地理信息系统（GIS）、卡口系统、无线（移动）视音频监控系统、城市其它信息系统等）

g. 语音功能（声音复核，监控中心间双向对讲，监控点与监控中心间双向对讲或语音广播等）

h. 人机交互（直观、友好、简洁的中文人机交互接口，视频画面分割显示、信息提示，系统运行状态指示，正常、报警、故障状态指示等）

i. 用户与权限管理（接入用户的授权与身份认证、用户对设备操作权限的设定、用户访问数据权限的设定、对实时图像、历史图像信息使用权限的设定，不同级别用户优先权的设定，前端设备独占性控制权的设定等）

j. 网络与设备管理（系统内部工作时钟的校正、同步，网络内的各类设备地址码的设定、运行信息的收集、管理，用户访问情况的监测等）

k. 网络信息安全管理（物理安全：电源、环境、设备、介质安全；运行安全：网络安全监控——防火墙、入侵探测、漏洞扫描，安全审计，恶意代码防护、备份与故障恢复等；信息安全：身份认证、访问控制、防抵赖、完整性保护、数据保密、安全域隔离；通信和网络安全：网络传输安全、公安专网接入安全等）

l. 日志管理（运行日志，操作日志，日志信息查询与报表生成）

m. 无线 / 移动监控（支持前端设备的移动 / 无线接入和移动 / 无线用户终端的使用）

n. 监控智慧化（视频智慧处理：如运动目标检测、轨迹跟踪、行为分析、目标识别、目标统计、快速图像检索、多元信息融合分析等）

4 城市监控报警联网系统建设的技术路线

（1）系统架构

①应用结构：三级中心架构如图 1 所示

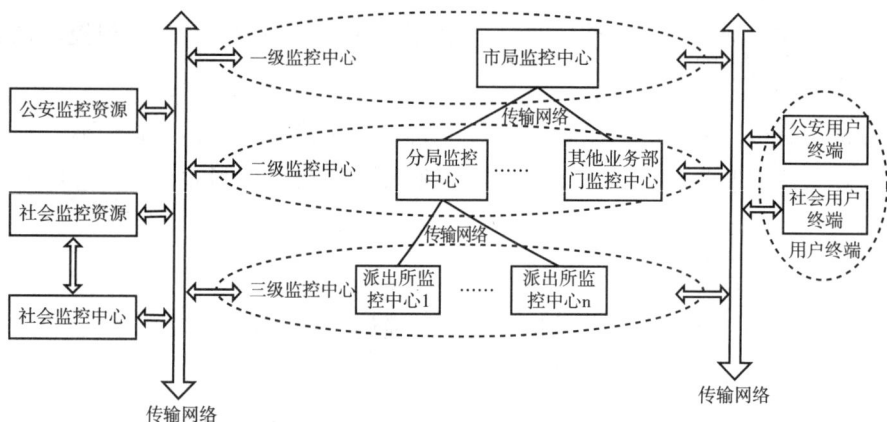

图 1 联网系统应用结构

②互联结构（与参考示意图）如图 2 图 3 所示

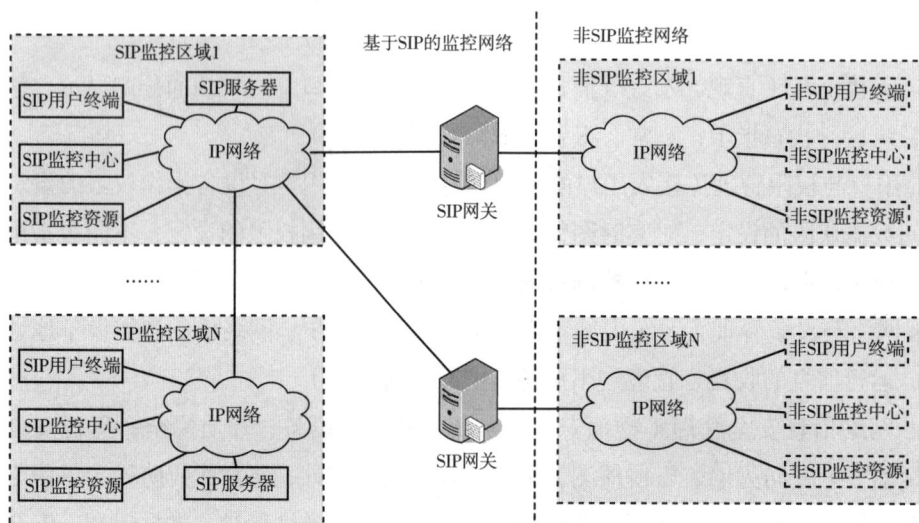

图 2 联网系统互联结构

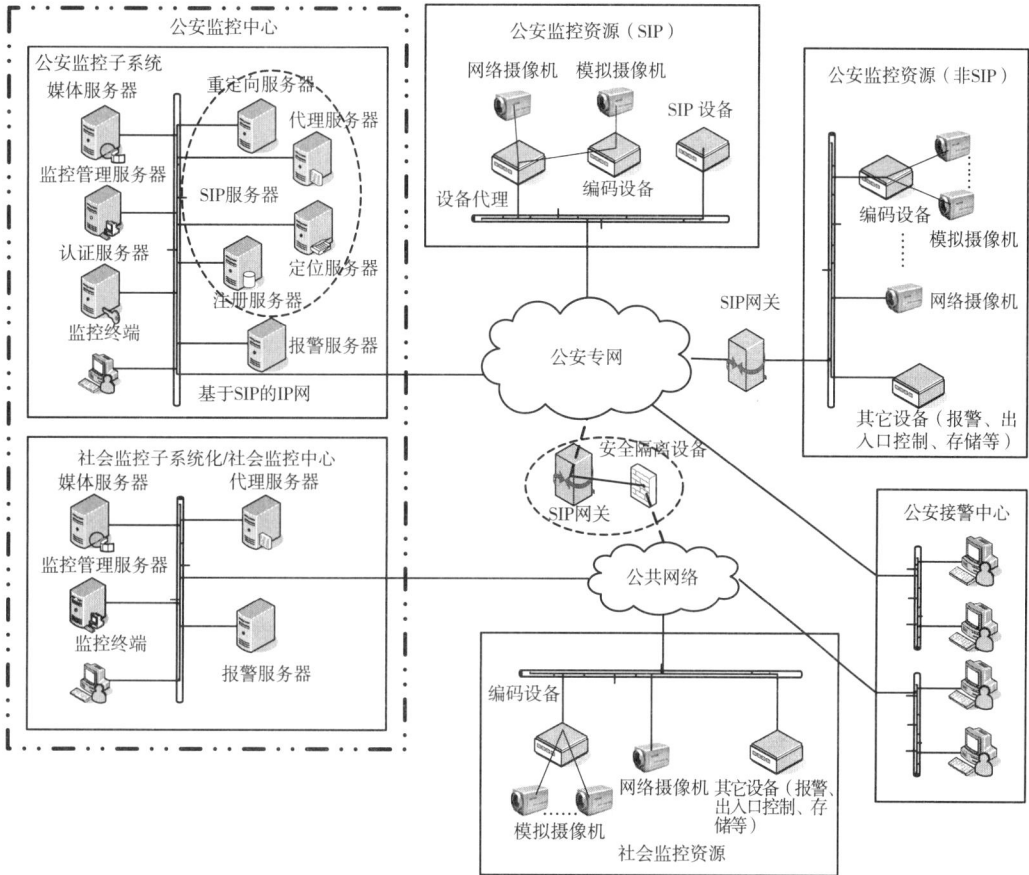

图3　联网系统构成示意图

③ 管理平台（软件模块结构）如图4所示

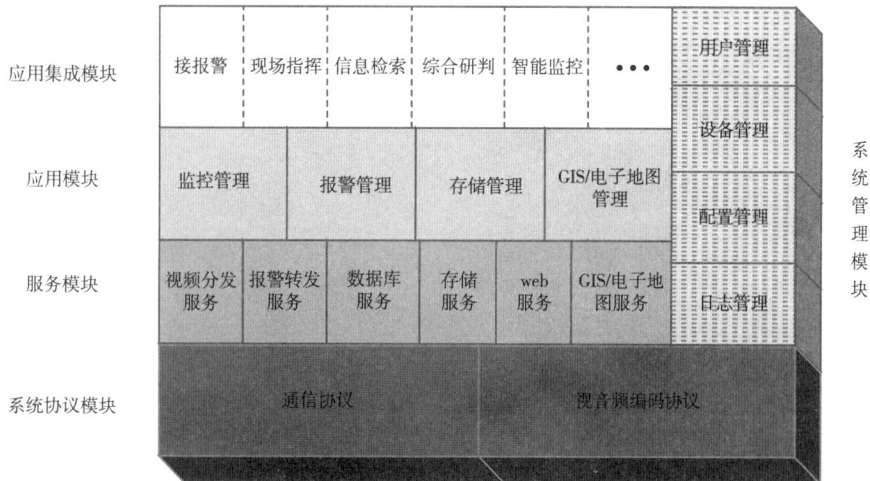

图4　联网系统管理平台参考模型

（2）组网模式：推荐采用三类、五种模式

① 模数混合型监控系统

a. 模拟接入方式的模数混合型监控系统组网模式（见图5）

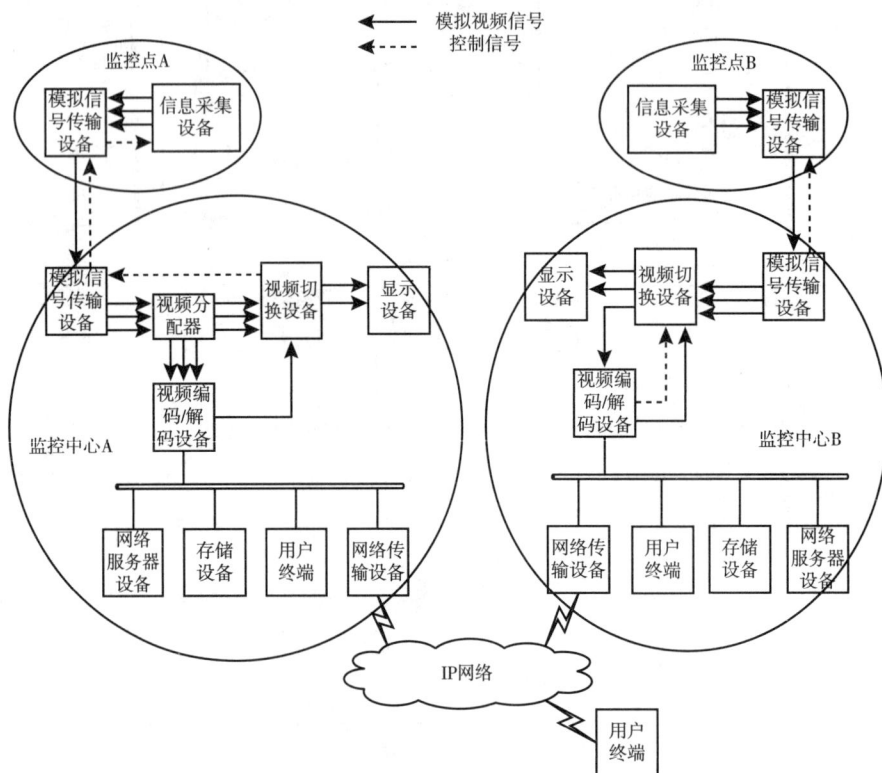

图5　模拟接入方式的模数混合型监控系统

该模式宜在监控点与监控中心之间使用专线传输的情况下，新建监控系统或改造模拟监控系统时采用。

b. 数字接入方式的模数混合型监控系统（见图6）

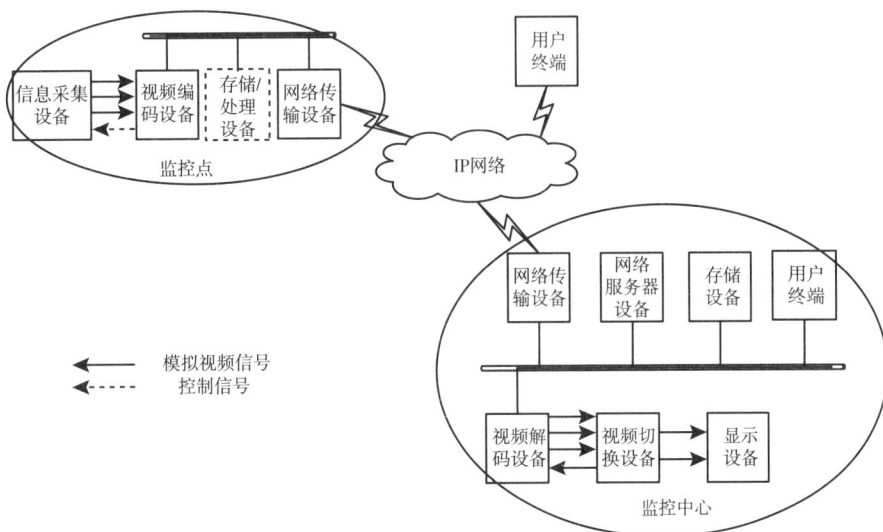

图6　数字接入方式的模数混合型监控系统

该模式宜在监控点与监控中心之间使用IP网络传输的情况下，改造原有模拟监控系统时采用。

② 数字型监控系统组网模式

a. 模拟接入方式的数字型监控系统（见图7）

该模式宜在监控点与监控中心之间使用专线传输的情况下，新建监控系统时采用。注意信息编码应符合规定的协议。

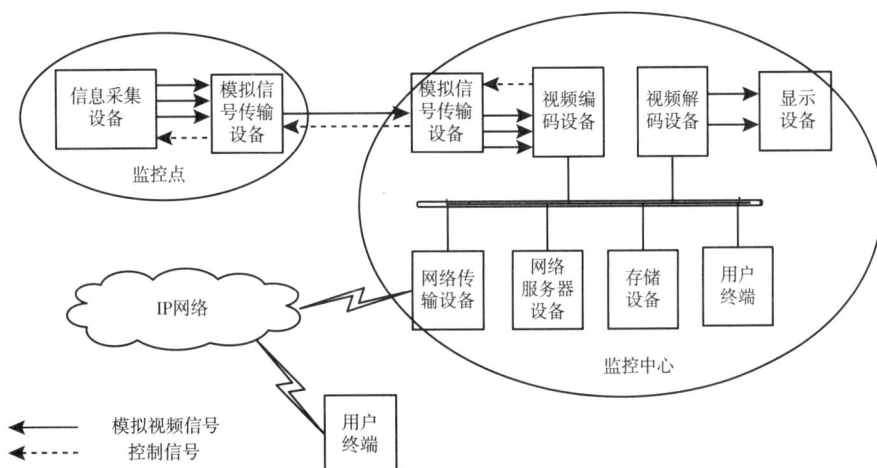

图7　模拟接入方式的数字型监控系统

b. 数字接入方式的数字型监控系统（见图8）

该模式宜在监控点与监控中心之间使用IP网络传输的情况下，新建监控系统时采用。注意信号编码应符合规定的协议。

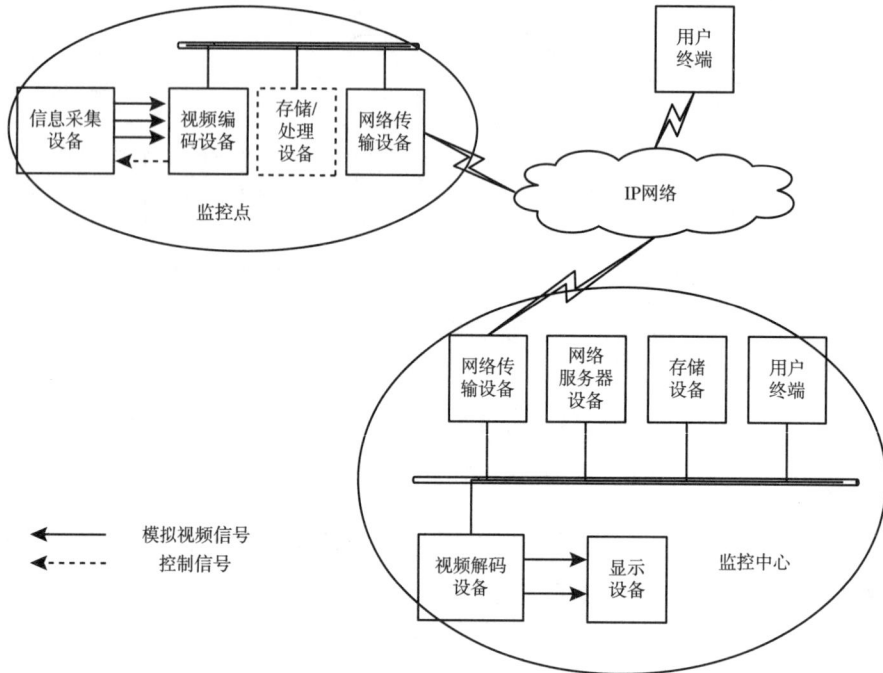

图8　数字接入方式的数字型监控系统

③ 双级联方式的模数混合型监控系统组网模式

该模式是在监控点与监控中心之间使用专线传输的情况下，改造原有模拟监控系统时，可供采用的模式之一（见图9）。

（3）城市监控报警联网系统建设所涉及的关键技术

① 面向安防视频监控应用的先进音视频编解码技术（国家标准（"svac"标准）：GB/T25724–2010《安全防范监控数字视音频编译码技术要求》）

② 建立在TCP/IP、UDP/IP之上的以SIP（初始会话协议）为应用层通信协议的视音频信息传输/交换/控制技术（GB/T28181——2011《安全防范视频监控联网系统信息传输、交换、控制技术要求》）

上述两项国家标准的颁布实施，为全国视频监控的大联网，视频监控信息的资源整合与信息共享奠定了基础。

③ 各种异构网络（电信网/广电网/专网，数字网/模拟网，光纤网/电缆网，无线网等）垮区网络的互联互通（安全链接）技术

④ 各类主流设备（不同厂商）的相互兼容、互换、互操作技术

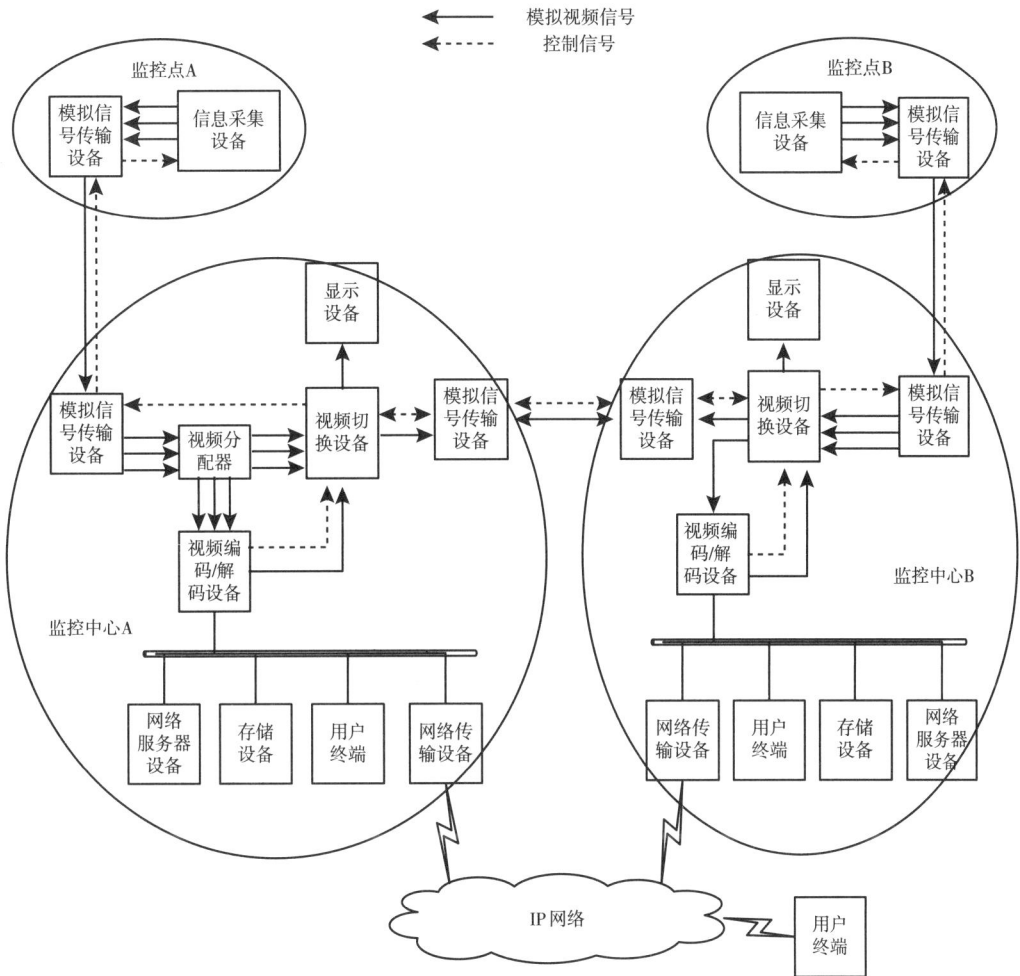

图 9　双级联方式的模数混合型监控系统

⑤ 高质量图像的采集、显示、播放与远程控制技术

⑥ 智能视频分析技术、海量数据存储与快速检索技术

⑦ 城市监控报警网（视频专网）与公安信息网（公安骨干网）的安全链接技术

⑧ 城市监控报警网与其它信息网之间安全链接与资源共享技术

⑨ 管理平台软件的可靠性、易用性、可移植性、可维护性评测技术

⑩ 信息源加密技术与信息传输安全技术

（4）标准体系的规划实施是城市监控报警联网系统建设的技术支撑

① 城市监控报警联网系统建设标准体系 2006 年公安部为推进平安城市建设，遵从"综合标准化"的理念，专门为城市监控报警联网系统建设，制定了专项工程的标准体系，其框架如图 10 所示。该标准体系的建立与相关标准的制定、实施，有力地推动了我国的平安城市的建设。

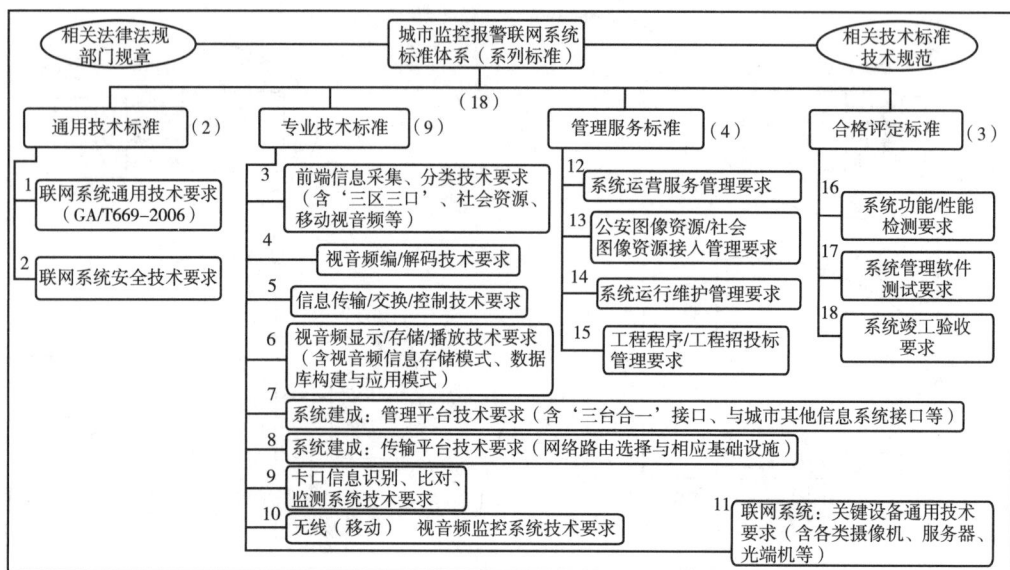

图10　城市监控报警联网系统标准体系（框图）

②《城市监控报警联网系统标准体系》的升级版——《公安视频图像信息联网与应用标准体系》，将助推智慧型平安城市建设。

为适应社会治安综合防控体系建设的新需求，加快国家治理体系和治理能力的现代化建设，公安部在总结全国城市监控报警联网系统应用实践的基础上，于2012年启动了"全国公安机关视频图像信息整合与共享"的专项工作，对全国公安视频图像信息传输网络的规划、建设，联网平台、共享平台的建设、视频图像数据中心（大型数据库）的建设，以及视频图像信息的安全（接入）保障体系建设等进行了部署。2014年5月，公共安全行业指导性标准化技术文件 GA/Z1164–2014《公安视频图像信息联网与应用标准体系》正式颁布实施。该标准体系的颁布实施，及一系列相关技术标准、管理标准的相继出台，将为推动我国智慧型平安城市建设的深入开展，提供良好的技术支撑。

（5）智慧型平安城市建设是智慧城市建设的重要组成部分

我国的平安城市建设大致分为两个阶段：第一阶段从2006—2011年，是大规模建设时期，也有人称其为安防行业发展的"井喷期"。这一阶段的显著特征是视频监控系统的普遍应用。第二阶段从2012年开始，平安城市建设从规模化转向提高质量、深化应用，可以称其为安防行业发展的"常态期"。平安城市建设正由注重规模、数量向提高质量、深化应用转变，由社会治安防范应用向全面发挥公安实战效能转变。目前，主要的问题是如何应用物联网、移动互联、云计算、大数据等新技术，努力提高视频图像的质量及其智能化、智慧化应用水平，并解决好信息安全、资源整合和信息共享问题。

当前，平安城市建设正在融入智慧城市建设之中，作为智慧城市的一个重要组成部分，平安城市——智慧型平安城市的建设不仅将为城市的综合安全提供保障，而且将为城市治理体系和治理能力的现代化建设提供强有力的支撑。

二、智慧城市建设的理论思考与实践探索

5　智慧城市建设的理论思考

（1）从平安城市到智慧城市——城市化进程的必然选择

从平安城市——智慧型平安城市——智慧城市的逻辑推演中人们不难发现，平安城市建设与智慧城市建设有着内在的必然联系。从建设对象来看，都是面对城市，前者强调安全，后者强调智慧。从建设内容来看，平安城市涉及的是城市的综合安全，内容很多，而智慧城市涉及的内容比平安城市更多、更广、更复杂。从所使用的技术手段和所采用的技术路线来看，二者的相通性更多，都离不开信息化、数字化、智能化、智慧化这些技术手段和相应的技术路线，只不过智慧城市建设对这些技术应用的深度和广度更深更广而已。如果说平安城市和智慧城市的建设有什么不同的话，那就是：平安城市建设还可以"摸着石头过河"，而智慧城市建设则必须强调"顶层设计"，必须摒弃"摸着石头过河"的传统做法。

从具体实践来看，平安城市，特别是智慧型平安城市建设的成果，完全可以作为智慧城市建设的基础平台加以应用并逐步改善和提高；平安城市的技术系统建设，完全可以作为智慧城市建设的前期工程而先行实施，城市在"平安"的基础上慢慢智慧起来，也许是一个切实可行的办法。总之，从平安城市到智慧城市，是城市化进程的必然选择。借鉴平安城市建设中"摸着石头过河"所积累的经验和教训，对科学有效地推进智慧城市建设，也许是很有价值的。

（2）如何认识和理解"智慧城市"

①"智慧城市"是一种理念，是以人为本的城市发展观的一种综合表述；也是当代人类对他们居住、生活、工作的城市的管理效率、运行质量所提出的一种总需求。

②"智慧城市"是一种模式，既是城市管理与服务的一种理想模式，也是城市规划、建设和运行的一种理想模式。

③"智慧城市"是一个实体，是一个人们看得见、摸得着、能够实实在在体验到的城市实体。它至少包括：各类智能化建筑、智能化社区、园区；智能化交通、智能化物流；智能化的通信设施、网络设施、办公设施、医疗保健设施、教育文化设施、旅游休闲设施、生态保护设施等等。

④ "智慧城市" 还是一个不断进步、不断完善的城市发展进程，只有进行时，没有完成时。

简言之，"智慧城市" 就是能够充分展示人类智慧、发展人类智慧，并用不断发展的人类智慧来管理和发展城市，从而为人们提供一个安全、高效、便捷、舒适、健康、节能、环保并有文化特色的城市环境。

（3）如何实现 "智慧城市"

"智慧城市" 的需求和目标与平安城市有些相近，但他的范围更大、力度更深。根据平安城市建设的实践，要实实在在地推进 "智慧城市" 建设，至少要做好以下六方面的工作：

① 确定城市功能定位，明确城市发展需求

城市的功能定位，是城市规划和建设的前提。智慧城市的建设应涵盖城市的的经济建设、政治建设、文化建设、社会民生以及生态文明等各个领域。智慧城市的规划设计以及建设实施，决不能简单地看做是一个技术工程。值得强调的是：不同的城市功能定位，决定着不同的智慧城市建设方案。这就是说，智慧城市的建设必须要做到 "定位准、需求清、目标明、措施实"，它的顶层设计才能做到 "个性化"、"定制化"、"一城一策"，避免千篇一律、千城一面。

② 作好顶层设计，统筹规划实施

智慧城市建设要做好顶层设计，由上至下、层层推进，应坚决摒弃 "摸着石头过河"、"边设计边施工" 的做法。做好智慧城市的顶层设计，就是规划好城市发展的 "智慧蓝图"。需要指出的是：智慧城市的顶层设计绝不能简单地理解为城市信息化、数字化系统的技术架构设计或技术方案设计，而是要在确定城市的功能定位、明确城市的发展需求的基础上规划城市的总体功能及其政治、经济、文化、社会民生及生态文明等各方面的发展目标；确定 "智慧城市" 建设的指导思想、目标任务、实施路线图、协调实施原则、分步实施时间表以及构建一系列相应的支撑保障体系等。

在智慧城市的规划建设中，只有 "智慧地实现城市的各项功能" 才是目的，而信息化（数字化、宽带化、无线化……）、智能化等都是技术手段，手段必须服务于目的。

③ 构建 "智慧城市" 建设所必须的一系列支撑保障体系

构建智慧城市建设所必需的一系列支撑保障体系，也是顶层设计的重要内容之一。根据平安城市建设的实践，要保障智慧城市建设的顺利进行和可持续发展，必须逐步构建至少五大支撑体系：

a. 法律法规体制机制标准规范支撑体系；

b. 经济、社会、产业、行业与物资、资金、技术、人才支撑体系；

c. 规划、设计、工程实施、合格评定支撑体系；

d. 科学研究、国内外交流、专门人才培养支撑体系；

e. 教育培训、咨询服务、城市文化建设支撑体系。

④ 制定"智慧城市"建设近期、中期、远期实施方案，以便分步实施

根据智慧城市建设的顶层设计按行业（系统）、行政区域等的不同层次，分解细化城市的各项功能指标，逐项落实目标任务、经济技术措施、实施时间表等，形成科学合理的智慧城市建设实施方案（近期、中长期建设规划），可分行业（系统）、区域分期分步实施，持续开展。

⑤ 做好"智慧城市"技术系统工程设计，实施"智慧城市建设工程"

根据智慧城市建设实施方案，按行业（系统）或区域逐项落实各技术系统的设计和建设，实施"智慧城市建设工程"。在这些技术系统的建设中，必须先落实"城市基础设施及其智能化监控系统"的建设（城市的里子工程），再落实"城市管理智慧化"、"公共服务（信息化、数字化）智慧化"等技术系统工程的建设（城市的面子工程）。

技术系统的设计，应以智能化、智慧化管理、服务为目标，以信息技术、数字技术、智能化技术为手段，在整合前期数字城市建设、宽带城市建设、无线城市建设、平安城市建设等专项信息化工程已有成果的基础上，充分应用下一代互联网（IPV6、移动互联等）、物联网（传感网、三网融合等）、云服务（云计算、云存储等）、大数据、空间地理信息集成等新一代信息技术的科技成果，把技术系统（网络）真正建设成为城市的智能化、智慧化'技术平台"。

⑥ 把好工程设计、施工质量关

在实施"智慧城市建设工程"的过程中，不仅要做好各技术系统的工程设计，把好"工程设计关"，还要认真做好技术系统工程建设中的质量技术监督和工程竣工验收、运行维护等各项工作，把好"工程质量关"。

根据平安城市建设的实践，工程建设的质量监督十分重要。在实施"智慧城市"建设工程的过程中，对"智慧城市"技术系统工程建设项目的所有分项目、子项目、分系统、子系统……都要严格按照技术标准、工程规范的要求进行工程招标、工程监理、系统功能性能检测和工程竣工验收，做好系统的运行、维护和管理。认真做好上述工作，"智慧城市"的建设才是有效的、可持续的。

（4）如何评价"智慧城市"

① 主观评价（不同个人或群体的体验感受）

"智慧城市"给人们的个人体验和感受，至少应该是：

a. 安全的城市（城市、区域、园区、社区、家居等）；

b. 高效的城市（电子政务、电子商务、智慧物流等）；

c. 便捷的城市（通信、网络、交通、医疗保健、教育文化、生态旅游等）；

d. 节能环保的城市（绿色智慧建筑、节地、节水、节能、环保设施等）；

e. 健康的城市（生态保护、城市绿化、空气、水、土壤质量、养老、健身、体育休闲娱乐设施等）；

f. 有文化特质的城市（城市风貌、城市个性、特质、文明程度、文化底蕴、文化传承、文化创新等）

② 客观评价（可量化验证的检测、统计指标）

如：

a. 城市安全评价：重大公共安全事件的发案率、处置率；一般公共安全事件的发案率、处置率；民众的安全满意度调查统计等。

b. 管理效率评价：政府电子政务、信息公开的覆盖率、公务事件处置能力（可量化）；经济、社会各产业、行业办公自动化、电子商务的覆盖率，公务事件的处置能力（可量化）；智能物流系统、物流配送系统的处理能力（可量化）。

c. 便捷度评价：城市通信设施、网络设施、广电媒体等网络设施的覆盖率、融合度、受众的使用率；音频、视频、数据信号的质量等级、智能化水平等；城市地面交通、地下轨道交通、空中交通、水上交通的资源配置水平、港站吞吐量、智能化水平，各种交通工具接驳的衔接度等；数字医疗、远程医疗资源配置水平、病人容量、医术水平，全民医疗水平等；各类教育资源配置水平、学生容量、学术水平、终生教育能力等；

以此类推，对节能环保、健康生态、文化特质等项内容也可列出许多项评价指标。

对于"智慧城市"的评价体系和评价指标，需要结合国际通行做法和国内具体情况，组织专家进行科学分析和实验研究，形成科学合理、有中国特色的合格评定标准体系，以支撑和指导各地的"智慧城市"建设。

6 我国智慧城市建设的实践探索

我国的智慧城市研究与推进工作进展很快，经过几年的准备，我国智慧城市建设已由理论务虚阶段转入落地、试验、实施阶段。大致情况如下。

（1）研究概况

① 北京（中国智慧城市论坛）

2011.4.21 首届年会：论坛主席成思危（原全国人大副委员长）提出智慧城市定义。

狭义：用信息技术改进城市管理，促进城市发展；

广义：运用人们的智慧管理好、发展好城市；

即：以人为基础，以土地为载体，以信息技术为先导，以资本为后盾，努力培育和发展城市四大核心资源；优化资源配置，科学规划、建设、管理与发展具有中国特色的现代化城市和城市群。

2012.4.30 第二届年会：成思危提出智慧城市建设四原则：量力而行，尽力而为，突出重点，讲求实效。

2013.1.10 第三届年会：成思危提出智慧城市建设的八大任务（指标体系）：

善治政府、和谐社区、精明增长、绿色经济、智慧交通、多彩文化、终身学习、全民保健。

② 上海（中国智慧城市高峰论坛）

2011.7.1　发布《智慧城市指标体系（1.0 版）》；

2.12.12.14　发布《智慧城市指标体系（2.0 版）》，其主要内容：

6 个纬度，18 个要素，37 个指标。

③ 建设部（中国城市科学研究会）

2012.11　发布'中国智慧城市指标体系'，主要内容包括；

4 个一级指标；11 个二级指标；57 个三级指标。

2013.10　发布《中国智慧城市标准体系》研究报告，提出了智慧城市建设的体系结构、指标体系及标准体系框架。标准体系框架除智慧城市建设的总体标准外，还包括基础设施、管理与服务、产业及经济、安全与运维、建设与宜居等，共 6 大类别、18 个技术领域、126 个分支的专业标准。标准体系明细表共含有 3294 个标准元素（涉及国家标准、行业标准、地方标准）。其中，急需制定的标准 267 个。

上述研究成果为我国智慧城市建设的推进工作奠定了必要的基础。

（2）推进概况

① 各地方政府

自 2010 年开始，北京、上海、广州、南京、武汉、宁波等地政府都在大力推进智慧城市建设。据报道，已有几十个城市将智慧城市建设列入了当地"十二·五"规划；目前，已有数百个市、区、镇在推进智慧城市建设。

② 国务院各部委

国家住建部在大力推进城镇化建设的过程中，努力探讨"智慧城市"建设的"落地"工作。从 2010 年 11 月开始，住建部组织了对 5 镇 5 区 5 市的调查研究，经专家讨论，于 2012.11.14 发布了《关于开展国家智慧城市试点工作的通知》、《国家智慧城市试点暂行管理办法》、《国家智慧城市（区、镇）试点指标体系（试行）》等文件。2012.12 住建部组织专家论证，批准了 90 个智慧城市（区、镇）作为第一批试点，2013 年又批准了 100 多个智慧城市（区、镇）作为第二批试点。

国家发改委、工信部、科技部、国家标准委等都在各自的业务范围内开展试点，积极探索、推进智慧城市建设的相关工作。2014 年初，国家标准化管理委员会为加强我国智慧城市建设领域的标准化工作，协同国家发改委、科技部、工信部、住建部等有关

广义智慧城市导论

部门，成立了国家智慧城市标准化协调推进组、总体组和专家咨询组。据了解，国标委正组织协调相关标准化技术委员会，正式启动智慧城市建设的标准化工作。

③国务院

党中央国务院一直关注智慧城市的推进工作，并把它纳入到'工业化、信息化、城镇化、农业现代化'新四化建设的大局之中。2013年中央召开的经济工作会议、农村工作会议、城镇化工作会议，国务院发布的《关于推进物联网有序健康发展的指导意见》《关于促进信息消费的指导意见》等文件，2014年的政府工报告、国务院关于改造城市地下管网、基础设施，提高公共服务水平的指示等，都为推进智慧城市建设注入了新的动力。

特别值得提出的是：2014年8月，国务院八部委联合发布的《关于促进智慧城市健康发展的指导意见》，全面、系统地对我国智慧城市建设的方方面面都提出了方向性的指导意见。该文件的发布，是我国学界政界企业界关于智慧城市建设的理论研究与初步实践相结合的产物，为我国智慧城市建设的未来发展指明了方向。

7 智慧城市建设——任重而道远

（1）前期智慧城市建设推进过程中出现的若干问题

"智慧城市建设"作为一个新生事物，人们对它的认识、理解还是初步的，实践中还要不断深化、提高。当前，在智慧城市建设的推进过程中发生了一些问题，主要表现为：重概念 轻需求；重建设 轻实效；重技术 轻制度；重发展 轻风险。

（2）科学推进智慧城市建设的几点建议

①智慧城市的建设需要遵循三大规律，为"五化"建设服务

智慧城市建设一要遵循自然规律，推进智慧城市建设的可持续发展；二要遵循经济规律，推进智慧城市建设的科学发展；三要遵循社会发展规律，推进智慧城市建设的包容性发展。因此，智慧城市的规划建设不仅要融入"工业化、信息化、城镇化、农业现代化"的发展进程中，而且要为国家治理体系和治理能力的现代化建设探索出一条有中国特色的路子。为"五化"建设服务，应该作为智慧城市建设的一项重要任务和重大需求。

②深刻认识'顶层设计'的重要性

"智慧城市"建设是一个非常庞大、非常复杂、同时又非常精巧的系统工程，必须从顶层设计开始，由上至下，层层推进。如果不是这样，而是让城市的各部门各地区按照自己的意愿设计自己的系统，然后拼起来变成一个大系统（巨系统），那么这样的系统是无法运转的。只有在遵循三大规律（自然规律、经济规律、社会发展规律）、统筹五位一体（经济、政治、文化、社会民生、生态）的前提下，从顶层开始，一层一层地向下进行设计，这样建立起来的大系统，它的各个子系统之间才能互联互通，才能协调互动，才可能智能、智慧。因此，推进智慧城市建设，必须首先做好顶层设计。没有改

· 284 ·

革思维，大局意识、发展眼光和对城市发展现状与未来的全面深入理解，是做不好顶层设计的。那种"摸着石头过河"、"边设计边施工"、"草鞋无样，边打边像"的做法，是万万不可取的；把"技术方案设计"当做"顶层设计"的做法，是一种典型的重技术轻管理（轻制度建设）的认识误区。

③ 必须抓好五大环节

要做好智慧城市的建设工作，至少应该做好以下五个环节的工作：

第一，确定城市定位，做好需求分析。现在很多城市提出要建设智慧城市，但是不少城市的功能定位模糊，致使方案设计牛头不对马嘴。智慧城市的建设必须要做到"定位准、需求清、目标明、措施实"，才能使规划设计做到个性化、定制化，一城一策，符合三大规律。

第二，做好顶层设计。智慧城市的顶层设计就是确定城市发展方向和目标任务，制定城市建设实施的路线图和分步实施的时间表。

做好智慧城市的顶层设计，需注意三点。一是内容至少包括五个方面（五位一体），即城市的经济建设、政治建设、文化建设、社会民生建设、生态文明建设，应是五位一体的总体布局，同时要遵循三大规律，即遵从自然规律、经济规律、社会发展规律。二是顶层设计应自上而下，层层展开，逐层细化，逐项分解目标任务，逐项落实实施方案，细化分步实施的时间表。三是顶层设计绝不是技术方案设计，但是包括技术方案设计，切忌用技术方案设计代替顶层设计，这是最容易被人们混淆的完全不同的两个概念。

第三，要构建智慧城市建设所必须的一系列支撑体系。从事技术的专家们，常常从技术层面上考虑的比较多。但是技术不是万能的，它一定要服从和服务于总目标，一定要有相应的支撑体系才能发挥作用。要实现智慧城市的美好蓝图，至少要建立这么五个支撑体系：首先是法律法规体制机制支撑体系；其次是经济、社会、产业、行业与物资、资金、技术、人才支撑体系；再次是规划、设计、技术标准、合格评定支撑体系；以及科学研究、国际交流、管理人才培养支撑体系和教育培训、咨询服务、文化建设支撑体系。

第四，制定智慧城市建设的近期、中期、远期实施方案，以便分期分步实施。实施方案的具体内容可分为三部分：首先是五大支撑体系的实施方案。其次是智慧城市技术系统工程建设的实施方案（包括设计、施工、检测、验收、运行维护），认真做到按照需求设计，按照规范施工，按照标准验收，按照规章运行维护；工程建设的每个环节，都应该有章可循。最后，也是很容易被忽略的就是培训建设一支技术服务队伍。技术系统如果没有专业的人员做运行维护，肯定发挥不了其效能。没有这样一支队伍，系统功能再先进再强大也只能是形象工程，其应用效果必然与建设之初衷相违背。

第五，认真做好智慧城市技术系统工程建设中的质量技术监督、系统建成后的工程竣工验收以及系统交付使用后的运行维护等工作。我们所有的顶层设计、目标、任务，都要落实到系统来实现。如果系统建设得不好，就达不到我们建设的目的。

④ 技术系统设计应把握的三个要素

第一、要以智能化、智慧化的管理、服务为目标，以信息技术、数字技术、智能化技术等为手段，做好系统设计。具体来说，技术要为目标服务，而不能用技术去"绑架"目标。

第二、技术系统首先应该实现城市基础设施建设与管理的智能化，然后才是城市管理、公共服务的信息化、数字化、智能化和智慧化，地下地上必须紧密结合。城市的下水道、地下管网、地下交通等设施是城市的"良心'、城市的'里子'，它们的智能化智慧化应该和城市的高楼大厦、地面设施的智能化智慧化相匹配，甚至超前。

第三，智慧化技术系统的建设应在整合原有的数字城市、宽带城市、无线城市、平安城市等城市信息化建设专项工程既有成果的基础上，充分应用下一代互联网（IPv6，移动互联等）、物联网（传感网、三网融合）、云服务（云计算、云存储）、大数据、空间地理信息集成等前沿科技成果，真正把技术系统或网络搭建成城市智能化、智慧化的技术平台。

⑤ 信息安全的法制保障和技术支撑

智慧城市技术系统的安全性和可靠性问题，是个必须重视的重大问题。大数据的应用也好、云计算的应用也好，其安全问题都极为重要。除了设备的安全、网络的安全、信息源的安全、传输的安全等需要技术保障和制度保障措施外，对于视频图像资源的整合与共享，哪些可以整合，哪些可以共享，如何整合、如何共享等等，都需要法律法规来界定。因此，智慧城市建设中的安全保障问题，不仅需要安全技术的支撑，还需要法律法规、体制机制的支撑。这些问题在顶层设计、支撑体系设计中都应全面考虑。

⑥ 坚持实事求是，因地制宜，理性、务实地推进智慧城市建设

智慧城市建设要结合本地实际，统筹规划、科学制定智慧城市建设实施方案，不能热炒概念，脱离实际需求；要明确措施、协调机制、分步实施，积极稳妥地推进智慧城市建设健康有序发展；要"量力而行、尽力而为、突出重点、讲求实效"，不要盲目"拉项目、圈地皮、争资金、铺摊子"，避免发生"重建设、轻实效"和"重发展、轻风险"的错误。

（3）智慧城市建设——任重而道远

我们要从历史的观点、发展的观点看问题，深刻认识智慧城市建设的长期性、艰巨性和复杂性。

"智慧城市"是一种理念，一种模式，又是一个实实在在的城市实体，还是一个城市在发展过程中逐步被信息化、数字化、智能化、智慧化的演进过程。它是现代人类所

憧憬的理想的城市境界，对人们极具吸引力、感染力。但这种理想境界的实现，决不会"一蹴而就"。相反，它是一个城市智慧化发展的历史进程，需要十年二十年甚至更长时间。在我国农村逐步城镇化的进程中，还要伴随着实现工业化、信息化和农业现代化的过程。各类城市在其发展进程中，都要经历治理体系和治理能力现代化的过程，这一切都是智慧城市的建设内容。这些工作决不是少数人在短期内所能完成的。但是，只要社会各界共同努力，经过几年、十几年、数十年艰苦细致、踏踏实实的工作，我们所憧憬的的各类"智慧城市"是可以逐步实现的。从这个意义上讲，"智慧城市"的建设，的的确确"任重而道远"。只要我们秉持"可持续发展、科学发展、包容性发展"的理念，共同努力，攻艰克难，开拓创新，有中国特色的"智慧城市"乃至'智慧中国'的梦想，就会逐步实现。

刘希清，公安部第一研究所研究员。

城市规划与智慧城市

城市规划是对城市区位选择、空间布局、功能发挥等方面的全面谋划。城市形成之日即是城市规划开始之时。同样，在城市形成之日起，人们就开始了对智慧城市的追求，只是不同历史发展阶段对"智慧"内容的理解和要求有所不同罢了。现阶段由于计算机技术和信息技术的广泛应用，给智慧城市赋予了新的内涵，并努力尝试在城市建设、管理等各个方面付诸实施。

智慧城市和城市规划是一对孪生兄弟，同进共生，如影相随。因此，要研究智慧城市，必须要研究城市规划。现在一谈起智慧城市最爱用的时髦话语就是"顶层设计"，虽然智慧城市的顶层设计不能完全归结为城市规划，但城市规划确实是智慧城市顶层设计的重要内容，在做顶层设计时城市规划是不可或缺的内容。比如与智慧城市密切相关的城市安全、功能定位、空间布局等方面的内容，主要都是通过城市规划来解决和确定的，城市规划可以使城市建立在"智慧"的基础之上。

一、城市安全

城市选址是城市存在的前提和事关城市安全的根本问题。我国历代对城市选址都非常重视，城市选址主要考虑地形地貌、地震地质、气象气候、水文地质、经济活动范围等方面的因素。有些城市选址还要考虑抵御外敌侵犯。在城市选址中，处处可以看到人们的智慧。

就城市生存和发展而言，城市安全是最基本的要求。地震、滑坡、洪水等对城市的威胁很大，从古至今人们在城市选址时都要避开这些灾害因素。汶川地震后，汶川县城重新进行选址，建设起了一座崭新的县城。体现了地质、规划、设计、建筑等专业人员的智慧。另外，城市经常会受到洪水的威胁，因此城市防洪也是城市安全的重要内容。

显然，如果城市建在地震带上或洪水淹没区里，城市受到灭顶之灾的威胁，那么，什么计算机技术、信息技术、大数据、云计算等就没有发挥作用的场所和条件，这就是"皮之不存毛将焉附"的道理。

城市安全还涉及到很多方面，如防火、防突发事件、防恶劣天气、防传染病散播、防雾霾等。这些领域都大有"智慧"的用武之地。

二、城市定位

这里所说的城市定位是指城市在区域中的作用和地位，以及对周边地区的辐射影响，在城市规划学中是指城市性质。准确确定城市性质对城市发展具有至关重要的作用，关系到城市发展的命运和走势。

比如深圳市的发展定位就经历过一番曲折。20世纪70年代末，改革开放伊始，建立了深圳特区，确定特区面积325平方公里，城市选址是以发展工业为主。到了20世纪80年代末、90年代初，深圳发展非常快，特区用地紧张，大量土地被"三来一补"工业所占据。深圳产业档次低，产出效率差，发展空间严重不足。这时，深圳市政府委托我们编制了《深圳城市发展策略》，改变了深圳市原来以发展工业为主的城市性质，确定以发展商贸、金融和高科技产业为主，并提出了全境开拓的发展思路。明确了这两点，既播正了深圳市发展的正确方向，又为城市发展提供了充裕的空间，深圳市发展策略为深圳市以后的迅速发展起到了积极作用。这在当时，是需要勇气和智慧的。因为深圳市原来的城市性质是由中国社会科学院著名的经济学家所确定的；而特区与深圳市所属的宝安县是用铁丝网严格隔离的，人们认为那是不可"越雷池一步"的。

再如北京市城市性质经历了多次变化。建国之初，当时领导人的想法是站在天安门上向南一望，要求工厂烟囱林立，显然是要把北京建设成一个工业城市。直到20世纪80年代，北京的城市性质都是全国的政治、经济、文化中心，所以北京市一直都在大力发展工业，首钢就是在这样的指导思想下逐步发展壮大起来的。北京缺水、环境状况日益恶化，到20世纪90年代这些问题凸显，不得不调整其城市性质，逐渐弱化经济职能。现在确定北京是全国政治、文化、国际交往、科技四大中心，许多工业和非首都职能向外搬迁，最大的举措就是首钢搬迁到河北唐山的曹妃甸，还有汽车工业要到河北沧州发展，有些批发市场搬迁到北京外围地区，等等。只有正确地确定了北京城市性质，北京才能走上正确的发展道路。

三、空间布局

城市空间布局对城市的发展也至关重要。城市空间布局起码涉及到三个层面的内容，一是城市在区域中的位置会影响城市的发展，如石家庄由于交通条件的改善，其发展速度和规模都超过了原来的直隶首府即后来的河北省省会保定；由于同样的原因河南省省会开封也让位于郑州。二是城市之间的协调发展问题，各城市在区域中有其存在的意义和特点，要承担一定的职能。各城市要进行合理的分工，使整个区域及其所包括的城市各得其所、协调发展。而不是恶性竞争、以邻为壑。这方面"不智慧"的例子太多了，如上游城市污水污染了下游城市的水源地；污染工业位于另外一个城市的上风向；一窝蜂地上某种项目（光伏电池、煤化工等），形成恶性竞争，以致到了自相残杀的地步。三是城市自身的布局，如上海市，开发浦东改变了人们原来"宁要浦西一张床，不要浦东一间房"的看法，使全市盘活，才有了如今上海宏伟繁荣的局面。

1. 城市发展用地预留问题

在城市自身的布局中，重庆江北机场用地的预留和控制是具有长远发展眼光的典型，体现了城市规划人员的卓越智慧。重庆是我国西南地区重要的中心城市，民用航空始于 1931 年，曾先后修建了广阳坝、珊瑚坝及白市驿等机场。解放后，白市驿机场曾一度成为重庆市最主要的军民两用机场，一直沿用老的土跑道。但白市驿机场位于重庆主城区西部，与重庆市主城区交通联系不便；机场用地局促，常年雾日多，存在飞行安全隐患，市政府下定决心异地建设新机场。早在 1950 年代就进行机场选址，江北机场即是候选地之一。在国务院批复的 1983 年版"重庆市总体规划"中，这一选址被正式确定下来。1985 年 11 月 30 日，江北机场工程正式破土动工，1990 年 1 月 22 日正式举行开航典礼。1998 年在新编总体规划中，根据民航部门的需要，重新确定预留三条跑道，使机场设计规模达到 4500 万人次 / 年。根据这一预测，并考虑到江北机场对重庆长远发展的重要战略地位，重庆市规划局通过认真研究，划定了 30 多平方公里的控制建设区范围，作为机场建设和发展备用地。重庆市有关部门一直按照早期的选址意见，控制着江北机场选址地区的开发建设，为后来建设江北机场奠定了基础。随着改革开放的不断深入，机场所在地政府发展经济的愿望非常迫切，对机场周边保留用地不断提出占用要求，重庆市规划局坚持原则不放松，终于保留下了这片宝贵的空间资源，为后来空港地区大发展作出了重要贡献。多年来，在规划控制方面，重庆市规划局采取控制与引导相结合的做法，既帮助解决当地发展的实际需要，又坚持了原则。其中重点处理了以下几件事：为加强机场周边公共服务配套，规划将原江北县的行政中心由水土镇迁移至两路镇；为机场配套建设了重庆第一条高速公路；将规划控制范围内不符合机场功能要求的看守所、江北二中等项目迁出；对于规划控制范围内的违法建设坚决制止，对违法建筑坚决拆除；对于机场周边环境的控制，地方政府为发展经济，要在机场东北侧建水泥厂，规划部门、环保部门和机场主管部门共同说服地方政府从大局出发，不再建水泥厂；规划部门说服机场管理部门不要在机场规划范围内建设航空公司宿舍，严格控制了机场功能，预留了充足用地。规划部门严格控制机场飞行净空，对超出限高的建筑物和构筑物进行拆除和处理。现在重庆江北机场运营正常且繁忙，产生了巨大的社会效益和经济效益。

2. 新城建设与古城保护问题

新城建设与古城保护的矛盾是许多城市未能解决好的问题。比如北京市的布局，20世纪50年代梁思成、陈占祥就提出了保护老城，另开辟新址建设新城的方案，但未被采纳。使得老城和新城混在一起，互相干扰，摊大饼式的圈层发展，既降低了老城的历史文化价值，又影响整个城市运行效率的发挥。现在只能在原有基础做些改善，除非做大的"手术"，北京市要想老城与新城互不干扰、协调发展基本是不可能的了。

也有个别城市能较好地处理古城保护和新城建设的关系，如陕西韩城。韩城市是国家历史文化名城，在城市规划中确定城市布局的原则是把老城保护起来，跳出老城建设新城，互相既有联系又不干扰，各得其所，相得益彰。按照"金城（即韩城老城）要古，新城要新"的建设思路，在保护古朴典雅的金城风貌的同时，另辟新址投资10多亿元开发建设了10余平方公里的新城区。

四、好的规划也是"生产力"

一直以来，城市规划都是社会各界广泛关注的焦点话题，随着城市拥堵、内涝、文化内涵价值缺失等问题的突显，再一次把城市规划问题推向风口浪尖之处，有人以平常心对待，也有人质疑城市问题为何频发。面临国内智慧城市建设的步伐加快，城市规划将是我们积极关注的方向之一，智慧城市规划将是怎样一个景象？在城市布局方面又将考虑到哪些元素？等等。

1. 据安信国际预测，我国"十二五"期间将有600—800个城市建设智慧城市。

从全国智慧城市建设来看，智慧城市仍处于建设和发展的初级阶段，而且从全球范围看可借鉴的经验也并不多，同时，每一个国家、每一座城市建设智慧城市设想、标准并不统一，从国内而言，智慧城市建设有着浓厚的本土特色，整个产业链的形成更需要长时间的实践与探索，所以我还是希望国家在智慧城市的建设上应该有一个比较清晰的标准来作为城市申报的门槛。

国内智慧城市的数量上升，只能看出智慧城市将会是城市转型的一个新的趋势，如今还呈现出美好的发展前景，可以说这是一件好事，也是城市发展的必然趋势，旨在要把自己的城市建设得更好，让人们的幸福指数更高。

当然，每个城市的基础条件、经济实力都不一样，各自应根据自身情况量力而行，切忌搞成一场大跃进式的运动；更应该实事求是稳定的推进其建设步伐，而不能单纯追求数量。2012 年全国（大陆）有城市 661 个，到 2015 年也不会有 800 个城市，因此绝对不会有 800 个城市建设智慧城市。

2. 以"城市空间布局"为题与如今倡导的智慧城市，如何才能做到让智慧城市在城市空间布局上体现出新的特点？

就"城市空间布局"而言，主要从三个方面来考虑：首先是城市选址问题，它是建设智慧城市的自然基础。对城市而言，选址是最基本的，同时也是最重要的工作。如果城市建在活动地震带上，或地基不稳的河谷中，稍有地震活动和外力作用就形成灾害，这绝无智慧可言。

现在，对绝大多数城市来说不存在选址重建的问题，但是许多城市新区的开发建设会涉及选址问题。新区选址是否恰当、对周围环境是否会产生不良影响、与旧城联系是否方便等问题都与是否能够建设成智慧城市有密切关系。

其次是城市定位问题，它是建设智慧城市的经济社会的基本前提。城市在区域中有其存在的意义和特点，并且要承担一定的职能。而且各城市要进行合理的分工，使整个区域及其所包括的城市各得其所、协调发展。如深圳市在 20 世纪 80 年代后期，其城市定位是以工业为主，造成大量低端的"三来一补"产业占据了特区的宝贵的城市空间。通过编制城市发展策略，分析研究了深圳市的地位和作用，调整了城市性质，确定以贸易、金融及高科技产业为主，把低端有污染的产业迁到特区以外，使有限的特区城市用地得到合理使用。

最后城市布局问题，它是建设智慧城市的主体和基本内容。城市布局和结构对城市的运行、功能的发挥至关重要。比如北京市的布局就很不合理。国内城市布局较好的例子也有，如陕西省的韩城市。城市布局还有很多内容，如用地功能组织、空间结构、路网布置、景观视廊、确定城市中心，等等，这些都与建设智慧城市密切相关。

3. 智慧城市建设落到实处并不断完善与发展，对我国新型城镇化建设起到新的推动作用。

首先，借鉴建设智慧城市的思路，要智慧地确定城镇化道路，各省、市要根据自身的省情、市情合理确定城镇化的发展途径，不要盲目追求城镇化率，而要注重城镇化质量；不要盲目加大特大城市和大城市的人口规模，合理引导人口向中小城市、小城镇集聚。其次，通过建设智慧城市，提高城市运行能力，改善城市环境质量，为广大的城镇发展提供经验，使各级各类城镇健康发展。

4. 如何看待近年来陆续因城市内涝、交通拥堵、历史文化缺失等城市布局问题所带来的挑战?

近年来,城市发展中所突显的城市问题,其实在城市规划中都预先提到过,但终究无法避免。如"马路拉链"问题,即反复地挖了填、填了挖。人们每当看到这样的问题便心中不解,"规划来、规划去,路却给挖烂了。"殊不知,其实城市规划早就把地下各种管线规划布置的好好的,但由于部门之间不协调,资金不能同时到位等原因,造成马路频繁填挖。再如城市交通拥堵问题,这也是城市规划无能为力的,城市规划部门早就极力主张发展公共交通,可道路上私家车却越来越多。当然也不是没有智慧的方案和建议,关键是智慧的方案与建议能否得到执行并且落实到位。

5. 城市建设期间,重大基础设施的布局显得格外重要,比如交通枢纽、水源地的选择等等,那么在类似这样的设施建设中,需要考虑哪些因素?

在未来的智慧城市建设中,城市规划决策是建立在科学预测和对智慧城市发展客观规律的把握基础之上的,对城市重大战略性空间资源的预留带有很强的预见性和前瞻性。作为项目执行部门也需要较长的时间去全方位考虑。特别对于地形复杂的城市而言,如何结合智慧城市自身建设特点,更应该充分考虑城市交通枢纽、水源地及重大基础设施等布局问题。

作为未来智慧城市规划,规划者们不仅需要有远见卓识,更需要有坚定的信念。对于城市大型基础设施提前谋划,及早控制,可以降低不必要的拆迁成本,减少由此造成的一系列社会矛盾。因为好的规划也是"生产力",而且其效益是无法用数字来衡量的。

6. 随着智慧城市建设的步伐加快,城市领导者与决策者已经深深认识到规划的重要性,但真正落到实处的仍有一定的困难

智慧城市的建设终究要落地,要城市领导者与决策者进行拍板,需要多方面积极配合。在近几年我对各个城市设计规划方案时发现,城市规划在与实际执行中仍然存在差距:一是机制问题,规划方案的决定权应该分散,要有规划工作者和市民代表参加,领导者决策的权重不得超过 1/3。二是认识问题,有些人认为城市是由人来建的,所以可以由着人们的意愿进行建设,其实,城市虽然是由人来建造的,但城市也有其自身发展的规律,如果违背城市发展的客观规律,那就是历史唯心论。三是领导要有长远目光。毋庸置疑,城市规划属于一个复杂的系统工程,城市规划、城市发展等问题需要领导在自身认识的基础上,还应该考虑城市的自身发展规律。特别是作为城市决策者而言,更应该全方位地、长远地考虑好城市规划的各种问题。四是要有群众观点,多走近人民群众身边了解他们的宝贵意见与建议。

7. 目前城市规划市场存在哪些挑战?

随着智慧城市的脚步加快,未来城市规划则更显科学性。一是规划队伍扩展很快,这有其有利的一面，能适应城市建设的快速发展。然而队伍壮大了，而质量却良莠不齐，这里不仅需要国家加大对规划队伍的考核，同时每一位从事城市规划者而言，则需要多学习，多钻研，把自己的整体水平提升上去。二是有些地方政府因急于求成，不断缩短规划周期，城市发展这么快，领导的急切心情可以理解，但是城市规划是一项综合性很强的工作，没有充分的调查了解现状情况、没有各部门充分的沟通协调、没有对规划方案的充分酝酿讨论是很难在短时间内做出科学合理的规划成果的。

面对建设智慧城市的浪潮，对城市规划工作者而言，无疑提出了更高的要求，主要是要使城市规划适应新技术的发展，既要使用新技术所提供的成果，又要为新技术的发展和运用提供城市规划者尽情发挥潜能的舞台。物联网、云计算等先进技术为建设智慧城市创造了条件，城市规划要根据自身的特点，用先进技术武装自己，使城市规划更加科学合理，为构建复杂庞大的智慧城市系统贡献力量。主要有以下三个方面：一是运用智能技术处理现状资料。城市规划要涉及城市的方方面面，资料量、信息量巨大、多样且复杂，而对现状情况调查的是否准确、全面对规划的科学性、合理性、可行性起着决定性作用。因此在城市规划中非常有必要运用最新的先进技术和手段进行现状调查和统计分析。二是借助智能技术对规划方案进行分析，提供决策支撑。由于学科特点和分析手段的不足，目前城市规划以定性分析为主，只能进行简单的定量分析。城市规划应该借助三论（系统论、控制论、信息论）的理论和方法，运用智能技术（物联网、云计算等）来充实和深化规划成果。特别是可以用GIS作为决策支持系统，通过多方案比较，生成规划方案，丰富充实规划的方法和手段。三是智能技术在规划的实施和管理方面大有用武之地。目前许多城市运用计算机技术实行规划监督和管理，成效非常显著。城市规划的实施和管理运用智能技术具有非常广阔的前景。

张文奇，中国城市规划设计研究院教授级高级工程师。